陕西师范大学"211工程"建设项目资助

跨语言文化研究

Cross-Linguistic & Cross-Cultural Studies

第九辑

主　编　王启龙

副主编　曹　婷

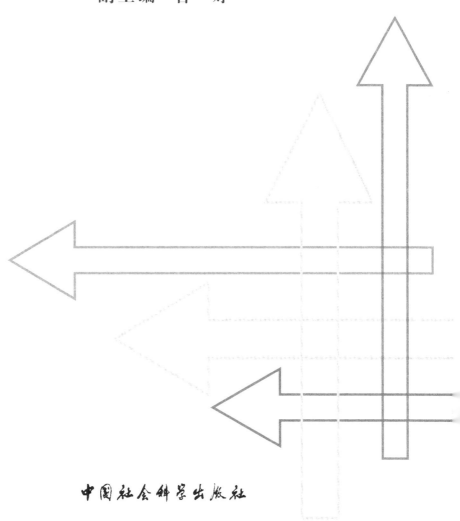

中国社会科学出版社

图书在版编目(CIP)数据

跨语言文化研究.第九辑 / 王启龙主编.—北京：中国社会科学
出版社，2016.10
ISBN 978-7-5161-7877-5

Ⅰ.①跨… Ⅱ.①王… Ⅲ.①语言学–研究②世界文学–文学
研究 Ⅳ.①H0②I106

中国版本图书馆 CIP 数据核字(2016)第 063126 号

出 版 人	赵剑英	
责任编辑	任 明	
责任校对	张依婧	
责任印制	何 艳	

出 版	中国社会科学出版社	
社 址	北京鼓楼西大街甲 158 号	
邮 编	100720	
网 址	http://www.csspw.cn	
发 行 部	010-84083685	
门 市 部	010-84029450	
经 销	新华书店及其他书店	

印刷装订	北京市兴怀印刷厂
版 次	2016 年 10 月第 1 版
印 次	2016 年 10 月第 1 次印刷

开 本	710×1000 1/16
印 张	29.5
插 页	2
字 数	469 千字
定 价	95.00 元

凡购买中国社会科学出版社图书，如有质量问题请与本社营销中心联系调换
电话：010-84083683

目　录

语言与文化

跨文化交际能力研究现存问题探讨及对策分析 ·················· 戴　琨（3）
由"回族话"特征看回族的民族认同
　　——以民族语言学为视角 ················· 樊　静（12）
心理空间理论观照下的空间指示语和指示映射现象 ········ 黄　梅（20）
A Stylistic Analysis of 再别康桥
　　·················· Tian Bing, Department of English, SNNU（27）
俄汉语使役结构对比研究 ················· 王　翠（41）
汉字：隐喻及转喻思维的化石 ················· 王　昉（50）
反思参数：生物语言学视角的变异研究新进展 ·············· 韦　理（60）
试论英语作为全球通用语言的发展 ················· 班晓琪（71）
英汉科技论文摘要中的模糊限制语的人际功能 ·············· 操林英（80）
COED "百年特别专题" 的精彩例证 ···················· 程兴龙（87）
生态语言学的渊源及研究范式 ················· 段李敏（92）
三探广告英语的模糊性
　　——基于双重语格及高频词汇的解读 ················· 贺　敏（101）
论俄语法律文本的句法特征 ················· 李　琳（108）
说话者和听话者的"合作原则" ················· 刘　丹（117）
流行称谓语"亲"的社会语言学调查 ················· 王　勤（123）

文学与文化

E. L. 多克托罗小说在国内的接受和批评
　　················· 胡选恩　陈　刚　苟红岚（137）
后殖民理论对中国当前文学理论研究的影响 ················· 张春娟（144）

根、路径、身份：拉什迪小说中的流散书写 …………… 朱丽英（151）

庞德《诗章》的写作背景、文本结构和文学价值 ………… 郭英杰（159）

畅想与现实——也谈《消失的地平线》 ……………… 李　洁（169）

维诺格拉多夫"作者形象"与布斯"隐含作者"在

　　文本分析中的功能试探 …………… 梁建冰　孟　霞（174）

浅析爱丽丝·门罗短篇小说《逃离》的主题及其意象 …… 吕竞男（179）

日本茶道的精神文化 ………………………… 杨　蕾　刘卫刚（187）

翻译与文化

运用辩证法对归化与异化翻译原则的哲学思考

　　…………………………………………… 白靖宇　余美霞（199）

近代中国"黄种意识"形成中的日本因素

　　——对日汉翻译史的一个相关考察 ………… 许赛锋（208）

从明末清初科技翻译看赞助人对翻译选材的影响 ………… 杨冬敏（216）

翻译专业资格（水平）考试 CATTI 与 MTI 翻译教学的对接

　　……………………………………………………… 高　芬（226）

佛经翻译文学与中国古代小说 ……………………… 焦亚璐（234）

西安大学校训翻译对比研究 ………………………… 潘　婧（241）

翻译基督教：早期《圣经》汉译史略 ………………… 史　凯（249）

生态翻译学视域下的陕西省旅游景点公示语翻译探究 …… 杨关锋（255）

语言与教学

基于元教学理论的研究生公共英语教学反思 ……………… 高延玲（265）

高低语境文化在汉英语言结构上的对比分析

　　——兼谈其对大学英语教学的影响 ……………… 黄梅（274）

状态词和属性词的概念特征和句法功能 ………… 李　霞　周石平（282）

英语专业本科毕业论文常见错误分析及其对英语教学的启示

　　……………………………………………………… 吕敏宏（295）

网络技术支持下大学英语自我调控词汇学习模式探析 …… 马　萍（306）

关于日语有对自动词的语义特征及其可能表达方式 ……… 史　曼（316）

汉语语音对英语语音的负迁移初探 ……………………… 王晓芸（328）

对制定《大学英语教学指南》新词表部分的若干参考性建议

　　——兼对《大学英语课程教学要求参考词汇表》的词汇量

　　问题刍议 …………………………………………… 周　骞（337）

交互式多媒体辅助英语视听说对听、说两个维度的突破性影响

　　……………………………………………………… 曹春阳（349）

培养学生语言综合运用能力的研究 ……………… 陈　刚　胡选恩（358）

跨课程写作对大学英语教学的启示 ……………………… 陈萍萍（367）

The Theory and Application of Computer-Mediated Communication

　　in English Language Teaching and Learning …… 丁礼明　梁　蕊（373）

高校英语专业学生听说障碍成因分析与对策 …… 郭瑞芝　郭彦芝（387）

陕西关中方言对英语语调学习干扰的个案研究

　　……………………………………………… 贺俊杰　张继媛（393）

从CET4谈大学英语教学改革背景下的翻译教学 ………… 孔祥学（408）

基于人本主义教育思想和建构主义理论上的英语教师在职

　　培训改革 …………………………………………… 兰　军（420）

从国外中国留学生和学者的英语应用能力反思国内的大学

　　英语教学 …………………………………………… 雷　震（427）

基于翻转课堂的大学英语教学 …………………………… 齐丽莉（435）

初探大学英语分级教学的理论依据及应用 ……………… 王　蕊（443）

文化与教学

英语称呼语语用功能、失误分析与教学反思 ……………… 张　敏（451）

大学英语大班教学问题研究：一种合作学习实施方法 …… 苟红岚（460）

语言与文化

跨文化交际能力研究现存问题
探讨及对策分析[*]

戴 琨

摘要： 跨文化交际能力是跨文化交际学的重要研究对象之一。本文首先分别从概念和理论、跨文化交际能力测评、应用领域以及人际交往能力和跨文化交际能力之间的关系四方面入手探讨了国际领域跨文化交际能力研究所面临的普遍性问题及其相应对策。接下来重点分析了国内外国语言学与应用语言学领域中跨文化交际能力研究所面临的首要问题，即在跨文化交际能力量表编制方面所存在的根本性方法论缺陷。就此问题本文提出了跨文化交际能力研究者编制量表的正确过程以及在效标变量的信度和效度、跨文化抽样的人数和抽样选取的广泛度、研究方法的混合运用、测量时间和增量效度五方面所应遵循的科学原则。

关键词： 跨文化交际能力；量表编制

跨文化交际能力是指跨文化交际者在真实及虚拟情境下正确而有效地应对各类跨文化交际活动所应具备的综合能力。跨文化交际能力研究作为跨文化交际学的研究重点之一已日趋完善。然而，在概念界定、理论构建、实际测评、结果应用、量表编制等领域，当前跨文化交际能力研究仍存在明显的不足。

一 国际领域跨文化交际能力研究所面临的共同问题

（一）概念、理论方面当前所面临的问题

第一个问题在于众多研究者均倾向于存在"跨文化交际能力"术语

---

* 本文得到陕西省社科界 2013 年重大理论与现实问题研究项目（项目编号：2013C006）；教育部陕西师范大学基础教育课程研究中心陕西师范大学基础教育研究专项基金（项目编号：JCJY201206）；陕西师范大学中央高校基本科研业务费专项资金项目（项目编号：11SZYB04）资助。

的使用错误，即普遍倾向于采用"cross-cultural communication competence（多元文化交际能力）"术语取代本应采用的"intercultural communication competence（跨文化交际能力）"术语。"多元文化研究（cross-cultural study）"是指研究者将某种概念在两种或多种文化情境下加以比较，其中，每种文化均拥有自身特有的民族文化体验。"跨文化研究（intercultural study）"则涉及两种或多种文化群体成员间的交际。因此，不同文化群体成员之间的交际被界定为"跨文化交际（intercultural communication）"，"多元文化交际（cross-cultural communication）"术语是错误的。

第二个问题涉及跨文化交际能力术语使用的方式。根据斯皮博格（Spitzberg，2009、2011、2013）的研究，"能力（competence）"被视为一种社会判断，即能力是一种印象而非一种行为，是所做出的推论而非所采取的行动，是评价而非绩效。总而言之，有效的跨文化交际并非人们所做出的事物而是感知到的事物。个体的动机、知识和技能可导致一种特定跨文化交际情境下的印象，即该个体获得了预期的结果，实现了跨文化交际的有效性、恰当性和满意性。

（二）跨文化交际能力测评当前所面临的问题

20世纪50年代和60年代国际交往的普及促使跨文化交际研究者和实践者致力于探索在异国文化环境下如何满意地生活和有效地工作。截至1989年跨文化交际能力研究已经能够成功识别在异国文化中生活和工作所需要的重要知识和技能。迄今众多研究者开始愈加关注跨文化交际能力和知识领域相关理论的构建和量表的设计及施测以便针对跨文化交际行为实现更佳的人员选拔、培训及评价。尽管研究者付出了上述努力，正如阿若撒若纳姆和多佛（Arasaratnam & Doerfel，2005）指出，一种令人满意的跨文化交际能力构念的结构模型和一种能够同时适用于不同文化的跨文化交际能力测评量表仍有待于开发。许多研究仍旧需要针对跨文化交际能力相关技巧和特点施行跨文化综合研究和效度验证。在个性特征研究领域（Allik & McCrae，2004；Heine & Buchtel，2009；Schmitt et al.，2008）和文化维度研究领域（Hofstede et al.，2010；House et al.，2004；Lustig & Koester，2013；Schwartz，2011）均实现了综合研究，但是在跨文化交际能力研究领域却并未能够实现综合研究。并且，大量前人研究均完全通过自评量表测量跨文化交际能力。自评量表法或许是测量跨文化交际能力"有效性"维度的理想方法，因为个体通常是自身重要行动目标的最佳判断者。然而，自评量表法几乎从未能为跨文化交际能力的"适当性"维度提供准确评价。因为该维度是他人共同对个体作出的判断，个体则可能完全没有意识到特定跨文化交际活动所固有的普遍性期待。

虽然大多数已有相关量表均具有较高的信度、效度，但是只有寥寥无几的量表具有预测能力。原因之一在于采用了传统的共时横向研究设计方法，并且在自变量和因变量测量时依赖于自评测量方法。另一原因在于在回答问卷题目过程中绝大多数参与者可轻易得知正确答案，即懂得如何看上去具有文化敏感性和渊博的文化知识。当采用跨文化交际能力量表筛选适当人员完成跨文化交际任务时，这将构成一项致命弱点。例如，由安和万岱（Ang & Van Dyne，2008）所研发的"文化智力测验（Culture Intelligence test）"或许具有坚实的理论基础，但是与绝大多数同类测验一样，存在着由自评测量方法所导致的回答偏见性倾向问题和形成"社会期许性"回答的易受性问题。

另一项从未得到充分解决的问题是：在另一种文化中影响个体行为和绩效的变量过多，从而可导致一项量表难以靠预测个体在异国文化环境下取得成功的几率。针对上述问题，跨文化交际能力的行为评价方法（Ruben & Kealey，1979）则可作为测量和预测个体成功几率的最佳方法之一。

最后，需要更多地采用纵向研究设计方法，并且针对相同自变量/因变量同时采用多种质性、量性测量方法以增加研究的信度、效度。例如，凯丽（Kealey，2007）针对国际宇航员的跨文化交际能力培训需求采用三角测量法同时开展了质性研究和量性研究。问卷调查量化数据普遍支持宇航员参加跨文化交际能力培训，然而，深入访谈质化数据则表明：就宇航员实现跨文化交际环境下的正常工作和生活而言，他们不认为自身需要接受培训。研究者认为，同时采用多种研究测量方法一方面可使研究结果变得更加丰富，另一方面则有助于获得更加有效的结论。

（三）应用领域当前所面临的问题

在应用方面，跨文化交际能力研究源自现实生活中的实际需求：例如，如何为和平队或其他国际组织识别、选拔并培训具有跨文化交际能力的工作人员。正确的跨文化交际能力研究程序应该为理论构建、信效度检验、全面施测和实际应用。然而，研究者均普遍较少地关注跨文化交际能力研究的实际应用，即如何帮助人们更加成功地应对特定跨文化交际情境。为了促进此类研究的实际应用，可采用树立成功典范的方法，即研究和模仿那些被广泛认为能够娴熟地完成各类跨文化交际活动并成功地处理特定跨文化交际关系的跨文化交际者。跨文化交际能力研究应该更进一步关注下列问题：在跨文化交际一般情境和困难情境下，跨文化交际成功典范会说些什么和做些什么？他们如何解决潜在的冲突、应对无法衡量的跨文化差异和适应不断改变的环境？他们如何减轻或缓和跨文化偏见及民族中心主义倾向以寻求一致立场？最重要的是，他们拥有什么样的知识、动机和技能以使其跨文化交际能力从根本上优于平均水平？

（四）探索人际交往能力和跨文化交际能力之间关系当前所面临的问题

跨文化交际研究者应该解决的一个问题是跨文化交际能力是否为人际交往能力的一种特例。该项重要问题仍有待于充分探讨，然而绝大多数跨文化交际能力研究者和实践者均错误地认为跨文化交际能力是一种独特的研究领域和实践领域，并非为人际交往能力的一种特例。凯丽（Kealey，2007）的一项新近研究指出：跨文化交际能力至少有时是人际交往能力的一种特例。该项研究评价了七国宇航员的跨文化交际能力培训需求。结果表明：宇航员之间长期的交往使其能够实现相互理解、相互尊重和有效交际；并且，实现宇航员共同生活和工作的障碍并非源自其民族文化差异，而是源自其人格差异和人际交往风格差异。因此，跨文化交际能力研究者仍需更加充分地探讨总体人际交往能力和跨文化交际能力之间的关系。

二　国内跨文化交际能力研究所面临的首要问题：跨文化交际能力量表编制问题

国内外国语言学与应用语言学领域研究者实施的跨文化交际能力研究较少。现存少量研究不但存在上述普遍性问题，而且在跨文化交际能力量表的编制方面存在着根本性的方法论缺陷。

跨文化交际能力研究中的一个重要研究领域涉及跨文化交际能力测评工具的编制和信效度检验。这具有重要的理论意义和实践价值。从理论上讲，能够有助于识别跨文化调整和适应所必须具备的心理构念并构建相应的理论模型。从实践上讲，跨文化交际能力测评工具能够识别干预目标，并能够实现跨文化交际能力培训项目的有效设计和项目最终成效的检验。国内相关研究存在着两种误区。一是直接将"跨文化适应性量表（Cross-cultural Adaptability Inventory)" "跨文化敏感度量表（Cross-cultural Sensitivity Scale)" "跨文化交际有效性行为测评量表（Behavioral Assessment Scale for Intercultural Communication Effectiveness)" 等国外跨文化交际能力已有测评量表直接翻译并应用，并且翻译量表在忽略了中国文化背景因素的同时未经过中国文化背景下的信度、效度检验。二是在尝试创建自编量表的过程中未建立初始项目库并实施量表的信度、效度检验，违反了心理测量学科学的量表编制方法和信度、效度验证原理。为弥补此项缺陷，跨文化交际能力研究者自编量表的正确过程及所应遵循的科学原则如下所示。

（一）建立项目库

跨文化交际能力测验的编制最初可通过识别期望获得的结果、识别目标文化和识别能够具体展现跨文化交际能力的知识和技能以及其他因素建立初始项目库。该程序实施的质量构成了评价测验"内容效度（content validity)"的基础。

1. 识别期望获得的结果

在本文中，"结果"被广义地定义为"适应"和"调整"。对于不同的研究者而言，这两个术语的含义不同，并且有时可交替使用。

"适应"是指针对各种环境、情境或社会压力所做出的行为改变反应。适应性行为种类繁多，例如当生活地点从英格兰迁移到法国时改变在哪侧街道行驶，在东南亚生活时学习使用筷子。"适应"可通过下列方式实施测量：管理风格、领导行为、在多元文化群体中的绩效、职业兴趣、国际取向、关系质量、互动行为等。

"调整"是指同适应相关的主观体验，可通过下列方式实施测量：情绪、自尊、自我意识、身体健康、自信、应激、提前回国、功能失调性交际、抑郁、焦虑、学习成绩下降、工作绩效下降、人际关系困境等。在极端情况下，负面调整可涉及各类反社会行为（例如加入黑社会、毒品滥用、犯罪甚至自杀）。

成功的跨文化适应和调整包括在能够达成目标、完成任务的同时，最大化地减少消极调整行为并增加积极调整行为。例如与来自其他文化的人群建立成功关系，感到跨文化互动是温暖的、友善的、建立在彼此尊重和合作基础上的，高效并有效地完成任务，有效处理在日常活动、人际关系和工作环境中涉及的心理压力（Brislin，1993）。

2. 识别目标文化

跨文化交际能力测验编制者需要识别目标文化。总而言之，共存在两种方法。文化特定性方法能够识别个体展现跨文化交际能力的特定文化或地域，文化特定性跨文化交际能力测验倾向于包括文化特定性项目内容。文化普遍性方法建立在下列假设基础之上：无论个体出生于哪种特定文化或地域均与生俱来地拥有能够具体展现跨文化交际能力的知识、技能和其他因素。上述特征构成了一个无论个体身处任何特定文化或地域均可使用的内在心理资源库。文化特定性方法和文化普遍性方法之间存在着交集：例如，文化特定性测验和文化普遍性测验之间所涉及的部分构念可能相同。

3. 识别能够具体展现跨文化交际能力的知识、技能和其他因素

具体展现自身跨文化交际能力的知识、技能和其他因素源自前人理论、研究结果或先前经历，其范围非常广泛。一方面，如果测验编制者对检验某些特定构念（例如，开放性、灵活性）是否能够预测预期结果感兴趣，将仅仅会关注这些特定构念和其他直接相关构念。另一方面，如果测验编制者不致力于考察哪些构念能够预测期望获得的结果，针对可以具体展现跨文化交际能力的知识、技能和其他因素而言，评价范围将会更加宽泛。

一旦识别了能够具体展现跨文化交际能力的知识、技能和其他因素，接下来便是建立能够操作化地界定上述因素的初始项目库。编制测验的一个最普遍方法是编制采用等级回答方式的问卷。项目库中的项目既可从测量相似构念的现有测验中选取并加以修改，也可重新进行编制。测验的初始版本通常包括大规模项目库，在效度检验过程中，研究者尽力在较高测量信度和实用性之间进行权衡，并且从初始项目库中适当剔除部分项目。最终形成的项目库既能够针对具体展现跨文化交际能力的知识、技能和其他因素实施具有较高信度、效度的测量，又能够确保量表长度不会过长，以便进行现实中的测量。

（二）跨文化交际能力量表的信度、效度检验

1. 内容效度检验

上述建立项目库过程的质量构成了评价量表内容效度的基础。评价标准共涉及下列问题：

（1）期望获得的结果是否被明确地识别和定义？

（2）目标文化是否被明确地识别？

（3）在目标文化中同期望获得的结果相联系、具体展现跨文化交际能力的知识、技能和其他因素是否被明确地定义？

（4）所选择的能够具体展现跨文化交际能力的知识、技能和其他因素，作为预期结果变量的潜在预测因素，是否能够穷尽其所有可能？

（5）对于每项能够具体展现跨文化交际能力的知识、技能和其他因素而言，所编制的对应项目库是否能够穷尽其所有可能？

2. 结构效度检验

"结构效度（construct validity）"检验是指检验该测验所实际测量的构念是否符合最初编制时所预期测量的构念。结构效度检验的常见类型如下：（1）"结构效度（structural validity）"检验可通过探索性因素分析、主成分分析法或验证性因素分析确定各项目潜在的结构。（2）"聚合效度（convergent validity）"检验一方面可通过与其他相关心理构念建立关系实施测量，另一方面对于多量表跨文化交际能力测验而言可通过考察量表之间的相关性实施测量。（3）"离散效度（divergent validity）"检验可通过验证某特定跨文化交际能力测验，而非其他跨文化交际能力测验，与其他心理构念之间存在着联系实施测量。

3. 生态效度检验

"生态效度（ecological validity）"检验是指考察跨文化交际能力测验分数是否能够有效预测作为效标变量的预期结果变量（例如，跨文化调整和适应、跨文化交际能力、跨文化交际成功性等）。生态效度的常见验证方法如下：（1）验证跨文化交际能力测验和效标变量之间的关系。如果效标变量和跨文化交际能力测验构建的时间相同，将重点考察同时生态效度；如果效标变量在跨文化交际能力测验之后创建，将重点考察预测生态效度。（2）在考察跨文化培训有效性或者参与短期异国生活/学习活动效果的研究中可通过考察前测—后测分数的改变评价生态效度。（3）极端群体差异性测验（例如，在拥有跨文化交际能力群体和不拥有跨文化交际能力群体之间实施的测验）亦可用来评价生态效度。在各类参考文献中，研究者所提及的"预测效度（predictive validity）""外部效度（external validity）"或"效标效度（criterion validity）"均可被统称为"生态效度"。

（三）跨文化交际能力自编量表科学性的评价标准

（1）效标变量的信度、效度：效标变量对于跨文化交际能力自变量而言应当为合理的预期结果，并符合研究者的理论框架。最后更为重要的是，应具有信度、效度。

（2）跨文化抽样的人数和抽样选取的广泛度：跨文化交际能力测验需要在不同文化情境下进行信度、效度检验。跨文化抽样的人数越大越好。非学生抽样使用频率越高越好。

（3）研究方法的混合运用：研究者通常会考察基于问卷的跨文化交际能力测验结果和其他问卷结果之间的相关性，然而这通常会受光环效应和共同方法变异性的影响和制约。综合运用问卷法和下列其他研究方法可有效提高生态效度：行为任务法、访谈法、参与跨文化交际培训或短期异国生活/学习活动法。

（4）测量时间：虽然有必要检验同时效度，但是也有必要检验预测效度，特别是鉴于跨文化交际能力测验作为未来跨文化交际成功性的预测因素及所发挥的时效性。

（5）增量效度：当前编制的跨文化交际能力测验的预测结果并非其他跨文化交际能力测验和非跨文化交际能力测验现已预测结果的简单重复，而是呈现出突破性创新态势。

参考文献

Allik, J. & McCrae, R. R. ，"Toward a Geography of Personality Traits: Patterns of Profiles across 36 Cultures"，*Journal of Cross-Cultural Psychology*，2004（35）：13 – 28.

Ang, S. & Van Dyne, L. （eds.），*Handbook of Cultural Intelligence: Theory, Measurement and Applications*，Armonk, NY: M. E. ，2008.

Arasaratnam, L. A. & Doerfel, M. L. ，"Intercultural communication competence: Identifying key concepts from multicultural perspectives"，*International Journal of Intercultural Relations*，2005，29（2）：137 – 163.

Brislin, R. W. ，*Understanding Culture's Influence on Behavior*，Fort Worth, TX: Harcourt Brace Jovanovich，1993.

Heine, S. J. & Buchtel, E. E. ，"Personality: The universal and the culturally specific"，*Annual Review of Psychology*，2009（60）：369 – 394.

Hofstede, G. ，Hofstede, G. J. & Minkov, M. ，*Cultures and Organizations: Software of the Mind: Intercultural Cooperation and Its Importance for Survival*（3rd ed. ），New

York: McGraw-Hill, 2010.

House, R. J., Hanges, P. J., Javidan, M., Dorfman, P. W. & Gupta, V. (eds.), *Culture, Leadership, and Organizations: The Globe Study of 62 Societies*, Thousand Oaks, CA: Sage, 2004.

Kealey, D. J., Cross-cultural training needs assessment for international astronauts and international space station support personnel: Final report presented to the Canadian Space Agency, St. Hubert, Quebec, Canada, 2007.

Landis, D. & Wasilewski, J. H., "Reflections on 22 years of the International Journal of Intercultural Relations", *International Journal of Intercultural Relations*, 1999, 23 (4): 535 – 574.

Lustig, M. W. & Koester, J., *Intercultural Competence: Interpersonal Communication across Cultures* (7th ed.), Boston: Pearson/Allyn & Bacon, 2013.

Ruben, B. D. & Kealey, D. J., "Behavioral assessment of communication competency and the prediction of cross-cultural adaptation", *International Journal of Intercultural Relations*, 1979, 3 (1): 15 – 47.

Schmitt, D. P., Realo, A., Voracek, M. & Allik, J., "Why can't a man be more like a woman? Sex differences in Big Five personality traits across 55 cultures", Journal of Personality and Social Psychology, 2008 (94): 168 – 182.

Schwartz, S. H., "Studying values: Personal adventure, future directions", *Journal of Cross-Cultural Psychology*, 2011 (42): 307 – 319.

Spitzberg, B. H., "(Re) Introducing communication competence to the health professions", *Journal of Public Health Research*, 2013 (2): 126 – 135.

Spitzberg, B. H. & Chagnon, G., "Conceptualizing intercultural communication competence", In D. K. Deardorff (ed.), *The SAGE Handbook of Intercultural Competence*, Thousand Oaks, CA: Sage, 2009: 2 – 52.

Spitzberg, B. H. & Cupach, W. R., "Interpersonal skills", In M. L. Knapp & J. A. Daly (eds.), *Handbook of Interpersonal Communication*, Newbury Park, CA: Sage, 2011: 481 – 524.

由"回族话"特征看回族的民族认同
——以民族语言学为视角

樊　静

摘要：本文以民族语言学为视角，通过考察回族语言的类型分类及语用特征等，探究回族语言与汉语文化、回族语言与伊斯兰教间的内在联系，以及汉语文化处境下回族语言与民族认同的和谐关系。

关键词：回族语言；汉语文化；伊斯兰教；民族认同；国家认同

一　引言

"民族语言学"（Ethno-Linguistics）这一概念源于西方人类语言学（Anthropological Linguistics），主要用于研究语言和文化之间的关系，以及不同民族对世界认知方式的区别。中国汉语文化语境下的"民族语言学"兴起于20世纪50年代，属于中国语言学范畴，包括汉语和所有中国少数民族语言的研究，港台的一些学者称为"非汉语语言学"（王新远，1994）。

回族语言，即"回族话"，是回族人共同使用的语言。它以汉语为基础，保留了大量阿拉伯语和波斯语词汇，且创造了"经堂语""小儿锦""东干语"等语言分支。回族语言的诸多鲜明特色极大地丰富了汉语文化，也一直受到语言学、人类学、民族学、宗教学等领域的学者之关注。他们以回族语言特征为切入点，研究回族的民族属性、民族认同、民俗文化、历史传承等。近年来，也有学者对回族语言的研究现状加以梳理，例如，刘杰从本体研究（包括语音、词汇、语法等）、社会语言学研究（包括区域性调查、语言接触、禁忌语等）、文化语言学研究（包括民族语言、宗教语言）、史料学研究（语言史、民族史）四个方面详细梳理了相关研究，并提出思考（刘杰，2013）。值得一提的是，杨占武在其第二版的《回族语言文化》著作中更加深入、翔实地梳理了一千多年来中国回族人民语言的发展与变化，也突出了伊斯兰宗教文化与汉语历史文化交融互动的过程与特点（杨德亮，2010）。

然而，回族语言在回族民族历史、民族接触、民族情感、民族文化、民族教育、民族心理及民族文学中所形成的民族文化认同是否与汉语文化处境下的回族国家认同相和谐？本文以民族语言学为视角，通过考察回族语言的类型分类及语用特征等，探究回族语言与汉语文化、回族语言与伊斯兰教之间的内在联系，以思考回族语言对回族自身发展，以及中华民族多元一体文化格局构建的影响。

二　回族语言的类型分类

其一，回族语言中仍保留了阿拉伯语、波斯语、蒙古语、突厥语等底层母语（Language Substratum）的特征，属于语言学中所谓的"外语借词"或"外语移词"。这一语言现象形成于长期历史沉积，直接或间接地解释和证明了一个民族的历史发展和文化交流。此外，这一语言现象也回应了语言学家帕默尔（Leonard Robert Palmer）的观点，即"语言既忠实地反映了一个民族的全部历史、文化，也忠实地反映了此民族的各种游戏和娱乐，各种信仰和偏见"（帕默尔，1983）。事实上，回族语言的口语表达以阿拉伯语和波斯语等外来词居多，但这两种词汇在回族语言中存在功能上的区别。从语用学和语义学的角度看，有一个基本的分别是波斯语词汇多出现于回族语言的日常生活中，而阿拉伯语词汇则在宗教生活中出现频率较高。例如，"胡达"和"安拉"（الله），这两个词在词意上均指伊斯兰教中至高无上的真主。但是，"胡达"（خدا）所在的语言环境可以轻松些、随和些，例如，回族人常常发感叹，"胡达呀！"表示可惜、惊讶的意思，但是却不常说"安拉呀！"用"安拉"一词时，通常连说："安拉乎台尔俩"（تعالي الله，至高无上的真主），并带有庄严、肃穆、崇敬的语气与神态。又如，关于星期的称呼，回族口语中有一整套波斯语词汇：星期一（دوشنبه）、星期二（سهشنبه）、星期三（چهارشنب）、星期四（پنجشنبه）、星期五（جمعه）、星期六（شنبه روز）、星期日（يكشنبه）。由此可见，从星期一到星期日，只有公历星期五的称呼是阿拉伯语，其余均为波斯语。这是因为按照伊斯兰教义，这一天是聚礼日。

其二，回族语言中有用以译解、阐述伊斯兰教宗教教义的语体文，也是中国伊斯兰教清真寺经堂教育中使用的一种专门语言，即"经堂语"。从语言的性质来讲，"经堂语"是一种用汉语语法规则将汉语、阿拉伯语、波斯语三种不同词汇或词组交互组合成句的独特汉语表达形式。经堂语始于16世纪后期中国回族伊斯兰教学者胡登洲在陕西兴办经堂教育时期，为伊斯兰教学者在清真寺经堂内向学生教授伊斯兰经典时所用。由于讲授时选用当时的汉语直译阿拉伯文和波斯文经籍的原意，而在表述时又穿插了大量阿拉伯语和波斯语的词汇，故清代刘智称为"经堂语气"，后简称为"经堂语"。后来阿訇在聚礼日讲"卧尔兹"（وعظ）时也广泛使用和传播这种语言，使其中不少词汇已成为穆斯林大众世代相传的日常用语。冯今源认为："随着回族的形成、经堂教育的发展，在中国习用汉语作为交际工具的穆斯林中，普遍流行着一种独特的语言，它超越于各种方言俚语之外，只用于穆斯林内部，这就是所谓的经堂语。"同时，他也指出回族经堂语主要存在于两类材料中：一是汉译伊斯兰教经典，如《古兰经》以及其他经籍；二是阿訇等撰述的伊斯兰教宗教著作（冯今源，1996）。然而，白寿彝则认为："中国穆斯林对宗教知识的学习，一向都是用口头传授的方法。"（白寿彝，2003）由此，经堂语主要是以口耳相传的方式流传下来。

　　经堂语有直译阿拉伯语、波斯语的语言特征，其词汇系统是由阿拉伯语、波斯语音译、意译词和与伊斯兰教相关的汉语词汇所构成。此外，由于经堂语所产生的背景是近代汉语，所以经堂语的语法、词汇系统也具有近代汉语的特征。经堂语词汇主要由汉语构成，兼阿拉伯语、波斯语和谐音音译语等成分。首先，汉语词汇的特征表现在五个方面：（1）选用恰当的词素构成特定词汇，如"真宰""天命""圣行""定然""天课""感赞""天方"；（2）借用佛教词汇，并赋予其新的特定含义，如"无常"（死亡）、"虔诚"、"参悟"、"造化"、"修持"、"大限"、"道乘"、"教乘"；（3）颠倒词序，如"习学"（学习）、"康健"（健康）、"恕饶"（饶恕）、"良善"（善良）；（4）变换词素组合，如"晚夕"（夜晚）、"的实"（的确）、"委实"（确实）；（5）古汉语的准确使用，如"乾坤""财帛""至贵""唯独""晓谕"。其次是阿拉伯语音译，如"伊玛尼"（إيمان，即信仰）、"安拉乎"（الله，译作"真主"）、"穆民"（مسلم，即信士）、"塞白卜"（سبب，即缘由）、"顿亚"（دنيا，译作"今世"）、"麦兹海布"（مذهب，即学说、主张、学派）等。此外，如波斯语音译的"胡达"（خدا，译作"真主"）、"乃玛孜"（نماز，即拜功）、朵斯提（دوست，译作"教友"）、"堵什蛮"（دشمن，译作"敌人"）等；也有阿拉伯语、波斯语与汉语词汇谐音译意的，如"灾失"（زایمان，波斯语为"分娩"，引申为"痛苦消失"）、"瘪麻儿"（Beemar，波斯语为"有病"，引申为生理缺陷或毛病）、"多罪海"（Doozakh，译作"火狱"）、"哼贼尔"（خـنـزیر，阿拉伯语指猪）等（宛耀宾，2007）。

经堂语词组的构成分为以下三类：第一类是以汉语词汇冠首的汉阿或汉波词组，如"礼主麻"（汉阿，即礼主麻拜。"主麻"یوم الجمعة）、"写伊扎布"（汉阿，指教长在结婚仪式上书写"结婚证书"，"伊扎布"إیجـاب）、"站者那则"（汉阿，指站在灵柩前为亡人举行殡礼，"者那则"جنـاز）、"念邦克"（汉阿，即高声吟诵"宣礼词"，以召唤人们做礼拜，"邦克"منذنـة）、"接都阿"（汉阿，指双手举至胸前呈接物状的祈祷仪式，"都阿"دعـاء）、"洗阿卜代斯"（汉波，指洗小净）；第二类是汉语词组，如"认主独一"、"知感真主"、"全美的日子"等；第三类是阿波词组，如"别奈绥卜"（波斯语 Bee 与阿拉伯语نصـیـب的组合，指"命运不佳"）、"候坤买斯来"（阿语的حكـم和波斯语的مسـائـل组合，义为"问题的判断"）等。经堂语的句子组合大都借助于汉语的动词、形容词、副词、结构助词和语气词。如"板德做了个都啊，求胡达囊助"，义即"奴仆（人的自我卑称）我做了一次祈祷，求真主护佑"；"安拉乎台阿拉的机密猜不透"，意即"崇高真主的玄机无法猜透"；"那里的穆民巴里得很"，意即"那里的穆民可怜得很"（宛耀宾，2007）。

其三，在中国回族民间流行着一种用阿拉伯语拼写的汉语拼音文字，称"小儿锦"或"消经"（取"消化经文"之意）。"小儿锦"作为一种拼写文字形成之后，不仅被经堂学员用其来注释经文或做笔记，一些阿訇也使用"小儿锦"翻译某些经文或进行著述。直到现在，在部分回族穆斯林中，仍然能发现一些人用"小儿锦"通信、记事。值得注意的是，"小儿锦"的使用者多以各地的方言拼写，缺乏统一的标准音作为拼写的依据，也缺乏适合于汉语的声调和隔音符号。由于阿、汉两种语言音位系统不同，加之拼写者各自为主，故往往造成字母对应、替代的混乱。但是，"小儿锦"在中、阿文化交流史上仍有着它的学术价值，值得深入探究。

三　回族语言的语用特征

回族语言除了保留大量阿拉伯语、波斯语等外来词汇外，其许多汉语词汇形式也与一般汉语表达不同。例如，"托靠"仅限于向真主表达祈求，区别于一般汉语的"依靠"；"举意"表示向真主起誓立愿，区别于一般汉语的"许愿"；"钱粮"是回族穆斯林对清真寺固定资产的统称，用来修缮、建造清真寺的集资、募捐等。区别于一般汉语的"资金"；"看守"指某人宗教功修好、品德修养高，尊经办事，区别于一般汉语的"看管"；"有水"指大净随身或已经做过大净①，如果大净失效或没有做过大净，称"没水"，区别于一般汉语的"净礼"；"穿衣"指经学院学生"满拉"完成规定课程，被升为阿訇的毕业仪式，区别于汉语的"毕业"；"油香"指在宗教节日和宗教活动中一种圣洁的食品，类似于一般汉语的"油饼"；"知感"指对真主的恩典以及自己目前状况的知足，区别于一般汉语的"感恩"；"点香"的意思等同于"燃香"，但回族语言忌讳"烧香""香火"之类与佛教有密切关系的词语。从造词心理的角度可以看出，回族有意识选用区别一般汉语的词汇来表达同一个意思，有学者称为"别同"（杨占武，1996）。

此外，回族的语言文化禁忌也体现出浓厚的民族情感和宗教伦理观念。在某种程度上，可以把这种语言文化禁忌看作回族语言的特定标记。白寿彝认为："对回族来说，伊斯兰教是这个民族的一种民族形式。这不只表现在宗教思想上、宗教生活上，而且表现在社会生活上、家庭生活上。"（白寿彝，1992）由此可以看出，回族语言禁忌与宗教观念、宗教心理有内在关联。例如，伊斯兰教认为"死"即意味着"归真"，即皈依真主，因此，回族语言中禁忌说"死"，代之以"无常"（借佛教用语）、"毛悌"（موت）、"口唤"（阿拉伯语译称）等。对于死者的尸体，回族语忌说"尸体"而称"埋体"（ميتــة）。再者，回族语言中禁忌"杀牛""杀羊"，而代之以"宰牛""宰羊"。有学者称其语言现象为"避讳"，是一种回族文化心理的折射，带有很强的民族个性。

四 几点思考

1. 汉语言文化处境下的回族语言认同

"认同"（identity）一词在《现代汉语词典》里指"承认、认可或认

---

① 大净是伊斯兰教净礼之一，是阿拉伯语"الغســـل"的意译，原意为洗涤，教法意义指在特定的情况下，以一种特殊的方式把纯洁的水倾注遍及全身。

为跟自己有共同之处而感到亲切";在英语中,identity 通常有两个含义:一是指人的"身份",二是表示"某些事物是相同的、一致的"。由此,"认同"是指个人与他人、群体在情感上、心理上趋同的过程或结果。"语言认同"是指个人或群体对某一语言承认、认可的过程或趋同的结果,是语言和谐的重要方面(程松岑,1985)。

语言是人类思维活动的必要手段,是交流思想感情的重要媒介,是保存知识、从事智力活动和传播精神产品的有力工具。从回族语言的历史发展来看,自明清时期,汉语逐渐成为回族人的共同语言。同时,回族人在宗教实践中将频繁使用的阿拉伯语和波斯语语言成分及习惯用语融入在汉语语言表达中,形成了在语音、词汇和语法等方面独具特色的回族语言。虽然伊斯兰教是维系民族内部关系的重要纽带,但是回族语言的独特性也成为其民族表征的符号,并在一定程度上促进了回族的语言认同。

回族人彼此见面道声"赛俩目",见了"朵斯提"(朋友、弟兄)显得格外亲热,彼此再互道"赛俩目"问好,更显得进一步亲近。有道是"天下回回是一家""回回见面三分亲""相逢何必曾相识,一声色兰化知己"等。由此可见,虽然回族是使用汉语的少数民族之一,但回族所使用的汉语有其鲜明的民族特性。这种语言特征是形成民族内聚力的重要因素,亦是保持民族感情、维系民族共同体的有力工具。

2. 回族的语言认同与回族的民族认同

语言作为一种文化载体蕴藏着丰富的文化现象,因此,一个民族的语言往往最能真实地反映该民族的历史文化、社会生活及其心理情感。程松岑认为,无论从广义或狭义的文化来说,语言都是表达文化的重要手段之一。语言作为文化的表达形式,并不是说语言的声音是形式,其意义等于文化,而是把语言的整体看成是民族文化的重要表达形式。此外,语言也是民族差异性的标志之一,不同民族首先因语言的不同而区分开来。民族差别是在长期的历史发展过程中形成的,并随着社会的发展、生活条件的不断改变而发生变化(马平,1998)。

一般来说,有民族差别的存在,就必然有民族认同。所谓民族认同,是指"社会成员对自己民族归属的认知和感情依附"。毋庸置疑,宗教、语言是民族认同的重要因素。回族的语言特征是以汉语语言为主,并吸收了许多阿拉伯语和波斯语的语言成分和习惯表达,以及伊斯兰教的"经堂语""小儿锦"等用语。虽然"大杂居、小聚居"是回族在中国的分布格局，但是"生活宗教化"与"宗教生活化"是回族不变的生存特征，包括回族特有的语言形式、饮食方式、宗教节日、宗教活动与仪式、经堂教育等。这些均印证了回族人有意识地以特有的语言形式和宗教生活方式来保留和体现自身的民族独特性，强化民族认同。林松等学者认为，伊斯兰教在回族形成的过程中起到了极为重要的纽带作用，而大部分回族人也以伊斯兰教作为民族向心力（林松，1983）。杨怀中指出："东来的回回人，在异质的汉文化面前，产生了一种认同感，一种寻同心理，在汉族的大社会中，他们保持自己的语言习惯、宗教信仰、生活习俗等……形成了一个小社会，这都是东来回回寻同心理的物化反映。"（杨怀中，1991）

　　事实上，以回族语言的历史形成为例，就足以体现回族对中华文化的吸收与认同。唐宋元以来的回族穆斯林先民逐渐摒弃了原来所使用的阿拉伯语、波斯语、突厥语及其他语言，而采用汉语为本民族的交际语言，并以伊斯兰文化和儒家文化为本民族文化的核心，使回族文化具有二元文化认同性。"历史学家认为：共同选择汉语，是回回民族成为一个民族的重要标志之一。"此外，回族在长期的生活实践中，也大量地借用汉语语言文化，包括佛家、道家、儒家等专用词汇，如"礼拜""无常""归真""魔鬼""地域""定然""干办""搭救""参悟"等，甚至包括穆斯林最常用的"清真"① 二字。此外，在伊斯兰教的一些碑刻中，也出现"阴阳""无极""太极""两仪""五行"等术语。更值得注意的是，除了对汉语语言文化的吸收外，回族还在哲学、社会思想、道德伦理、生活习俗等方面大量吸收汉文化的精华。如明清时期，从王岱舆、刘智到马注、马联元等一批兼通伊、儒、释、道的回族知识分子尝试用汉文化来阐释表达伊斯兰教义，力求使之与中国文化相适应、相协调。他们娴熟地用儒家思想概念对伊斯兰教加以中国式的阐释，在思想上出现了"回儒一体"的风潮，实现了伊斯兰教与中国传统文化的融合，加速了伊斯兰教本土化的进程，进而加深了回族对中国传统文化的理解和认同。

　　综上所述，回族语言的历史形成、地域烙印、类型分类以及语用特征等佐证了回族语言与回族历史文化、民俗文化以及宗教文化的内在联系。

---

　　① "清真"一词最早见于南北朝时期，本意是指自然、质朴、纯洁。曾用于多种场合，如寺庙、宫殿、道观以及楼阁幽静场所，含"清净无染""至清至真""纯净洁朴"之意。宋末时期开始用于伊斯兰教。参见 http://baike.baidu.com/view/21808.htm。

同时，回族语言表现出对汉语语言文化的接受、认同、传承与创新，充分体现了回族民族二元性特征，证明了回族的民族认同与国家认同的和谐性。

参考文献

白寿彝主编：《中国回回民族史》，中华书局 2003 年版。

白寿彝：《白寿彝民族宗教论集》，北京师范大学出版社 1992 年版。

程松岑：《社会语言学导论》，北京大学出版社 1985 版。

冯今源编：《中国伊斯兰教》，宁夏人民出版社 1996 年版。

李生信：《语言禁忌与回回民族的人文观》，《回族研究》2000 年第 3 期。

刘杰：《关于回族语言研究的回顾与思考》，《长春工业大学学报》2013 年第 5 期。

林松：《试论伊斯兰教对形成我国回族所起的决定性作用》，《社会科学战线》1983 年第 3 期。

马平：《回族心理素质与行为方式》，宁夏人民出版社 1998 年版。

［英］帕默尔：《语言学概论》，李荣译，商务印书馆 1983 年版。

王远新：《中国民族语言学论纲》，中央民族大学出版社 1994 年版。

宛耀宾总编：《中国伊斯兰百科全书》，四川辞书出版社 2007 年版。

杨德亮：《语言禁忌与族群话语——回族语言禁忌民俗研究的族群视角》，《西北民族研究》2007 年第 4 期。

杨占武：《回族语言文化》，宁夏人民出版社 2010 年第 2 版。

杨怀中：《回族史论稿》，宁夏人民出版社 1991 年版。

杨占武：《回族语言文化》，宁夏人民出版社 1996 年版。

心理空间理论观照下的空间指示语和指示映射现象

黄　梅

摘要：福柯尼耶（Fauconnier）的心理空间理论是认知语言学的重要组成部分，在该理论的视角下可以更好地去阐释人们在使用远、近指示语时指示中心如何转移从而产生映射的过程，使一些语用异常的远、近指示得到了合理的解释，同时发现空间指示语中近指与远指的选用不仅与物理距离相关，更是与心理距离密不可分。

关键词：心理空间理论；空间指示语；指示映射

一　心理空间理论阐述

美国语言学家吉尔斯·福柯尼耶（Gilles Fauconnier）在其著作《心理空间》（*Mental Spaces*，1985）中提出的心理空间理论是认知语言学中一个十分重要的部分，它系统地考察人类认知结构和人类语言结构在认知结构中的体现，旨在解释语言即时或实时的产生与理解的过程。

心理空间是心理空间理论的基本范畴，它不是语言形式结构本身或语义结构本身的一部分，而是语言结构中相关信息的"临时性容器"（temporary container），是人们思考和交谈时为了达到理解和行动的目的而建构的，它的建立受到语法、语境和文化等因素的制约，与长期图示知识及特殊知识密切相关（Fauconnier & Turner，2002）。在语境构建话语意义的过程中，为了正确把握说话人所意图表达的含义，听话人不仅要完成对编码化语法信息的破译，而且必须根据语法指令即时在线地建构相应的心理空间，即说话人在思考与谈论过去、现在或将来情形时所使用的类似于物理空间的现时思维表现结构。

心理空间是由语言结构所表达的思维或心理构造物，它们由空间内所涵盖的各种成分及其相互之间的各种关系而构成。一个心理空间可以派生出一个或多个不同的子空间，也可以与其他心理空间在概念层面上进行概念整合，从而形成心理空间的多维性与复杂性（周蔷、张萱、李斌，2008）。

雷科夫（Lakoff，1987：542）也认同福柯尼耶的观点，同时他认为，心理空间不是言语本身的一部分，也不是语法或者语义的一部分，它是人类认识、理解世界和自己的一种机制，是一种认知方式，语言离开了这种认知方式就无法被表征，也无法被理解，这就影响了我们的交流和感知。心理空间在某种程度上说是一个认知语义学的概念，它把意义定位于说话人的心理表征，并把语言结构解释为促使说话人在指称结构里建立成分的线索。心理空间的各个成分只是把现实世界的物体间接地指称为说话人心理表征的物体，而不管该物体是否真实存在。

二　空间指示语

（一）空间指示语的定义

空间指示语是在会话事件中相对于指示中心、指示原点而对事件中的其他事物或者人进行定位的。在我们日常交谈中，空间指示一般是以说话人为中心的，就是以话语活动参与者说话时所在的位置作为方位指示的基准点，即指示原点，依据上下文语境对话语中所涉及的事物、人物以及其他参与者的远近位置而进行定位。

（二）空间指示语的作用

空间指示语的作用是使语言和外部世界建立起联系。它们的基本用法就是把听者的注意引导到交际情境中的某一事物上。换言之，指示语使用者和听者之间建立起共同的注意点，而这一点正是言语交际最基本的前提之一（Diessel，1999）。

（三）空间指示语的远近距离

1. 空间指示语的物理距离

跨语言研究（如 Diessel，1999、2006；Imai，2003）发现，世界上大多数语言的空间指示语都区分近指和远指两种形式。"靠近说话人"的指示语叫近指词，如汉语中的"这个/些""这里/儿""来""拿来"，英语中的 this / these、here、come 和 take；"远离说话人"的指示语叫远指词，如汉语中的"那个/些""那里/儿""去"和"带走"，英语中的 that/those、there、go 和 bring。这几对词语都是以说话人所在的位置为原点，表达具体的物理距离。指代离说话人所在位置近的事物用"这个/些""this"，指代离说话人所在位置远的事物用"那个/些""that"；靠近说话人所处的位置通常使用"这里/儿""here"，相对远离说话人所处的位置通常使用"那里/儿""there"；朝着说话人方向靠近用"来""拿来""come""take"，远离说话人方向用"去""带走""go""bring"。总的来说，这类词语的选用主要是以靠近或者远离说话人所在位置的物理距离所决定的。

空间指示语用于具体时空情境中时，人们通常会把它们所编入的"远/近"之意与空间距离直接联系起来，认为远近指示语的选择主要依赖于具体的空间距离："这"用于指代近的人或事物，"那"用于指代远的人或事物。这实质是客观主义的意义观。在这种空间距离观的引导下，人们想当然地把空间指示语表示的远近定义为所指物与说话人之间的空间距离，并把它当作描述空间指示语的基本特征。正如朱德熙（1982）、王力（1985）、吕叔湘（1985）、黄伯荣和廖序东（1991）、胡裕树（1991）、《现代汉语词典》（2002）、里昂斯（Lyons，1977）、莱文森（Levinson，1983）等学者就是这样对空间指示语进行解释的。

2. 空间指示语的心理距离

但是在日常生活中，我们常常发现很多指示语的选用并不符合"以说话人所处位置远近的物理距离为原则"，而是与说话人的心态和情感密切相关，这就是我们所说的心理距离。一些研究者已经注意到了空间指示语所蕴含的心理成分。例如，吕叔湘（1985：188）指出："近指和远指的分别，基本上是空间的，但也往往只是心理的。"何兆熊（2000：76）说："决定方位指示词语选择的并不完全是实际距离，在相当程度上是说话人心目中的心理距离。"可见，二者都注意到了心理距离，但他们同时并不否认实际的物理空间距离的决定作用。在大多数情况下，心理距离与物理距离是一致的，即物理距离近，心理距离也近；物理距离远，心理距离也远。但在某些特殊情况下，物理距离与心理距离却是相悖的。

例如，在"我希望她别把她那个丈夫带来"这句话中，说话人用"那个"指代她丈夫就表达了一定的心理距离，即说话人对其人的厌恶感，在心理上产生了不喜欢、有意拉开距离的现象。可见空间指示语的选择不仅仅受说话者与实体物理距离的影响，更与说话者与对方的心理距离相关。有时，人们也用远指示语指示靠近说话者的物体，以拉开说话人对该事物的心理距离。举个例子，在英语中，当描述自己手中沾着的肮脏东西时，说话人可以说"That one really stinks"（Imai，2003：146）。尽管所指物就在手中，实际的物理距离很短，但说话人却用远指形式 that 来指代，这就是心理距离所起的作用，由于心理上的厌恶从而选择了用远指的词语去描述眼下的事物。也更生动形象地表现出了说话本人的心理状态。然而有时，人们却又用近指示语来指示远离说话人的人或物，以缩短说话人对该人或物的心理距离，并增加语言的生动性和真实感。比如，在这个例子"她的妈妈病了许多年，但是这个女孩一直没有怨言地照顾（一个朋友指着很远处的女孩说）"中，事实上，女孩离说话人的空间距离非常远，但是说话人用近指示词"这个"代替远指示词"那个"，缩短了说话人和听话人对所指人物的心理距离，让人从心里对女孩产生一种认同感和赞赏，从而增强语言的生动性。

由此我们可以发现，人们在使用空间指示语时，有时远处的事物用近指来表达说话者的介入和同感，显示心理上的亲近感，而近处的人或物用远指表示心理上的排斥和厌恶，以拉开心理距离。也就是说，在语言交际活动中，说话人选择指示语时并不完全按照物理距离，而在相当程度上是以说话人的心理体验为基础的。说话人自觉、不自觉地利用选择指示语过程中的心理基础，来缩短或保持自己与听话人或所指对象之间的心理距离，或者说是感情距离，以表示友好、亲近或生疏、冷漠。可见，心理距离在远指和近指的空间指示语选择上起决定作用。

三　空间指示语的指示映射现象

空间指示语所涉及的指示中心一般为说话人所在地点，但在实际交谈会话中，时常出现说话人在说话时为了让听话人产生心理认同感，不以自身为参照点，而是把说话的中心转移到了听话人或所谈及的第三方上的现象，语用学家把它解释为"礼貌的方位转移"。其实这种指示语参照的指示中心由说话人向听话人或其他人身上转移的现象是一种"指示映射"的现象。该映射实际上是说话人的心理空间与物理空间（即心理空间理论中所指的输入空间）之间所发生的映射。

例如，妻子给在外地工作的丈夫打电话：

妻子：I miss you very much. When will you come home?

丈夫：I will come back in two days.

"Come" 本来表示朝着说话人方向移动，但是一个人怎么能朝着自己移动呢？丈夫实则用来表示向听话人方向接近，这就是一种指示映射的现象。图1是对本例中 I will come 所作出的分析。

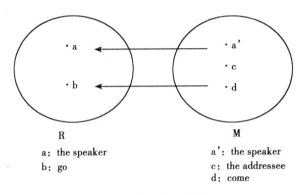

R

a：the speaker
b：go

M

a'：the speaker
c：the addressee
d：come

图1　"I will come" 一句中的指示映射现象

（Phanomenon of deictic projection in "I will come"）

一般来说，I will come 出现在非面对面交谈中，说话人将指示中心转移到了听话人身上。如图1所示，说话人（丈夫）位于现实（R）中，把听话人（妻子）放在了心理空间（M）。同时，说话人（丈夫）的位置也转移到了心理空间（这在现实中是不可能的，但在心理空间理论中是可以接受的）。于是，说话人（丈夫）就和听话人（妻子）位于同一心理空间之中。说话人（丈夫）朝向听话人（妻子）的移动 "go" 变成了朝向包括说话人（丈夫）在内的听话人（妻子）所在的心理空间的移动 "come"。M 中的 a'（即说话人）和 d（即动作 come）是由 R 中的 a（即说话人）和 d（即动作 go）识别的。

再来看一个涉及指示映射的典型例句：Can Billie have an ice cream, Daddy?（Levinson，2001：72）这是母亲替孩子问父亲的话。母亲是说话人，以非会话参与者 Billie 为中心，称听话人父亲为 Daddy。这句话显然是以孩子 Billie 为指示中心的。母亲通过改变称谓词使话语的指示中心发生了转移，转移的指示中心可以通过构建的心理空间得到清楚的表示，如图2所示。

图2表明例句中的说话人和听话人在现实（R）中分别是母亲和父

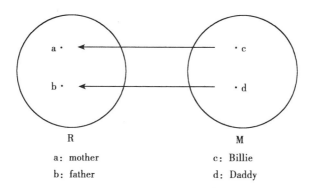

R　　　　　　　　　　　　M

a: mother　　　　　　c: Billie

b: father　　　　　　d: Daddy

图 2　"Can Billie have an ice cream，Daddy?"一句中的指示映射现象

亲，母亲通过改变称谓词建立了一个心理空间（M），空间构造语词可以看作缺省的。在心理空间中，语项 c 和 d 表明了儿子和父亲的关系，c（Billie）是由现实空间中的 a（母亲）得以识别的。

由此，借助于心理空间的相关理论，指示映射现象可以阐释为：在言语交际中说话人不断构建心理空间，由于语用目的的不同和指示词的使用，说话人的位置可以转移到听话人所在的空间，于是话语的指示中心就从说话人转移到听话人或其他的言语参加者身上。

四　结语

综上所述，心理空间理论是认知语言学的重要组成部分，是我们分析话语的一种行之有效的研究方法。空间指示语中近指与远指的选用不仅与物理距离相关，更是与心理距离密不可分。在生活和交谈中，会经常发生指示中心发生转移的现象，即我们所说的指示映射，心理空间理论形象地阐释了物理空间和心理空间之间产生映射的过程，使一些语用异常的远、近指示得到了合理的解释。当然，对于指示语的研究还有待于进一步深化，大量的相关问题有待于研究者们去分析解决。

参考文献

Diessel, H., *Demonstratives：Form，Function and Grammaticalization*，Amsterdam：John Benjamins，1999.

Diessel, H., "Demonstratives"，In K. Brown（ed.），*Encyclopedia of Language and Linguistics*，Vol. 3（2nd edition），Oxford：Elsevier Ltd.，2006：430 – 435.

Fauconnier, G. , *Mental Spaces：Aspects of Meaning Construction in Natural Language*, Massachusetts：the MIT Press, 1985：3 – 81.

Fauconnier, G. & Mark Turner, *The Way We Think*, New York：Basic Books, 2002.

Imai, S. , "Spatial Deixis", Unpublished doctoral dissertation, The State University of New York at Buffalo, 2003.

Lakoff, G. , *Women, Fire, and Dangerous Things：What Categories Reveal about the Mind*, Chicago：University of Chicago Press, 1987.

Levinson, S. C. , *Pragmatics*, Cambridge：Cambridge University Press, 1983.

Levinson, S. C. , *Pragmatics*, Foreign Language Teaching and Research Press and Cambridge University Press, 2001：54 – 96.

Lyons, J. , *Semantics*, Vol. 2, Cambridge：Cambridge University Press, 1977.

何兆熊:《新编语用学概要》,上海外语教育出版社 2000 年版。

黄伯荣、廖序东:《现代汉语》,高等教育出版社 1991 年版。

吕叔湘、江蓝生:《近代汉语指代词》,学林出版社 1985 年版。

王力:《中国现代语法》,商务印书馆 1985 年版。

中国社会科学院语言研究所词典编辑室:《现代汉语词典》(汉英双语),外语教学与研究出版社 2002 年版。

周蕾、张萱、李斌:《从心理空间理论看远、近指示语与心理距离的关系》,《河北学刊》2008 年第 4 期。

朱德熙:《语法讲义》,商务印书馆 1982 年版。

A Stylistic Analysis of 再别康桥

Tian Bing, Department of English, SNNU

Abstract: Stylistics provides a more objective method for analyzing a literary work, which will benefit both our understanding of the language of the literary work and our learning and teaching of the literary work itself. In this paper, we will first apply Leech and Short's model to analyzing the poem 再别康桥, and then compare the result with our analysis of the poem adopting Wang Guowei's model, and lastly a tentative conclusion will be drawn to see which model has more advantages for appreciating a contemporary Chinese poem.

Key words: stylistic analysis, Chinese poem appreciation, Xu Zhimo, 再别康桥

1　Introduction

In this paper I attempt to make a literary stylistic analysis on a poem —再别康桥, by Xu Zhimo, a representative poet of the 1930s in China.

The analysis will be carried out following mainly the model proposed by G. Leech (1965), which has been widely employed in analyzing English literary works, such as poem and fictions. The model is proved successful since it bases an analysis on linguistic evidence which could lend more objectivity to the analysis. When the analysis is completed, we will then turn to a model proposed by a Chinese scholar, 王国维, and approach the poem from a different perspective. Finally we will compare the strengths and weaknesses of the two models to see which one is more advantageous for the appreciation of a Chinese poem.

2　The linguistic underpinnings of Leech's model

Leech's model is directly based on the systemic-functional approach to the study of language. In his model, the aim of the analysis is to make "statements of meaning." Then, what is meaning?

The systemic-functional approach to meaning was first developed by J. R. Firth and subsequently more fully elaborated by M. Halliday. Firth affirms that meaning consists of "situational relations in a context of situation and in that kind of language which disturbs the air and other people's ears, as modes of behavior in relation to other elements in the context of situation" (1957: 19). Meaning is "the whole complex of functions which a linguistic form may have" (1957: 33). It is present at all levels in language, not just in complete sentences and longer stretches of discourse. Even the quality of the voice is part of meaning in what he terms the "phonetic mode". Words themselves vary in meaning without limit, to the extent that "each word when used in a new context is a new word" (1967: 190).

What Firth sets out to attain is a study of language as a feature of the total human environment where every piece of language forms an integral part of the "context of situation" in which it occurs. This "context of situation" can be traced back to Malinowski, who proposes:

Utterance and situation are bound up inextricably with each other and the context of situation is indispensable for the understanding of the words…so in the reality of a spoken living tongue, the utterance has no meaning except in the context of situation (1949: 306 – 7).

Every language event, as Firth sees it, should be viewed as a living whole, and it is possible to deal with a particular language at various levels simultaneously:

Sometimes in a descending order, beginning with social context and proceeding through syntax and vocabulary to phonology and even phonetics, and at other times in the opposite order (1957: 192).

The latter is described by Firth as a "serial contextualization" of facts:

context within context, each one being a function, an organ of the bigger context, and all contexts finding a place in what may be called the context of culture (1957: 32).

Meaning, as is approached from such a perspective, becomes inseparable from context of situation.

Between grammar and semantics, says Halliday, there exists no sharp devide (1985: xix). Every distinction recognized in the grammar contributes to the form of the wording; and it is the wording that realizes the meaning and in turn is realized by sound or writing. Halliday concedes that the relation is a symbolic one, but that "it is not possible to point to each symbol as an isolate and ask what it means; the meaning is encoded in the wording as an integral whole" (Halliday, 1985: XX; Lord, 1996: 98 – 100, 138).

It is based on the above understanding of meaning that we choose to follow Leech's model and carry out this literary stylistic analysis. The model, as Verdonk (1988) sees it, consists of three basic parts, namely cohesion, foregrounding, and cohesion of fore-grounding.

3 Cohesion

"Leech defines cohesion as 'the way in which independent choices in different points of a text correspond with or presuppose one another, forming a network of sequential relations'. So what is of interest is the way in which these linguistic choices form patterns of intra-textual relations on any of the levels of linguistic description: phonology, grammar, semantics and pragmatics" (Verdonk, 1988: 264).

3.1 Phonological cohesion

Rhyming is a very basic characteristic and requirement of a Chinese poem, even for the modern ones. For each of the seven stanzas in this poem, the end word in the second line rhymes with that of the fourth line, with the fifth stanza as an exception, where rhyming is absent. Alliteration and assonance [rhyming compound] are found in stanza 2, 3 and 4: 艳影 (yàn ying 2.3), 荡漾 (dang yang 2.4), 青荇 (qing xing 3.1), 招摇 (zhao yao 3.2), 榆荫 (yuyin 4.1), 清泉 (qing quan 4.2). It is noticeable that they occur adjacently, i. e. in successive lines. If reduplicated words-the extreme form of both alliteration and assonance-are taken into account, we can see 轻轻的 (qingqing de) recurs in 1.1, 1.2 and 1.3; 悄悄的 (qiaoqiao de) recurs in 7.1 and 7.2. These reduplicated words occupy the beginning and ending stanza respectively. Incidentally, rhyming compound 斑斓 (ban lan 5.4) and redu-plicated word 油油的 (youyou de 3.2) could be ranked as nondeviant.

3.2 Graphic cohesion

Chinese characters are pictophonetic. Some components are meaningful and can be viewed as "pictures". For example, 江河湖海 (river, stream, lake and sea) all share the same component of "氵". In the first half of the poem, there exist many words that have this component, for example, 河畔 (2.1), 波光 (2.3), 荡漾 (2.4), 软泥 (3.1), 油油的 (3.2), 柔波 (3.3), 一潭 (4.1), 清泉 (4.2), 浮藻 (4.3), 沉淀 (4.4), 漫溯 (5.2), 满载 (5.3). The word *water* is directly used twice in 水底 (3.2), 水草 (3.4). In another word, there is at least one character containing "*water*" in each line in these four stanzas (2 to 5).

3.3 Lexical cohesion

The I-person appears altogether 10 times: consecutively 3 times in the first and last stanza respectively; once in each of the last line of stanzas 2 and 3; and once in the first and third line of stanza 3. We, as readers, can find no time that we are not being with I. While proceeding, we feel gradually we are the *I*-person, occasionally.

Accompanying the consecutive use of *I* in the first and last stanza is the con-secutive use of reduplicated phrases "轻轻的" and "悄悄的". This repeti-tion represents a featuring cohesive device-the repetition pattern in this poem: the alliteration and assonance on the phonological level; the concurrent emer-ging of pictorial componential element "氵" in stanza 2 to 5; and the word repetition occurring in adjacent lines-within the same stanza or in the neighbor-ing stanzas. In the same stanza: 满载一船星辉 (5.3) /在星辉斑斓里放歌 (5.4), 夏虫也为我沉默 (6.3) /沉默是今晚的康桥 (6.4). In the adja-cent stanzas: 沉淀着彩虹似的梦 (4.4) /寻梦? 撑一只长篙 (5.1), 在星辉斑斓里放歌 (5.4) /但我不能放歌 (6.1); and also the assonance: 沉默是今晚的康桥 (qiao) (6.4) /悄悄 (qiaoqiao) 的我走了 (7.1). This kind of word repetition, also called "thimbling (顶针)" in Chinese rhetoric, threads together the different parts of the second half of the poem.

3.4　Grammatical cohesion

Typically, there are two sentences in each stanza, and each sentence occupies two lines (in stanzas 1, 2, 3, 7, and (first half of) 4). In stanzas 5 and 6, and the second half of stanza 4, each sentence occupies one line. Amongst all these sentences, there are four be-sentences……金柳，/ 是……新娘 (2.1, 2.2)；……潭，/……是……虹 (4.1, 4.2)；悄悄 是……沉默 (6.2)，沉默是……康桥 (6.4). These be-sentences are all metaphors. These metaphors combine things together from two opposite categories: inanimate vs animate; substantial vs imaginary; abstract characteristic of human being vs concrete thing.

3.5　Figure of speech

Personification is frequently made use of in this poem: 艳影 is applied to 金柳；招摇 to 青荇，揉碎 to 虹，悄悄 to 笙箫，沉默 to 夏虫 and 康桥.

3.6　Semantic cohesion

Time and place provide the reference frames against which the development of things can be viewed more clearly and precisely. In this poem, the achievement of semantic cohesion partly lies in its conscious making use of these two frames.

Firstly, the temporal development in this poem. In stanza 2, there is the word 夕阳, which directly tells the time-late in the afternoon. 夕阳 also cross-refers with a word in the preceding line 金柳—only in late afternoon can the color of the willow be turned into *golden*. Since it is before sunset, we can have 波光, and see 青荇招摇. When we come to stanza 5, it is, however, very late-the boat is full of 星光. And in stanza 6, it is deep into the night, for even the summer insects are tired and fall into sleep-they are all silent, and the whole Cambridge is silent too.

Secondly, the spatial development. In stanza 2, the *I*-person is walking eastward to the riverbank, and at a distance, he views the willow as golden. In stanza 3, he is already at the bank, and he might be walking along the bank. His attention is drawn to the floating hearts on the mild mud. In stanza 4, *I* has already reached to an elm tree by a pool. The sunlight sheds through the elm tree and scatters amongst the algae. In stanza 5, *I* is no longer on the bank, but in a boat. And in stanza 6, after spending quite some time on the boat, *I* is probably back on land again.

In the first and last stanza, we can also feel about the spatial change. In stanza 1, 招手 and 作别 are used, but in stanza 7, 挥衣袖 and 不带走. Normally, at a short distance we just 招手, but at a long distance, we have to 挥手/衣袖 to be noticeable. When 作别 is used, we usually face closely to those to say goodbye to. 不带走, however, indicates that *I* has turned around and walked away for a certain distance, not facing those to say goodbye to, but facing the motherland he is leaving for.

4 Foregrounding

Foregrounding, as Leech defines it, is "a motivated deviation from linguistic, or other socially accepted norms" or "the violation of rules and conventions, by which a poet transcends the normal communicative resources or the language, and awakens the reader, by freeing him from the grooves of cliché expression, to a new perceptivity." (Verdank: 1988)

The first foregrounding is in stanza 1, the repetition of 轻轻的 and 我, three times, which is viewed almost as taboo in classical Chinese poetry. Moreover, 轻轻的 is positioned at the very beginning of the poem-nothing can be foregrounded further. "轻轻的" is an adverbial phrase, which should be written as "轻轻地" in contemporary Chinese. How to say goodbye to Cambridge? The only choice *I* can make is to leave lightly—not to disturb the normal life of others. This type of foregrounding echoes in the last stanza, where 悄悄的, a synonym of 轻轻的, is repeated twice.

There forms a structural pattern in stanzas 2, 3, and (first part of) 4. The first phrase of each first line tells us a place, namely 河畔, 软泥上 and 榆荫下, which are followed by the subject matter to be dealt with, namely 金柳, 青荇 and 一潭. Each stanza consists of two sentences, each of which occupies two lines. Another pattern in the structure of these three stanzas is the constant use of the attributive modifiers: almost one in each line. If we take stanza 4 as a transitional one and leave it partly to another structural pattern, we can see this pattern more distinctly. If we make a dissection of the sentences and rip off all the attributive modifiers, then we have 金柳是新娘, 艳影在荡漾 in stanza 2; and 青荇在招摇, 我愿做水草 in stanza 3, which are symmetrical, or antithetical in structure. And interestingly these backbones of each stanza are all located at the end of each line-end focus position.

If we dwell on these two stanzas a little longer, we will find that all the words and phrases in them are all static, except one in each stanza: 荡漾 and 招摇. These two words are dynamic and they are foregrounded, not only because they are dynamic but also because they occupy the structurally significant position-end focus. Reading these two stanzas we are seemingly viewing two paintings-each has just one point eye-catching: 荡漾 and 招摇 respectively. These two dynamic verbs add vividness and vitality to the *paintings*.

If we view the first two lines of stanza 4 as descriptive and static, the same as what it is in the previous two stanzas, then we will accordingly admit that the next two lines are more active and dynamic. We have two dynamic verbs, one in each line: 揉碎 and 沉淀.

In stanza 5, there is not a single attributive, but at least one dynamic verb in each line: 寻 and 撑 (5.1), 漫溯 (5.2), 满载 (5.3), and 放歌 (5.4). The cohesive device in stanza 5 is also different from that of the previous stanzas. Thimbling, as mentioned in section 3.3, is prevailing here: 梦 (end of 4.4) is thimbled to 寻梦 (very beginning of 5.1), then 星辉 (5.3) to 在星辉 (5.4), 放歌 (5.4) to 放歌 (end of 6.1), 沉默 (6.3) to 沉默 (6.4).

Another feature that helps foreground stanza 5 is its lack of rhyming. Maybe the I-person is so possessed by catching his dream that he has forgotten about rhyming. He has switched from viewing the scenery in Cambridge to melting into it. This interpretation is further supported by the lack of using of "I" in stanzas 4 and 5. He is only melting into the scene and into his dream in stanza 4, but totally lost himself in pursuing his dream in stanza 5.

In stanza 6, *I* is awakened and comes to himself. *I* appears in line 6.1 and 6.3. These two lines are in a sense also foregrounded in that line 6.2 and 6.4 are backgrounded because they are subordinate clauses giving the reason. These two subordinate clauses are antithetical and rhyming. Accordingly, *I* is foregrounded to highlight the difficult situation *I* is in-to say goodbye to Cambridge.

In the last stanza, the first two lines are repeating what is said in the corresponding part in stanza 1, but with the substitute of 悄悄的 for 轻轻的. The difference lies in the change of emphatic point which moves from not disturbing others to not being noticed by others.

What is more difficult to interpret is the last two lines. The last but one sentence indicates that *I* has already made up his mind-the final decision is that 不带走一片云彩. 不带走 here highlights the resoluteness of his making up of his mind and his having no compromise. What is out of expectation is that the thing not to be carried with is just 一片云彩. Then what does it mean by 云彩? Surely it can not be so ready to interpret it as "a piece of cloud" literally. Then, what is it?

5　Cohesion of Foregrounding

To understand 云彩 at the end of the poem, we are thimbled back to 云彩 at the end of last line in stanza 1. 云彩 here has an attributive modifier 西天的. 西天的, as I see it, plays an important role in understanding the meaning of 云彩. 西天的 here is ambiguous. In Chinese culture, 西天 can refer either to western sky literally or to western country/civilization metaphorically, evidenced by other expressions, such as 西天取经, 西化. If 西天 refers to western countries, as a synonym of 西方, then 云彩 must symbolize something.

To get the true answer we have to look both intra-textually and extra-textually. Let's first go to the extra-textual context of situation, i. e. the whole set of external world features relevant. In the tradition of Chinese poetry, a good poem is usually composed to express the poet's feelings and ambitions, ideals, or dreams. What was the author looking for when he left his hometown and came to Cambridge? Let's assume that the answer is to study western civilization, or more specifically, to study literature and learn western style of composing poems. After a period of studying and before leaving for the motherland, he would probably ask himself what he had learned in Cambridge. This poem itself, as I interpret it, might be the answer. Let's look internally at the poem itself again.

Let's direct our attention to the macrostructure of the poem. The first stanza can be viewed as very modern or westernized, for there are almost no formal poetic properties except rhyming, and this is strongly, in a sense, against the norms of classical Chinese poetry.

Stanzas 2 and 3 are superficially westernized but Chinese deep-rootedly. Let's have a look at the images created in these two stanzas. In stanza 2, we first see a willow at the bank-this is a very typical image in classical Chinese poem, 杨柳岸晓风残月 for instance. The image of willow is then unexpectedly superposed onto the image of a bride and a fresh image comes into being. This picture is reflected on the surface of the light wave and the reflection begins to move in the gentle wind. And this is projected onto the *I*-person's mind and activates there a mental image constantly moving-*dangling*. This foreshadows the I-person's melting into the scene in the following stanzas, for something is moved in his heart. In stanza 3, we can see another beautiful picture similar to that in stanza 2. This picture will not be re-described in detail here.

Pictorial effect is what is pursued in classical Chinese poems. There is a saying to praise a good poem or painting: a good painting is a poem and poem is a painting. Here in these two stanzas two first class paintings are ted. In traditional Chinese painting, the representative is the "mountain-wε type, which has *water* as its cardinal element. The two pictures in stanzas 2 anu 3 are also "painted" with water as the cardinal element (see also section 3.2). Since water has occupied such an important position here, we'd better spend some time here. Let's first see the connotative meaning of water in the Chinese language. Water is often associated with female character. There are a large number of expressions of this kind in Chinese, such as 水性杨花、柔情似水、女人是水做的 etc. Water usually evokes the emotion of gentleness, tenderness, and affection etc, which further strengthens the complicated, difficult situation of departing. And this is also in harmony with the figures in the picture-the willow, the bride, etc. Water has made its contribution to beautify the scene-as is described by the saying "山无水不秀, 景无水不美". The water has also been playing an indispensable role of keeping the poem "flow" smoothly for it functions as a fabricate in the first part of the poem.

The deep structure, i. e. the backbone of stanza 2 and 3 is typical Chinese too-an antithetical sentence (see section 4). Moreover, there are also alliteration and assonance-typically Chinese too. Thus, it is very natural for us to draw a conclusion that this part of the poem is very Chinese rather than westernized.

Now, let's see stanza 5, where the *I*-person has totally lost himself in his dream. There is no rhyming, and no antithesis. Actually, there is nothing poetic. We could not help wondering why this stanza is composed like this. Is it done so deliberately? I venture to make a surmise that this stanza is composed to follow a westernized style of poetry. For there is nothing typical of Chinese poetry. In this stanza, thimbling is the only means to keep the idea going on. This stanza is reduced to bare narration. Is the author deliberately making a comparative experiment on the different styles of composing poem-one Chinese and one westernized? And is he trying to demonstrate the Chinese poem's advantageous position? This is far too indeterminate for the present limited data available, and consequently, to a large extent, it is just a subjective reflection.

6　Context of images （意境）

To have a better appreciation of the poem, we now approach it from a different perspective-by following Wang Guowei's model, as a compensation to Leech's. So, the analysis here is just for gaining some insights into the poem, nothing comprehensive.

In Wang's 人间词话, the rank of the context of images in a poem is viewed as a critical standard for assessing its quality. What kinds of images are created in a good poem? And how can a context of images be created? Let's first see Wang's typical example：红杏枝头春意闹. Wang says that the quality of this context of images lies in the character of 闹. How? In reading a sentence, we read it in a linear order and the sentence is usually divided in small groups-words or phrases, and for 红杏枝头春意闹, we actually read it as 红杏—枝头—春意—闹. Thus in reading it, we first have 红杏 and the image of red apricots is created in our minds, or we can picture red apricot with our mind eyes. Where is the 红杏? At the end of the branch （枝头）. The branch is the context, or the background against which red apricots are set. And what do 红杏 and 枝头 mean? They indicate the connoting of spring （春意）—the coming of spring. But not only that, the prospering, the booming of spring, for we finally have the word 闹 (playing). In reading this line, we are seemingly having a view of a panorama, or a roll of a Chinese painting. What is of significance here is that the painting is spread in front of us step by step-with the most important information suspended to the last minutes. We can also see that the first six characters or the first three words are all nouns, and they are all static, and only 闹 is a verb, and it is active and dynamic. The word 闹 breathes life into the picture, and maybe, that is why Wang says that it is owing to this character that the context of images in this line of poem is created.

When we come back to 再别康桥, we can see that in stanzas 2 and 3, very similar contexts of images are created, as analyzed in section 4.

For judging the quality of context of images, he proposes the standard of "not separating". Now, what does "not separating" mean? Let's see Wang's example again:

阑干十二独凭春，晴碧远连云，千里万里，二月三月，行色苦愁人.
(欧阳永叔《少年游》)

When we read this poem (or ci), for each word or phrase, we have clear and concrete pictures in our minds. This is regarded as "not separating" -the reader is just like the actual viewer of the picture, nothing being separated apart from what they are viewing. For another line of poem, 姜夔's 二十四桥仍在，波心荡、冷月无声. In viewing the picture created here, we are seemingly viewing it in a thin fog. There is what Wang calls *separating*.

While reading 再别康桥, we feel not being separated, but sometimes can not tell the *I*-person in the poem from the *I* reading the poem. For we can view the scene vividly as if we were viewing with the *I*-person's eyes.

In his evaluation of poet, Wang emphasizes the double roles a first class poet has to play successfully and simultaneously. First, he should be an outsider so as to enslave the wind and moon. Second, he should be an insider so as to share the sadness and happiness with birds and flowers. When applying this standard of evaluation to 再别康桥, we see that Xu Zhi-mo has played the double roles very successfully throughout the poem, but in stanza 5, his dream, perhaps, has employed him a bit.

7 Conclusion

Through the analysis, we can see that Leech's model is workable for the a-nalysis of Chinese poems, generally speaking. Many features and qualities of a poem can be revealed. The most important point is that the model combines the linguistic features with functions, and that it adopts a holistic view in dealing with certain features. Since the model puts everything into its context to compre-hend, it is much easier to find significant factors that are remotely rele-vant. When Wang's model is employed, some light is cast into. And we can have a better appreciation of the poem.

References

Freeman, D. C. (ed.), *Linguistics and Literary Style*, New York: Holt, Rinehart & Winston, 1970.

Firth, J. R., *Papers in Linguistics 1934 – 1951*, London: OUP, 1957.

Halliday, M. A. K., *An Introduction to Functional Grammar*, London: Anold, 1985.

Leech, G. N., " ' This Bread I Break ' : language and interpretation", *Review of English Literature*, 1965, 6, 66 – 75; repr. in Freeman, D. C. (ed.), 1970: 119 – 28.

Leech, G. N., *A Linguistic Guide to English Poetry*, Longman, 1969.

Leech, G. N. and Short, M. H., *Style in Fiction: A linguistic introduction to English fictional prose*, Longman, 1981.

Malinowski, B., "The problem of meaning in primitive language", In *The Meaning of Meaning*, Ed. by C. K. Ogden & I. A. Rechards, 1949: 296 – 336.

Verdonk, P., "The language of poetry: The application of literary stylistic theory in u-niversity teaching", in M. Short (ed.), *Reading, Analysing and Teaching Literature*, Longman, 1988.

王国维:《人间词话》,转引自裘仁、林骧华主编《中国传统文化精华》,复旦大学出版社 1995 年版。

附录 1 原诗：

再　别　康　桥

徐志摩

轻轻的我走了，　　　　　　揉碎在浮藻间，
正如我轻轻的来；　　　　　　沉淀着彩虹似的梦。
我轻轻的招手，
作别西天的云彩。　　　　　　寻梦？撑一只长篙，
向青草更深处漫溯；
那河畔的金柳，　　　　　　满载一船星辉，
是夕阳中的新娘；　　　　　　在星辉斑斓里放歌。
波光里的艳影，
在我的心头荡漾。　　　　　　但我不能放歌，
悄悄是离别的笙箫
软泥上的青荇，　　　　　　夏虫也为我沉默，
油油的在水底招摇；　　　　　　沉默是今晚的康桥。
在康桥的柔波里，
我甘做一条水草。　　　　　　悄悄的我走了
正如我悄悄的来；
那榆荫下的一潭，　　　　　　我挥一挥衣袖，
不是清泉，是天上虹；　　　　　　不带走一片云彩。
十一月六日　　　　　　　　中国海上

附录 2：English version：

Goodbye，My Cambridge

Lightly I am leaving,
As I was lightly coming;
Lightly I raise my hand,
To bid a farewell to the rosy west.

The golden willow by the riverside,
Is a bride in the sunset;
Her gorgeous figure on the wave,
Reflects in my heart a rippling.

The floating heart in water,
Is on mild mud sauntering;
In the tenderness of Cambridge,
I will to become a waterweed

The pool, is not a spring,
But a rainbow, in the elm's shadow;
Shredded among the floating algae,
And deposited a dream, like the rainbow.

Go and catch the dream? With a pole in a boat,
Farther into the grass I roam;
When returning, I find it full,
Of starlight, and I sing at the top of my voice.

But I have to stop,
For quietness is the reed pipe of the night;
The summer insects all keep silent, for me,
And for the silence of Cambridge, tonight.

Quietly I am leaving,
As I was quietly coming;
And I am dusting my sleeves,
Carrying not a piece of cloud, west.

俄汉语使役结构对比研究[*]

王 翠

摘要: 本文对比研究了俄汉语使役结构的特点,分析了形态使役句,分析使役句和词汇使役句在两种语言中的分布。汉语中存在含纯使役动词(使、令、让等动词)的使役句和由及物动词构成的词汇使役句,而后者与俄语中的使役句相一致。汉语中含"把,得"的使役句类型没有相对应的俄语使役句表达。俄语词汇使役句只能由及物动词构成,而汉语中则可由及物动词、不及物动词及作格动词构成。

关键词: 使役结构;对比;分析型使役句;词汇型使役句

使役是一种特殊的式,使役式表示主语不是行为的执行者,而是促使其他人完成该行为。[①] 从广义的概念范畴看,在各种不同的语言体系中都有使役式。

表达使役的手段非常多样,即使在某一种语言中,也可有多种表达方式,因此,在不同类型的语言中其表达手段多样而不同。目前,有关使役范畴的研究繁多,通常多研究某一种语言中使役结构的表达形式和语义。而有关俄汉使役范畴的研究相对较少,本文将在语言类型学的理论基础上对俄汉语中的使役结构作出对比研究(Comrie, 1989; Song Jae Jung, 1996)。

使役结构表示两种彼此之间有因果联系的情景,情景 A 导致情景 Б 在现实世界中得以实现(Аркадьев, 2009; Shibatani, 2002a; Shibatani,

---

* 本文获教育部人文社会科学研究青年基金项目"俄语与汉语的类型学比较研究"(13YJC740091)的资助。

本文受中央高校基本科研业务费专项资金项目《俄罗斯语言类型学发展研究》(16SZYB13)资助。

① Брокгауз Ф. А. ,Ефрон И. А. Энциклопедический словарь(http://dic.academic.ru/dic.nsf/brokgauz_efron/50531/%D0%9A%D0%B0%D1%83%D0%B7%D0%B0%D1%82%D0%B8%D0%B2).

2002b；Холодович，1969）。使役结构的主要成分是使役主体（the caus-er）、使役客体（the causee）和使役结果（the result）。通常在第一个情景中，即情景 A 中包含的使役主体和述谓成分促使实现情景 B，情景 B 则表达为被使役客体的状态或行为结果。

根据使役语义的表达手段可以区分三种使役结构：形态使役（morpho-logical causative）、词汇使役（lexical causative）、分析使役（periphrastic causative）（Comrie，1989；Song Jae Jung，1996；Мельчук，1998）。形态使役（也被称作综合使役）和句法使役（也被称作分析使役）共同构成语法使役结构，与之相对应的则是词汇使役结构（Недялков，1969：388）。

一　俄汉语中的形态使役

借助不同的前缀构成的形态使役是规则和能产的（梅祖麟，19991：25），这些前缀可有各种变形（如在土耳其语、芬兰语、匈牙利语和其他语言中）。英语中的使役前缀为 – en，使役后缀为 – fy、– ize 等，它们可充当动词或形容词的前后缀，从而构成使役动词，例如：

（1）Chessenriches a country！ -Шахматы обогащают страну！

（2）I tried topacify her，and at last succeeded，and she lay quiet. -Я старалась ее успокоить，наконец мне это удалось，и она тихо лежала.

根据梅祖麟（19991：126—128）的研究，在古汉语中语音是构词手段之一。这类构词手段的主要功能在于区分使役动词（轻声母）或作格动词（浊声母），因此，含有“败，折，断”等词的句子可有两类意义。例如，败［pai］表示使失败，而败［bai］则表示遭受失败。在现代汉语中已经几乎没有形态使役。① 而俄语中也没有此类使役结构（Дадуева，2011：28）。

二　汉语中的分析使役和词汇使役

梅尔丘克（Недялков，1969：379）指出，在许多失去词形使役的语

---

　　① 在现代汉语中只有极少的通过语调变化构成形态使役的例子，如“空”为去声时表示让出空位，如为阴平则表示空闲的地方。

言中，产生了可规则构成句法使役结构（分析使役结构）的手段。汉语也是没有通过词形变化构成的使役，借助某些词汇或结构可规则构成使役结构，如以下几种分类：

A. 含使、令、让、要、叫、给等的使役结构

这是汉语中使用最广泛的使役结构。"使，令，让，要，叫，给"等词不是纯粹的动词，不可单独使用，其后也不可加表示时间标记的"了，着，过"，也不可与表示方向、行为和数量的词连用。"使，令，让，要，叫，给"等词其语法化的结果就是它们成为含使役意义的语法标记。这类使役结构中的词序符合使役事件的顺序和认知顺序：使役情景→被使役情景；使役主体→使役行为→使役客体→使役行为结果。

这类使役结构模式可表达为：使役主体 + 使，令，叫，让等 + 被使役客体 + 动词：

（3）节目使她出了名。—Программа прославила её.
（4）我父亲让我来了。—Отец заставил меня прийти.

Б. 含"把"的使役结构

含"把"的使役结构的特点在于，使役主体有意识和有目的地使役行为客体。位于"把"之后的使役客体指的是第二个情景中的宾语。这类结构在语义上一方面强调使役主体的意志性、积极性和预谋性；另一方面，强调使役客体的被动性。含"把"的使役结构的表达模式为：使役主体 + 把 + 行为客体 + 动词：

（5）我就把他复印了一份儿。—Я копировал его в одном экземпляре.
（6）她把这事儿办好了。—Она сделала это.

B. 含"得"的使役结构

这类结构隐含有使役的语义，与上类结构不同，含"得"的使役结构强调行为结果，在这种结构中结果以分析词组的形式表达，通过"得"与动词谓语不是直接连接，而是间接连接。从语义角度看，第一个行为是第二个行为（谓语）结果的原因或来源。含"得"的使役结构的表达模

式为：使役主体 + 动词 1 + 得 + 使役客体 + 动词 2：

　　（7）狂风刮得我站不住脚跟。—Ветер дует так силь-но，что я не могу твердо стоять на ногах.

　　（8）他也照样打得他们伤痕累累。—Он снова избил их до синяков и царапин.

　　А 和 Б 使役类型中，使役主体是使役行为的原因或起源。在这两类使役结构中使役主体充当主语。在 B 类使役结构中，使役意义不是通过动词表达，而是整个句子结构。

　　如果在分析使役结构中，使役事件没有显性使役标记，那么在词汇使役结构中使役意义是通过句法表达的。通常，词汇使役借助大量及物动词表达，这类及物动词含有促使意义成分，它们充当使役结构的谓语，如：убивать-《оказать та-кое воздействие，чтобы кто-либо умер》，сломать-《оказать такое воздействие，чтобы что-либо сломалось》，教（учить，обучать，преподавать，наставлять），喂（кормить），卖（продавать，торго-вать），赢（выиграть，победить），借（брать взаймы，давать взаймы），提醒（напоминать，подсказывать），感动（трогать，трогаться）等，如：

　　（9）中国驻俄罗斯大使提醒同胞注意安全。-Посольство КНР в России напоминает китайцам，что они должны обращать внимание на безопасность.

　　（10）Два года назад Путинназначил своего ближайшего друга министром обороны.

　　需要注意的是，汉语词汇使役结构中述谓动词可以是宾格或作格动词。如宾格动词（杀死）：

　　（11）他杀死了她。—Он убил её——使役结构
　　（12）她杀死了。—Её убили. ——作格结构不成立
　　（13）他吓傻了她。—Он испугал её до смерти——使役结构

（14）她吓傻了。—Она испугалась до смерти——作格结构

汉语词汇使役和带"使，令，让，要，叫，给等"的分析使役之间有互相替代表达的关系。通常带作格动词的词汇使役与带"使，令，让，要，叫，给等"的分析使役相一致。

（15）文学作品使人感动。—Литературные произведения волнуют людей.

（16）文学作品感动人。—Литературные произведения волнуют людей.

上述例子中"杀死（убить）"是宾格动词，而"感动（трогать，трогаться）"是作格动词。作格动词可以构成分析使役和词汇使役，而宾格动词只能构成词汇使役。

分析使役与词汇使役之间存在一定的联系，词汇使役的深层结构是分析使役，此时使役动词为零形式。两种使役结构的表达模式与关系如下：

分析使役：使役主体＋使（令，让，要，叫，给等）＋使役客体＋作格动词

词汇使役：使役主体（前置的使役主体）＋作格动词＋ 02 ＋ 03 ＋使役客体

总结上述对比，汉语中有两种手段表达使役：含使役意义的动词（类型 A）或隐性地表达和句法使役（类型 Б，B）。所谓隐性的使役表达是指结构中的动词谓语本身不含有使役语义，但整个句子结构表达使役意义。

三　俄语中的分析和词汇使役

为方便比较我们从使役动词的功能角度出发，将俄语的使役结构也分为分析使役和词汇使役。① 在俄语分析使役中使用纯使役动词，如：

---

① 戈登（例13）认为在斯拉夫语中没有分析使役，因为纯使役动词保留了自己的词汇意义，不能将其归类为虚词。动词"дать"的随意使用使其具有半虚词性质（Падучева，2001：77）。我们认为，俄语使役结构中的纯使役动词不能单独充当谓语成分，它们具有使役义，并且要求其后连接表示行为结果的动词不定式。带有这类动词的俄语使役结构类似于汉语中的分析使役结构。

каузировать、делать、заставлять、давать и позволить 等，行为或状态是在另一行为（如：просить читать、велеть спать 等）的促使下产生的（Падучева，2011：77）。

在俄语使役结构中，根据使役关系中参加者的数量和事件可以分为八种类型的谓语动词，这些动词中含有使役语义（Гордон，1981：176）。在俄语使役动词的词汇语义结构中含有使役主体的情态义子，使役客体的特征和状态义子等。俄语使役动词从语义上主要分为三类：引起（cause）、使……能（enable）、禁止（prevent），如 заставить，разрешить、велеть 等。

典型的俄语使役结构含有四个基本成分：使役主体 + 动词 1 + 使役客体 + 动词 2（如例 17）。此外，还有其他的使役表达方式：三成分使役结构（例 18），两成分使役结构（例 19）。

（17）В войне побеждает тот，ктозаставляет других гибнуть за свою страну.

（18）Вы меняогорчили.

（19）Насвыселили из хостела.

在俄语使役结构中仅使用使役动词（及物动词），而非宾格动词（带 - ся 或不带 - ся 的作格动词，不及物动词）表示事件的结果或状态等意义（例 16），属于此类的动词数量较多，如 веселить-веселиться；отправить-пойти，отправиться；разбить-разбиться；огорчить-огорчиться；сломать-сломаться；напомнить-вспомнить；усыпить-спать 等。另外俄语中还存在无使役义与有使役义的成对动词，如：быть-бавить（заставлять быть）；жить-живить；существовать-существить；мереть-морить；гибнуть，гинуть-губить；спать-сыпить；бдеть-будить；мёрзнуть-морозить；плыть-плавить；звучать-звучить；слыть-славить；пить-поить；стыть-студить；лакать-лакомить；гулять-выгуливать（кого-то）；любить-влюблять。这类构词方式是汉语中所不具有的。

（20）Трудвеселит человека.

（21）Родные и друзьявеселятся вместе с участниками ансамбля.

（22）Новая часть городанапомнила ему петербургские пригороды.

（23）Татьянавспомнила о подарке молодого господина.

与俄语不同，汉语使役结构只有四成分和三成分结构，没有两成分结构。其原因在于汉语没有俄语所具有的形态变化系统。俄汉语相同点在于两种语言中使用频率最高的是四成分使役结构。俄汉语四成分和三成分使役结构模式可表达如下：

使役主体＋动词1＋被使役主体＋被使役结果或状态；

使役主体＋使（令、让、要、叫、给等）＋使役客体＋被使役结果或状态。

在两类结构模式中使役主体＋动词1＋被使役主体和使役主体＋使（令、让、要、叫、给等）＋使役客体构成第一层使役述谓结构，而使役客体＋被使役结果或状态和被使役主体＋被使役结果或状态构成第二层使役述谓结构。很明显，在两种结构中两层述谓结构重合的成分为原因情景中的使役客体，同时也充当结果情景中的使役主体成分，即第一层述谓结构的客体和第二层述谓结构的主体。

俄汉语词汇和分析使役结构模式具有相同性，符合人类的认知顺序，其词序为从原因到结果，其中有连接题元，既是使役情景中的使役客体，也是被使役情景中的使役主体（见表1）。

表1　　　　　　　　　　　使役结构分析

原因			结果	
使役主体	使役行为	使役客体	被使役主体	被使役结果或状态
主语	谓语$_1$	连接题元		谓语$_2$
（пример 4）我父亲	让	我		来了
（пример 7）狂风	刮得	我		站不住脚跟
Путин	назначил	своего ближайшего друга		министром обороны
Зюганов и Явлинский	хотят отправить	Михаила Михайловича		в отставку.

在上述结构模式中，使役标记为使役行为（谓语1）（见表1），其后

的使役客体或被使役主体在俄语中以间接格形式体现，这种表达是符合人类语言的共性规律的，如在英语中也有类似表达：

（24）He made（her cry）.

（25）Строгие мама и папа запрещали（бабушке рассказывать детям о взрослой жизни）.

四 结论

在俄汉两种语言中使役标记是使役动词或含使役性意义的助动词。根据语言类型学规律，使役动词的语法化程度比使役形态高。而俄汉语中没有使役形态构成的使役结构，而有由使役动词构成的使役结构，因此也可以认为，俄汉语中具有语法化程度较高的使役标记。

除俄汉语中共同的分析使役结构，汉语中还有俄语所没有的独特的一类使役结构，即带"把，得"的使役结构。汉语中的使役结构可由及物动词和非及物动词构成，而俄语中只能由及物动词构成。

总结本文所述，汉语使役结构比俄语使役结构更丰富多样，二者之间有部分结构相一致，但仍存在有差异的地方，在教学中需要提醒学生，翻译时变换相应的结构以表达准确的语义。

参考文献

Comrie B., *Language Universals and Linguistic Typology*, Chicago: University of Chicago Press, 1989: 264.

Dixon, R. M. W., "A Typology of Causatives: Form, Syntax and Meaning", in Dixon, R. M. W., Alexandra Y. Aikhenvald（ed.）, *Changing Valency Case Studies in Transitivity*, Cambridge: Cambridge University Press, 2000: 30 – 83.

Shibatani, M.（ed.）, *The Grammar of Causation and Interpersonal Manipulation*, Amsterdam and Philadelphia: John Benjamins, 2002: 85 – 127.

Shibatani, M., "Introduction: Some Basic Issues in the Grammar of Causation", in Shibatani, M.（ed.）, *The Grammar of Causation and Interpersonal Manipulation*, Amsterdam: John Benjamins, 2002: 1 – 22.

Song Jae Jung, *Causatives and Causation: A Universal-Typological Perspective*, London and New York: Addison Wesley Longman, 1996: 295.

Аркадьев П. М. , Летучий А. Б. Транзитивность импликации и естественный язык: парадоксы каузативных конструкций в типологическом освещении // Семинар НПММвЯ, МГУ. -Москва, -Заседание № 135, 2009: 1 – 10.

Арутюнова Н. Д. Предложение и его смысл, -М. : Наука, 1976: 167 – 179.

Баклагова Ю. В. К вопросу о каузальности и каузативности в системе языка // Вестник Адыгейского государственного университета. Серия 《Филология и искусствоведение》. Майкоп: АГУ, Вып. 10 (38), 2008: 26 – 30.

Гордон Е. Я. Каузативные глаголы в современном русском языке: дисс. ⋯ к. филол. н. Душанбе, 1981: 152.

Дадуева А. Е. Общая характеристика каузативных глаголов // Вестник СибГУТИ. -СПб. , -№ 2, 2011: 76 – 81.

Мельчук И. А. Курс общей морфологии. Том II. Часть вторая: морфологические значения. -М. : Языки русской культуры, 1998: 379 – 396.

Недялков В. П. , Сильницкий Г. Г. Типология морфологического и лексического каузативов //Типология каузативных конструкций. -Л. : Наука, 1969: 20 – 50.

Падучева Е. В. Каузативные глаголы и декаузативы в русском языке // Русский язык в научном освещении, 2001 (1): 52 – 79.

Холодович А. А. (ред). Типология каузативных конструкций. Л. : Наука, 1969: 311.

梅祖麟:《从汉代的"动杀"和"动死"来看动补结构的发展》,《语言学论丛》1991 年第 16 辑。

汉字：隐喻及转喻思维的化石

王　昉

摘要：通过对汉字造字法进行剖析，可以得出结论：作为人类基本思维方式的隐喻和转喻思维，贯穿于文字创制的方方面面。由此，汉字成为人们了解这些思维方式在其创制及发展过程中曾起过作用的"化石"。

关键词：文字；隐喻思维；转喻思维；语言符号

语言和思维有着辩证统一的关系。没有思维，就没有语言的产生和发展；没有语言，就无法表述思维的过程和结果。汉字，作为汉民族语言的书面记录形式，是思维以文字形式存在的化石。其创制过程和方式，为隐喻和转喻思维提供了有力证据，能证明这两种思维方式是人类思维的最基本方式。

一　隐喻和转喻

（一）基于认知理论的隐喻和转喻

关于隐喻和转喻的研究，目前是认知语言学的重要研究课题。人们不再简单地认为它们仅是语言的装饰手段，而是以一事物描写或替代另一关联事物的思维和认知方式，是人类认知外部世界和进行思维的重要工具，同时也是语言产生及其意义发生变化的重要媒介。莱考夫和约翰逊给隐喻下的定义是："隐喻的本质是通过另一类事体来理解和经历某一类事体。"（Lakoff & Johnson，1980：5）作为一种基本的认知模式，隐喻让我们通过相对具体、结构相对清晰的概念去理解那些相对抽象、缺乏内部结构的概念。它是我们理解抽象概念，进行抽象思维的主要途径（束定芳，2000）。与隐喻不同的是，转喻所涉及的是一种"接近"和"凸显"的关系（赵艳芳，2000：115）。它是用凸显、重要、易感知、易理解、易辨认的部分代替整体或整体的其他部分，或用具有完形感知的整体代替部分的认知过程（石宝梅，2009）。也就是说，一个物体、一件事情、一个概念有很多属性，而人的认知往往更多地注意到其最突出的、最容易记忆和理解的属性。

同为人类重要的认知手段，隐喻和转喻有着重要区别：隐喻是以事物间的相似联想为心理基础，从一个领域投射到另一个领域的认知方式，其主要功能是对事物的描述；而转喻是以事物间的邻近联想为基础，在同一理想化认知模型中的代替关系，其主要功能是对事物的指称（曾庆敏，2005）。基于认知理论下隐喻和转喻的研究为我们理解语言符号中所承载的人类思维规律提供了重要渠道。

（二）隐喻和转喻的符号学阐释

语言是符号系统，文字是记录语言的符号体系。对文字的研究不仅是语言学的，还是符号学的。19 世纪末 20 世纪初，西方语言学界开始热衷于对符号学理论以及符号系统的分析和探讨。索绪尔把符号学定义为"在社会中研究符号生命的科学"（De Saussure，2001：15），而"语言学只是这一普通科学的一个分支"（De Saussure，2001：16）。按照符号学的观点，任何符号都有三个基本要素：能指，符号的形式要素；所指，符号的内容要素；意指方式，即能指和所指的结合方式（孟华，2004：456）。法国符号学家罗兰·巴特认为，在意指过程中存在着多重层次或多重符号系统，其中下一级单位可以作为要素构成上一级单位。根据巴特的观点，池上嘉彦将符号的意义区分为"指示义"和"内涵义"两种（池上嘉彦，1984：83—84）。这两种意义分属两个不同的符号层级，如图 1 所示。

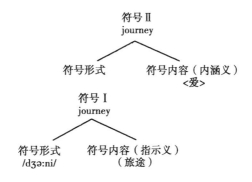

图 1　语言符号系统的多层级性图示

　　图1中，第二级符号系统建立在第一级符号系统之上，第一级系统中的符号Ⅰ（即能指和所指的结合体）在第二级符号系统中成了纯粹的能指。整个图示中，隐喻发生在第二个层级之上，处于第二个层级中所指位置的符号内容由第一层级的指示义演变为了内涵义。以"Love is a journey"为例，"旅途"（journey）被用来喻指"爱情"，"爱情"是其内涵义。第一层级中的符号形式（journey）和其符号内容（旅途）的结合产生了符号Ⅰ（journey）。在使用过程中，符号Ⅰ（journey）又作为第二级符号中的符号形式并与其符号内容（爱情）进行关联促使了另一个更加充实的符号Ⅱ（journey）的出现。虽从形式来看，符号Ⅰ（journey）和符号Ⅱ（journey）似乎毫无区别，但隶属于它们的所指与能指完全不同。显然，这种在符号之上分析隐喻的方法完全是在语言使用的层面上进行的，这也是认知语言学研究隐喻的视角。与此类似的是，隐喻还以另一种方式存在于文字的创制过程之中，如图2所示。

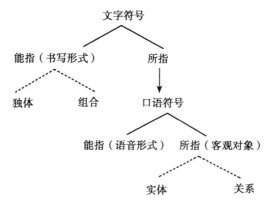

图2　文字符号与口语符号关系示意

　　由于口头语言早于文字符号的出现，图2中也就存在两级符号系统——处于第一层级的口语符号系统和建立在其之上的文字符号系统。第一层级中，作为能指的语音形式与处于所指位置的客观对象通过意指方式结合起来形成了口语符号，口语符号又成为第二级符号系统的所指与其能指（书写形式）结合从而产生了内容更为充实的文字符号。从文字的创制过程来看，处于第一层级中的所指与第二层级中的能指之间体现着隐喻思维。作为书写形式的能指实质是对口语符号的书面指称，其所指的实际内容为客观实体，简言之，其是对客观实体的书面表达。基于观察和临摹，客观实体用书写形式表达了出来，并配之以语音形式，便出现了文字。在这个过程中，隐喻思维发挥了重要的作用，促使了文字符号书写形式的出现。因此，隐喻便成为了文字符号创制过程中的重要机制。

那么在文字符号的创制过程中转喻思维是如何体现呢？文字符号可以认为是为口头语言中已有的概念在书面上进行"命名"。命名的目的即是为了方便指称，因此，造字过程中符号的创造与选择均需涉及指称问题。转喻，作为完成指称功能的重要思维方式在造字过程中作用举足轻重。首先，处于第二级符号系统能指位置的书写形式和第一级符号系统中的所指之间存在转喻关系，因为书写形式只能是对客观对象的符号化和抽象化，它是"部分代整体"思维方式的运用。其次，在对文字符号进行口头指称时，语音形式也是通过转喻来给不同的书写形式命名的。同时，我们知道文字符号的发展过程是一个由繁到简、由具体到抽象的过程，这种书写上的简化与抽象化从各个方面来看都是转喻思维的体现。

二　隐喻和转喻思维的文字学证据

汉字是象形和表意型文字，形义理据是其显著特点。汉字历来有"书画同源"一说，"近取诸身，远取诸物"常被视为早期汉字的构型原则。徐通锵认为汉语充分体现了汉民族"比类取象"的思维方式（徐通锵，1998）。这种独特的思维方式，也造就了汉字与众不同的构造方式。下面我们从传统"六书"说的角度分析汉字造字法中的隐喻和转喻性思维，即从解读象形、指示、会意、形声这几种汉字构造方式及其所负载的信息为出发点，旨在从文字学方面为隐喻和转喻性思维提供证据。

（一）隐喻思维的文字学证据

1. 象形造字法中的隐喻性思维

象形是在对客观事物长期观察的基础上，取其最有代表性的特征描摹之以为符号的一种方法，其本质是对客观物象的一种典型化、抽象化和符号化。描摹，即摹形，是象形造字的基本方法。它是利用笔画与实物之间的相似性在书面上进行指称，也即"言"笔画而喻对象也。抽象的文字符号与客观对象之间反映了隐喻的认知过程。古人在观象、取象的基础上，再根据对现实世界的感知体验和认知加工，将心灵化的物象，即"意象图式"，通过文字符号表现出来。在这个过程中，外界实体与文字符号这两个不同范畴的东西通过表现其相似性的心灵意象被联系了起来，这正是隐喻思维在象形造字中的体现。如：《说文解字》① 对"日（日）"的解释是"日，实也，太阳之精不亏"，对"月（月）"的解释是"月，阙也，大阴之精，象形"。其中"实"与"阙"在书写上各有所示，书写之"实"与"阙"正是借助其与事物本身的象似性来进行书面指称的。

2. 指事造字法中的隐喻性思维

邢公畹认为，指事字是用象征性的符号，或以象形字为基础增加标指性符号来构成字形（邢公畹，1992：445）。许慎在《说文解字·叙》中也提道："指事者，视而可识，察而见义，上下是也。"可见，指事造字法是以观察为基础由两种不同的符号组成的一种造字方法。那么隐喻性思维究竟是如何体现在指事造字中的呢？要阐释清楚这一点，就得从构成此类字的两种不同符号说起。第一种符号，象形字或象征性的符号本身就是人们运用隐喻性思维创制的。如"王"字的三横是象征性符号，喻指天、地、人，一竖表示参互贯通之意，而参通之者为王也；又如"夫"字，其中的"大"是（男）人正面的象形。第二种符号，标指性符号则是古人用来记事的抽象符号，这种符号代代相沿，约定俗成，具有确定的观念和意义，其实质是在书面上实现的"指点"行为。例如，"刃（刃）、本（本）、末（末）"等字中的点画或横画就隐喻了对事物或概念的实际"指点"。"点"在刀刃上就是"指"刃，"横"画在木（木）的根或末梢分别"指"根本或末端。

3. 会意字中的隐喻思维

许慎说："会意者，比类合谊，以见指㧑，武信是也。"会意造字法就是把两个或两个以上的独体字组合起来以表示一个新字的造字方法，它是符号的组合或者叠加。这些独体的符号，有的明显是隐喻思维的产物，比如"朱（朱，'株'字初文）"字，甲骨文从木，中间加一短横表示根株在地上。这里的横画隐喻大地，其相似之处就是都是平直的。

此外，符号（或构字部件）叠加组合的不同模式也隐喻着意义的不同组合方式。不同的叠加组合模式在字形上可以表现为构字部件的分合、增减等方式。总结起来，构字部件的组合模式有取重、取半、取分、取

---

① （汉）许慎撰，（宋）徐铉校定：《说文解字》，中华书局 2004 年版。下同。为说明问题，本文部分例字提供了其甲骨文写法，绝大部分例字仅提供其小篆体。

少、取反、取并和变形，等等。下面分别就这些方式举例说明，此处所举文字及释义均引自许慎的《说文解字》。

取重："艸"（艸）："百卉也。从二屮。""林"（林）："平土有丛木曰林。从二木（木）。""爻"（爻）："交也"；"㸚"："二爻也。""品"（品）："众庶也。从三口。""品"："众口也。从四口。"以上这些例子都是用书写上部件的二次重叠、三次重叠乃至四次重叠所表现出来的"多"隐喻意义上的"多"。

取半："片"（片）："判木也。从半木（木）。"由木头劈成的木片，这种离析后的状态是利用书写上取构字部件的一半来隐喻的。

取分："鼎"（鼎）："三足两耳，和五味之宝器也。……《易》卦：巽木于下者为鼎，象析木以炊也。"鼎字下方为架好的木片，自然在书写上要将木（木）分写了。此处隐喻思维与"木"取半为"片"是一样的。

取少："夕"（夕）："莫也。从月半见。"黄昏月初现，初，即不全。不全就用（夕）少一"点"来隐喻。又如，"歹"（歺）："剡骨之残也。从半冎。"残，也为不全。当然在冎（冎）的基础上少写一些笔画，用书写上的"少"来隐喻意义上的"残"。

取反："永"（永）："长也。象水巠理之长"；"𣲟"（𣲟）："水之衺流，别也。从反永"。前者是众多溪流汇集成一条大河，流入大海，就是永。后者刚好与前者正好相反，是"永"的镜像。它指一条河，分支，最后消失，由一分岔出去叫作𣲟，流派就是这个意思。这种以书写上"取反"来指意义上的"取反"，也是隐喻。

取并：与取重不一样，取并是将两个以上不同的部件并到一起构成新字。如"集"（集），商代金文像三隹（短尾鸟）集于木上之形，后演变为"雥"字。甲骨文三隹省作一隹，后演变为"集"字。[①]

变形："彳"（彳）："小步也。像人胫三属相连也"；"廴"（廴）："长行也。从彳引之。"后者为前者末画的延长变形。这是用书写上的延展隐喻实际动作的延续。

4. 形声字中的隐喻思维

形声字是在象形字、指事字、会意字的基础上形成的，是由两个文或

---

① 参见何琳仪《战国古文字典》，中华书局1998年版。

字复合成体，由表示意义范畴的意符（形旁）和表示声音类别的声符（声旁）组合而成。正如许慎在《说文解字·叙》中说："形声者，以事为名，取譬相成，江河是也。"其中"以事为名"即在对客观世界进行范畴化①之后依事类而定其名字，"取譬相成"则是找同音字来做新造字的标音部分。形声字的意符一般由象形字或指事字担当，它必然是隐喻性思维的产物；声符则可以由其他的造字法所造之字来充当，以声表义是基于音义通感的关联性，采用的也是喻化思维的方法。同时，意符和声符所构成的平面图形同时也能够生成意象概念范畴的隐喻图式。它们可以有各种形式的平面组合，例如，上下、左右、外包和内包等，这种平面组合就构成了直觉感悟的意象图式。例如形声字"牢""国"等。"牢"字的图式由表示房子的"宀"和表示动物"牛"的符号"牜"构成，整个字的意思是圈养牛的房子，引申为监狱或者牢固。"国"字由表示地域的"囗"和表示珍贵的符号"王"组合而成，引申为像玉一样珍贵的土地，由此形成国家的意思。这些都体现了形声造字中的隐喻性思维。

（二）转喻思维的文字学证据

转喻和隐喻一样，同为人类重要的思维方式，贯穿于人类的语言活动之中，是人类给万物命名、谈论和指称万物的重要手段。在"六书"中，转喻思维起着极其重要的作用，它是比隐喻更为基本的一种造字思维方式。下面我们从音和意两方面讨论转喻在汉语传统造字法中的运用。

1. "意"的转喻

汉字在最初造字时，表意者居多。象形字所"象"的"形"，是客观

---

① 分类的心理过程通常被称为"范畴化"（Ungerer & Schmid，2001：2）。它是一种基于体验，以主客体互动为出发点，对外界事物进行主观概括和类属划分的心智过程，是一种赋予世界以一定结构，并使其从无序转向有序的理性活动（王寅，2007：96）。从认知的角度看，它是人类对世界万物进行分类的一种高级认知活动，在此基础上人类才具有了形成概念的能力，才有了语言符号的意义。在语言学里，范畴化具有两方面的含义：其一是指人类通过语言把非语言的世界作为客体进行分类的过程。显然，这是语义学必然关注的对象。其二是语言学家们将语言本身作为客体进行范畴化，如元音、辅音、词素、名词、动词等这些耳熟能详的概念正是对语言本身范畴化的产物（成军，2006）。当然，范畴化在语言形成初期也发挥了至关重要的作用。语言的形成是以认知范畴为基础的，也就是说，大脑并不是一个一个地认识事物，而是一类一类地认识事物，并不是给一个一个事物命名，而是给一类事物命名（赵艳芳，2000：83）。语言的形成过程其实是对客观世界进行范畴化的过程。文字的创制在另一层面上重现了这一过程，由此创制的文字符号则成为了人们了解其创制及发展过程中范畴化曾起过作用的"化石"。

事物中富有特征性的"形"，有"象"全形的，也有"象"局部的，有"象"其正面的，也有"象"其侧面的。象形作为基本的造字法之一，虽然是用简单的图画描摹客观事物的形状，但在造字时，是把转喻思维贯穿其中的。所有的象形字虽然是"画成其物"，但这个画成的"物"并非原物的全部，而是经过人们心灵化了的物的部分意象。借用物的部分意象来代替自然物的全部以创制汉字并赋予其含义，这是象形造字法的转喻式思维机制。李先耕认为，象形字是对实物的特征归类简化（李先耕，2001：121）。举要点以赅全貌，即是转喻思维的体现。例如"牛"（𛀁），《说文解字》的解释为："像角头三封尾之形也。"像牛的头、两角、肩和尾，略去四肢。段注曰："羊豕马象皆像其四足。牛略之者，可思而得也。"《甲骨文字典》①的解释是："𛀁𛀁，上像内环之牛角，下像简化之牛头形。又有别体作𛀁，系自侧面描摹牛体。"不管是何种解读，都反映了这是典型的转喻思维。又比如"羊"（羊），《说文解字》的解释是："像头角足尾之形。孔子曰：'牛羊之字以形举也。'"商承祚②认为，"其变体之多至四十许。或绘羊头。或自后视。或由侧观。或牵之以索。然一望即知其为羊也。"如𛀁、𛀁。《甲骨文字典》："𛀁像正面羊头及两角两耳之形。按甲骨文实以羊头代表羊。"不论是描画羊之某部，或某环境中具体的某只羊，以此形象指代羊之范畴，皆杂有隐喻和转喻思维。

随着人类社会活动的增多和交际范围的扩大，人们越来越感觉到象形字是远不能满足交际需要的。于是，由两个或两个以上的象形部件来组成的表意合体字便出现了，如"家"，许慎《说文解字·宀部》："家，居也。从宀，豭省声。""宀"表示房屋，"豕"表示猪，从字形结构上看，"家"是房屋和猪组成。家是一个抽象的概念，人们使用房屋和猪这两个最能代表家庭的具体事物来表示"家"这个概念，这便符合转喻的"以具体代抽象""以部分代全体"和"以特征代事物"的基本内涵。由此可见，在造"家"这个字时同样运用了转喻思维。像"家"这样的字还有很多，如"聽"（𛀁），从耳从德，表示耳有所得；"看"（𛀁），以一手掩罩在眼睛上表示。此外，在上节提到的有关会意字的组合模式，如取

---

①　《甲骨文字典》，徐中舒主编，四川辞书出版社 1989 年版。下同。

②　见《甲骨文字研究下篇》，转引自《古文字诂林》第 4 册，上海教育出版社 1999 年版，第 166 页。

重，也体现了转喻思维，在这类字的创制过程体现了"以部分代整体""以定数代不定数"的特征。

　　那么"意"的转喻是如何贯穿于形声造字中的呢？这得从形声字的形符谈起。形符的产生，是古人对世界认知范畴化的结果。人们在认知世界的时候，通过大量的实践和经验，首先在基本范畴的层面上形成概念，再由概念产生基本范畴词语。形符代表的是事物类别意义，是处于基本范畴层级的词语。由于认知是建立在经验的基础上的，这使人们抽象出的事物范畴具有模糊性，而事物范畴的模糊性使语言符号的语义范畴也具有模糊性，这又使那些表示基本范畴的语词有可能从各个不同的角度引申。其引申的过程实质上是其意义发生转喻的过程。因而作为基本范畴的不同形符经过意义转喻之后可以归入同一类符，例如，言（𠧢），"直言曰言，论难曰语。从口辛声"。口（𠙵），"人所以言食也"。本为人口这一特定器官。而作为形符之后，转喻为口的功能，或言或食或啖。其他几个形符，如"欠""心"等，也都被用来代替"口"这一形符。欠（𣣎），"张口气，悟也。像气从人上出形"。因气出于口，所以"欠"也能完成"口"的转喻功能。心（𠁽），"人心，土藏，在身之中，象形。博士说以为火藏。"古人以为心是思维之器官，所以"心"也可以完成"口"的转喻功能。

　　以下各组异体字均反映了以上各字作为形旁时的转喻功能。此外，还可以得出一个结论，口作为最直观、最易感知的器官，它最容易被用来作为转体。所以，各组字中的"言"旁字、"欠"旁字均有"口"旁的异体字，例字有咏詠，喻諭，嘩譁，呼評，嘖讀；呵歌，咳欬，喘歂，嘆歎，嗌欯，嘯歗，哥謌歌；憴諰，懺讖。

　　2. "音"的转喻

　　汉字最初造字时，注重"意"，但显然，这种造字方法在创造文字时是有局限性的。于是，便产生了"音"的转喻。裘锡圭先生（1998：4）曾说："要克服表意字和记号字的局限性所造成的困难，只有一条出路：采用表音的方法。这就是借用某字或某种事物的图形作为表音符号，来记录跟这个字或这种事物的名称同音或音近的词，这样，那些难以为它们造表意字的词就可以用文字记录下来了。"根据裘先生的说法，采用表音的方法，即运用语音转喻思维来造字。在"六书"中，语音转喻思维的产生促使大量的形声字出现。例如，从仑得声的沦、轮、伦、论、纶等，从奂得声的焕、涣、痪、唤等。

三 结语

综上所述，汉字不同的构造方式均不同程度地体现了隐喻和转喻思维，这从文字学方面为隐喻及转喻等人类基本思维方式提供了有力的证据，同时也开辟了隐喻和转喻研究的新视野——将文字研究与人类思维研究联系起来。

参考文献

De Saussure, F., *Course in General Linguistics*, Translated by R. Harris（1983 edition）, Beijing：Foreign Language Teaching and Research Press, 2001.

Lakoff, G. & M. Johnson, *Metaphors We Live by*, Chicago：The University of Chicago Press, 1980.

Ungerer, F. & H. J. Schmid, *An Introduction to Cognitive Linguistics*, Beijing：Foreign Language Teaching and Research Press, 2001.

成军：《范畴化及其认知模型》，《四川外国语学院学报》2006 年第 1 期。

［日］池上嘉彦：《符号学入门》，张晓云译，国际文化出版公司 1985 年版（日文版：日本岩波出版社 1984 年版）。

李先耕：《汉语新论》，黑龙江教育出版社 2001 年版。

孟华：《汉字：汉语和华夏文明的内在形式》，中国社会科学出版社 2004 年版。

裘锡圭：《文字学概说》，商务印书馆 1988 年版。

石宝梅：《浅析转喻》，《语文学刊（外语教育与教学）》2009 年第 8 期。

束定芳：《论隐喻的基本类型及句法和语义特征》，《外国语（上海外国语学院学报）》2000 年第 1 期。

王寅：《认知语言学》，上海外语教育出版社 2007 年版。

邢公畹：《现代汉语教程》，南开大学出版社 1992 年版。

徐通锵：《说"字"》，《语文研究》1998 年第 3 期。

曾庆敏：《从认知角度看隐喻和转喻的功能差异》，《教育与教学（西南政法大学学报）》2005 年第 5 期。

赵艳芳：《认知语言学概论》，上海外语教育出版社 2000 年版。

反思参数：生物语言学视角的变异研究新进展

韦 理

摘要： 语言变异一直是生成语言学研究的焦点问题。管辖与约束理论的原则与参数模式被认为同时解决了语言习得和语言变异问题，然而在最简方案框架下，激增的参数使得 UG 过度复杂，以至于无法回答语言进化问题。近年来学界对参数理论进行了深刻反思与探索。目前语言变异研究分为两派，基于参数理论的变异观和基于生物语言学的无参数变异观。从生物语言学视角开展的自下而上的语言变异研究模式，运用多元主义研究方法，充分考虑语言设计的三个因素，反映了对人类语言机能的最新认识。

关键词： 最简方案；生物语言学；参数理论；语言变异；语言习得

一 引言

20 世纪八九十年代，作为对儿童语言习得问题和语言变异问题的解决方案，原则与参数理论的地位是不可撼动的。然而，随着最简方案的提出，该理论受到了来自各方面的批评，这些批评不仅包括来自生成语言学阵营之外的功能语言学家（如 Croft，2001；Dryer，2009；Haspelmath，2008）和基于使用的语言学家（如 Tomasello，2003），甚至还包括生成语言学阵营内部的语言学家（如 Newmeyer，2004；Boeckx，2011）。近年来，生成语言学界在最简方案框架下对参数理论进行了深刻的反思与探索（Boeckx，2010、2011、2012）。本文将综述和评价最简方案框架下参数研究的最新成果，尤其是近几年的研究热点——生物语言学视角下自下而上的语言变异研究。

二 从柏拉图问题到达尔文问题：对原则与参数模式的反思

原则与参数模式的提出解决了柏拉图问题（即儿童语言习得问题）

与语言变异现象之间的张力问题。众所周知，语言之间的差异"没有界限且不可预测"（Joos，1957），然而儿童在习得语言时却表现出快速、一致的特点，说明儿童必须具备一定的内部原则，这些原则具有高度限制作用，能够帮助儿童在众多与语言证据一致的语言理论中确定正确语法。但是，这种具有高度限制性的原则与可获得的语言所表现出的无限多样性相矛盾。为了解决这一矛盾，乔姆斯基（Chomsky）提出了原则与参数模式，认为遗传天赋（即普遍语法）提供了一个固定的原则系统和一套固定的参数，在与外部语料的接触中参数被赋予一定的值，语言就是通过设置参数值而确定的。不同的参数值代表了不同的语言。原则与参数被认为解决了语言习得的逻辑问题，同时也解释了语言的多样性问题。

　　然而，随着研究的深入，该模式也暴露出一些问题。纽梅耶尔（Newmeyer，2005）指出，自20世纪80年代以来，大量比较语言学研究的结果是参数作为描写手段的激增，尤其是关于相近语言的"微观参数"。这些研究导致的问题是：到底有多少参数。参数越多，普遍语法越丰富，这正符合了乔姆斯基（Chomsky，1981）关于参数句法的观点。然而，如此丰富的语言机能是如何进化的？很显然，UG越丰富，我们越无法回答关于语言进化的达尔文问题。

　　为了解决UG过于丰富的问题，也为了回答达尔文问题，乔姆斯基（2005）提出了基于最简方案的生物语言学思想。其核心是语言设计的三个因素，即假定语言机能具有其他生物系统的一般属性，那么语言的发展应涉及三个因素：遗传天赋、经验以及非语言机能所特有的原则。由此可见，原则与参数模式及其以前的理论都是研究第一因素在语言习得中的作用，而最简方案则明确提出自下而上研究UG，寻求对语言机能的第三因素解释。乔姆斯基清楚地表明了最简方案的概念转向，将语言所特有的原则简化为非语言特有的一般原则。

　　综上所述，最简方案的提出促使我们不得不重新思考原则与参数模式的理论价值及经验价值。首先，原则与参数模式不再与最简方案下的UG相容，前者是最大化的具有丰富结构的UG，而后者是最小化的UG。其次，该模式没有达到经验上的预期。原本希望发现参数化的原则，即宏观参数，结果却发现了无数精细的微观参数。布克斯（Boeckx，2010）总结了在参数模式语境下的四个断层：第一，研究者一致认为该模式成功地解决了柏拉图问题，然而经验结果却与之相反；第二，参数理论的初衷是解决语言习得问题，然而参数的理论研究与习得研究之间的距离却越来越远；第三，最简方案致力于将语言所特有的原则简化为物理法则或一般原则，因此原则与参数模式中的原则已不再起作用，这与最简方案保留参数化的原则相冲突；第四，与生物学中关于多样性的起源和特征的内在属性方面的研究相比，参数理论已远远落后。鉴于此，生成学界对参数理论进行了深刻的反思与探索。以下我们将对最简方案框架下语言变异研究的重要观点及分歧进行介绍和分析。

三　最简方案框架下的参数理论：对原则与参数模式的修正

（一）词汇参数

目前广泛接受的关于参数的观点是"Borer-Chomsky 假设"。

（1）Borer-Chomsky 假设（简称 BCC，又称"词汇参数"）

a. "参数变异限制在词库，就句法运算而言，限制在一小部分形态特征上，主要是屈折特征。"（Chomsky，2001：2）

b. "变异［限制在］由一个部门提供的可能性上：屈折部门。"（Borer，1984：3）

根据 BCC，变异限制在功能语类的特征上。例如，英、法语在限定动词移位上的参数化差异就是由功能语类中心语的语类特征的强弱决定的。法语 I/T 上的强 V - 特征触发了 V 到 I 的显性移位，而英语 I/T 上的弱 V - 特征则造成了隐性移位。

BCC 的提出贯彻了最简方案的一个中心思想：狭义句法的一致性。"假定所有语言都是一致的，变异性限制话语中容易察觉到的特征。"（Chomsky，2001：2）这意味着最简方案不再对 UG 进行参数化。词库成为跨语言变异的中心。

与早期的参数相比，BCC 将参数转变为词汇参数，在解决描写充分性和解释充分性的张力问题上更近了一步。BCC 限制了可变异的内容，而狭义句法的普遍原则是无法参数化的；将参数值与词汇项联系起来这一做法把参数归到了语言必须学习的部分，儿童在习得词汇的同时就习得了其母语的参数值；与传统的无限激增的参数不同，将参数限制在功能语类的形式特征上使我们原则上能够计算可能语法的上限（Roberts & Holmberg，2009）。博雷尔（Borer，1984：29）认为 BCC 在解决柏拉图问题上又向前迈进了一步，"把参数值与词汇项联系起来，从而将参数简化到了语言中无论如何都必须学习的一个部分：词库"。里齐（Rizzi, 2009）表达了同样的观点，认为参数就是对某个句法行为的指令，表达为词汇项上的一个特征，当词汇项作为中心语进入句法运算时，该指令生效。词汇参数使参数这一概念具有了一定的限制性，这是 BCC 被广泛接受的主要原因。

（二）宏观参数与微观参数

宏观参数是划分世界语言类型的参数，决定了大范围的可能变化的特征，表现为变异的簇生效应，如贝克（Baker, 2008：5）所说，"至多有几个简单的（而非混合的）参数决定了不同类型的语言"。而 BCC 是典型微观参数，其特征是变异点相互独立，且只产生小规模的变异。

BCC 的提出使人们对宏观参数的存在产生了质疑。BCC 不适用于那些负责世界语言主要类型学划分的宏观参数（参数化的原则），这样一来，宏观参数就缺少中心和存在的理据（Richards, 2008）。这是目前学界关于宏观参数的主要研究问题。贝克（2008）认为宏观参数同微观参数并存。他以中心语参数为例从统计学的角度进行了论证。其主要观点是：一方面，如果只有微观变异，即中心语自由变异，且相互独立，那么跨语言的词序变异就会呈现出正态分布。另一方面，如果只有宏观变异，那么关于中心语参数就会呈现出这样的状况：所有语言的所有语类不是这种形式就是那种形式。而如果宏观参数和微观参数并存，世界上的语言就会呈现出双峰分布态势：语言簇拥在这种或那种形式的周围，并带有一定量的噪音。他同时明确表示宏观参数与 BCC 的形成方式不同。

罗伯茨和雷姆伯格（Roberts & Holmberg, 2009）认为微观参数达到了描写充分性，但过多的微观参数无法保证解释的充分性，因此他们主张宏观参数与微观参数并存的观点，并在参数图式的基础上，结合基于习得的标记理论，提出了形成宏观参数和微观参数的广义量化公式。

参数图式是针对参数本质而提出的参数形式。围绕参数本质提出的核心问题是 UG 是否规定了所有的参数。经验事实告诉我们，有那么多的语言根本没有与斜格、一致或量化词等有关的微观参数。吉安诺罗等人（Gianollo et al.）（评论中）明确表明，并不是所有的参数都适用于所有的语言。他们在 BCC 关于功能语类形式特征观点的基础上，提出了参数图式的概念。即 UG 并没有规定先天的参数，相反，UG 使儿童能够得到一小组参数图式，这些参数图式与主要语言语料（PLD）一起生成了决定语法系统非普遍方面的参数。这就是参数设置的渐成说。他们提出的参数图式如下：

（2）a. 语法化：功能语类特征 F 是否语法化？

b. 核查：语法化的特征 F 是否被 X 核查，X 是一个语类？

c. 扩散：语法化的特征 F，是否扩散到 Y 上，Y 是一个语类？

d. 强度：被 X 核查的语法化的特征 F 是强特征吗？

罗伯茨和鲁素（Roberts & Roussou，2003：213）提出了相似的图式：

（3）a. F 是由（外部）合并实现的吗？

b. F 进入一致关系吗？

c. 如果进入，那么 F 吸引吗？

d. 如果吸引，那么 F 吸引的是中心语还是语类？

e. 如果是（c），那么 F 既吸引中心语也吸引语类吗？

f. F 是否将外部合并和内部合并的结果组合起来？

g. 如果是，那么 F 吸引中心语还是语类？

目前，学界对 UG 的参数比较一致的观点可概括为如下图式（见 Bo-eckx，2011）：

（4）F 在语言里是否存在/活跃？是/否

如果是，那么 F 是否导致移位，或仅仅是一致（/合并）？

上述参数图式适用于单个的形式特征，是微观参数的经典例子。罗伯茨和霍姆伯格（Roberts & Holmberg）尝试将这些参数图式与标记理论联系起来从而得到一些宏观参数。他们提出了一个解决参数领域里解释充分性和描写充分性之间张力的方法，就是"保留一个关于宏观参数的形式上'微观参数'的观点：即把宏观参数看作微观参数设置的总量……"同时，他们提出这些设置的总量是基于习得标记性的考虑。学界一直认为中心语参数有严重的问题，因而，他们以中心语参数为例论证了这一观点。如果该参数是一个单一的宏观参数，那么它应预测相当壮观的特征簇生效应，但事实上大多数语言并没有这样的效应；如果它是由一系列相关的微观参数构成，那么所有关于词序的相关性的预测就都消失了。因此，中心语参数来自如下趋势：独立的参数共同联合起来产生了某种语法。具体而言，在 OV 系统里中心语在后是无标记语序，在 VO 系统里中心语在前是无标记语序，而混合语言相对来说则是有标记的。之所以有标记，是因为学习者保守的特点，如果学习者给中心语 H 赋予一个有标记的值，那么他们会给所有相当的中心语赋以同样的值。因此，作者认为，宏观参数效应是微观参数因为标记性原因而通力合作的结果。

他们提出的参数形式的公式如下：

(5) Q（$f_{f \subset c}$）［P（f）］

其中，Q 是量化词（quantifier），f 是形式特征，C 是一组限制量化词的功能语类，P 是一组限定语法系统中形式操作的谓词。该公式的工作机制如下：C 和 P 的描述越长，该参数在参数图式中内嵌得越深，因而标记性就越强，在学习路径上也就越远。真正的宏观参数应位于学习路径的顶端。作者认为该参数理论在解决解释充分性和描写充分性的张力上取得了一些进步，澄清了宏观参数和微观参数之间的关系，重要的是该公式涉及形式特征的广义量化，即计算集合之间关系的能力，属于人类一般的计算能力，是第三因素使然，因而消除了 BCC 所需要的关于形式特征的内在天赋。

四　生物语言学视角下的语言变异研究：自下而上的研究路径

（一）参数研究的本体论问题

目前学界对参数的辩论很大程度上源自对参数概念的界定不清。为了厘清这一概念，布克斯（Boeckx，2010）提出了大写参数和小写参数的概念。大写参数是由乔姆斯基（1980，1981）为了探讨柏拉图问题而引入语言学理论的，而目前大量充斥文献，为了证明原则与参数模式效度的是小写参数。小写参数没有理论价值，充其量是"差异"的同义词，作者不反对用小写参数来表示诸如英语和日语之间的不同，用纽梅耶尔（Newmeyer，2005：53）的话来说，参数"只不过是表示语言特有的规则的行话而已"。

对参数的争论还表现在对研究对象的混淆上。毋庸置疑，乔姆斯基提出原则与参数模式是为了解决柏拉图问题，即语言习得的逻辑问题。但纵观参数文献，会发现参数理论与语言习得之间的联系越来越少，大量的参数研究都是关于"格林伯格问题"（Fasanella-Seligrat，2009，转引自 Boeckx，2010），即语言类型学问题，是为类型学服务的。对宏观参数的研究就具有典型的类型学倾向，正如纽梅耶尔（2005）所强调的，原则与参数模式原本是为了回答可能的（possible）而非或然的（probable）语言是什么的问题。乔姆斯基明确区分了"I－语言"和"E－语言"这一对概念，而参数的提出显然是以 I－语言为研究对象。类型学家研究的 E－语言不是生物语言学研究的对象。

原则与参数模式中的参数到底是什么？布克斯认为，"原则与参数"这种提法使人们错误地以为参数和原则是平等的关系，UG 里既有原则也有参数，但事实上，参数就是原则，是参数化的原则。因此，如果语言原则在最简方案中消失了，那么参数也就不可能存在。参数的问题不在逻辑上，而在"生物逻辑上"（Boeckx，2010：4），参数使 UG 过度复杂，以至于无法回答语言进化的逻辑问题。对参数研究的本体论问题展开讨论再次反映了生成语言学不断反思、不断变化的特点。

（二）自下而上研究语言变异

布克斯（2011）提出一个自下而上研究变异的路径。针对乔姆斯基（2001：2）的"一致性假说"中将语言变异"限制在话语容易察觉的特征上"，布克斯指出，该假说对容易察觉的特征界定得不是很清楚，因此，他提出了"强一致性命题"（SUT）：

（6）狭义句法的原则不受制于参数化；它们也不受词汇参数的影响。

首先，根据该命题，变异点应限制在狭义句法的边缘，尤其是后句法的形态—音系部门（PF）。狭义句法的作用就是设定了变异的界限，在这些界限之内将会产生变异。在 GB 时期，我们无法回答诸如变异存在的原因以及变异的形式等问题。然而从最简主义视角来看待语言，变异则是不可避免的。广义的语言机能（Hauser et al.，2002）是第三因素的结果，而狭义的语言机能所包含的天赋遗传的内容已经非常有限，正是因为基因组里所规定的内容很少，所以不断变化的环境（第二因素）导致了变异的出现。因此，变异是语言机能标示不足的直接结果（Boeckx，2011）。

其次，狭义句法原则也不受词汇参数的影响。布克斯（2010）对 BCC 提出了尖锐的批评，认为 BCC 受到"词汇中心主义"的影响。所谓词汇中心主义，是指"推导是由形态特征驱使，而语言的句法变异受制于形态特征"（Chomsky，1993：44）。这一观点导致的结果是前句法就有变异。加耶果（Gallego，2011）认为前句法变异被限制在从 UG 提供的特征集合中选择某个特定语言所需要的特征集合，并将这些特征进行组合以产生词汇项。然而，特征如何组合？显然，对此问题我们无从了解，在最简方案框架下唯一可能的答案就是合并，而合并是狭义句法部门的操作，因此，特征组合不可能在前句法阶段发生。BCC 将语言变异简化到了词库上，而词库恰恰是我们对语言器官了解最少的部分。BCC 的问题其实反映了一直以来困扰最简方案的一个大问题：过度依赖词库以及什么是可能的特征或词汇项。因此，BCC 对于我们了解语言变异的本质并没有任何帮助。布克斯（2010）指出，新的生物学研究表明，基因是追随者而不是领导者，其作用只是使结构选项稳定下来，而非生成结构。语言学应采纳同样的视角，把词汇特征看作使结构选项的建构稳定下来的追随者，而不是指挥建构结构的领导者。因此，变异的中心不在词库。

在回答"为什么有那么多的语言"这一问题时，乔姆斯基（2010）认为，外化系统是语言差异所在。考虑到第三因素条件，与 UG 相连的两个系统——概念意向（CI）系统和感知运动（SM）系统之间呈现出不对称的特点，UG 的设计首先是为了满足 CI 接口，而到 SM 接口的映射是为了满足外化条件（Chomsky，2007）。外化是相当复杂的过程，涉及两个不同的系统，一个是早已存在许多年的 SM 系统，一个则是新出现的计算系统，形态和音系负责将内在的句法体转变为 SM 系统可及的实体，因此，这两个语言过程将呈现出复杂性和多样性，并且会受到历史事件的影响。从词汇参数到语言的外化是对语言变异认识的又一次大的转变。

如果参数不存在，即句法没有变异，那么如何解释经典的宏观参数和微观参数这一对概念？布克斯（2012）认为，在最简方案框架下，随着句法原则的消失，宏观参数已没有存在的必要，而且宏观参数无法解决可学性问题。而词汇参数将词库作为变异的中心也有其严重不足。词库是我们对语言器官所知最少的一个部分。词库是前句法部门，在词库中进行的合并操作，从本质上而言，已将词库变成了一个句法部门，因而所有的词汇参数就都变成了句法参数，那么词汇参数所具有的解释力则无从谈起。因此，就微观参数而言，大量的所谓词汇参数实际上表现为捆绑（bundling）参数。

（7）语言 L 将特征 FA 和 FB 词汇化为一个词束（bundle）？抑或两个？

捆绑参数不是词汇参数，因其结果是一个句法结构，因此作者认为，这些结构是句法运算——合并的结果。合并是无法参数化的，故捆绑这一现象同样也是普遍的。而这些捆绑的结果在后句法的形态部门如何通过分布形态学得以词汇化则不是普遍的，是能够参数化的。其次，对于参数图式而言，布克斯认为是拼读（Spell - Out）规则（8）以及（7）使然：

（8）a. 语言 L 是否允许未赋值的特征 FA（即 uFA）？

b. 语言 L 是否允许未赋值的特征 uFFs 寄宿在语类 C 上？

至此，微观参数变为形态音系选项。最后，针对宏观参数，作者认为是学习偏见的结果。在语言习得过程中，儿童为了使学习的量最优化，将微观参数的效应概括至相似的类别上，于是产生了所谓的宏观参数的簇生效应。该效应是学习者在习得语言时受经济原则驱使而产生的一种现象，是狭义句法之外的东西。

（三）对柏拉图问题的再思考

变异研究需要解决的另一个问题是柏拉图问题。布克斯（2010：24）认为："通过将变异与句法原则分离开来，我们不再需要一个参数理论来支持语言习得。"果如此，我们需要重新解释柏拉图问题。洛伦佐和朗格（Lorenzo & Longa，2009）针对语言习得的逻辑问题提出了一个发展的路径。他们反对原则与参数模式中关于语言习得是瞬间完成的观点（Chomsky，2000），所谓的语言习得装置只是语言知识的初始状态，显然，从初始状态到终结状态必须经历一个发展的过程。他们认为要回答语言习得问题必须解释一些不容忽视的事实（Locke，1997），因此提出了语言习得的发展理论：在前语言和原始（proto）语言阶段，环境刺激和遗传因素共同作用，儿童经过若干阶段，而每一阶段又通过第三因素机制的调节作用，最终获得一个完美设计的语言机能。作为对该模式的呼应，布克斯（2011）提出在最简方案框架下建立一个语言习得参数空间的观点。所谓参数空间，就是有一系列的选项，儿童可以使用这些选项来习得语言。作者特别强调，此处的参数取"有限变异"之意，与传统的参数概念不同。句法是不变的，变异的中心在句法和形态音系这两个系统的接口。对于学习者而言，变异就是学习普遍句法中的哪些选项需要语音化（形态化/词汇化/习语化）。

五　结语

语言变异研究一直是理论语言学界研究的焦点问题。对变异的研究经历了管辖与约束时期的原则与参数模式和最简方案时期的有参数与无参数之争。这场争论源自对 UG 的错误认识。所谓 UG，是指人类天生的生物禀赋，仅此而已。将神经机制人为地划分为"一般认知的"和"语言特有的"将认知科学"引入了死胡同"（Fitch，2011）。从生物语言学视角下开展的对变异自下而上的研究模式，运用多元主义研究方法，充分考虑语言设计的三个因素，反映了对人类语言机能的最新认识，因而具有广阔的研究前景。

参考文献

Baker, M. , *The Syntax of Agreement and Concord*, Cambridge: Cambridge University Press, 2008.

Boeckx, C. , "What Principles and Parameters Got Wrong" Ms. , ICREA & Universitat Autonoma de Barcelona, 2010.

Boeckx, "Approaching parameters from below", In A. -M. Di Sciullo and C. Boeckx, eds. , *The Biolinguistic Enterprise: New Perspectives on the Evolution and Nature of the Human Language Faculty*, Oxford: Oxford University Press, 2011: 205 – 21.

Boeckx, "Considerations pertaining to the nature of logodiversity, or How to construct a parametric space without parameters" Ms. , Universitat de Barcelona, 2012.

Borer, H. , *Parametric Syntax: Case Studies in Semitic and Romance Languages*, Dordrecht: Foris, 1984.

Chomsky, N. , *Rules and Representations*, New York: Columbia University Press, 1980.

Chomsky, *Lectures on Government and Binding*, Dordrecht: Foris, 1981.

Chomsky, "A minimalist program for linguistic theory", In K. Hale and S. J. Keyser, eds. , *The View from Building 20*, Cambridge, Mass. : The MIT Press, 1993: 1 – 52.

Chomsky, "Minimalist inquiries: the framework", In R. Martin, D. Michaels, J. Uriagereka, eds. , *Step by Step Essays in Honor of Howard Lasnik*, Cambridge, Mass. : The MIT Press, 2000: 89 – 155.

Chomsky, "Derivation by phase", In M. Kenstowicz, ed. , *Ken Hale: A Life in Language*, Cambridge, Mass. : The MIT Press, 2001: 1 – 50.

Chomsky, "Three factors in language design", *Linguistic Inquiry*, 2005 (36): 1 – 22.

Chomsky, "Approaching UG from below", In U. Sauerland and M. Gaertner, eds. , *Interfaces + Recursion = Language? Chomsky's Minimalism and the View from Syntax-semantics*, Mouton: de Gruyter, 2007: 1 – 30.

Croft, W. , *Radical Construction Grammar: Syntactic Theory in Typological Perspective*, Oxford: Oxford University Press, 2001.

Dryer, M. , "On the order of demonstratives, numeral, adjective and noun: An alternative to Cinque", Talk presented at *Theoretical approaches to disharmonic word orders*, Newcastle University, May-June 2009.

Fitch, W. T. , "Unity and diversity in human language", *Philosophical Transactions of*

The Royal Society B: Biological Sciences, 2011 (366): 376 – 88.

Gallego, Á., "Parameters", In C. Boeckx, ed., *Oxford Handbook of Linguistic Minimalism*, Oxford: Oxford University Press, 2011: 523 – 50.

Gianollo, C., C. Guardiano and G. Longobardi (In press), "Historial implications of a formal theory of syntactic variation", In D. Jonas and S. Anderson, eds., *Proceedings of DIGS VIII*, Oxford: Oxford University Press.

Haspelmath, M., "Parametric versus functional explanations of syntactic universals", In T. Biberaue, ed., *The Limits of Syntactic Variation*, Amsterdam: John Benjamins, 2008: 75 – 108.

Hauser, M. D., N. Chomsky and W. T. Fitch, "The Faculty of Language: What is it, who has it, and how did it evolve?", *Science*, 2002 (298): 1569 – 79.

Joos, M., ed., *Readings in Linguistics*, New York: American Council of Learned Societies, 1957.

Locke, J., "A theory of neurolinguistic development", *Brain and Language*, 1997 (58): 265 – 326.

Lorenzo, G. and V. M. Longa, "Beyond generative geneticism: Rethinking language acquisition from a developmentalist point of view", *Lingua*, 2009 (119): 1300 – 15.

Newmeyer, F., "Against a parameter-setting approach to language variation", In P. Pica, J. Rooryck and J. van Craenenbroek, eds., *Language Variation Yearbook*, Volume 4, Amsterdam: Benjamins, 2004: 181 – 234.

Newmeyer, *Possible and Probable Languages*, Oxford: Oxford University Press, 2005.

Richards, M., "Two kinds of variation in a minimalist system", *Linguistische Arbeits Berichte*, 2008 (87): 133 – 162.

Rizzi, L., "Some elements of syntactic computation", In D. Bickerton and E. Szathmary, ed., *Biological Foundations and Origins of Syntax*, Cambridge, Mass.: The MIT Press, 2009: 63 – 88.

Roberts, I. and A. Holmberg, "Introduction: Parameters in minimalist theory", In T. Biberauer, A. Holmberg, I. Roberts and M. Sheehan, eds., *Parametric Variation: Null Subjects in Minimalist Theory*, Cambridge: Cambridge University Press, 2009: 1 – 57.

Roberts, I. and A. Roussou, *Syntactic Change A Minimalist Approach to Grammaticalization*, Cambridge: Cambridge University Press, 2003.

Tomasello, M., *Constructing A Language: A Usage-based Theory of Language Acquisition*, Harvard University Press, 2003.

［美］诺姆·乔姆斯基：《如何看待今天的生物语言学方案》，司富珍译，黄正德、沈阳审校，《语言科学》2010 年第 2 期。

试论英语作为全球通用语言的发展

班晓琪

摘要： 当今英语作为全球通用语在世界范围广泛传播。本文探讨了英语在世界广泛迅速发展的政治、军事、经济、文化等因素及全球化在英语的全球扩张中扮演的角色；分析了英语作为全球语言对不同国家语言文化的影响，特别是对中国大陆的影响力；在文章的最后作者就英语发展的前景提出了个人的看法。尽管语言态度对社会和政治变化是十分敏感的，但就目前的趋势而言，21世纪是英语的世纪，这就需要国内语言政策的制定者重视英语教育，在教学体制、课程设置等诸多方面采取更多的措施。

关键词： 英语；全球语言；通用语言

引言

本文试图探讨英语作为全球通用语言的相关问题。文章主要分为五个部分。在第一部分，笔者简要论述了作为世界主导语言，英语所取得的显著发展。在第二部分，笔者客观分析了英语在世界广泛传播的缘由。接下来笔者进一步分析了英语作为世界语言对不同国家语言及文化的影响。作为以汉语为母语的中国人，在文章的第四部分笔者也探究了英语在中国大陆的地位和角色。在文章的最后部分笔者就英语作为全球语言的前景提出了个人的看法。

一 英语作为全球通用语言的发展

语言学家克里斯托（Crystal，2003）指出："当一种语言在世界各国都起着某种特殊作用的时候，这种语言就真正赢得了全球语言的地位。"基于这样的标准，英语毫无疑问已经成为世界主导语言。首先，英语是众多国家如英国、澳大利亚、加拿大、爱尔兰、新西兰、美国等国家的母

语。根据网络出版物《民族语：全世界的语言》① 2013 年的统计，以英
语为母语的人口数量约为 3.35 亿。其次，世界上 70 多个国家以英语作为
官方或半官方语言。这些国家中，把英语视为第二语言的人数为 4.3 亿
（Crystal，2003）。最后，世界上有超过 100 多个国家把英语作为外语教学
的首选语言。据估计现在世界各地的英语学习者人数大约为 7.7 亿。

　　由以上分析我们可以发现，从人口学和人类学的角度，英语在全世界
已得到了极其广泛的传播。另外，英语传播的规模和深度也是空前的。现
今英语在各个领域得到了广泛的使用，成为全球主导的交际工具。从某种
程度上讲，如克里斯托（Crystal，2003）所述，英语正在逐渐塑造着当代
人类职业生活和日常生活的特质。例如，英语是联合国六个官方语言之
一；在诸如欧盟、石油欧佩克组织、北大西洋公约组织、东南亚国家联盟
等国际组织中，英语也是公认的工作语言。另外，在科学技术领域英语也
被广泛应用。正如菲利普逊（Phillipson，1992）描述的，"前沿技术，尤
其是计算机和信息技术很大程度上是基于英语的"。在专业学术领域，超
过半数的论文是使用英文发表的（Nunan，2003）。就教育而言，英语已
成为许多国家高等学校的通用教学语言，并且在过去的半个世纪，英语语
言教育也是世界范围内迅速发展的几大行业之一（Crystal，2003）。

二　促进英语作为全球语言发展的因素

　　英语作为全球通用语（lingua franca）的增长势头是显而易见的。但
是英语是如何获得这种声望的呢？回答这个问题，我们首先需要考虑其中
的政治、军事因素。

　　按照菲利普逊（Phillipson，1992）所述，英语发展成为世界主要语
言仅用了不到四个世纪的时间。英语在全球的传播始于以英语为母语的拓
荒者驶向美洲、亚洲、新西兰和澳大利亚的航行。英国人探索世界的旅程
可以追寻至 16 世纪末期。接着伴随着 19 世纪非洲和南太平洋的殖民发
展，英语作为世界语言的行程继续向前推进。例如，在大英帝国直接统治
的非洲大部，英国殖民者出于自己的利益需要强迫当地人学习英语。随着
英帝国主义的进一步壮大，如克里斯托（Crystal，2003）指出的那样，到

---

　　①《民族语：全世界的语言》（*Ethnologue：Language of the World*）是一语言学的网络出版
物。2013 年，其第 17 辑包含了对世界 7105 种语言的相关统计。

19世纪末"英语已成为'日不落'的语言"。从这里我们可以发现政治和军事威力为英语在全球的传播提供了直接的推动力。

就英语作为全球语言的发展而言，另一个决定因素是与英语国家，特别是英国和美国的经济同技术发展息息相关的。作为工业革命的发祥地，在19世纪初英国已成为世界最主要的工业和商贸国家。在这一时期，工业和贸易竞争加剧，国际市场迅速扩张。作为世界主要经济体的语言，英语自然而然获得了国际地位。而后在20世纪和21世纪，美国在自由经济和电子革命中的支配地位进一步加强了英语作为全球语言的优势地位。举例来说，克里斯托（Crystal，2003）谈道："21世纪计算机产业的发展几乎完全是美国人的事务"，这就导致了"当前世界上大约80％电子化资讯都是英文的"，同时世界上80％左右的互联网用户是以英语为交际媒介的（Crystal，1997）。

人们普遍认为语言同文化密切相关。而英语之所以能在世界范围广泛、迅速地发展，也与其同流行文化和大众传媒的密切联系有关。如林（Lin，2013）阐释，美国文化的主导地位"加速了英语的传播"。当整个世界越来越多地被美国流行音乐、好莱坞、CNN、麦当劳和像脸谱网、推特这样的社交平台所掌控，人们就不难理解英语无所不在的影响力。在许多国家，对于追赶时尚的年轻一代，英语或者讲英语是体面和自由、现代主义的象征。

通过以上的分析我们可以看出政治、军事、经济、文化等因素都与英语在世界的扩张相关联。除此之外，全球化也在人们对待英语的态度方面施加了积极的影响。

如葛拉多尔（Graddol，2006）断言，"全球化促使各国企业依据成本优势在世界各地布局他们的经济活动"。这就导致了市场对外包企业需求持续增长。在这样的社会环境下，英语大行其道，因为"大多数的境外合约来自英语区的企业集团"（Graddol，2006：34）。

不仅如此，全球化也扩大和加速了社会生活各领域的全球性交互。菲利普逊（Phillipson，2009）曾断言，"劳动力的流动、更广泛的国际间联系及跨文化婚姻增进了语言转移模式向世界主流语言，尤其是英语的发展"。

除此之外，遍布世界各地的众多英美语言教育机构同英语在全球的发展也是相关联的。以英国文化协会（the British Council）为例。据维基百科，英国文化协会成立的目的是将英国的文化和教育影响传播到世界各地。实际上，依据菲利普逊（Phillipson，2009）陈述，该协会的主要作用就是"促进英语在世界范围的传播"。据统计，1995—1996年全世界有超过40万人参加了由英国文化协会组织的英语语言考试；2002年该协会在世界109个国家拥有办公机构（Crystal，2003）。显然这样的机构在英语的全球扩张中也发挥了重要的作用。

三　英语作为全球语言对各国的影响

"英语在全球的扩张"，如菲什曼（Fishman，2000）描述，"是毋庸置疑的，并且在一定时期内也是势不可当的"。基于此，英语对于世界各国和地区的语言及文化影响得到人们的日益关注。

由于篇幅所限，笔者主要通过分析英语在欧洲及北美地区的语言地位来探讨英语作为世界语言的影响力。

让我们将目光投向欧洲。欧洲联盟共有23种官方语言，它们享有平等的权利。尽管如此，在组织内部沟通中，英语已逐步削弱了法语的垄断地位（Fishman，2000），成为当前的通用语。据统计，1970年欧盟委员会的文档60%首先是由法语起草的，40%是用德语草拟的；然而到了2006年文件的起草仅14%使用法语，3%使用德语，而使用英语的百分比为72%。

在学术界，德语在19世纪曾是自然科学领域的主导性语言（Phillipson，2001）。但是，沃拉夫（Wallraff，2000）指出，现在英语是83%德国化学研究人员和98%物理研究人员实际使用的工作语言。

我们可以发现，实际上如菲利普逊（Phillipson，2009）所说："英语在欧洲大陆各国正在扮演着愈加重要的角色。"英语在商业、贸易、日常交际等广泛领域使用，已渗入欧盟民众生活越来越多的方面。

例如，柴舍尔（Cheshire，2002）注意到，欧洲的年轻人通过语码转移（code switching）和语码混合（code mixing）的方式已将英语发展到传递情感的领域。海拉逊邓恩（Hilarsson-Dunn，2010）也描述，"在诸如信息技术、教育及传媒等领域，北欧国家冰岛大量充斥着英语。……英美大量的输入产品使该国国内的电视和电影产品相形见绌；流行音乐通过广播、电视的传播、录影带、数字影碟等使得英语进一步深入年轻人的情感和思想中"。似乎伴随着英语在更多领域的使用，欧洲其他语言及文化有可能被边缘化甚至出现危机。幸运的是，迫于英语的扩张，欧洲一些国家和地区如法国、瑞士、冰岛和威尔士等已经意识到语言帝国主义和美国化的潜在威胁。它们采纳了一些措施或改进了语言政策以保护和巩固自己的语言，从而维护自己国家的民族认同感。

如上所示，英语的迅速推广在一定程度上缩小了其他欧洲语言的使用范围。在一些欧洲人的眼里，英语是一头"怪兽"。然而对于北美洲的土著居民情况更糟，对于许多土著族群英语是"杀手语言"。

利特尔顿贝尔（Littlebear，1996）曾警告，北美的土著语言"是脆弱的，因为它存在于英语的宏观世界中，而英语有惊人的替代和消灭其他语言的能力"。据估计在美国仍然存在着125种土著语言，但讲这些语言的通常是祖父母一代。超过30%的本族语仅被非常年长的人士使用（Krauss，1998）。土著语言正变得一蹶不振。造成北美土著团体语言转移的原因是极其复杂的。尽管如此，我们必须"强调学校义务教育中仅使用英语促进了其他语言的流失"（McCarty，2003：148）。而凯利和斯波尔斯基（Kari & Spolsky，1973）同样谈到有长达两百多年的时间，在美国，学校是仅有的禁止使用土著语言而要求只讲英语的社会公共机构。而美国前总统西奥多·罗斯福（Theodore Roosevelt）在1919年的书信中也指出美国的语言政策包含将多种多样的土著人口转变为英语的使用者（Phillipson，2009）。他谈道："在这里我们仅有使用一种语言的空间，这种语言就是英语。"

因此，就美国的语言状况而言，我们可以感受到在美国社会单一语言制更占优势，它的语言政策中很少给予美洲土著人保持和发展自己语言的机会。而在全球化的强烈影响下，保持土著的语言和文化的独特性变得愈加困难。

在这一部分，笔者对欧洲及北美的语言状况作了简要的分析。这样的分析有其局限性。尽管如此，我们依然可以窥见英语作为世界语言对全球语言和文化的深远影响。当今英语存在于美国主导的全球化框架中，这使世界范围内，语言和文化的多样性或多或少受到冲击。

四　英语在中国大陆的发展

如第三部分所述，英语作为全球语言的传播有一些不利影响。然而我们不得不承认英语作为世界交际工具有着巨大的价值。对于像中国这样的发展中国家英语的确是有用的工具，它可以帮助这些国家取得经济、科学和技术上的进步。中国大陆被归在英语扩张的外圆区域（an expanding circle area），在此范围英语是作为外语使用的（Kachru，1985）。在过去的近40年中，伴随着改革开放政策的实施，中国与外部世界的经济文化交流日益频繁。在这样的环境下中国公众普遍认为，"英语是世界性语言；中国公民应该掌握这种语言，从社会的角度而言这样是为了保持经济的发展，而就个人而言这样是为了个体的学术发展和职业提升"（Feng，2011：11）。

在今日的中国，英语作为世界通用语的影响力是相当大的，因而英语的熟练程度对许多人来讲是必要的。据估计在中国大陆有3.5亿英语学习者（Zhang，2011）。2001年，英语作为必修课出现在小学三年级以上的课堂中。而事实上在如上海、北京、西安这样的大城市，小学生往往从一年级甚至更早就开始系统地学习英语。在中国大陆的中学英语也享有核心课程的地位，就高等教育而言，几乎所有的大学都要求学生至少通过大学英语四级考试。另外，越来越多的高等院校开始使用英文教授诸如信息技术、商务、外贸、生物及经济学等课程。据努南（Nunan，2003）所述，"这种依托内容的英语教学法也将会越来越多地影响到中学的英语教学"。

现今，越来越多的中国人对英语表现出兴趣，而英语使用的范围也十分广泛，不仅包括教育领域，还涉及进出口贸易、传媒和科技领域。尽管如此，我们依然可以感受到中国人主要把英语作为与外国人交际或取得职业成就的工具，他们极少在民族内部交际或日常生活中使用英文。换言之，在现今的中国大陆英语在许多方面影响着中国人，但英语的传播不大可能使汉语的发展面临威胁。

五　英语作为全球语言的前景

在世界各种不同的领域，英语得到了日益广泛的应用，似乎其作为世界通用语的地位已经根深蒂固。然而，这就意味着未来英语的全球地位是难以撼动的吗？

通常，语言态度对社会和政治变化是十分敏感的。如克里斯托（Crystal，2003）断言的那样，"任何力量均衡的重大变化……都可能影响其他语言的地位，使它们越发受欢迎，从而开始取代目前英语的地位"。一些语言学家（如 Crystal，2003；Graddol，2006；Jenkins，2009）曾预测在新千年中文（或汉语）有可能成为世界范围内的新的必备语言，而英语的地位会随之削弱。

笔者认为他们的预测是十分有道理的：21 世纪，中国是世界上发展速度最快的经济体，在世界舞台上扮演着日益重要的角色。就国民生产总值而言，2013 年中国已成为世界第二大经济体。随着中国经济的飞速发展，政治的长治久安及在文化同教育领域和外部世界的不断交流，世界对中文的需求在显著增长。据估计，全球有 3 亿人正在学习中文（Graddol，2006），来自 180 多个国家的 20 万人在中国学习中文（Zhang，2011）。在东亚的一些国家，中文已成为区域性语言（Zhang，2011）。据《人民日报》网络版，在北美的加拿大"中文已成为第三大语言，讲中文的人数在持续增加"，甚至在美国也有将近 2500 所中小学设置了中文课程（Zhang，2011）。

因此，在未来英语作为世界语言的地位有可能被中文所取代。如果这一假设成为现实，作为母语是中文的中国人，笔者也许会感到骄傲。然而，笔者更期盼理想的语言环境：世界上的每个人不仅可以通过一种国际通用语自由地交流，同时还能够保持自己的母语。这样，人类就可以生活在"一个更为民主、语言和文化更丰富的社会"（McCarty，2003：160）。

六　结语

过去的几个世纪，英语作为全球语言在世界广泛迅速传播。在一定时期内这种发展趋势是不可阻挡的，而且还会持续发展。英语对各国语言、文化在广度和深度上也产生了一定的影响。语言态度对社会和政治变化是十分敏感的，未来若干年英语在全球的优势是有可能逐步削弱的，但在当今全球化的大背景下英语作为全球通用语言的地位仍是凸显的。这需要我们将英语教育上升到国家战略，在教学体制、课程设置、调动学生积极性、积极融入世界教学体系等诸多方面采取更多的措施。笔者希望本文的探究会对语言政策的制定者提供一些参考，为他们在语言政策的制定，尤其是语言教育政策的制定上提供小小的助力。

参考文献

Cheshire, J., "Who We are and Where We're Going", In P. Gubbins & M. Holt (eds.), *Beyond Boundaries*: *Language and Identity in Contemporary Europe*, Clevedon,

UK: Multilingual Matters, 2002: 19 – 34.

Crystal, D. , "Watch world English grow", *IATTEFL Newsletter*, 1997.

Crystal, D. , *English as a Global Language* (2th ed.), Cambridge, UK: Cambridge University Press, 2003.

Feng, A. , "Introduction: the apex of 'the third wave' —English language across Greater China", In A. Feng (Ed.), *English Language Education across Greater China*, Bristol, UK: Multilingual Matters, 2011: 1 – 20.

Fishman, J. A. , "English: the killer language? Or a passing phrase?", Retrieved from http: //www. wholeearth. com/issue/2100/article/139/english. the. killer. language. or. a. passing. phase, 2000.

Graddol, D. , *English Next* , London, UK: British Council, 2006.

Hilmarsson-Dunn, A. , "The impact of Global English on language policy for the media: the case of Iceland", In M. Geogieva & A. James (Eds.), *Globalization in English Studies*, Newcastle upon Tyne, UK: Cambridge Scholars Publishing, 2010: 2 – 18.

Jenkins, J. , *World Englishes: A Resource Book for Students* (2th ed.), NY: Rout-ledge, 2009.

Kachru, B. , "Standards, codification and Sociolinguistic realism: the English Lan-guage in the Outer Circle", In R. Quirk & H. G. Widdowson (Eds.), *English in the World: Teaching and Learning the Language Literature*, Cambridge University Press, 1985.

Kari, J. & Spolsky, B. , *Trends in the Study of Athapskan Languages Maintenance and Bilingualism*, NM: University of New Mexico, 1973.

Krauss, M. , "The condition of Native North American Languages: the need for realis-tic assessment and action", *International Journal of the Sociology of Language*, 1998 (132): 9 – 21.

Lin, H. , "Critical perspectives on Global English: a study of their implications", *In-tergrams*, Retrieved from http: //benz. nchu. edu. tw/intergrams/intergrams/132/132-lhy. pdf, 2013.

Littlebear, R. E. , "Perface", In G. Cantoni (Ed.), *Stabilizing Indigenous Lan-guage*, AZ: North Arizona University Center for Excellence in Education, 1996.

McCarty, T. L. , "Revitalising indigenous language in homogenizing times", *Compara-tive Education*, 2003, 39 (2): 147 – 163.

Nunan, D. , "The impact of English as a Global Language on educational policies and practices in the Asia-Pacific region", *TESOL Quarterly*, 2003, 37 (2): 589 – 613.

Phillipson, R. , *Linguistic Imperialism*, Oxford, UK: Oxford University Press, 1992.

Phillipson, R. , *Linguistic Imperialism Continued*, Hyderabad, India: Orient Black

Swan, 2009.

Wallraff, B. (2000), What global language [OL]. Retrieved from http://www.theatlantic.com/past/docs/issues/2001/11/wallraff.htm.

Zhang, S., English as a Global Language in Chinese context, *Theory and Practice in Language Studies*, 2011.

英汉科技论文摘要中的模糊限制语的人际功能[*]

操林英

摘要：科技论文摘要作为一种短小精悍、高度概括的文体，其内容表达精确、简练、务实。在科技论文英文摘要撰写中适当使用模糊语可以使内容表达更严谨、准确、礼貌、得体。在跨文化交际中，模糊限制语发挥着其重要的语用功能。本文自建两个语料库，摘要撰写者分别为中国学者和英语本族语者，对比分析模糊语交际功能异同，旨在启发中国学生及学者提高阅读和撰写科技论文英文摘要的能力。

关键词：模糊限制语；英汉语作者；英文摘要；交际功能

引言

模糊限制语（hedges）是模糊语言的一个重要组成部分，它首先由美国语言学教授莱克夫（G. Lakoff）在他的论文《语义标准和模糊概念逻辑的研究》中提出。语言界学者已从不同角度对模糊限制语进行了分类。比如，模糊限制语分为变动型模糊限制语和缓和型模糊限制语，变动型模糊限制语或者改变话语的原意，或者对原来话语意义作某种程度的修正，或者给原话语定出一个变动范围，它又可分为程度变动语和范围变动语。前者指对话语的真实程度作出变动的模糊限制语，可以用来避免原封不动地描述事态的实际情况；后者是指限制变动范围的模糊限制语。陈林华将模糊限制语分为程度、范围、数量、质量和方式准则模糊语。高晓芳认为应该以模糊限制语对语境依附程度的高低为标准，将它们分为语义型模糊限制语和语用型模糊限制语两类。

---

* 本文得到陕西省社科项目"基于语料库的英汉科技期刊论文摘要的模糊限制语多维对比研究"（项目编号：13K026）资助。

迄今为止，众多学者从不同研究领域入手分析了模糊语言。李秀芝理论分析了模糊限制语与跨文化交际；吴瑞琴研究了模糊语在新闻中的语用；李效宁进行了外交模糊语的汉译英翻译研究；叶楚楚定性研究了广告英语中模糊限制语；董惠比较研究了中英外交语言中模糊语；刘欢研究了模糊限制语在访谈节目中的应用。纵观百花盛开的研究局面模糊限制语研究视角不断扩大，逐渐从语义学、语用学，延伸至认知语言学、社会语言学、翻译和跨文化等众多领域。但是，鲜见对英汉语作者科技论文英文摘要中的模糊限制语交际功能进行分析研究。

科技论文英文摘要的重要特点之一就是精确，即避免使用模棱两可或引起歧义的语言，以免造成误解。但是，摘要中的语言确实存在着模糊性，以达到某种语用目的，从而促使交际目的的顺利实现和进行。本论文探讨英汉语作者科技论文英文摘要中模糊限制语使用的原因及合宜性，并分析其交际使用功能的异同。

一 科技英语中出现模糊语的原因及合宜性

自然科学中各个学科的研究对象大都是确定性事物，采用的是严谨的逻辑推理和精确的定量化研究方法。那么，为什么科技英语中还会出现一些模糊性的语句来描述和阐述研究对象及其运动的规律呢？笔者认为，大致基于以下原因：

（一）理想化试验模型与客观事物之间的差异是科学技术的研究对象，虽然大都是确定性事物，但均经过了科学的抽象和合理的简化，是理想化的模型。例如经典力学中的质点，电学中的电荷，热学中的理想气体、绝热……抽象简化的模型，可以在一定范围内反映客观事物的实际，突出其中的主要矛盾，抓住事物的本质属性，求得其发展变化的基本规律，因而是科学、正确、合理的。但同时，抽象简化的理想化模型毕竟只是一种近似，它与客观事物的实际并不绝对等同，仅有相对正确的意义，其间的差异始终存在。正是由于这种理想化与实际之间的差异和矛盾的存在，以及现有科学假设和理论的局限性，当人们应用这些假设、理想化模型和理论去着手处理、解决实际问题时，必然会遇到一些难以使两者完全协调起来的困难，于是，借用带有模糊性的词和语句来加以描述也是十分自然的事情了。

（二）复杂化与精确性之间的矛盾

1. 模糊的必然性。北京师范大学的汪培庄教授在《模糊集合论及其应用》一书中讲得更为透彻具体:"复杂程度越高,有意义的精确化能力便越低,复杂性意味着因素众多,当人们不可能对全部因素都进行考察,而只能在一个压缩了的低维因素空间上来观察问题的时候,即使本来是明确的概念也可以变得模糊,这可能是模糊性出现的一个原因;复杂性还意味着深度的延长,一个过程要用数百、数千个微分方程来描述,模糊性的影响进行积累,也可能使模糊性变得不可忽略。"当今,科学技术的不断深化,学科之间的横向交叉,使研究对象越来越复杂化。同时,为了满足现代化社会发展的需要,精确性的要求也越来越高,这样就不可避免地在自然科学领域内出现了如上面所说的复杂化与精确性之间的矛盾。于是便自觉不自觉地把模糊性表露在语言文字之中了。

2. 模糊存在的合宜性。人脑异常灵活,能够接受各种模糊信息,具有辨识和判断模糊概念所表述的丰富内涵和不确定性外延的智能。例如,某领导派一工作人员去接一位来客,只介绍一些客人的模糊特征,工作人员根据这些模糊信息,很快便找到了要接的客人。人脑的灵活性,不仅表现在对人、对事物的辨识上,对于语言文字的理解也是如此。所以,科技论著中出现的一些模糊用词和语句,并不妨碍对整体确定性内容的表述和传达,阅读者也完全能根据上下文的阐述,很好地去理解。应该看到,精确与模糊是两个既对立又统一的概念。

二　高—低语境文化的理论

首先对于交流的实质,依据美国社会学家弗雷德·简特(Fred Edmund Jandt)的理论,交流的流程可以具体分析为:资源(谈话人 A)—编码(谈话人 A)—信息发送(谈话人 A)—平台—信息接收(谈话人 B)—解码(谈话人 B)—信息理解(谈话人 B),然后通过同样的方式将反馈传达给谈话人 A。在这其中,平台(channel)会受到外界条件(noise)的影响,并影响双方的理解。其中不同文化背景就是很重要的一个,对其影响的分析和比较,就是跨文化交流的基本原理。平台,可以大体分为言语交流(verbal-communication)和非言语交流(non-verbal communication)。在言语交流中,美国人类学家爱德华(Edward T. Hall)在 1976 年提出了高文化语境和低文化语境的理论(high-low context theory),其主要是对比东西方文化的交流中所含信息量和实际用到的言语量的关系。比如中国人的交流中表达一个意思所用到的言语量就比欧美国家要少,中国和其他很多亚洲国家相似，更注重对语气、态度和对言语背后潜台词的理解。而欧美侧更趋向于把所想表达的意思用很清楚的言语量表达出来，不太涉及潜台词。根据语境文化的理论，在低语境文化中，人们常常直白地表露自己的意思，不能拐弯抹角，婉转其辞。这样，人们更看重人的自我表达、个人观点的陈述，还包括说服他人的能力。而在高语境文化的国家中，人们说话需要婉转，不能过于直接。

简而言之，高语境文化的人们在交际时，有时显得秘而不宣、藏头露尾；低语境文化的交际，显得多言而冗余。本论文依据语境文化的理论分析英汉语作者科技论文英文摘要中模糊限制语的使用体现了高语境文化还是低文化语境。

三　研究语料

收集四个学科（应用语言学、会计学、电子电工学、机械工程学）各20篇，总共80篇英语研究论文作为语料，其中英语本族语作者论文40篇，汉语作者40篇。本文语料选择的依据是：对于学科差异性的已有研究区分软硬知识领域（Hyland, K., Persuasion and Context: The Pragmatics of Academic Met Discourse, Journal of Pragmatics, 1998），以往跨学科的学术体裁研究（以 Hyland 为代表）也采用了软—硬框架。根据国内学科门类划分选择"应用语言学"和"会计学"作为软性学科的代表，选择"电子工程学"和"机械工程学"作为硬性学科的代表。80篇英语研究论文随机从 Elsevier 科学数据库以及《外国语》《电力系统自动化》《经济评论》《机械工程学报》等刊物中抽取。

四　研究方法

论文的研究方法为定量统计和定性分析相结合的方法，编码统计分析80个英汉语作者科技论文英文摘要中的模糊限制语交际功能异同，统计摘要中变动型模糊限制语（包含程度变动语和范围变动语）和缓和型模糊限制语（包含直接缓和语和间接缓和语）的使用情况。

五　数据分析

（一）总体描述

在这80个科技论文英文摘要中，模糊限制语使用共达306次，其中间接缓和语使用最为频繁，直接缓和语使用最少。整体而言，缓和型模糊语使用要多于变动型模糊语。

表1 摘要中模糊语使用信息

模糊限制语	分项出现次数		分项百分比	总次数	百分比
变动型	程度变动语	53	40.5%	131	42.8%
	范围变动语	78	59.5%		
模糊限制语	分项出现次数		分项百分比	总次数	百分比
缓和型	直接缓和语	3	1.7%	175	57.2%
	间接缓和语	172	98.3%		

从表1可以看出，在摘要中，间接缓和语使用在模糊限制语使用中占很高比例，完全符合摘要中被动语态使用极多的特征。其实被动语态在很大程度上就是一种间接缓和，其使用是为了突出表达的客观性和准确性。模糊限制语在摘要中的使用可以实现提高表达准确性的功能，间接缓和语的使用可以加强作者自我保护功能。

（二）英汉语作者科技论文英文摘要中的模糊限制语使用

模糊限制语作为一种弹性语言，是指外延不确定、内涵无定指的语言。与精确语言相比，模糊限制语具有更大的概括性和灵活性。表2中描述了英汉语作者摘要撰写详情，其中包括模糊限制语的使用次数、摘要词汇密度、人称使用等。相比而言，汉语作者较为擅长使用模糊限制语；就人称使用而言，英汉语作者都是基本使用第一人称复数，但汉语作者使用较少。

表2 英汉语作者摘要撰写信息

	Item	Total Number	英语本族语作者	汉语作者
Text Complexity	Av. Word Length	5.80	6.07	5.63
	Av. Segment Length	1.25	1.17	1.32
Lexical Density	Lexemes per segment	0.85	0.78	0.90
	Lexemes % of text	67.71%	67.11%	68.1%
Reference Density	1p reference	3.13%	5.26%	1.72%
	2p reference	0%	0%	0%
	3p reference	0.78%	0.66%	0.86%

依据语境文化理论，中国及亚洲高语境文化国家中，人们表达感情和传递信息的方式是隐晦间接的，而低语境文化下的西方国家中，人们则是通过直接的表达和符号传递进行交流的。如表3所示，汉语作者明显擅长在摘要中使用间接缓和语，英语本族语作者倾向于直接具体的低语境文化表达。

表3　　　　　　　　模糊限制语在英汉语作者摘要中的使用统计

模糊限制语		英语本族语作者		汉语作者	
变动型	程度变动语	22	36.1%	31	44.3%
	范围变动语	39	63.9%	39	55.7%
合　计		61	46.9%	70	39.8%
模糊限制语		英语本族语作者		汉语作者	
缓和型	直接缓和语	1	1.4%	2	1.9%
	间接缓和语	68	98.6%	104	98.1%
合　计		69	53.1%	106	60.2%

（三）例句分析

在摘要中，英汉语作者使用最少的是直接缓和语。如例1中，"This paper explores"和"It is argued"分别表达了间接缓和，表面避免了作者的直接参与。"between""as well as"以及例2中的"about"和"around"属于范围变动语使用。例3中的"I would argue"属于很少的直接缓和语。模糊限制语镶嵌使用于摘要中，可以使语言表达富于气势和张力。

例1：This paper explores the case theory and its development in the principles and parameters framework, providing evidence that the distinction between structural case and inherent ease as well as ease assignment poses serious conceptual problems. It is argued that...

例2：Materials contribute up to about 90% of the total energy consumption and carbon emission, in contrast to manpower, energy and equipment around 8%, 1% and 0.1%, respectively.

例3：I would argue in this paper that Waters' position is indicative of the conservatism of applied linguistics to come to terms with its condition of possibility and the deeply ideological and political nature of its practices.

结语

科技论文的摘要，句法严谨，语言精练，表达准确。英语模糊限制语的使用是语言交际中一种普遍的语言现象，它的表现形式多种多样，它的使用灵活多变。在语言交际过程中，英汉语作者为了达到交际目的往往也会在摘要中频繁地使用模糊语言，使科技论文摘要中的语言更加富有感染力和表现力。无论是英语本族语作者还是汉语作者，在科技论文摘要撰写方面，模糊限制语是一种非常形式化的言语行为，有限的词汇、少数的句法就能构成人类常用的模糊语。通过分析模糊限制语在摘要中的分布、频率和使用情况，合理地在摘要撰写中使用模糊限制语能帮助作者有效地达到不同的交际目的和实现不同的交际功能。

参考文献

Lakoff, George, "Hedges: A Study in Meaning Criteria and the Logic of Fuzzy Concepts", *Papers from the Eighth Regional Meeting*, *Chicago Linguistic Society*, 1972.

何自然：《模糊限制语与言语交际》，《上海外国语大学学报》1985 年第 5 期。

陈林华、李福印：《交际中的模糊限制语》，《上海外国语大学学报》1994 年第 5 期。

高晓芳、张琴：《模糊限制语：分类及应用》，《四川外语学院学报》2002 年第 5 期。

李秀芝：《模糊限制语与跨文化交际》，《聊城大学学报》（社会科学版）2008 年第 2 期。

吴瑞琴：《新闻模糊语的语用研究》，《山西农业大学学报》（社会科学版）2009 年第 2 期。

李效宁：《外交模糊语言的汉译英翻译》，硕士论文重庆大学，2010 年。

叶楚楚：《广告英语中模糊限制语的定性研究》，硕士论文安徽大学，2012 年。

董惠：《中英外交语言中模糊语的比较研究》，硕士论文吉林大学，2013 年。

刘欢：《模糊限制语在访谈节目中的应用研究》，硕士论文黑龙江大学，2013 年。

汪培庄：《模糊集合论及其应用》，上海科学技术出版社 1983 年版。

COED "百年特别专题" 的精彩例证

程兴龙

摘要：语言词典编纂作为一门社会学科随着时代的前进而发生一定的发展和变化。本文基于《牛津现代英汉双解大词典》(百年纪念版) 中的专题举证，比较对照一些词汇在词义、释义方面的变化以及该词典在编纂史上不同的观点和语言风格以求阐明该词典的精彩特色。

关键词：《牛津现代英汉双解大词典》；特别专题；词义；释义

《简明牛津词典》(*Concise Oxford Dictionary, COD*) 初版于 1911 年 (从 2004 年的第 11 版起，该词典英文名改称 *Concise Oxford English Dictionary*，缩写 COED，汉语也相应译作 "《简明牛津英语词典》")，在其百岁之际，牛津大学出版社于 2011 年出版了词典的 "百周年纪念版" (以下简称 "百年版")，这也是该词典百年史上的第 12 版 (其英汉双解版 2013 年 5 月由外语教学与研究出版社出版，为免读者误解 "简明" 二字，双解版名为《牛津现代英汉双解大词典》)。这个 "百周年纪念版" 的叫法，是名副其实的，它除具备通常的功能外，与已往版本相比，在结构上有两个明显的变化，这两个变化，都是紧扣 "百年庆贺" 的主题的：一是在词典正文前，增加了一篇题为 "One hundred years of the concise oxford dictionary" 的专文 (英汉双解版译作 "COD 百年记")，叙述了百年来该词典编撰和出版的历程，其中不乏动人和有趣的历史细节描述；二是在词典正文中，插入了大量反映今版同第 1 版在收词、释义以及语言风格上相比，发生的某些重大变化的 "百年特别专题" (A Selection of Special 1911—2011 Feature，英汉双解版译作 "百年特殊专题"，似不大符合汉语习惯，以下简称 "专题")。

这些专题的内容，琳琅满目，妙语连珠，精彩迭现，令人忍俊不禁！以下提取其中若干例证，呈现其特有的精彩特色。

一　*COED* 百年来词义变化的介绍

专题中，最多的当然是对百年来词义变化的介绍了。

1. Gentleman 该词在第一版中的第一个义项（"第一个义项"亦即词典编纂中所说的"核心义项"，下同）为"有权携带武器但未进入贵族阶层的男子"，另外的义项如"没有职业的男子"以及相应的短语 my gentleman（我所说的那个人）、gentleman's gentleman（贴身男仆）等，对于现代人而言，也都是过时的。当年给出的义项中，现在唯一还在通用的，就是"对男子的礼貌称呼"了。

2. fabulous 现在的第一个义项是"非凡的，惊人的（尤指特别大的）"以及"极好的，绝妙的（非正式场合）"，专题告诉读者，你现在当然可以说 "The first edition was certainly a great achievement and a fabulous dictionary"（"毫无疑义，第一版成就非凡，是极好的"），但在 20 世纪的 50 年代之前，这是不可能的，因为"极好的""绝妙的"这个现今居于主导地位的词义，直到 20 世纪 50 年代才见于记载；在第一版中，fabulous 的意思只是"寓言中有名的，传说中的"和"不可信的、荒诞的"。

3. nice 一词今天"已经成为表示赞许的万能词，但令人惊讶的是，它在第一版中的第一个义项为'讲究的，挑剔的'。其现代通用义'令人愉快的，吸引人的'列在词条末尾，并被标注为口语用法"。

4. road 在第一版中的第一个义项是"船舶可以锚泊的近岸水域"，而今天的核心义"道路"则被解释为"供步行者、骑行者和车辆使用的交通线路"，专题特别提醒读者："注意，'车辆'被放在了第三位。"

5. car 第一版中被简单释为"带轮子的交通工具"。可见在百年前，机动车类型远没有今天多，陆路交通远没有今天繁荣。

6. computer 一词，如今的释义是很单一的，就是"计算机"或"电脑"，其使用的频率之广，是无须多说的。专题告诉读者，这个单词"无疑彰显了 100 年来词义上一个极为重大的变化"，因为在初版中，这个单词还没有资格成为一个词条，它只是出现在一个例句中，而其含义则是"进行计算的人"。

7. cleavage 如今的第一个义项是"乳沟"，但 100 年前根本不是这样的。专题说，虽然"今天大多数女星在红地毯上面对镁光灯时，都会乳沟暴露，然而，1911 年时明星文化尚不发达"，"第一版根本没有收录

'乳沟'之义,只是简单地将该词定义为'事物'(矿物、党派、观点)趋于分裂的方式"。根据专题,"1911年,sex 远没有今天有趣"。至少可以说当时本词典中的该条的确如此。在第一版中,sex 被简单释义为"'男性,女性;雄性,雌性;或雌雄同体'","当时还没有 sex appeal(性感),sex drive(性欲),sex object(性对象)等复合名词,词典也没有提及'性行为'之义,此义1900年才首见于文献记载,因此在第一版编纂之时还是一个非常新的意思"。

二 *COED* 百年来释义上的独特风格

专题中显示,百年前的 *COED* 在释义方面,具有独特的风格,往往"显得很深奥,甚至洋溢着诗情"。

1. life 作为今天的常用词其释义在第一版中是这样表述的:"有机体特有的不断变化和功能活动状态,尤其是动植物死亡之前的状态。"

2. friend 的释义是:"无涉性爱和亲情而与另一人关系亲密、彼此相善的人。"正如专题所说,这种释义风格,"在现代词典中已很罕见了"。的确,第一版对某些单词的释义,今天看来甚至真有些笨拙得可笑,但笔者倒是觉得,如果考虑到历史变迁的话,我们大概也还是应该对当年编纂者的认真态度表示敬意的。

3. football 一词从所设的专题中我们知道,"1911年时,football(又称 soccer)很流行,但受关注度不及今天。当年该术语尚未确定下来,只是将 football 定义为'充气的大圆球或大椭圆球;使用该球进行的运动'。soccer(当时拼作 socker)条提供了英国人唯一惯用的释义:football 的一种,不得用手触球"。

三 新版 *COED* 对百年前编纂者的不解和批评

在某些专题中,新版的编纂者偶尔还会对百年前那些敬业的老先生们表现出一点不解,有时甚至还有轻微的批评。

1. lady 一词,专题中指出:"在第一版中,不知道出于什么原因,当年的编纂者所列的第一义项是'当权的女人'!这个义项即使在1911年时,也是不常用的。"

2. liberal 一词(今天的意思是"开明的,态度宽容的;自由主义的,有利于个人权利或自由的等")的第一个义项"有绅士风度的",专题也用了同样意思的语句："这个义项即便在当年也是罕用的。"

3. cad 一词（尤指对女人粗俗的男人，无教养的男人），专题说，该词"目前已经十分过时，主要用以取得幽默效果，但在 1911 年却是流行俚语。令人颇感意外的是，本词典第一版中给出的第一个义项居然是'公共汽车售票员'，这个维多利亚时期的意义即便在当年也已经很罕用了"。

4. love 在第一版的第一个义项是"热爱，依恋，喜欢，喜爱，父亲般的慈爱"，专题说，这个释义"略显不足"，"今天人们在使用牛津在线词典时，检索最多的单词之一便是这个词"，"其实第二个义项（情爱、性爱、爱情）更加到位"。

四 新版 *COED* 在收词、释义及语言风格变化方面的专题

新版编纂者有时也会信马由缰，设立一些与百年来词典在"收词、释义以及语言风格上某些重大变化"无多大关系的专题，有的专题中的文字，甚至让人觉得简直是在节外生枝；不过，如果把这类专题当作百科词条来读的话，倒也蛮有意思的。

1. empire 一词（名词"帝国""帝国式企业"，形容词"帝国风格"的），专题是这样写的："1911 年，即 *COD* 出版的那一年，发生了两件大事：一是乔治五世加冕为大不列颠及爱尔兰国王，另一件事是他加冕为印度皇帝。1947 年前，印度是英帝国的一部分，故第一版中收录了大量印度语汇"。这是不是就多少有点怀念"日不落帝国"的味道了？

2. autocrat 在百年版设了个专题，内容是："第一版出版于俄国革命六年之前，将 autocrat 释义为'绝对的统治者'，并列出 Autocrat of All the Russians（全俄独裁者）这个短语作为当时俄国沙皇的称号"。

3. tsar（沙皇、大权独揽的人物）或 czar（帝俄的沙皇、皇帝、独裁者）通常指受命协调特定领域政策的人；表示俄国专制者常用 oligarch（寡头政治执政者）。弹指一挥间，人世沧桑变幻：苏联崛起而又解体。由"独裁"一词说到沙皇，又由沙皇联想到"苏联解体"，还要感叹一番"人世沧桑"，真不知道，新版的编纂者是在为苏联的解体而惋惜，还是在幸灾乐祸呢？

4. revolution 一词在百年版中的第一个义项是"革命，变革，尤指马

克思主义指导下的共产主义革命"。该词条也有个专题，是这样说的：
"revolution 在本版中的第一个义项在第一版中被列为第三个义项，当时释
为'新统治者或新政体的臣民武力取代旧统治者或旧政体'。这一概念很
快便深入人心：不仅是因为六年后发生了俄国革命，还因为在第一版问世
后的翌年，中国皇帝便被孙中山领导的革命党人赶下了台。清朝末代皇帝
溥仪退位时才五岁。1987 年出品的电影《末代皇帝》讲述了溥仪的故
事。"读了这个专题，我们是不是也该对 *COED* 百年版的编纂者表示感
谢，毕竟，中国的辛亥革命这件大事，能出现在一本有国际影响的英国语
文词典中，还真是不那么容易的！

参考文献

Concise Oxford Dictionary, Oxford University Press, 1911.

Concise Oxford English Dictionary, Oxford University Press, 2011.

《牛津现代英汉双解大辞典》（第 12 版），外语教学与研究出版社 2013 年版。

生态语言学的渊源及研究范式

段李敏

摘要：生态语言学是生态学和语言学相结合而形成的一门新兴的交叉学科，主要研究语言与环境的互动关系。18世纪末，学者们就开始思考语言、思维和周围世界的关系。20世纪70年代，豪根开创了"生态隐喻"的语言生态学研究范式。90年代，韩礼德开创了生态语言学的另一种研究范式——生态批评语言学，研究语言在解决生态环境问题中的影响和作用。本文从生态语言学的理论渊源、发展状况、研究内容和研究方法等方面对生态语言学做以概述，以期更多学者关注该领域，促进语言和环境之间关系的和谐发展。

关键词：生态语言学；语言和环境；豪根范式；韩礼德范式

一　生态语言学学科背景和基本内涵

生态语言学（ecolinguistics），又称语言生态学（ecology of language），是由生态学和语言学相结合而形成的一门新兴的交叉学科。生态学最初的定义是由德国动物学家黑克尔（Haeckel）提出的：生态学是研究生物与其环境相互关系的科学（尚玉昌，2003：1）。随着科技的发展和工业化进程的加快，全球生态环境不断恶化，生态问题引起了越来越多人们的关注，生态学理论逐渐渗透至相关学科，研究范围也从自然科学扩大到社会科学的诸多领域。"当代生态学的基本意义是对系统内部各成分间相互依存关系的研究。"（Mackey，2001：67）"生态"不仅是指生物之间及其与自然界，而且还指人与人之间及其与所处社会各方面、各因素之间的依存关系（刘思，2013：122）。在"生态学"这一学科发展的同时，20世纪的语言学受到其他相关学科的影响，与自然学科和社会学科相互交叉，诞生了许多新的语言学分支学科。生态语言学就是其中之一。由此可见，生态学和语言学的"联姻"有其必然的学科背景。

那么什么是生态语言学呢？我们先来看看国内外学者对于"生态语言学"这一概念的阐释。《英汉语言学词典》将它定义为"人种语言学、人类语言学和社会语言学等学科领域中对语言和环境——即，使用它的社团——之间的互相作用进行研究的一门学问"（劳允栋，2004：198）。这一解释与《语言逻辑辞典》（张惠民主编，1995）和《语言与语言学词典》（哈特曼、斯托克，1981）中对"语言生态学"（ecology of language）的定义基本相同。黄知常、舒解生（2004：71）则认为生态语言学"是以探究语言与环境的相互作用关系为中心，研究人类语言的生态性质，探究语言的生态伦理，揭示语言发展的生态规律的学科"。这些定义中有一个共同的因素，就是"语言与环境的相互作用"或者说是"语言与环境的互动关系"。这是广义上的生态语言学的研究内容。

二　生态语言学溯源

对语言与环境关系的思考可以追溯到 18 世纪末 19 世纪初。德国语言学家洪堡特（W. von Humboldt）指出，语言研究不能脱离地理环境等自然因素，"人类的部分命运完全是与一定的地理位置相关联的，语言学因此首先必须考虑这些地理因素……大地、人和语言，是一个不可分割的整体"（洪堡特，2001：304）。他还认为，"语言的多样性与生物物种的多样性相似，语言是（人这一）有机生命体在感性和精神活动中的直接表现，所以语言也自然地具有一切有机生命体的本性"（钱冠连，2002：181）。

同一时期的德国历史语言学家施莱歇尔（August Schleicher）继承了洪堡特的观点，认为语言有机体与自然有机体有许多相似点，从某种意义上讲，语言发展的规律与生物进化的过程是一样的："语言是自然现象和个人现象，语言也要经历生、长、老、死生物生命过程。"（裴文，2003：45）1863 年他发表了《达尔文理论与语言学》一文，公开承认他的语言理论符合进化论的观点。动植物通过自然选择来保持良种，"有利的变种往往易于保持下来，而不利的变种往往易于消亡"，语言之间的接触和矛盾，不同语言间的相互影响和渗透，犹如动物之间的生死斗争，处于有利地位的语言得以保存，处于不利地位的语言走向消亡（刘润清，1995：48—49）。

美国人类语言学的主要奠基者萨丕尔（Edward Sapir）应该被看作语

言生态研究的开拓者。早在 1912 年，萨丕尔就对"语言与环境"进行了反思。虽然他没有明确提出语言生态学或是生态语言学的概念理论，但他最早突破传统语言学将语言视为自足的结构系统，试图建立语言与自然的关系。"正是语言的词汇才能最清楚地反映语言使用者的自然和社会环境。一种语言的整套词汇确实可以被看作一个社会所关注的观点、兴趣、职业的清单。如果我们能掌握某一部落的完整的语言素材的话，我们可以很大程度上从人们使用的语言中推导出他们所处的自然环境特征和民族特点。"（Sapir，2001：2）此外，萨丕尔和他的学生沃尔夫（Benjamin Lee Whorf）关于语言、思维和环境关系的观点被称为萨丕尔—沃尔夫假说，其核心观点为：语言形式决定着语言使用者对宇宙的看法；语言怎样描写世界，我们就怎样观察世界；世界上的语言不同，所以各民族对世界的分析也不相同（刘润清，1995：137）。这突破了人类思维结构的先验性和世界的外在确定性，使人们更深刻地考虑思维和语言的相互依存关系以及语言对世界的建构作用。正是基于这样的语言立场，我们才能充分理解为何语言能够成为解决当前生态问题，建构新的生态世界观的有效方法。

真正意义上的生态语言学（语言生态学）研究应该是从豪根（Einar Haugen）开始的。1970 年 8 月，他在一次报告中用生态间动物、植物与其生存环境的关系来比喻语言与其周围环境发生的相互作用。1972 年，豪根在《斯坦福大学学报》上发表论文《语言的生态》（*The Ecology of Language*），在论述"语言生态"（language ecology）的概念时，他将此术语定义为"研究任何特定语言与环境之间的相互作用关系"（Haugen，2001：57）。他认为真正的语言环境是将该语言作为交际语码或符号的社会和自然环境。自此，"语言生态"作为一种隐喻渐渐地为语言学、社会学、文化人类学研究者所接受（姜瑾，2009：45）。

1990 年，韩礼德（Michael Halliday）在希腊举行的国际应用语言学大会（AILA）的发言论文《新的定义方式——对应用语言学的挑战》中指出：生态问题的解决不仅属于生物学家和物理学家，也属于应用语言学家。他告诫应用语言学家切不可忽视语言在不断增多的环境问题中所起的作用，提出将语言研究作为生态考察的一个组成部分进行研究，从而形成了与之前的生态隐喻全然不同的生态语言学研究的新范式，而生态语言学也成为语言生态研究的另一个等同术语。此后，语言在生态问题中所起的作用引起了越来越多学者的兴趣，他们从生态角度进行了话语批评和语言系统的批评，开辟了生态批评语言学的基本路径。

奥地利格拉茨大学教授菲尔（Alwin Fill）是生态语言学领域较有成就的学者。他出版了《生态语言学引论》，对生态语言学的理论、方法和问题作了系统的阐述，还创办了生态语言学网站。菲尔认为，豪根和韩礼德确立了生态语言学的两种不同的研究方法，"从隐喻角度理解'生态学'概念转到'环境中的语言'；从生物学意义上理解'生态学'概念，调查研究在环境（及其他社会问题）改善和加剧情况下语言所起的作用，并倡导把语言研究作为可能的解决方案中的一个因素"。这两种方法并不矛盾，而是相互补充，生态语言学的研究方法不外乎这两种方法（菲尔，2004：5）。

从上面对语言生态研究的简单回顾中可以看出，生态语言学虽然是一门新兴学科，但是有其悠久的历史渊源和深厚的理论基础，学者们在探索语言与环境相互关系的问题上作出了不同角度的研究，为生态语言学的基础理论和学科体系的逐步形成打下了牢固的基础。

三　生态语言学的研究范式

正如菲尔所言，虽然生态语言学的研究内容相当广泛，但总体上可分为豪根和韩礼德奠定的两种范式，或者说两大研究领域：（1）豪根范式（Haugenian Dogma）：用"生态"作为"环境中的语言"的隐喻（ecology as metaphor），研究所有可能增强或削弱语言功能的环境因素，主要是指社会环境对语言的作用；（2）韩礼德范式（Hallidayan Dogma）：从生物学角度理解"生态"的含义，是"生态"一词的实义，研究语言对生态环境的影响和作用。前者称为"语言生态学"（狭义）（language ecology），关注语言多样性、濒危语言、语言活力、语言政策、语言进化等问题；后者称为"生态语言学"（狭义）（ecolinguistics），又称"环境语言学"（environmental linguistics）、"生态批评语言学"（critical ecolinguistics）。生态批评语言学又可进一步分为生态话语批评和语言系统生态批评，研究课题包括语言系统的生态学分析、环境语篇的分析批评、语言对生态环境的作用、生态语法等课题。由此可见，狭义上的"语言生态学"和"生态语言学"实际上是同一学科的两种研究范式，都是将生态学和语言学相结合，研究语言和环境之间的相互关系。而本文题目中和开头的"生态语言学"和"语言生态学"取其广义，是学科名称，实际上是用其中的一种研究范式来部分代替整体，这样我们就能理解为什么"语言生态学"又被称为"生态语言学"了。下面我们分别来介绍这两种研究范式的核心思想和主要研究内容。

（一）豪根的"语言生态学"研究范式

以豪根为代表的"语言生态学"的研究范式主张从隐喻的角度理解生态学，传承了19世纪语言学领域受达尔文主义影响的"将语言比作有机生命体"的基本思想，将"语言"比喻为一种"生物种"，将"语言世界系统"比喻为"生态系统"，将"语言环境"比喻为"生物环境"。豪根（1972）指出，生物学家研究植物、动物与整个环境之间的相互作用，将其称为"生态"；社会学家研究人类与他们的整个生存环境之间的相互作用，将其称为"人类生态"（human ecology）；那么，研究语言与语言环境之间的相互作用，将其称为"语言生态"（language ecology），这正是科学术语的自然延伸。

根据"语言—生态"这个基本的隐喻思想，我们可以作出多重联想：由自然生态环境联想到语言生态环境，由生物多样性联想到语言多样性，由各种生物之间的复杂关系联想到各种语言之间的复杂关系，由动植物物种与其生存环境之间的生态关系联想语言与其所处环境的相互关系，由自然生态危机联想到语言生态危机，由保护濒危生物联想到保护濒危语言，等等。

这一领域的学者认为语言有自己的生态环境，良好的生态坏境是语言发展的保障，反之就是障碍。而语言生态的失衡必然导致文化生态的失衡，最终导致人类社会发展可持续性的破坏。他们运用生态学的理论和方法，研究在语言与环境的相互作用之中语言的生存、发展、演化的状态和过程。其研究任务包括如下几点：（1）研究现阶段世界上的语言在语言生态上的基本面貌，即语言和语言之间相互影响相互制约形成的"生态链"；（2）研究语言与社会环境的相互作用和关系；（3）研究语言人和语言的生态对策，尤其是揭示作为语言人在语言生态系统中所起到的决定作用（冯广艺，2011：111—112）。以上研究任务决定了语言生态学的研究内容十分广泛，包括语言多样性及整体性、语言进化、语言接触、语言生态危机及对策、语言的濒危与消亡，以及对濒危语言、弱势语言的保护、语言政策、语言人权、语言文字规划及改革，等等。

豪根之后，一些学者深刻理解并继承发展了他的基本思想，如澳大利亚语言学家穆尔豪斯勒（P. Mühlhäusler），他主要从事语言维护、语言规划、皮钦语、克里奥语以及太平洋地区语言研究，提倡综合分析影响语言存在和发展的因素，批判语言帝国主义，将维护语言多样性作为语言生态学的主要关怀；日本学者津田幸雄（Yukio Tsuda）在继续深入批判语言霸权主义和语言殖民主义的基础上，引入语言平等、语言人权思想，加深和拓宽了这一学科的内涵与外延（蔡永良，2012：214—215）。

（二）　韩礼德的"生态批评语言学"研究范式

　　豪根开创了生态语言研究的先河，他的"生态隐喻"在 20 世纪 80 年代非常流行。进入 90 年代，韩礼德开创的生态批评语言学便开始成为生态语言研究的主流范式。韩礼德主张在生物学的意义上理解生态学，强调语言对人类生存的大环境的影响，研究语言在生态环境和其他社会问题的改善和恶化中所起的作用，倡导把语言学研究作为解决生态环境问题的可能途径之一来探索，关注的是语言学家对于环境保护方面可以做出的贡献。这一领域的学者从韩礼德开始，便注重对语言系统和语言运用中的生态或非生态因素进行批评分析，"生态批评语言学"便因此而得名。

　　生态批评语言学以韩礼德的系统功能语法理论及批评语言学、批评话语分析为其理论基础，以萨丕尔—沃尔夫假说、韩礼德的语言建构主义理论为其哲学基础，基于这样一种思路：语言处于与其环境的交互作用的辩证关系之中，生态危机与人类的世界观和行为方式直接相关，而人的世界观和行为方式是与语言交织在一起并受语言的模塑和影响的，那么"生物环境的危机部分地是由语言造成的——或者是由特别的人类中心主义的语言结构造成的，这种结构预先决定了说话者对待环境的成问题的感知和行为；或者是由语言共同体中的一些成员选择的特别的话语实践造成的"（Fill，2001：5 - 6）。

　　从研究对象来看，生态批评语言学大致可分为两个分支：生态批评话语分析（ecocritical discourse analysis）和语言系统的生态批评（ecocriticism of language system）。生态批评话语分析紧密结合批评语言学、话语分析及生态批评的方法，注重阐释当前生态问题的话语根源，以话语的社会建构性为理论基础，对有关环境、动植物、食物、气候等生态问题的环境话语进行生态学视角的批评性分析，以揭露话语中潜在的违背生态的意识形态（Andrea Gerbig）。

　　语言系统的生态批评致力于发掘当前语言系统（主要指词汇系统和

语法系统等）中隐含的不利于生态环境健康发展的非生态的认知思想，如人类中心主义（anthropocentrism）、增长主义（growthism）、等级主义（classism）和自然资源无限性等倾向。人类中心主义的隐含指称是人类，人类在给事物命名时，出发点多是以该事物是否对人类有利，或以人类的行为准则来解释其他生命物质的属性和作用。比如《现代汉语字典》中对"猪"的解释："哺乳动物……肉可供食用，皮可制革。"该解释中的"肉可供食用""皮可制革"就是以人类的行为准则来解释"猪"这种动物对人类有何利用价值。再比如语言中有大小、快慢、高低、长短等反义词，而几乎所有语言都把高程度词作为衡量标准，如通常说"年纪多大""速度多快""楼有多高""桥有多长"等，而不说"年纪多小""速度多慢""楼有多低""桥有多短"等，这反映了人类意识中的增长主义。等级主义就是指把语言中的一些现象分为两极，即人类和非人类。人类认为自身在整个生态系统中高出一等。人类是有意识、有态度和有观点的，而非人类是无意识、无态度和无观点的。比如代词系统里 he/she 等用于指人，非人类的事物则通通以 it 指称。语法结构中人类是施事者，而无生命的物体只是被动的受事者等。再如某些语言如英语中，oil、energy、air、water 等属于不可数名词，这无形中体现了人类意识中的自然资源是无限的、可供人类无限使用的观念。但从生态观来看，这些都是不可再生资源，很多自然资源在人类的疯狂掠夺下正在走向枯竭。上述例子都体现了语言系统的非生态因素。生态语言学的任务之一，就是对这些非生态因素进行批评分析，揭示语言系统中与生态整体性世界观相矛盾冲突的因素，从而引发关于更新或重建语言系统的必要性和可能性的讨论，并以此作为语言规划和制定语言政策的依据。

与语言生态学（豪根范式）相比，生态批评语言学（韩礼德范式）较为新颖，是目前国际上生态语言学的主流研究范式。而国内生态语言学的研究多采用豪根范式，探讨语言的文化生态环境，强调语言的生态保护，而缺乏对语言，尤其是汉语的生态话语批评或从生态角度对汉语语言系统的微观研究，期待今后的研究有所突破。

四　结语

"语言是存在之家。"生态语言学的产生与发展，正是语言学家们源于生态科学的感召和当代生态问题的触动。作为一门新兴的交叉学科，生态语言学有其悠久的历史渊源和深厚的理论基础。以豪根和韩礼德为代表的"语言生态学"和"生态批评语言学"研究范式在研究语言与环境的相互关系方面有其独特的研究视角、内容和方法。这门前沿学科的研究成果为我们思考人类语言、思维、存在和世界的相互关系提供了更为广阔的视野空间。

参考文献

Fill, A., "Ecolinguistics: State of Art", In A. Fill & P. Muhlhausler (eds.), *The Ecolinguistics Reader-Language, Ecology and Environment*, London and New York: Continuum, 2001.

Halliday, M. A. K., "New Ways of Meaning: The Challenge to Applied Linguistics", *Journal of Applied Linguistics*, 1990 (6): 7 – 36.

Haugen, E., *The Ecology of Language: Essays by Einar Haugen*, Stanford: Stanford University Press, 1972.

Mackey, W. F., "The Ecology of Language Shift", In A. Fill & P. Muhlhausler (eds.), *The Ecolinguistics Reader-Language, Ecology and Environment*, London and New York: Continuum, 2001.

Sapir, E., "Language and Environment", In A. Fill & P. Muhlhausler (eds.), *The Ecolinguistics Reader-Language, Ecology and Environment*, London and New York: Continuum, 2001.

[奥] 艾尔文·菲尔:《当代生态语言学的研究现状》,范俊军、宫齐译,《国外社会科学》2004 年第 6 期。

蔡永良:《关于"语言生态学"》,《上海理工大学学报》(社会科学版) 2012 年第 3 期。

陈茜:《语言生态学和生态语言学辨析》,《湖北大学学报》(哲学社会科学版) 2014 年第 4 期。

范俊军:《生态语言学研究述评》,《外语教学与研究》2005 年第 2 期。

冯广艺:《语言生态学的性质、任务和研究方法》,《毕节学院学报》2011 年第 1 期。

[英] 哈特曼、[英] 斯托克:《语言与语言学词典》,黄长著、林书武等译,上海辞书出版社 1981 年版。

黄知常、舒解生:《生态语言学:语言学研究的新视角》,《南华大学学报》(社会科学版) 2004 年第 2 期。

姜瑾:《语言生态学研究面面观》,《苏州教育学院学报》2009 年第 2 期。

劳允栋:《英汉语言学词典》,商务印书馆 2004 年版。

刘润清:《西方语言学流派》,外语教学与研究出版社 1995 年版。

刘思:《生态思维与语言》,《兰州大学学报》(社会科学版) 2013 年第 5 期。

裴文:《索绪尔:本真状态及其张力》,商务印书馆 2003 年版。

钱冠连:《语言全息论》,商务印书馆 2002 年版。

尚玉昌:《生态学概论》,北京大学出版社 2003 年版。

[德] 威廉·冯·洪堡特:《洪堡特语言哲学文集》,姚小平译,湖南教育出版社 2001 年版。

赵英奎:《从生态语言学批评看"生态"与"环境"之辨》,《厦门大学学报》(哲学社会科学版) 2013 年第 5 期。

张惠民主编:《语言逻辑辞典》,世界图书出版公司 1995 年版。

三探广告英语的模糊性

——基于双重语格及高频词汇的解读

贺　敏

摘要：双重语格在广告英语中非常普遍，它们凭借独特的语义功能在广告英语中扮演极其重要的角色。此外，一些高频词汇在广告英语中也显得独具匠心。对二者的语义解读能很好地帮助我们理解广告英语的模糊性。

关键词：广告英语；双重语格；高频词汇；语义；模糊性

一　引言

广告是文化的基本元素之一，它传播见仁见智的思想、信仰；兜售琳琅满目的商品；推荐名目繁多的服务，由此深刻影响着人们的思想、生活风格。可以想象剥离了广告的现代生活将呈现灰暗与单一的色调。广告语言作为广告的语言载体具有清晰、简明的特点，同时兼具很强的说服力。在撰写广告语时，撰稿人和广告商会有意识地使用各种各样的手段以期达到他们的最终目标：说服目标消费者有所行动，其中包括各种不同词性词语以及模糊限制语的使用。[①] 本文将从双重语格以及高频词汇的使用角度来解读广告语言的模糊性。

模糊性无处不在，我们耳熟能详的一个例子就能生动地阐释模糊性的普遍性：一粒麦子不能构成堆。对于数字 n 而言，如果 n 粒麦子不能构成堆，那么 n + 1 粒麦子也不能。因此，许多粒麦子也不能构成堆。（Ballmer & Pinkal, 1991）在古代中国，一些著名的作家和哲学家也曾注意到模糊性现象。例如，屈原在其诗歌《卜居》中曰："夫尺有所短，寸

[①]　请参见拙文《再探广告英语的模糊性——基于语义学的解读》，载《跨语言文化专辑》第 7 辑，中国社会科学出版社 2014 年版。

有所长……"《易经》亦曰："书不尽言，言不尽意。"而在现代，模糊集理论是由一位名叫查德（Zadeh）的在其《模糊集》的书中首次提出，此后，莱考夫（Lakoff）把"模糊集"的概念用进了自然语言（Fodor，1997）。在我国，武铁平（1979）系首个引进模糊语言学的学者。目前，国内学界对新闻报道、新闻评论、外交措辞、文学作品以及科学话语中的模糊性多有研究，且相关论文数目庞大。但是对广告语言的模糊性探索尚付阙如，本文拟基于双重语格及高频词汇来对广告英语的模糊性进行语义解读。

二　广告英语中双重语格的使用及其语义阐释

在语言体系中，不同词性的词无论在单词层面还是句子层面上均对应不同的目标项：比如，名词一般对应事物；动词对应动作；副词和介词短语对应地点和时间。但在广告英语中，我们发现广告撰稿人经常有意识地背离这种传统的对应关系。换言之，表面上我们看的是一种词性的词，但实质上当我们解读它时，我们往往用另一种词性来阐释它，这就是习惯意义上的双重语格。范亚刚（2000）在《广告语言与讯息》一书中对这种独特的语言现象多有阐述，我们列举两三例，旨在整体上了解双重语格在广告中的使用。

On-time *delivery* is our first concern.

Salem softness *freshens* your taste.

Every mile of yarn gives you *an extra year* of wear.

在上述三个广告中均有双重语格现象的存在，具体而言，在第一则广告之中，表面上，delivery 是名词，但在对广告词进行深层解读时，我们将它视作动词；同理，我们将第二则广告里的动词 freshens 解读为形容词；第三则广告里的名词短语本质上被当作副词短语来理解。下面让我们分述四种不同形式的双重语格在广告英语中的应用。

（一）名词化

名词化指从其他某个此类形成名词的过程。它主要有两种形态学的来源：动转的和形转的名词。换言之，名词化主要有两种句式得到或清晰或模糊的表达："主语＋谓语＋宾语"或者"主语＋系动词＋形容词"。在英语中，名词化通常通过添加词缀来实现，比如，给动词或者形容词添加后缀：correspond ~ correspondence；fresh ~ freshness，有时也有形容词转化为名词的情况，例如：

Feel the *comfort*, taste the technology. （Daikin，air conditioner）

在此则广告中，"comfort"一词由其相对应的形容词"comfortable"演变而来。换句话说，形容词"comfortable"脱落了后缀"able"，从而实现了名词化。那么为什么广告商要把形容词"comfortable"进行名词化呢？实际上，隐藏在其中的动机如下：首先，"Feel the comfort"给读者一种模糊的印象，因为"comfort"一词在句中是宾语，似乎触手可及，但事实上它是一个抽象名词；其次，这则广告既没有主语也没有宾语，我们不能清楚地说出是谁感受到了舒适，以及什么被感受到了舒适，据此，名词化的"comfort"一词模糊了主语与宾语；最后，我们只能笼统地说Feel the comfort 传递了一种信息：感受到了美好的东西。由此，这则广告的深层意义是：如果我们使用了 Daikin 牌空调，那我们就会感到舒服。

范亚刚（2000：156）曾对动词"appraise"的名词化用法按最清晰到最模糊的次序进行了罗列，并指出广告商有意使用名词化的手段，旨在向目标消费者出售一种抽象的概念，而非具体的东西。O. L. F. 尼尔森和A. P. 尼尔森（O. L. F. Nilsen and A. P. Nilsen）对语义学特征进行了研究，他们发现形转的名词具有很大的主观性和非理性（范亚刚，2000：157）。

For 25 years, we've been flying to only one destination. *Excellence.*

（Royal Brunei，giving 3th world Asia's best）

With smart card*security*, nobody will mess with it. （Acer）

Temptation. We can't make enough of this stuff. （Microbatch，ice cream）

毋庸置疑，这三则广告都蕴含名词化。我们以第一则为例来阐释名词化所导致的模糊性：名词"Excellence"衍生于其相应的动词"Excellent"，意指"高品质"，但到底"多好"才能称得上是"高品质"？公允地说，很难或者不可能对这种形转的名词进行明确的定义，故而，它具有模糊的语义特征。

（二）形容词化

如同名词化一般，形容词化也由其他的词性转变而来。盖斯（Geis，1982：122）如此定义形容词化：形容词化指的是把一个名词或者动词转变为形容词的过程。伴随这个句法变化的是语义的变化。判断形容词化的标准并不完全取决于派生词缀，反之，它在句中的位置及是否扮演了形容词的角色是关键。众所周知，形容词一般用作名词的前置修饰语或者在句中做系动词，即"be + adjective"句型。学者们普遍认为做前置修饰语的形容词和系动词的形容词之间的差异很小。在功能语法中，前置修饰语的形容词或表修饰或表归类。表修饰的形容词暗示名词的客观属性或者说话者的态度，比如，black car 和 luxury car。从中不难看出前者界定了 car，但后者却没有这个功能。在语言中，表归类的形容词或者为形容词或者为名词，前者如 electric trains，后者如 toy guns。事实上，表修饰或表归类的形容词之间并不存在严格的划分界限。因此，广告撰稿人和广告商恣意利用二者之间的模糊性。他们使用名词来代替形容词，故意给消费者一种错觉：名词是归类词而非修饰语。实际上，它们是形容词化的修饰语。

Passion road. （Toyota）

在这则广告中，单词"Passion"就是一个双重语格：它既是名词又是形容词。我们不能说它是归类词，因为世界上根本就没有叫作"passion road"的道路；但我们也不能说它就是前置修饰语。故而，不管我们如何解释它，它在意义上是模糊的。也许我们对此可作如下理解：如果我们开着 Toyota 牌的车，我们就会激情四射。类似的广告语还有：

Comfort Bath lets you wash without soup and water. （Comfort Bath）

如前所述，我们仍然无法判定"Comfort"一词是表修饰还是表归类，它的使用无疑造成了意义上的模糊。那么为什么广告商乐意使用形容词化的词而非形容词呢？究其根本，最终说服消费者的意图使然。这则广告无非想告诉消费者如果他们洗了 Comfort Bath，那么他们一定惬意极了，由此广告的创意独特感扑面而来，我们都情不自禁想去试试 Comfort Bath。

（三）动词化

动词化指的是动词由其他词性的词语派生而来的语法过程，因此它具有双重语格。广告商之所以青睐动词化的词，是因为动词化可把静态的事物变成动态的，从而让事物充满动感，过目难忘。例如：

Picture a better world. （Canon）

从字面上看，单词"Picture"可以被诠释为名词，即"Take a better picture of the world"依我之见，广告商出于两方面的考虑使用了动词化：其一，鉴于高昂的广告费用，动词化的使用有效节省了空间；其二，突出了"Picture"这个词的意义。这则广告给我们呈现的是一幅流动的美景图，我们仿佛观赏到了世界的名胜古迹、各地迥异的风俗习惯、众生百态，等等。一言蔽之，富于动感的世界之画徐徐在我们眼前展开，由此广告商成功达到了营造美轮美奂之概念的目的。难道我们不想用 Canon 牌相机去记录奇妙的大千世界吗？类似的广告语还有：

Juicy egg jigglers. An Easter tradition gets *juiced* up! （Jell-o，I could go for something）

Sense all of Asia in Malaysia. （Tourism Malaysia）

Quaker *warms* you heart & soul. （Quaker Oats）

Widen your world with Carnival，Make smarter choice for your exciting life. （Carnival minivan）

Time stands still in my Pajero. *Experience* the Mitsubishi way. （Mitsubishi Motors）

（四）副词化

副词化指的是其他词性的词语衍生为副词的语法过程。最常见的副词化是形转副词，即形容词后加后缀 – ly。

It's true. Five Star dealership do things *differently*. （Dodge）

这则广告可被阐释为蕴含了副词化的方式状语：It's true. Five Star dealership do things in a different way. 在这则广告里，单词"differently"可以用其同根的形容词"different"来解读，但两个词语给广告的目标消费者所带来的感受大异其趣：形容词通常具有描述或者归类的作用，它带给人们的是一种静止的感受；但副词经常用来修饰动词，它颇具"活力"，带给我们的是耳目一新的感受。阅读这则广告的同时，我们仿佛看到了 Dodge 有多么的与众不同。类似的广告词还有：

Temptation comes in many forms. Choose *wisely*. （Sebring Sedan，Chrysler）

Spontaneously delicious！（McCormick）

Reality. *Digitally* enhanced. （Canon）

简而言之，名词化、形容词化、动词化及副词化这些双重语格在广告英语中出现频率较高。之所以把不同此性的词语转变为其他词性，是由于每一种词性的词语有其独特的特征。总的来说，名词化和形容词化趋向于静态化，它们或指静止的实体或把静止的特点附加给所修饰的名词所指的事物。然而，动词化和副词化却富有动感，它们指动作、活动、方式、时间、地点等。无论如何，四种双重语格形式都给所广告的产品附加了一些客观性，由此广告商成功激发目标消费者的好奇心。

三　广告英语中的高频词汇及其语义阐释

一些词汇常见于广告语言之中，利奇（Leech，1966：154）发现在广告语言中最常用来表达"产品的获得"的词是"get"，而非"buy"。那么为什么广告商不喜欢使用"buy"一词呢？很可能是因为此词有诸多令人不愉快的含义，它往往使人联想到制造商和消费者之间那种隐形的世俗、肮脏且赤裸裸的交易。故而，广告商们唯避之不及，他们宁愿诉诸那些具有相似意义的词汇。据统计，广告英语中出现频率最高的 20 个动词是：Try，ask for，get-take，let，send for，use，call，make，come on，hurry，come，see，give，remember，discover，serve，introduce，choose and look for。

事实上，这 20 个高频动词里并没有把"help"这个词包括进去。K. P. 莱特（K. P. Light）指出 75% 的广告中都有"help"的身影（唐冬梅，2002：29）。

A car so environmentally friendly, it *helps* clean up after the one in front. (Ford Motor Company)

我们在解读这则广告时，"help"一词有效帮助避免了直白而鲁莽的承诺。从字面上我们可以获知 Ford Motor Company 生产的产品可以有助于做某事，但在多大程度上能有所帮助，我们尚不得知。在这个意义上说，广告商有效地"保护"了他们自己。在深层意义上，"help"一词合乎人们的心理需求，因为人人需要被帮助。由此，广告商凭借此词使目标消费者感到自己的需求因某种产品或者服务的出现而得到了满足。同时，广告商有开空头支票而俘获人心之嫌疑。再如：

Is your weekend more than just mowing the grass? Does leaving the office each Friday seem *like* the last day of school? When you look at an open road; do you see endless possibilities? (Hampton Inn)

Wherever you are in the world, wherever you are in your life, we're *always* ready to hear from you. (HSBC)

第一则广告中的"like"和第二则广告中的"always"一词均是广告语言中吸引眼球之词。作为介词的"like"往往使人浮想联翩，它总使人联想到"奇妙、美妙的世界"；"always"本身就是表"频率"的一个副词，它往往带给人们一种亲切感、可信赖之感或者暗含一种关爱。它的出现彰显广告商对目标消费者的有意讨好。但是"how like" or "how always"仍然犹如海市蜃楼，或隐或现。更多的例子如下：

Daily wear and tear breaks down your cartilage. Out daily supplement can *help* rebuild it.（Flexagen）

Life takes a lot out of you. Dasani helps put it back in. A moment with Dasani *helps* replenish both body and mind.（Dasani）

此外，一些感官动词，比如 look、taste、feel 和 smell 在广告英语中的出现频率也很高，它们都带有一种"主观意向"，暗含广告解读中的主观性因素，由此，模糊性不可避免。

It makes you *look* much younger.

众所周知，不同的人对"年轻"和"衰老"的判断有不同的评判标准，一人眼中的"年轻"极有可能是他人眼中的"衰老"，到底是"年轻"抑或是"衰老"充其量是个见仁见智的问题。

四　结语

总而言之，广告语言个性鲜明。不管是双重语格的广泛使用还是高频词汇的频繁出现，均与广告商的终极目的须臾不可分离。从上述分析，我们可知这些语言手段的使用在语义层面的解读具有很大的模糊性，但它们却成功帮助广告商赢得目标消费者的关注、赞赏、支持和认可，而后，产品或者服务的购买水到渠成。

参考文献

Ballmer, T. & Pinkal, M., *Approaching Vagueness*, New York: Elsevier Science Publishing Company, Inc., 1991.

Fordor, J. D., *Semantics: Theories of Meaning in Generative Grammar*, Cambridge: Harvard University Press, 1977.

Geis, M. L., "The Language of Television Advertising", New York: Academic Press, 1982.

Leech G. N., *English in Advertising*, London: Longman, 1966.

范亚刚:《广告语言与讯息》，军事谊文出版社 2000 年版。

唐冬梅: 《广告的模糊性及其语用解释》，硕士学位论文，西南师范大学，2002 年。

武铁平:《模糊语言学》，上海外语教育出版社 1999 年版。

论俄语法律文本的句法特征

李 琳

摘要： 俄语法律文本句型复杂，结构严整，多运用完整的双部句和多层次的主从复合句。复合句中以条件、限定、说明、比较最为常见，并有相对固定的程式化语句。被动句式中的带"ся"动词和被动形动词的长、短尾形式是被动语态的标志性特点。层层叠加的修饰语构成的复合长句体现了法律俄语的严谨性和明确性。

关键词： 法律俄语；法律文本；句法特征

法律俄语（правовой русский язык）隶属于法律语言学的研究范畴，是具有法律专业特征的俄语。除用俄语书面表达的法律文件、裁判文书等法律文本外，还包括法官、律师等法律工作者使用的法律口头用语。因法律所具有的权威性、庄严性、强制性，法律俄语亦具有准确性、严谨性、规范性等语言特点。

为表达权威、确定的法律意图，严谨缜密的复合长句在俄语法律文本中十分常见；为表达规范、全面的法律意义，复杂的带多个从句的主从复合句在法律俄语中广泛使用。法律俄语中这类复合长句具有独特的句法特征，行文非常正式、复杂、保守，有极其复杂的长句和固定的语篇结构，在翻译中应注意其独特的原则，并遵循一定的技巧。

一 完整的双部句

由于法律文本结构的完整性和表意的严密性，句中类型一般采用主语、谓语都具备的完全主谓句，即完整的双部句，语句程式化，结构严整。通常不使用省略句或单部句，以免造成因句子缺省而出现的误解和歧义现象。

例如长句，Умышленное причинение тяжкого вреда здоровью, опасного для жизни человека, или повлекшего за собой потерю зрения, речи, слуха либо какого-либо органа или утрату органом его функций, прерывание беременности, психическое расстройство, заболевание наркоманией либо токсикоманией, или выразившегося в неизгладимом обезображивании лица, или вызвавшего значительную стойкую утрату общей трудоспособности не менее чем на одну треть или заведомо для виновного полную утрату профессиональной трудоспособности, наказывается лишением свободы на срок до восьми лет. （故意严重损害他人健康而危及生命，或者使他人丧失视觉、说话能力、听力或丧失身体器官或者使器官丧失功能，造成他人流产，发生精神失常，使人染上毒瘾或药瘾，使他人永久性毁容，或者引起他人永久丧失一般劳动能力三分之一以上，或者故意使被害人完全丧失职业劳动能力的，处两年以上八年以下的剥夺自由。）此句中的主语由四个带有复杂定语的短语构成，谓语 наказывается 为表被动带 ся 动词，间接补语 лишением 后具有相应的次补语形式。应该指出的是，俄罗斯法典中这类由 50 个以上的词所组成的长句比比皆是，但通过句子中大量的逻辑形式纽带，这些长句的语义表达未受丝毫影响，这也是俄语法律语言严谨性特点的表现。

相对较短的句子中，仍具有明显的完整双部句结构。如 Если имущество приобретено безвозмездно от лица, которое не имело права его отчуждать, собственник вправе истребовать имущество во всех случаях. （如果财产系从无权转让的人那里无偿取得，则财产所有人在任何情况下均有权要求返还该财产。）此句虽然形式上短小，但却是由三个简单句构成的带有限定从句的条件从句，三个简单句均为完整的双部句，主语分别为 имущество、лица、собственник，谓语分别为 приобретено、имело、истребовать，同时还具有相应的补语支配关系，结构严密，条理清晰，句子的语法成分明确，体现了法律俄语的严谨性和庄重性。

二　明确的陈述句

法律俄语的表达以陈述事实、确认法律关系、贯彻法律条令、规定权利与义务为主要方式，表达的内容必须准确、客观、严密和规范，基本句式通常是陈述句结构，不会使用疑问句、祈使句和感叹句。这种直接用陈述句表达的方法，可以使法律规定和法令契约明确化、规范化。

例如，Задачами настоящего Кодекса являются: охрана прав и

свобод человека и гражданина, собственности, общественного порядка и общественной безопасности, окружающей среды, конституционного строя Российской Федерации от преступных посягательств, обеспечение мира и безопасности человечества, а также предупреждение преступлений. （本法典的任务：保护任何公民的权利和自由，保护所有权，维护社会秩序和公共安全，保护环境，捍卫俄罗斯的宪法制度，以防犯罪行为的侵害，保障人类和平和安全，以及预防犯罪。）再如，Ненормативный акт государственного органа или органа местного самоуправления, а в случаях, предусмотренных законом, также нормативный акт, не соответствующие закону или иным правовым актам и нарушающие гражданские права и охраняемые законом интересы гражданина или юридического лица, могут быть признаны судом недействительными. （国家权力机关或地方自治机关的非规范性文件，以及在法律规定的情况下上述机关的规范性文件，如果与法律不一致并侵犯了公民或法人的民事权利和受法律保护的利益，可以由法院确认为无效。）

　　陈述句中大量使用"должны быть" "могут быть" "обязаны" "нуждающегося"等表"应当""必须""需要"的肯定性书面语体形式，如 Способы самозащиты должны быть соразмерны нарушению и не выходить за пределы действий, необходимых для его пресечения. （自我保护的方式应与受到侵犯的程度相当，并且不得超过为制止侵犯所必需的行为的界限。）通过这种肯定性的陈述，使法律规范的表达准确、简洁、确定。值得注意的是，口语中广泛使用"应该"等此类语词，如"надо""нужно"等，由于其语意的随意性，绝缘于法律俄语的书面文本。

三　带多个从句的主从复合句

（一）条件从句

　　任何法律规则的逻辑结构都是由假定条件、行为模式和法律后果三个部分构成的。假定条件是法律规则的必备要素，只有规定了发生何种情况或者具备何种条件，法律规范所规定的行为模式方才生效。因此，法律条文中最为常见的逻辑结构"如果……则……"在法律俄语中表现为大量使用带"если..., то..."的条件状语主从复合句。

例如，Если новый уголовный закон смягчает наказание за деяние, которое отбывается лицом, то это наказание подлежит сокращению в пределах, предусмотренных новым уголовным законом. （如果犯罪人因为犯罪行为正在服刑，而新的刑事法律对该行为规定了较轻的刑罚，则应在新刑事法律规定的限度内减轻刑罚。）再如，Если несовершеннолетний достиг возраста, предусмотренного частями первой или второй настоящей статьи, но вследствие отставания в психическом развитии, не связанном с психическим расстройством, во время совершения общественно опасного деяния не мог в полной мере осознавать фактический характер и общественную опасность своих действий либо руководить ими, он не подлежит уголовной ответственности. （如果未成年人达到本条第一款或第二款规定的年龄，但由于与精神病无关的心理发育滞后而在实施危害社会行为时不能完全意识到自己行为的实际性质和社会危害性或者不能完全控制自己的行为，则不应承担刑事责任。）

（二）限定从句

法律规范性文件要求使用同一标准，对处于其效力范围内的主体行为进行指导和评价，规定社会关系的参加者在法律上的权利和义务以及违反规范要求时的法律责任和制裁措施，条款意义必须极其明确、清晰，以排除误解的可能性。带有限定意义的定语从句，通过使用带"который"的关联词，解释和说明法律关系参加者的权利和义务，增强语言的准确性、清晰性。

例如，下述两个句子的中心词均为"лицо"（法律上的"人"），这是个十分模糊的概念化名词，通过带"который"的限定从句，规范和确定了"лицо"的实际意义，即"被侵权人"和"无行为能力人"。例如，Лицо, право которого нарушено, может требовать полного возмещения причиненных ему убытков, если законом или договором не предусмотрено возмещение убытков в меньшем размере. （被侵权人有权要求赔偿对他造成的全部损失，但法律或合同规定赔偿较少数额的除外。）再如，Лицо, которое вследствие психического расстройства не может понимать значения своих действий или руководить ими, может быть признан судом недееспособным в порядке, установленном гражданским процессуальным законодательством. （由于精神病而不能理

解自己行为的意义或不能控制自己行为的公民，可以由法院依照俄罗斯联邦民事诉讼立法规定的程序确认为无行为能力人。）

此外，法律俄语在表示"时间""地点"的定语从句中，可以直接使用相应的连接词"где""когда"，限定中心词"место""момент"，明确表达时间和地点的实际含义。如 Местом жительства признается место, где гражданин постоянно или преимущественно проживает.（公民的住所地是公民经常或主要居住的地点。）再如，Опекун или попечитель назначается органом опеки и попечительства по месту жительства лица, нуждающегося в опеке или попечительстве, в течение месяца с момента, когда указанным органам стало известно о необходимости установления опеки или попечительства над гражданином.（监护人和保护人由需要监护或保护的人的住所地的监护和保护机关在获悉必须对公民实行监护或保护之时起的一个月指定。）

（三）说明从句

法律规范直接而明确地规定了行为准则，具体规定了权利义务和法律后果，适用时通常无须再援用其他的法律规则来补充或说明。为了使法律条文更加"明确而具体"，使行为规范更加"清楚而全面"，法律俄语文本中大量运用带连接词"что"的说明从句，清晰地阐述谓语动词所涉及的权利义务关系。

Каждый участник полного товарищества вправе действовать от имени товарищества, если учредительным договором не установлено, что все его участники ведут дела совместно, либо ведение дел поручено отдельным участникам.（如果设立合同没有规定全体参加人共同管理事务，或者委托个别参加人管理事务，则无限公司的每一个参加人均有权以公司的名义进行工作。）此句中的谓语动词"установлено"（规定），接续有带"что"连接词的说明从句和并列连接词"либо"引导的并列从句。长句拆分为四个简单句，但逻辑清晰，结构完整。

对照上句中的谓语动词"установлено"，下句中的动词"предусмотрено"亦可译为"规定"，但附带有"预先约定"之意，仍使用带连接词"что"的说明从句规范其意。Полное товарищество ликвидируется также в случаях, указанных в пункте 1 статьи 76 настоящего Кодекса, если учредительным договором товарищества или соглашением остающихся участников не предусмотрено, что товарищество продолжит свою деятельность. （无限公司在本法典第 76 条第一款规定的情况下亦应进行清算，除非公司的成立文件或参加人的协议规定无限公司继续自己的活动。）

（四）比较从句

法律语言多使用程式化语句，在法律文件中常见大量套语或惯用句型结构。比较从句的句型结构，如 "более строгое наказание, чем..." 或 "менее строгое наказание, чем..." 在一般的刑事法律文书中极为常见。如 Более строгое наказание, чем предусмотрено соответствующими статьями Особенной части настоящего Кодекса за совершенное преступление, может быть назначено по совокупности преступлений и по совокупности приговоров в соответствии со статьями 69 и 70 настоящего Кодекса. （在依照本法典第 69 条和第 70 条的规定数罪并罚和数个判决合并处刑时，可以判处比本法典分则相应条款对犯罪规定的刑罚更重的刑罚。） Основания для назначения менее строгого наказания, чем предусмотрено соответствующей статьей Особенной части настоящего Кодекса за совершенное преступление, определяются статьей 64 настоящего Кодекса. （判处比本法典分则相应条款的规定更轻的刑罚的根据由本法典第 64 条规定。）

四　使用被动句式

规范性的法律文件由国家颁布和执行，具有权威性和普遍性，要求其效力范围内法律主体的普遍适用。俄语法律文本会避免使用第一人称和第二人称的主观性语气，大量运用被动性句式，隐藏具体的法律主体，强调法律行为主体的普遍适用性。

法律俄语的被动句式通常采用带 "ся" 动词和被动形动词的长尾、短尾结构。如 Не допускается использование гражданских прав в целях ограничения конкуренции, а также злоупотребление доминирующим положением на рынке. （不准许为了限制竞争的目的而行使民事权利，也不准许滥用在市场上的优势地位。）此句中 "допускаться"（被准许），为典型的带 "ся" 的被动性动词，表达了法律俄语的非主观色彩，具有强烈的客观权威性。需要注意的是，翻译中直接译为汉语的主动句型

"准许",隐藏了"行使民事权利"的行为者,模糊法律谓语的"逻辑主语",反而进一步突出谓语行为的"法律事件"及其"法律后果"本身。

被动形动词是法律俄语被动句式中最为常见的表现形式。被动形动词缺乏明显的被动语态标记,长尾在句子做定语,短尾在句中做谓语,使用频率极高。如 Защита гражданских прав в административном порядке осуществляется лишь в случаях, предусмотренных законом. (只有在法律规定的情况下,民事权利的保护才可以依照行政程序进行。) 此句中长尾被动形动词 "предусмотренных"(被规定)的动作发出主体 "закон" 以第五格的形式表示,被动形动词短语共同修饰 "случая",翻译时省略汉语的 "被" "受" 等词。由此可见,法律俄语倾向于更多地使用被动语态来突出国家权力发布的内容。

法律俄语长句中常常频繁出现于被动句式,下面的复合长句由四个简单句构成,句子谓语成分既有带 "ся" 的被动动词 "признается",又有被动形动词短尾 "заключен",体现了法律俄语形式和语法的完美。Изменение обстоятельств признается существенным, когда они изменились настолько, что, если бы стороны могли это разумно предвидеть, договор вообще не был бы ими заключен или был бы заключен на значительно отличающихся условиях. (情况重大变化是指发生了这样的变化,即假如当事人合理地预见到这种变化就不可能签订合同或者会按完全不同的条款签订合同。)

五 层层修饰的句子次要成分

在法律俄语的句子表述中充当修饰限定成分的是主动形动词、被动形动词、限定从句、前置词词组、名词第二格以及名词、形容词的各种间接格形式。正确使用层层修饰的句子限定成分可以使法律俄语所表达的内容更为准确、清晰、完整和全面。

使用复杂的长句和不同的修饰限定语词,是法律俄语的重要特点。例如,Гражданские права и обязанности возникают из оснований, предусмотренных законом и иными правовыми актами, а также из действий граждан и юридических лиц, которые хотя и не предусмотрены законом или такими актами, но в силу общих начал и смысла гражданского законодательства порождают гражданские права и обязанности. （民事权利和义务由于法律和其他法律文件规定的根据而产生，也由于公民和法人的行为而产生，如果这种行为虽然未经立法或其他法律文件规定，但依照民事立法的一般原则和精神能产生民事权利和义务。）此句中共有五类修饰限定成分：形容词"гражданские"；形动词"предусмотренных"；二格名词"граждан и юридических лиц"；定语从句"которые"；前置词"в силу"，而且限定成分多次重复运用，用来澄清法律条款的细节。

由此可见，法律俄语的语法结构颇为复杂，从句和修饰语较多，形成庞大而冗长的复合从句。如 Лица，к которым имущество гражданина，объявленного умершим，перешло по возмездным сделкам，обязаны возвратить ему это имущество，если доказано，что，приобретая имущество，они знали，что гражданин，объявленный умершим，находится в живых. （根据有偿法律行为获得被宣告死亡公民财产的人，如果能够证明在取得财产时他明知被宣告死亡的公民尚在人世，则必须将财产返还原主。）

上面的主从复合句不长，但句子成分十分复杂，其主句为"лица обязаны возвратить ему это имущество"，前面带有一个定语从句"к которым имущество гражданина перешло по возмездным сделкам"，定语从句中又包含了被动形动词短语"объявленного умершим"。后面的条件从句结构更为复杂，在条件状语从句中"если доказано"包含的说明从句"что они знали"套的另一个说明从句"что гражданин находится в живых"和一个表示时间状语的副动词短语"приобретая имущество"，以及一个定语成分的形动词短语"объявленный умершим"。可见，11 个逗号将句子分为了 12 个从句和短语，从句叠加从句，修饰语套着修饰语，构成了复杂的修饰与被修饰关系。翻译时，应首先分析句子成分，确定主语、谓语的逻辑顺序和语法顺序，进一步分析主从句和修饰语的关系，在充分理解的基础上进行确切翻译。

六　结语

法律俄语的句子结构多为陈述句和长句，主从复合句中以条件、限定、说明、比较、时间、地点、让步意义的从句居多，结构复杂，常有从句套从句现象。被动句式和层层修饰的句子次要成分，需要翻译者弄清句子的逻辑结构和语法结构，梳理主从和修饰关系，妥帖表达出译文。

　　随着我国"丝绸之路经济带"的建设，中国与俄罗斯及中亚五国的法律经贸交往日益增多，深层次的法律沟通和法律协助面临着巨大挑战。正确认识和了解俄罗斯及中亚五国法律语言的特征，突破法律专业语言在跨文化交际中的瓶颈和阻碍，在"一路一带"的历史背景下显得尤为迫切。

参考文献

Губаева Т. В. Язык и право，М. Издательство НОРМА，2004.

Гамзатов Г. М. Техника и специфика юридического перевода［М］. Изд. СПБ，2004.

黄道秀译：《俄罗斯联邦民法典》，中国大百科全书出版社 1999 年版。

黄道秀译：《俄罗斯联邦刑事法典》，中国法制出版社 1996 年版。

王德孝、顾柏林：《俄语句法学新术语试译》，《外国语》1983 年第 6 期。

杨文成：《法律俄语翻译》，《外语与外语教学》1998 年第 6 期。

说话者和听话者的"合作原则"

刘　丹

摘要： 格赖斯的"合作原则"是语用学研究的一个重要范畴。本文论述了有关合作原则的一些基本概念，并从说话者和听话者的角度出发探讨了特殊会话含义的产生和理解问题。日常交际中，说话者为了表达某种隐含意义，会有意违反合作原则，随之产生特殊会话含义；听话者依据合作原则，通过话语的语言和非语言语境推导出特殊会话含义。因此合作原则是交际双方为了达到交际目的而遵守的普遍原则。

关键词： 说话者；听话者；合作原则；特殊会话含义

一　格赖斯的合作原则理论

1967 年，格赖斯（Grice）在美国哈佛大学威廉·詹姆士讲座上做了题为《逻辑与会话》的演讲，其中指出：在正常的情况下，人们的谈话交流不是由一连串不相关的话语组成的，因为交谈至少在某种程度上是合作努力的结果；每一个参与者在一定程度上都认识到一个或一组共同的目的，或至少有一个彼此都接受的方向。也许这一目的或方向从一开始就是明确的（例如，讨论一个问题），也可能是不甚明确的（例如，闲聊），只有在交谈过程中才逐渐明确起来。他提出了一个要求交谈参与者共同遵守的一般原则："合作原则"（cooperative principle），即在参与交谈时，要使你说的话符合你所参与交谈的公认目的或方向。合作原则包含四条准则：量准则、质准则、关系准则和方式准则。

量准则（the maxim of Quantity）：为了当前交流的目的提供所必需的信息；不要提供多余的信息。

质准则（the maxim of Quality）：不说你认为是假的东西；不说你缺乏足够证据的东西。

关系准则（the maxim of Relation）：使所说的话与之相关。

方式准则（the maxim of Manner）：避免表达含混不清；避免模棱两可的表达；要简洁（避免不必要的冗长）；要条理清楚。

冯光武（2005）指出有些教科书和学术论文中对"合作"一词的表述含混不清，致使读者将作为语用原则的"合作"与普通意义上的"合作"混淆，也导致对合作原则的理解产生偏离。这种误读和偏离的根本原因在于对格赖斯哲学思想了解不够。在 1957 年发表的《意义》一文中，格赖斯强调了意图的重要性，他认为句子意义可以通过说话者意义来解释，说话者意义又可以通过交际意图来解释。言语交际就是说话者向听话者传递意图的过程，合作原则试图解释的就是语言形式和说话者意图之间不确定的关系，要揭示的是说话者怎样向听话者传递意图，听话者又是如何理解说话者意图的。

二　特殊会话含义的产生

格赖斯认为会话是交际双方为达到某一交际目的以合作为基础建立起来的交际活动。成功的交际表现为说话者顺利地表达自己的交际意图以及听话者通过推导成功地理解了这一交际意图。

说话者为了达到交际目的，会尽量遵守合作原则，但在一些场合，出于某种目的，说话者会说一些违反合作原则的话，也就产生了特殊会话含义。特殊会话含义是指"在会话交际中一方明显地或有意地违反合作原则的某项准则，从而迫使另一方推导出话语的含义"（杨信彰，2005：170）。说话者看似"不合作"的话语背后隐藏着某种意图，他希望听话者推导出自己违反某一准则的原因，从而理解其含义。

下面我们用例释来说明特殊会话含义的产生。

1. 违反"数量准则"

某学生在申请某项哲学工作的时候需要他的老师写推荐信，一位老师这样写道：

Dear Sir,

Mr. X's command of English is excellent, and his attendance at tutorials has been regular.

Yours

既然是 Mr. X 的老师，必然对自己的学生非常了解，但从他写的推荐信来看和申请的工作没太大关系，也就是说他并没有提供足够的信息来帮助雇主决定 Mr. X 是否适合这项工作，其暗含的意思也就是 Mr. X 不适合这项哲学工作。

2. 违反"质量准则"

A：I might win the lottery.

B：Yes, and pigs might fly.

对话中 B 说"猪可能会飞"这句话明显不真实，违反了"质量准则"，其目的是间接表达对 A 所说的"能赢大奖"这句话的否定，带有一种嘲讽的语气。

格赖斯明确指出，反语（irony）、隐喻（metaphor）、夸张法（hyperbole）和弱言法（meiosis）都是说话者有意违反会话的质量准则所产生的结果。

3. 违反"关系准则"

下班后，丈夫和妻子的一段对话。

丈夫：今天晚上吃什么呀？

妻子：我今天很累。

对话中妻子没有直接回答丈夫的问题，她的回答与问话不相关，也就是说，她违反了合作原则中的关系准则，从中可以推断出妻子不想做饭，也许她想让丈夫做饭或去餐馆吃饭。

4. 违反"方式准则"

夫妻二人当着孩子的面讨论给孩子买点吃的时的一段对话。

Husband：Let's get the kids something.

Wife：OK, but I veto I-C-E C-R-E-A-M.

妻子在回答丈夫的问题时，没有直接说出 ice-cream 这个词，而是将 ice-cream 拼读了出来，表明她不想给孩子买冰淇淋，但又怕直接说出的话孩子会吵着要，因此就通过违背方式准则中简洁这一次准则，希望丈夫能理解她暗含的用意。

尽管格赖斯的合作原则是以祈使句形式提出的，似乎是规定性的，说话者必须遵守的，但杜世洪（2012）在分析和比较钱冠连的"合作不必是原则"和冯光武的"合作必须是原则"的观点时指出"他们的观点瞄准的不是同一个层面上的东西"，并提出"格赖斯的合作原则属于描述性原则，旨在描述会话含义产生的各种情况"。格赖斯将话语意义分为两个层面："说"的意思，即规约性意义 p；隐含意义，即会话蕴含 q。当说话者遵守合作原则时，他要表达的就是规约性意义 p；有时为了表达隐含意义 q，说话者在说的层面违反了合作原则，但在隐含层面依然是遵守了合作原则。

三　特殊会话含义的理解

很多学者都是从说话者的角度出发分析说话者如何遵守或违反合作原则，而实际上合作原则及其准则是说话者和听话者都需要遵守的，如果听话者没有遵守合作原则，从听到的话（what is said）中推导出含义（what is meant），也就是没有正确理解说话者的隐含意义，那么交际就会中断。

格赖斯（1975）指出为了推导出特殊会话含义，听话者要有下列依据：（1）所使用语词的规约性意义以及可能所涉及的指称对象；（2）合作原则及其准则；（3）话语的语境（语言的或非语言的）；（4）其他背景知识；（5）谈话双方都拥有上述所有相关项所示内容，而且他们知道或假定这是事实。要推导出会话含义的一般模式可能如下："他说的是 p，没有理由去假设他没有遵守准则，或至少没有理由去假设他没有遵守合作原则；除非他想到 q，否则他不会这么做；他知道（并且知道我也知道他知道）我能认识到他想到 q 这一假设是必需的；他没有做任何事来阻止我想到 q；他试图让我想到或至少愿意让我想到 q；所以他隐含了 q。"

例如：以下是妈妈和女儿在考试结束后的一段对话。

妈妈：这次考试考得怎么样啊？

女儿：妈妈，你别生气啊！

妈妈：我不生气，只是你要用功哦，希望下次考好！

这段对话的主题是孩子的考试成绩，可整段对话中都没有出现分数。说话者（女儿）的回答似乎答非所问，听话者（妈妈）经过推导得出孩子的成绩不好，其中第一步就是"我没有根据说她不合作"，即认为她应当是遵守准则的。如果这一步是"我认为她在说胡话"，其推导过程和结果会完全不同。

格赖斯的会话含义理论不是从语言系统内部去研究话语本身表达的意义，而是依据语境研究话的真正含义。语境涵盖的范围很广，有语言语境、情景语境、背景语境、文化语境和认知语境。姜望琪（2014）在比较弗斯和海姆斯（Firth & Hymes）的语境分析理论后指出语境首先分成上下文语境（Linguistic Context，LC）和情景语境（Situational Context，

SC)。情景语境包括会话的时间、地点、所涉及的事件，以及参与者四个主要部分。前三部分是情景语境的客观部分，被称为"情景语境 1"（SC1）。第四部分"参与者"是主观部分，被称为"情景语境 2"（SC2），包括参与者的各种信息，如身份、知识背景、个性、对所涉及事件（包括其他参与者及所谈论事件中的人物）的态度、情感等各种社会、心理因素。接着他设计了九个步骤来进行语用推理：（1）说话者（S）说了一句话 U（Utterance）；（2）听话者（H）假定 S 遵守 Grice 的合作原则（CP）；（3）H 根据上下文（LC）解读 U；（4）如果可解，H 根据凸显的对立集合（Contrast Set）决定信息量 I（Informativeness）的具体上下限；（5）如果只根据 LC 无解，引入情景语境中的时间、地点、事件因素（SC1）后解读 U；（6）如果可解，重复第四步；（7）如果不可解，引入参与者因素（SC2）后解读 U；（8）如果可解，重复第四步；如果仍然不可解，第一轮解读失败；（9）所有可解都构成结论。从这个推理模式来看，听话者假定说话者遵守 Grice 的合作原则，而这种遵守有可能是在隐含层面的遵守，听话者借助于合作原则，主要依据情景语境推导出说话者话语的弦外之音。

四　结语

格赖斯的合作原则是语用学发展史上一个具有深远意义的理论。我们应该结合当时的哲学思想来理解合作原则，不要将哲学术语的"合作"与作为普通词汇的合作混为一谈。在有些情况下，说话者看似没有遵守合作原则，其目的是表达某种隐含的意图，"话语符合所参与交谈的公认目的或方向"，实则没有违背合作原则。作为交流的另一方（听话者）则仍然通过运用合作原则，并结合会话所产生的语境等条件，推断出某些话语的弦外之音，即借助合作原则，听话者可以推导说话者的特殊会话含义。因此合作原则是交际双方为了达到交际目的而遵守的普遍原则。

参考文献

Grice，H. P.，"Meaning"，*Philosophical Review*，1957，66.

Grice，H. P.，"Logic and Conversation"，In P. Cole & J. Morgan（eds.），*Syntax and Semantics*，Volume 3，New York：Academic Press，1975.

Grice，P.，*Studies in the Way of Words*，Peking：Foreign Language Teaching and Research Press，2002.

杜世洪、李菊莉：《格赖斯的合作原则与维特根斯坦的自然理解——从钱冠连和陈嘉映谈起》，《外语学刊》2012 年第 5 期。

冯光武：《合作必须是原则——兼与钱冠连教授商榷》，《四川外语学院学报》2005 年第 5 期。

封宗信：《理想世界中的会话含义理论及其现实意义》，《外语与外语教学》2002 年第 8 期。

封宗信：《格莱斯原则四十年》，《外语教学》2008 年第 5 期。

姜望琪：《语用推理之我见》，《现代外语》2014 年第 3 期。

李平：《违反"合作原则"的现象及其语用效果分析》，《西北民族大学学报》2005 年第 6 期。

莫海文：《语言交际中合作原则的违反》，《喀什师范学院学报》2005 年第 3 期。

王晓军：《关于会话含义的新思考——兼与姜望琪先生商榷》，《外国语言文学》2011 年第 4 期。

许汉成：《格赖斯会话隐含理论：背景、成就与问题》，《外语研究》2001 年第 2 期。

杨达复：《格赖斯：会话含义的推断》，《外语教学》2003 年第 1 期。

杨信彰：《语言学概论》，高等教育出版社 2005 年版。

郑梅：《谈格莱斯合作原则的有意违反及会话隐含》，《新疆大学学报》2008 年第 3 期。

张绍杰：《一般会话含义的"两面性"与含义推导模式问题》，《外语教学与研究》2008 年第 3 期。

流行称谓语"亲"的社会语言学调查

王　勤

摘要：言语社区是研究语言变体的重要场所。以城市言语社区为基础进行抽样调查是从微观社会语言学角度出发研究语言变体的有效方式。近年来新兴称谓变体不断出现在城市言语社区中，并在城市言语社区中传播和发展。其传播和接受程度反映了社区居民在语言接受与使用中的一些特点和规律。本文以言语社区理论为指导，以近几年来流行的称谓变体"亲"为例进行了社会语言学调查，发现新兴称谓变体是基础词意泛化和称谓语缺位共同作用的结果；城市言语社区对新兴称谓变体的使用和接受具有群体一致和认同的特点，但同时也存在典型差异。

关键词：称谓变体；言语社区；"亲"

语言的自然存现单位即为言语社区（陈松岑，1999；徐大明等，1997；徐大明，2004）。言语社区是社会语言学研究的重要对象，是语言调查的基本单位，其最简单的定义是：一个讲话人的群体（Gumperz，1968）。按言语社区理论（徐大明，2004），言语社区是一种符合社会学定义的社区，同时又具有语言学特性；言语社区的研究"社区第一，言语第二"。本文以这一理论为指导，从"讲话人的群体"和行政区划入手，在言语社区理论的基础上关注鲜活的社会语言变体，以近年来广泛使用并有泛化趋势的新兴称谓变体"亲"为例进行社会语言学调查，研究"亲"所代表的新兴称谓变体在城市言语社区的传播和使用。

一　"亲"的发展变化

近年来，"淘宝体"这种特殊的说话方式因亲切、可爱等原因逐渐在网上走红，而"亲"正是"淘宝体"中的代表性称谓语。淘宝数据显示在 2004 年 6 月，一个淘宝卖家为了显示跟买家的亲近，用一句"亲"缩短了彼此的距离，随后越来越多的卖家开始在店铺和旺旺交流的时候采用，并受到了网购用户的追捧。2013 年 4 月 10 日，淘宝网公布了对 2012 年网络购物交际语言的分析，按使用次数"亲"以每天近 1 亿次荣登榜首。足可见"亲"在淘宝上的流行程度。"亲"这一网络时代的流行称谓语，不仅盛行于淘宝，也正在悄悄进入我们的社会生活的其他领域。这一语言变体是众多新兴称谓变体的代表，调查和了解这一语言变体在城市言语社区中的使用和传播，也可以了解和预测更多新兴语言变体的发展。

（一）"亲"的词义变化

"亲"在古代汉语和现代汉语中的意思不完全相同，根据《辞海》《词源》《现代汉语词典》对比，可以看出"亲"在古代有"结交""接近""准确"、通"新"几种现代汉语没有的意思。如：

《史记·苏秦·传赞》："夫苏秦起闾阎，连六国从亲，比其智有过人者。"（意为"结交"）

《论语·学而》："泛爱众而亲仁。"（意为"接近"）

《水浒》："左手拈弓，右手取箭，搭上箭，拽满弓，觑得较亲，背翻身一箭，李应急躲时，臂上早着。"（意为"准确"）

《韩非子》："亲臣进而故人退……"（通"新"）

但"亲"的其他主要意思在古代汉语中和现代汉语中基本一致，没有大的变化。这些意思都和"亲属""亲近"有关。

（1）父母。如《公羊传·庄公三十二年》"君亲无将"，何休注："亲，谓父母。"

（2）亲族，亲戚，有血统关系。如《周礼·秋官·小司寇》"一曰议亲之辟。"

（3）亲近的人，亲信。如《孟子·梁惠王下》"王无亲臣矣"。又如"众叛亲离。"

（4）爱，亲近。如《易·比》"先王以建万国，亲诸侯。"

（5）亲自。如《诗·小雅·节南山》"弗躬弗亲，庶民弗信。"

（6）婚姻关系。如《史记·匈奴列传》"汉亦引兵而罢，使刘敬结和亲之约。"

（7）和睦。如《书·尧典》"克明俊德，以亲九族。"

（二）"亲"的主要网络用法

"亲"在基本词义"亲属""亲近"的基础上，逐渐变化为一种称谓语，无性别年龄标记，无身份职业标记，指任何人。最初在购物网站特别是淘宝的交易中用于敬称顾客。其网络主要指称用法有三种：

1. 指"粉丝"，可以单独使用

如：笔亲。

搜狐网有这样的新闻（2009.3.10）："周笔畅蓉城复出被包围，'笔亲'机场苦等两小时。"百度词典上给出的"笔亲"的意思是：周笔畅粉丝的统称。作为这一意思，"亲"的搭配比较有限，并不是适用于所有名人，作为周笔畅粉丝的统称最多。

2. 有某种共同特征的一类人

如：宅亲。

百度贴吧有这样的句子（2011.5.16）："准备月底去青岛，青岛的'宅亲'们什么火锅好？"这里的"宅亲"表示业余时间喜欢待在家里的一类人。百度词典上并没有给出"宅亲"等同类词的意思，说明它只是人们使用的一种构词形式，并未作为单个词被认可。

3. 网络称谓语

这一用法最早见于淘宝，称呼购物者为"亲"。如淘宝旺旺对话（2013.1.6）：

店主：亲，需要什么？

顾客：我想问一下这款包有货没？

店主：亲，有的。喜欢就拍下吧，很畅销。

顾客：给点优惠吧。

店主：亲，最低了，送你个礼物吧。

（三）"亲"用法变化流行的原因

1. "亲"原有基础词义是其变化的基础

"亲"的流行语义包括其作为称谓语的意义都没有脱离其原有的基础词义"亲属""亲近"，新词义是在原有词义的基础上产生的，是原有词义扩大、泛化的结果。"亲"作为称谓语使用时表达的仍是"亲近""亲切"之义，并未产生与原有词义背道而驰的新义。

2. 通用称谓语缺位是"亲"成为称谓语的必要条件

中国长期存在通用称谓语缺位的现象。"同志""师傅"两词已经在很大程度上退出了称谓语的舞台，作为社会称谓语的意义仅局限于特殊群体。先生/小姐来源于西方文化，并未完全被接受为社会称谓语。老师、老板、美女这些泛化称谓语也都有其使用的局限性。

　　当网络迅速发展，电子商务进入每个人的生活。淘宝这个先进的交易平台同时也创造了"旺旺"这个交流平台。既然是交易，交流就必不可少，称谓语自然成为一种需要。因为网络交易不是真正面对面的交易，判断对方的年龄、性别等再去交流势必影响交流的有效进行，于是一个通用称谓语应运而生。无论男女老少，简单快捷地称为"亲"，不需要任何复杂思考和判断，也拉近了彼此的关系，使交流更加顺畅合理。

　　3. 网络环境和流行文化促进了"亲"的使用

　　网络作为一种时代特征，具有不可比拟的特殊性。信息和流行文化在网络上的传播速度是任何时代都不能相比的。"亲"这一称谓语作为"笔亲"使用时影响力尚限于一定范围，而当它在淘宝上成为称谓语时却以无法想象的速度影响了人们的生活。

二　"亲"的社会语言学调查

（一）调查方法

　　假定行政区划的城市即为一个言语社区，则随机抽样的语言调查可以反映言语社区对新兴称谓语的理解和使用规范。通过对典型新兴称谓语的调查可以发现主流趋势，发现言语社区中语言使用的一些特征，同时为言语社区研究提供证据。

　　本调查采用问卷调查和访谈相结合的方式完成语料搜集。调查的第一步是观察"亲"这一称谓语的使用，归纳其使用情况，分析其主要用法，作为问卷编制的基础。问卷调查是在观察的基础上设计问卷，调查问卷主要涉及语言态度、语言使用和语言接触。为得到可信的多年龄层的样本，调查对象选择了西安市某高中两个自然班学生，年龄在17—19岁，问卷集中发放，由学生在课堂规定时间内完成，当场收回；该高中学生为全市统招，学生家庭分布于全市，家庭背景各不相同，因此由走读学生将问卷带回家由父母完成，问卷第二天收回。另调查某幼儿园一个自然班学生家长，年龄在25—35岁，问卷当场收回。

　　调查共发放问卷210份，收回有效问卷195份，有效率93%。其中17—19岁组女性26人，男性27人；25—35岁组女性35人，男性32人；36—48岁组女性38人，男性37人（详见表1）。

表 1 调查阅卷简况

性别	年龄	人数	百分比
男		96	49.2%
女		99	50.7%
	17—19 岁	53	27.2%
	25—35 岁	67	34.4%
	36—48 岁	75	38.5%

（二）调查结果和分析

1. "亲"与社会关系

"亲"一词在网络上作为"淘宝"专属的通用称谓语使用，之后又有一定的泛化趋势，在网络内外都成为一种通用称谓语。它既是一个简单的称谓，也表达了人们对社会关系的认识和追求。根据调查问卷结果显示，超过90%的人认为"亲"表达了"平等""亲切"的社会关系，是人与人之间关系亲近、平等的体现。在社会发展的进程中，人们希望有一种通用社会称谓语来满足人们之间称呼他人的社会需求，同时体现人与人之间平等和谐的社会关系，让人们的关系更亲近。对于"亲"和"平等和谐的社会关系"，不同年龄段的人没有认识上的差别，反映了不同年龄段的人对平等关系的普遍追求。"亲"正体现了人们对平等关系的认同和对人与人之间更亲近关系的期望。对"亲"与使用过的"美女""同志""师傅"这些词，大多数人普遍认可其称谓语功能，不探究其意思或出现原因，认为作为一个称呼符号，其"作用相同，不必深究"。多数人希望能有少量通用称谓语用于社交场合，从而方便人们相互称谓。对于将来可能选择的通用称谓语，选择最多的是表达"平等的关系""简洁"。

2. 城市言语社区的一致与认同

语言的意义、特点、用法都要以言语社区成员的认同来确定，没有认同就没有语言。本调查并未全面调查语言的方方面面，但一个称谓语的使用也可以反映这一特点。通过对调查数据的分析，可以看出：在语言态度上，言语社区不同年龄段的人都有趋于一致的总体态度，对"亲"在网络内外的使用，认可度一致；对"亲"作为通用社会称谓语使用时表达的社会意义和关系普遍认同；不同年龄段的人大都熟悉"亲"这一称谓语。对"亲"这一流行称谓语的总体态度，不同年龄段的人多数都选择了"是个体现平等关系的称呼"。大多数人觉得在淘宝上或者网络内外，

"亲"是个"体现平等关系的称呼，不追求深层次含义"。认为无论什么词出现成为流行称谓，都是一种称谓，不必考虑其深层次含义。但对字面意思有所顾及，认为其基本意思应该具有平等、美好的含义才更容易被接受。如图 1 所示。

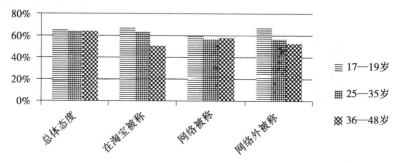

图 1　认可"亲"是"体现平等关系的通用称谓语"

　　在语言使用习惯上，也有一致性特点。如"亲"这一称谓语大多数人仅用于淘宝及网络，而且在"淘宝"上被称更多，达到 50.3%，主动使用明显少于被称。产生这一现象的原因主要是"亲"在一开始就是淘宝店主称呼顾客的用语，人们普遍接受，但在其他场合主动使用并不多。

　　这些现象都说明了言语社区内部对"亲"的用法的主流趋势和主流观点，这与现实生活中观察到的"亲"的使用情况是一致的。这一称谓语在使用时具有时代特征和社会意义，但它目前使用的范围有很大的局限性，并未泛化到社会生活的各个方面。

　　调查结果可以解释很多新兴称谓语和流行语的使用，也符合以前使用过的通用社会称谓语的发展。言语社区对语言的主流态度和趋势影响着所有新兴词汇的使用和流行。正如"亲"的使用，当主流态度接受它作为社会称谓，当主流态度认为它表达了平等友好的人际关系，它被广泛使用。但与此同时，主流态度认为它最适合的使用场合是淘宝和网络时，它向其他领域泛化发展的趋势就受到很大制约。就算偶尔越界使用，接受度和仿效度都不高。如"同志""师傅"等，在特定的历史时期它代表了先进和平等，从而被大家广泛使用，当大家都觉得它代表了先进、平等的身份和关系，主动使用它，它的流行就属必然。当这样的时代特征不存在，它也就失去了流行的基础，不再被使用，被其他新的称谓语所取代。

3. 城市言语社区的语言变异

语言在使用中会产生各种各样的变异和变化。在言语社区内部人们有大体相同的语言态度并遵循一定的语言使用规范，但同时存在内部差异。语言变项（linguistic variablc）也是语言结构系统的有机组成部分（Chambers & Trudgill，1998：128）。考察差异，可以让我们更清楚地了解言语社区内部结构。"亲"作为现代汉语社会称谓语的一个变项，记录和研究其使用情况有助于我们了解真实社会语言的使用和传播。

在对"亲"的态度和认同总体趋同的情况下，"亲"这一称谓语在具体使用中有一定变异特征。其主要变异为年龄层化变异和使用场合变异。

年龄变异：

社会语言学的研究发现，年龄是与语言变化紧密相关的因素。本调查样本得到的三个年龄组的人在对"亲"的具体使用中体现出了语言使用的年龄特征。如25—35岁年龄组有17.9%觉得朋友当面使用"亲"为称呼是"很亲切"的，而36—48岁年龄组仅有1.4%持相同观点。36—48岁年龄组的人有55.1%强烈反对朋友当面使用"亲"为称呼，而22—35岁年龄组仅有16.4%持"强烈反对"态度。图2中是几个年龄组的一些差异。

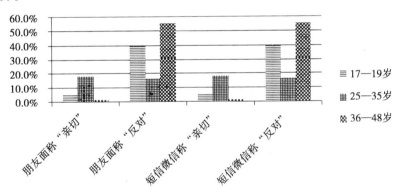

图2　语言态度年龄层化差异

从本调查反观以前使用过的通用称谓语，如"同志""师傅""小姐""美女"，其使用也都具有一定的年龄特征，如"同志"是一个使用年龄层相对广泛的词，"师傅"则更常用于对年长者的称呼，"小姐""美女"在用于女性时常用于指称表象年龄较年轻的女性。这是人们对这些称谓语使用上的差别，也是人们对这些称谓语认可差别的反映。

场合变异：

虽然对"亲"总体的使用态度和认同一致，实际的使用情况却因场合不同而有不同的体现。"亲"用于称呼别人时主要用于淘宝、短信微信、网络，很少用于朋友和家人之间的面称（见图3）。在被称时，淘宝仍然是最主要的使用场合，其次为网络、短信微信，朋友间有一定比例使用，家人之间很少（见图4）。

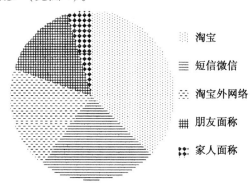

图3　用"亲"称呼别人的场合

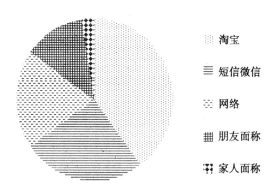

图4　被称为"亲"的场合

"亲"看起来是一个广泛流行的称谓语，但其使用场合有很大的变异，不是在一切场合适用，它在具体使用中有主流使用场合和非主流使用场合之分，并不是一个"放之四海而皆准"的称谓语。

性别差异：

　　虽然社会语言学研究结果表明性别是影响语言变异的重要因素，但本调查中不同年龄组之间并没有显示出各年龄组统一显著的性别差异，不像很多人认为的"女性"更多使用。从调查结果中可以看到的是各年龄组本身表现出了一些明显的性别差异。如25—35岁年龄组中的女性有45.7%觉得交通指示牌使用"亲"语体"很好，很亲切"，而同年龄段男性仅有12.5%持相同态度。另外，基于对QQ和淘宝使用频率的不同，更多25—35岁年龄组的女性经常在淘宝和QQ使用"亲"这一称呼，也更熟悉"亲"这一称呼在这些领域的使用。36—48岁年龄组男性因为不使用淘宝、不关注潮流等原因，对"亲"的网络用法"从未听说"的更多。

（三）"亲"在城市言语社区中的传播和使用

1. 语言接触

　　在对"亲"的了解中，67.2%的人从未听说过"亲"最初的流行用法"笔亲"，对"亲"的使用和了解主要来自网络和朋友的传播，主要因为从从众、时尚的角度使用，并不在意其意义来源。淘宝是"亲"最主要的接触场合，73.0%的人非常熟悉或熟悉"亲"在淘宝的使用，受调查者对"亲"的常见形式的熟悉程度依次为淘宝、短信微信、网络论坛、录取短信。从未听说过的依次为笔亲、外交部微博、公安局微博、家人间、交通指示（见图5）。

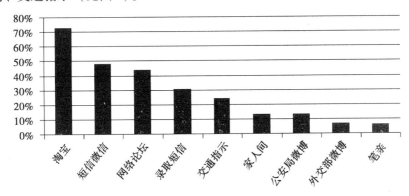

图5　语言接触

　　不难看出"亲"在淘宝的使用是主流的趋势。"亲"作为流行称谓语，开始于网络，也主要用于网络。调查数据显示人们对它在短信微信等媒介上的使用有一定了解，但并不了解家人和朋友间的当面称呼。另外，即使是在网络环境下，一些较为正式的机构和场合，如外交部微博、公安局微博、录取短信等方式使用这一称谓并不被大多数人所了解。

2. 语言使用

虽然多数人非常熟悉或熟悉"亲"这一称谓语，但对"亲"的使用却局限在小范围内。如图6所示，即使是在淘宝，也仅有27%的人主动使用这一称呼去称呼别人，更多的人是被称为"亲"，被动接触和接受这一称谓。在网络和短信微信使用中也是相同，仅有23.8%的人主动使用这一称谓。全于将其使用为面称就更少了，主动称呼和被称都很少，仅有8.5%的人将其用于朋友间称呼，仅有2.6%的人将其用于家人间称呼。

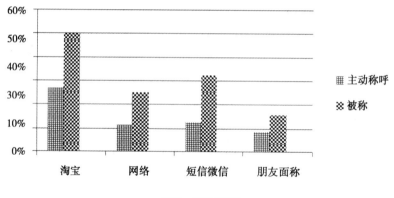

图6 语言使用

"亲"因为多种原因开始作为称谓语使用，也有人认为这一称呼正在泛化为通用社会称谓。但本次调查结果显示，在城市言语社区中，其使用受到很大程度的制约，仅局限于特定的范围和场合，主动使用的人数即使在网络中也并不多，现实生活中就更少了。因此，其作为社会称谓语的使用和泛化都很有限。在进一步的调查中显示人们不主动使用"亲"这一称谓，主要原因是觉得"亲"听起来不够正式和文雅，特别是在面称中显得不够礼貌。

3. 语言态度

根据调查问卷的结果分析，多数人使用"亲"的原因是"觉得大家都这么用，从众"，或者"觉得亲切"。很少有人觉得它是"不可替代"的（如图7所示）。而不使用"亲"的人多数选择了"不能接受""习惯使用自己熟悉的称谓，不喜欢新称谓"。这可以表明在流行语传播发展的过程中，心理因素起到了很大的作用，很多人因为"从众"而使用流行语。"众"就是我们所处言语社区中的某种规范和认同，为了符合大家的规范和认同而接受和使用新的流行语。反过来说，当一种流行语流行的时候，它本身也已经构成言语社区的一种规范。

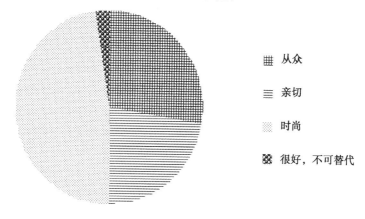

图7 使用"亲"的原因

三 结语

本文基于已有的称谓语理论研究对正在使用中的称谓语"亲"进行调查分析。通过实证的调查分析得到如下结论：

以行政区划为基础进行言语社区研究使言语社区在研究中更易界定。对"亲"进行调查研究选取的人群在一定程度上代表了一个城市言语社区，该人群在对"亲"的总体态度等方面具有高度一致性，同时表现出使用场合等方面的差异。调查过程支持了言语社区理论的"社区第一"在实际研究中的可操作性。

在城市言语社区中，一种新兴称谓变体或语言变体的使用受到言语社区主流趋势和规范的影响和制约。如"亲"的使用和接受整体趋同，主要用于淘宝和网络环境，向其他领域的泛化非常有限。

尽管主流态度和规范趋同，但在具体使用中语言变体会因具体使用者和使用环境的差异而产生变异。如对"亲"的使用，不同年龄段各有特点，男性和女性并不相同，具体使用场合也有很大差异。

本文在样本数量等方面具有一定的局限性，结论也非定论。但总体上，本文对"亲"这一近年来广泛使用的称谓变体进行调查研究，了解正在使用的称谓变体及其产生发展的特点，研究其在现实语言环境中的使用，可以在一定程度上了解新兴称谓变体的真实使用情况，也可以为语言变体的研究提供可靠的证据。

参考文献

陈建民：《中国语言与中国社会》，商务印书馆 1999 年版

逯永顺：《称呼语及其使用》，《语言教学与研究》2004 年第 2 期。

樊小玲、胡范铸、林界军、马小玲：《"小姐"称呼语的语用特征、地理分布及其走向》，《语言文字应用》2004 年第 4 期。

郭继懋：《常用面称及其特点》，《中国语文》1995 年第 2 期。

胡培安：《说"阿姨"》，《修辞学习》2004 年第 2 期。

李明洁：《现代汉语称谓系统的分类标准与功能分析》，《华东师范大学学报》（哲学社会科学版）1997 年第 5 期。

李思敬：《50 年来"社会称谓"变迁杂忆》，《语文建设》1996 年第 9 期。

邵敬敏：《"美女"面称的争议及其社会语言学调查》，《语言文字应用》2009 年第 4 期。

潘攀：《论亲属称谓语的泛化》，《语言文字应用》1998 年第 2 期。

王劲松：《"美女"称谓语泛化的原因及其文化意蕴》，《河南师范大学学报》（哲学社会科学版）2007 年第 5 期。

王玲：《言语社区内的语言认同与语言使用——以厦门、南京、阜阳三个言语社区为例》，《南京社会科学》2009 年第 2 期。

王玲：《言语社区基本要素的关系和作用——以合肥科学岛社区为例》，《语言教学与研究》2009 年第 5 期。

夏历：《农民工言语社区探索研究》，《语言文字应用》2007 年第 1 期。

徐大明：《语言的变异性与言语社区的一致性——北方话鼻韵尾变异的定量分析》，《语言教学与研究》2008 年第 5 期。

晏小平：《从"同志"看社会的变化——北京地区国家机关公务员称呼使用考察》，《语言科学》2004 年第 3 期。

杨晓黎：《关于言语社区构成基本要素的思考》，《学术界》2006 年第 5 期。

周明强：《言语社区构成要素的特点与辩证关系》，《浙江教育学院学报》2007 年第 5 期。

文学与文化

E. L. 多克托罗小说在国内的
接受和批评*

胡选恩　陈　刚　苟红岚

摘要：美国当代小说正在经历着从后现代主义到新历史主义和超现实主义的嬗变；E. L. 多克托罗在这一转变过程中起着承上启下的重要作用。国内对多克托罗的译介和研究已经走过了将近 30 个年头；学者们从不同视角对其作品进行了批评和解读；本文对此进行全面的回顾和梳理，指出接受和批评多克托罗作品过程中的不足和缺陷，提出研究多克托罗的新方法和新视角，以促进中国读者对其小说的理解和研究。

关键词：E. l. 多克托罗；后现代主义；新历史主义

美国当代小说正在从后现代主义转向新历史主义和超现实主义，大致分为两大流派：第一类是以纳博科夫、品钦、巴斯、巴塞尔姆、加迪斯等为代表的后现代派作家，他们的作品打乱了故事叙述的连贯性，小说的结构和结局冲破了传统的束缚，令人耳目一新；第二类是以索贝娄、罗思、斯蒂伦等为代表的超现实主义作家，他们在小说中重构历史，再现历史人物和历史事件，对传统的现实主义提出质疑和挑战。然而，多克特罗却不能划归于其中任何一个流派，而是兼而有之。他是美国小说从后现代主义走向新历史主义和超现实主义的领军人物。

自从 1960 年《欢迎到哈德泰姆镇来》出版以来的 50 年里，多克托罗笔耕不辍，用不断创新的后现代派艺术形式来解构历史、重新建构人们的历史意识，注重文学与艺术、文本与历史之间的关系，以其独特的视觉来把握并揭示小说与历史的真实，实现了小说思想性和艺术性的完美统一。他先后创作了 13 部小说；大多数作品一经出版就成为文学界的一枚

---

* 本文获得国家社科基金项目"E. L. 多克托罗后现代派历史小说研究"（批准号 11BWW028）资助。

重磅炸弹，引起轰动。在中国，多克托罗拥有众多的读者，学者们和批评家也从不同的角度对其作品进行了介绍、解读和评论。本文拟将国内对多克托罗的研究进行梳理和整合，指出其中的不足和缺陷，提出研究多克托罗的新方法和新视觉，以促进国内读者对其小说的理解和研究。为国内学者在研究美国当代小说时能够跳出语言的牢笼，离开后现代主义的意义平面，回归社会历史的维度，实现视觉创新与意义深度的完美结合，提供有益的借鉴。

一　译介出版

到目前为止，多克托罗有四部长篇和少数短篇小说及一个论文集在中国被翻译出版。首先是北京大学陶洁教授翻译的《雷格泰姆音乐》（外国文学出版社1986年版）；译文舒展流畅，给人一气呵成之感。该译作由张守义装帧及插图七张，锦上添花，精美别致。后来，常涛和刘奚又将该小说译作《拉格泰姆时代》（译林出版社1996年版）；这里特别要说明的是刘奚不是一个人，而是已故刘国云先生与妻奚宝芬、子刘晓奚的合用笔名。在译介该小说的过程中，刘奚翻译了该作品的上半部第1—21章，下半部由常涛译出，全书由常涛统稿。在翻译该书的过程中，他们"本着既忠实于原著风格又力求符合汉语表达习惯的原则，对作品中大量上下互不连贯因而使人费解的略句，添加了必要的连词虚字。至于原书人物对白不加引号，则作为原书的一种风格保留了下来"。

全国美国文学会副会长、厦门大学博士生导师杨仁敬教授翻译了《比利·巴思格特》（译林出版社2000年版）。多克托罗在小说中，"经常采用断裂式和拼贴式的表现手法，大量运用俚语和一些黑帮的行话，爱用一串从句组成的长句，有时一页仅有一个长句。小说结尾一大段也只一个句子"。杨仁敬教授在译文上"力求保持原著的语言风格，又尽量兼顾汉语的表达习惯，有的长句加以保留，有的则不得不译成几个短句，以保持译文的准确、流畅和好懂"。

多克托罗的第九部小说《上帝之城》又译《圣城》（译林出版社2005年版）由李战子和韩秉建合译。《上帝之城》是一部"关于20世纪的躁动而悲伤的多声部叙事"，充满了"各种各样的描写：宇宙理论、宗教生活、恋爱事件、哲学观点、流行歌曲、故事梗概、电影场景"和"形形色色的人物：科学家、哲学家、大屠杀幸存者、纳粹军官、内阁成员、神学家、电影制片人，光怪陆离而又散发出迷人的魅力。作者通过展示一位神父和一位进化派犹太教女的心灵世界，对人类精神生活和历史命运做出了真正的探索"。要翻译这样一部话语不连贯、叙事非线性、叙事和哲学杂乱混合的作品，就要求译者具有扎实的中英文语言知识以及对西方的历史、文学、哲学、艺术等文化的广泛了解。幸运的是他们在美国的朋友葆菁为他们提供了诸多帮助，加之他们的不懈努力，最终该译文与读者见面，且译文忠实原文，汉语表达地道流畅。

《大进军》（人民文学出版社 2007 年版）是多克托罗创作的第十部小说，翻译家邹海仑先生将其译成中文。这部小说人物众多，情节复杂；译者在语言上尽量保留了原作的风貌；但也引来了批评家的质疑。媒体编辑朱白曾这样评价："这本小说的翻译语言也时常让人感到突兀，不知是作者风格，还是译者习惯，如'此外我还会有谁做丈夫呢？'这种句子，就不能调整一下让其更通顺些吗？"

《创造灵魂的人》（译林出版社 2009 年版）收录了多克托罗 1993—2006 年所撰写的 16 篇论文。这些论文"旨在探讨和反思人类创造活动的本性，以文学评论为主，内容涉及爱伦·坡、卡夫卡等十几位经典作家、《圣经》、喜剧演员哈波·马克思、科学家爱因斯坦和 20 世纪一大创造——核弹"。中央民族大学博士生导师郭英剑教授将其翻译成中文。其译文既有理论上的严谨又具有艺术上的完美，译文质量堪称上乘。

近年来，多克托罗的短篇小说也引起了中国学术界的关注。他的第二部短篇小说集——《理想国故事集》已经被翻译成中文出版。

20 世纪 80 年代以来，美国文学经历了从后现代主义向新历史主义的转变，多克托罗在这一转变过程中起着承上启下的作用，在美国文坛具有举足轻重的地位，被誉为"国宝级"文学大师。仅有四部长篇和几个短篇小说被译介到中国来，显然不足。

二　阐释和视觉

随着多克托罗作品在国内越来越受到人们的喜爱，有关其作品的学术论文不时出现在各种杂志、报纸和学术期刊上。学者们借助于新历史主义、后现代主义、叙事学和文化研究等诸多理论对多克托罗的小说进行了批评和解读。"总体集中在作家创作主题、美学原则和艺术风格，还有通过结合国外权威人士观点来分析其各部作品，并从历史与政治角度、真实与虚构角度进行研究。"

　　杨仁敬教授是国内较早关注多克托罗及其作品的学者之一，他的论文《关注历史和政治的美国后现代派作家 E. L. 多克托罗》（《外国文学》2001 年第 5 期）对多克托罗的创作思想及后现代性进行了全面系统的阐述；《模糊的时空 无言的反讽——评多克托罗的〈皮男人〉和〈追求者〉》（《外国文学》2001 年第 5 期）解读了多克托罗两个短篇小说的后现代派艺术特色，为读者学习和理解多克托罗作品指明了方向。

　　《拉格泰姆时代》是多克托罗的成名之作，在中国学术界得到了极大的关注，有不少论文见诸各种学报和期刊。主要有：陈世丹教授的《〈拉格泰姆时代〉：向历史意义的回归》（《厦门大学学报》2003 年第 1 期），陈晓飞的《从新历史主义的角度看〈拉格泰姆时代〉中的文学与政治》（《信阳师范学院学报》2009 年第 5 期）以及他和程莲合写的《多克特罗〈拉格泰姆时代〉中的新历史主义》（《郑州大学学报》2009 年第 7 期），李俊丽的《穿越时空，拷问历史——评〈拉格泰姆时代〉文本的历史性》（《西安文理学院学报》2009 年第 6 期）和《评多克托罗〈拉格泰姆时代〉中历史的文本性》（《电影文学》2009 年第 3 期），等等。这些论文大多从新历史主义视觉对这部小说进行了解读和诠释，说明多克托罗在《拉格泰姆时代》中"以历史事实与虚构故事相互交织，构筑了一个历史人物与虚构人物的共同世界；使文学政治化，政治历史化。它表现了历史人物和虚构人物都被无法控制的经济和政治力量所异化的命运，也讲述了一段作为拉格泰姆音乐撰写的历史，从而构成了一部节奏明快的新历史主义小说文本"。探究了历史在后现代语境下的地位及其与文学的关系。

　　也有学者从后现代派叙事技巧的角度为切入点，对《拉格泰姆时代》进行解析。比如唐冉菲、张丽秀与赵钧合写的论文《解读多克特罗在〈拉格泰姆时代〉中后现代主义艺术技巧》（《长春工程学院学报》2009 年第 1 期）和陈晓飞的《〈拉格泰姆时代〉的叙事技巧》（《新乡教育学院学报》2009 年第 3 期），等等。前者"分析了小说《拉格泰姆时代》中作者采用的独特的、神秘的叙事方式，指出其将电影蒙太奇、新闻短片、历史人物速写等技巧性地运用到写作中，深化了主题，达到了非凡的艺术效果"。后者表明"《拉格泰姆时代》采取了一种独特而又引人入胜的写作方法，使历史以小说的形式呈现在读者面前，成功地揭开了历史的神秘面纱，《拉格泰姆时代》是多克特罗对新历史主义的大胆尝试，他与众不同的写作技巧吸引了无数读者对这部作品进行反复阅读"。

《比利·巴思格特》通过对 20 世纪 30 年代纽约黑社会集团犯罪活动的描写，来展示大萧条时期的美国社会生活。对于此小说，张冲教授的论文《暴力、金钱与情感钝化的文学话语——读多克特罗的〈比利·巴思格特〉》（《国外文学》2002 年第 3 期）认为该小说"讲述了以苏尔兹为首的黑帮组织的兴衰史———段充满惊险、暴力、阴谋、背叛、流血和死亡的历史；其叙述之生动，形象之鲜明，悬念之紧张，场景之惊魂，称其为美国版的《教父》也有过之而无不及"。此论文首先分析了该小说的叙事结构，也就是六个暴力场景；然后总结了这些暴力场景产生的根本原因：金钱和情感钝化。

《上帝之城》是一部有着深刻哲学思想的小说，被誉为有《圣经》文本的特征。在国内不少学者对此小说进行了分析和解读。江宁康和高巍合写的论文《清教思想与美国文学的经典传承——评 E. L. 多克托罗〈上帝之城〉》（《外国文学》2010 年第 6 期）"以多克托罗的小说《上帝之城》为例来评析美国当代文学经典建构与清教传统的关系，提出美国作家对社会现实的强烈批判意识构成了美国文学经典传承的核心特征之一，而《上帝之城》在很大程度上体现了这种鲜明的特征。"

邹海仑的《多克托罗的新作〈上帝之城〉》（《外国文学动态》2000 年第 3 期）对这部小说进行了全面的总结和评论，指出《上帝之城》探讨了在科学高度发展而又充满着野蛮和暴力的今天，宗教的本质是什么，又是什么阻碍了人们走向宗教。

胡红渊的《对历史的思考，对现实出路的探索——从新历史主义、新现实主义解读多克托罗的〈上帝之城〉》（《怀化学院学报》2008 年第 10 期）以及陈静和殷明明合写的《多克托罗〈上帝之城〉中的宗教问题》（《广西社会科学》2005 年第 7 期）分别从新历史主义、新现实主义和宗教角度对《上帝之城》进行了解读和分析。

关于《上帝之城》及多克托罗的其他作品的学术论文在国内的各种刊物上还有许多，这些论文大多从后现代主义和新历史主义的视觉分析了多克托罗小说的主题和结构以及历史在后现代语境下的表现形式；对于国内读者了解和学习多克托罗的小说具有推动作用和积极意义。但是，也忽视了许多值得我们借鉴和学习的重要之处。

三　反思和建议

纵观上述文献和研究，国内对多克托罗研究存在着诸多不足和缺陷。经过反思，建议如下：

第一，多克托罗的创作有一个宏大理想，那就是用不断创新的艺术手法再现美国历史上各个重要的历史时期和历史事件。这一点笔者在采访多克托罗时已经得到了印证。但是，国内的研究还没有从宏观性上对其作品进行考量；而是仅仅局限于对多克托罗的单个作品进行批评和解读，没有一定的系统性和宏观性。

第二，多克托罗是后现代派作家，但与其他的后现代派作家又有区别。多克托罗的作品预示着美国文学未来发展趋势，那就是从后现代主义走向新历史主义和超现实主义；对多克托罗的阐释和研究要有前瞻性。因此，建议运用辩证唯物主义和历史唯物主义的观点，全面探讨处于后现代、后工业时期的多克托罗的后现代主义小说观、后现代派艺术创新和他的新历史主义倾向。通过历史分析、辩证分析、新文学理论探讨与小说文本分析相结合，全面、深刻、系统地探讨多克托罗如何用不断创新的艺术形式来构建历史、重构历史意识，注重文学与艺术、文本与历史之间的关系，以其独特的视觉来把握并揭示小说与历史的真实，如何实现小说思想性和艺术性的完美统一；从而全面、深刻、系统地揭示多克托罗的艺术追求与实践。

第三，多克托罗不仅是个小说家，而且是个理论家。他撰写了许多理论性文章阐明了自己创作后现代派历史小说的理论基础，比如《作家的信仰》和《虚假的文献》等。在这些文章中，多克托罗不仅指出了美国文学创作中存在的误区，同时表明了自己的理论观点。我们在从新历史主义和后现代主义两个视角分析多克托罗作品的同时，不妨以多克托罗自己的创作理论为基础来解读作者的作品，或许会更贴切且更具体。

第四，美国当代小说大致分为两大类：后现代派小说和新历史主义及超现实主义小说；多克托罗是兼而有之，而且扮演着美国小说从后现代主义向新历史主义过渡的桥梁角色。很少有批评家对此进行比较、讨论和研究。

第五，多克托罗是一位激进的犹太人文主义作家。他创作历史小说旨在以古喻今，映射美国的政治现实，避免重演美国历史的悲剧。在这方面的研究明显不足。

国内对多克托罗小说的批评和接受正走向多元化和多层次；笔者相信对该作家系统性、前瞻性和全方位的研究一定能够推动国内当代西方文艺理论研究、外国文学批评和高校美国文学的教学。

参考文献

常涛、刘昊：《拉格泰姆时代》，译林出版社 1996 年版。

杨仁敬：《比利·巴思格特》，译林出版社 2000 年版。

李战子、韩秉建：《上帝之城》，译林出版社 2005 年版。

朱白：《宏大叙事的大进军，人沦为了配角》，《南方都市报》2007 年 12 月 27 日。

郭英剑译：《创造灵魂的人》，译林出版社 2009 年版。

谢爽：《十年来国内多克托罗研究综述》，《北方文学·下半月》2010 年第 11 期。

陈世丹：《〈拉格泰姆时代〉：向历史意义的回归》，《厦门大学学报》2003 年第 1 期。

唐冉菲、张丽秀、赵钧：《解读多克特罗在〈拉格泰姆时代〉中后现代主义艺术技巧》，《长春工程学院学报》2009 年第 1 期。

陈晓飞：《〈拉格泰姆时代〉的叙事技巧》，《新乡教育学院学报》2009 年第 3 期。

张冲：《暴力、金钱与情感钝化的文学话语——读多克特罗的〈比利·巴忌格特〉》，《国外文学》2002 年第 3 期。

后殖民理论对中国当前文学理论研究的影响

张春娟

摘要：兴起于 20 世纪七八十年代的后殖民主义思潮首先作为一种文学理论思潮进入中国学界，为中国文论建设提供了一个新的思路和研究视角。二十多年间，中国文论界借助后殖民理论反思回顾了中国的文论建设，先后提出了第三世界文学理论、中华性命题、中国文论失语症及文论重建等问题。这些讨论反映了后殖民语境下中国文学界民族主义的复兴。中国文学理论的创新不在于抑西扬中，而是在中西两种文论资源基础上，在文学批评和文学创作实践及哲学美学思想更新的推动下发展。

关键词：后殖民理论；第三世界文学理论；中华性；中国文论失语症

一　引言

就其研究领域而言，兴起于 20 世纪七八十年代的后殖民主义思潮涉及文学、历史学、社会学、人类学等多个领域。但在中国，后殖民主义最初是在 90 年代末以文学理论流派的形式进入学界，并主要在文学研究领域引发了持久的讨论。随后，这一思潮漫过文学研究并逐渐扩展到翻译、语言、历史等其他人文学科。从整体来看，后殖民主义思潮一般来说可分为三个层面：后殖民理论、后殖民文学和后殖民批评。具体到中国文学界，与后殖民理论和文学相比，学界在后殖民批评领域所取得的成就更为突出。这主要是因为后殖民批评所探讨的问题更为契合中国当时的历史文化背景，也更具有迫切性。20 世纪 90 年代初，后殖民主义旅行到中国之际，正值中国国内的政局动荡之时。很多的知识分子开始从文化的角度探讨中国社会变革中所遇到的问题，并重新考虑传统民族文化在社会变革中的价值和地位。自此，中国学界开始由西方的启蒙思想转向国学本身。不少文化人开始抵制西方文化的影响，批判西方中心主义，学术立场由激进批判走向文化守成。这些现象都与反对西方中心和西方文化霸权的后殖民批评有着内在的呼应,为后殖民主义思潮在中国的传播提供了适宜的气候。因此,对于中国文学界来说,由于语境的转换,当后殖民主义作为一种新的学术思潮受到学界的接纳和重视时,中国学者的研究重心并不是全面而深入地审视后殖民理论本身,而是更多地关注新理论话语的批评实践功能,关注新话语与中国当前文化和文学状况的结合。也就是说,后殖民主义思潮在中国文学界与其说是一种理论论争与创作实践,不如说更具有方法论意义。在这一理论的启发下,中国文学界反思回顾了中国近百年的文论建设,先后提出了第三世界文学理论、中华性命题、中国文论失语症及文论重建等问题。

二 第三世界文学理论与"中华性"命题

90 年代初,张颐武等中国后殖民批评家把"第三世界文学"理论引入中国文论界,首次把中国文学放到第一世界和第三世界的关系中进行考察,这是中国学者试图借助后殖民理论讨论中国文学建设问题的第一次尝试。第三世界文学理论借用詹姆逊(Fredric Jameson)的"第三世界文化理论"和萨义德(Edward Said)《东方学》(Orientalism,1978)中有关民族文化建设的论述,主张对第三世界文学的本土文学形态加以考察,从话语表达、文化精神和民族心理等方面区别中西两种文学理论,并在比较鉴别中寻找本民族的文学传统和民族身份,从而以独立的姿态参与全球多元理论的对话与交流。

通过分析中国当时的文学批评与文学教学,张颐武(1993)指出,某种实际上以西方为中心的"全球性"的文学批评话语已随着西方文化和经济的参与而渗入了国内文学界。这种全球性的话语系统虽然给文学学科的发展提供了诸多可能性,但其危害性显而易见。由于这种强势话语的冲击,第三世界的本土文学传统逐渐失去其阐释效力,并慢慢退出主流学术话语。不仅如此,中国后殖民批评者还发现,在具体文学批评实践上,这些来自西方文化背景和话语传统的理论在阐释完全不同于自身的、具有独特文学传统和民族精神的中国文学时往往显得力不从心,纰漏百出。对此,张颐武(1993)认为文学理论界需要一种具有本土文学特点和传统的理论来匡正或对抗时下流行的诸多西方文艺理论,这一理论也就是第三世界文学理论。

与新批评、结构主义等批评理论不同，第三世界文学理论并不是一套具有确定话语体制和方法论的元语言式的批评理论。相反，它是从第三世界民族具体的文学传统和话语特点出发，重视各发展中民族独特的语言习惯及文化传统等因素，把第一世界和第三世界的文化对立作为一种现实加以考虑，并站在第三世界的文化立场上发言。在论者看来，第一世界与第三世界的矛盾是中国当代文学理论界的主要矛盾，"第一世界对第三世界的文化控制、压抑和吸引以及第三世界的认同、拒斥、逆反成了一种文化的主题"（张颐武，1993：147）。这两个世界之间的二元对立也成为"任何一个第三世界作者的困境的中心"（张颐武，1993：162）。可见，中国第三世界文学批评理论的主旨，就是第一世界与第三世界的文化控制与反抗。

对于第三世界文学理论这一命题，中国早期的后殖民批评家赋予其很高的期望，认为它为中国文学理论由第一世界的附庸形态转变为独立的第三世界理论形态提供了可能性。但是，从第三世界文学理论这一术语本身可以看出，第三世界这一指涉对象的宽泛性和不确定性注定了这一理论只能是一种具有导向性的纲领，缺乏具体针对性和操作性。从其研究深度和广度看，第三世界文学理论的研究只停留在初创和自觉意识的取得这样的水平上。

继第三世界文学理论之后，张法、张颐武等学者借助后殖民理论检视了中国文学与文化领域现代性的发生及其五次重心转移，提出了"中国文学发展的新图式"，即"中华性"命题。他们认为中国文学现代化进程和以"现代性"为核心的启蒙话语建构实际上是一个西方化和被殖民的过程，因而试图用中华性代替以"他者化"和"殖民化"为特征的中国文学的现代性。中华性命题主要有三个特点：第一，与现代性的线性历史观和西方中心主义不同，它把世界看成是对立统一的共时现象，在多种冲突和合作中具有无限多的可能性。它承认人类历史具有普遍性，但更重视普遍性之外的具体的文化创新。第二，与现代性预期的把中国完全西化相反，中华性理论更重视自己的文学文化资源，强调中国以不同于西方的独特的面貌参与世界对话。第三，中华性具有容纳万有的胸怀，其目标是建立一个以中国大陆为核心，辐射海外华人及东亚和东南亚地区的"中国文化圈"。

从其时代背景看，中华性命题的提出可以说是中国经济发展在文化领域的映射。90 年代初，随着中国经济的发展，中华文明的复兴重新成为官方和大众的梦想。中华性命题以民族主义为旗帜，顺应潮流，恰恰迎合了官方和民间的需要，热闹一时。但是，作为第三世界文学理论的延续，中华性命题虽然把其研究范围设定到中国文学领域，但从其理论内容上看，它不仅没有摆脱第三世界文学理论的空想色彩，而且由于其庞大的野心，反而在这一方面更进一步。与第三世界文学理论相比，除了其浓厚的政治色彩和潜在的"大中华主义"情绪外，中华性命题依旧没有提出具体的批评策略，也没有落实到具体的文本批评中，因此，你来我往几番讨论后，中华性很快便销声匿迹。

三　中国文论失语症

如果说第三世界文学理论和中华性命题是中国后殖民批评的初次尝试，那么其后中国文论失语症、汉语批评和中国文论话语重建等命题的提出则标志着后殖民主义思潮在中国文学理论研究领域的纵深发展。继中华性命题之后，在中国后殖民主义思潮蓬勃发展的推动下，文学理论界有关中国文学与文化的殖民与反殖民、现代性与民族性等问题的讨论继续深化发展。90 年代中期，曹顺庆等先后提出了文论失语症、汉语批评及重建中国文论话语等一系列命题，并从 21 世纪中国文学理论发展战略的角度对此展开论证。此论一出，顿时在文学研究领域引起轩然大波，诸多知名学者纷纷加入讨论，"成为世纪末文坛最抢眼的一道景观"（程勇，2001：86）。这一局面一直持续到现在。

文论失语症者所谓的"中国文论失语"是一种文化上的病态，失语即是对中国传统话语的遗弃，而借用西方的一整套话语。已故学者季羡林说："我们东方国家，在文艺理论方面噤若寒蝉，在近现代没有一个人创立出什么比较有影响的文艺理论体系，……没有一本文艺理论著作传入西方，起了影响，引起轰动。"（季羡林，1995：10）海外学者对当代中国文论的不景气，亦颇有同感，香港中文大学黄维梁教授十分感慨地说："在当今的世界文论中，完全没有我们中国的声音。20 世纪是文评理论风起云涌的时代，各种主张和主义，争妍斗丽，却没有一种是中国的。"（黄维梁，1995：11）概而言之，在中国文论生产中，由于西方文论话语的冲击，当代的中国文论完全没有自己的范畴、概念、原理和标准，没有自己的体系，也失去了自己的言说方式和话语规则，拿不出一套能够摆脱西方权势话语、具有本民族文化精神和话语习惯的思维和言说方式，因而"长期处于文论表达、沟通和解读的'失语'状态"（曹顺庆，1996：53）。对于这一状况，论者断言，这可以说是中国人和西方人近百年以来共同营造的"东方主义"的新神话。为此，论者回顾了中国文学百余年来的历程。在历史回顾中他们发现，当前中国文论生产力低下乃至失语是多年来中国传统文论乃至文化大破坏的结果，而这一破坏肇始于"五四"新文化运动。时至今日，这种失语症愈演愈烈，文论界完全丧失了民族文化的自信心和创造精神，在无止境的模仿追随之中几乎泯灭了中国固有的文化规则。对中国传统文化的彻底否定，对西方文化思想盲目地推崇导致了中国现当代文论的被殖民状态和失语病症。在后殖民时代，中国现当代文论失语问题已经成为文化殖民在文学理论领域的突出表征。

　　对于中国现当代文论失语症所带来的后果，文论失语症论者从两方面进行了总结。一是在文学批评方面。曹顺庆（2004：121）认为，由于长期的文化虚无主义和文论话语的失落，在当前文学批评界，人们习惯于用西方文化与西方文论的价值标准来判断中国文学，产生了价值判断的扭曲。长期以来，我们过分看重了西方理论范畴的普适性，把某些西方文论概念当成了放之四海而皆准的东西，而对文化的差异和任何一种理论范畴都具有的先天局限性这一点重视不够。当人们用这些外来的概念将《诗经》《楚辞》、李白杜甫切割完毕的时候，这些作品中的中国艺术精神也就丧失殆尽了。西方的文学理论概念产生于西方的民族精神和西方长期的文学艺术实践，中国的则产生于中国的民族精神和中国人长期的文学艺术实践，两种话语，两套概念，在根源上各有所本，在有效性上各有所限，在运作上也就各有其游刃有余和力所不及的地方。二是在文论生产方面。西式话语泛滥以及中国文论话语的失声给中国文论发展造成了严重的后果，最突出的表现就是它使中国文论、中国学术的创新能力大大降低，其结果是"既未形成当代具有民族创造性的理论，同时在对传统文论的研究方面也难以取得真正进展"（曹顺庆，2004：121）。这一状况不仅使具有本土文化的深厚根基和鲜明的民族特色的中国古代文论传统未能融入现当代社会文化之中，成为现当代活的文学理论的有机组成部分，而且失去了中国与西方在跨文化对话中产生理论成果的良机，失去了文化的"杂交优势"。这是中国文学与文化发展的重大战略失误。

　　针对这一病症，文论失语症论者提出"汉语批评"、古代文论的现代转换和"西方文论中国化"的策略。在失语论者看来，当代文学理论只有重新回到民族文论的话语系统里，才能拥有自己的话题、术语和言说方式；因此，重新回到民族文论或重启中国古代文论的传统资源就被视为一种抵抗文化殖民的有效武器。季羡林先生认为："我们中国文论家必须改弦更张，先彻底摆脱西方文论的枷锁，回归自我，仔细检查、阐释我们几千年来使用的传统的术语，在这个基础上建构我们自己的话语体系。"（季羡林，1996：6）其具体途径和方法是：首先返回语言之家，对中国传统文论话语进行发掘整理，复活"言""象""意""韵""神"等传统文论基本范畴和核心概念，使中国传统话语的言说方式及其背后的文化精神得以彰明；其次使之在当代的对话运用中实现其现代化的转型；最后融会汲取西方文论之精华，在广取博收中实现文论话语的重建。

四 结论

第三世界文学理论、中华性命题、中国文论失语症以及文论重建等问题的提出表明中国文论界知识分子自主性和知识创新意识的觉醒。但是，由于中国后殖民批评家所处的思想文化背景及其自身理论视野和实际利益的限制，中国后殖民批评从一开始就暴露了其缺陷。这主要表现在三个方面：

第一，严重民族主义与文化保守主义倾向，具有讽刺意味的是，这一点正是萨义德等后殖民理论家一再驳斥的。由于中国后殖民主义批评所处的特殊的思想文化背景和长达一个世纪的民族性与现代性问题的历史论争，中国的后殖民研究批评从一开始就与民族主义纠缠到一起，与带有民族和地域特色的成分和批评建构融为一体，打上了民族主义印记。中国文学界的民族主义氛围为后殖民主义的引入提供了适宜的土壤，而后殖民主义则为民族主义话语的生产提供了新的理论资源。在中国后殖民批评者这里，民族性与现代性、现代性与后殖民性之间的复杂关系再次成为一个冲突问题。如何把握三者之间的关系，以避免在文化民族主义的道路上越走越远，最终滑入文化本质主义与保守主义是中国后殖民批评者应谨慎思考的问题。

第二，激进的文化排外主义倾向，这与民族主义倾向可以说是一个问题的两个方面。由于中国本身的半殖民地经验及文化领域中的现代性问题，中国文论界后殖民批评对文化霸权、文化殖民等概念尤为敏感。他们把中国文论失语、文论生产力低下等问题归咎于西方文论的入侵，因而借用后殖民理论中"对抗"精神，主张以东方传统文论对抗西方文论的殖民话语，把东西方文化的矛盾定性为中国当代文化的主要矛盾，从而忽视了当下中国文化自身存在的更根本的问题。在此，后殖民理论的精神要旨被完全改写，其以"对抗"为核心的社会批判精神被误读为东西文化对抗，以人道主义为根基的多元文化共存理想则被一种排外主义和民族情绪取代。

第三，中国文论界的后殖民批评已经发展了近 20 年，但迄今为止，中国传统文论仍未能实现其现代转化。究其原因，一方面是因为这些命题本身只泛泛提供了方向性指导原则，没有提出可操作性的策略，这就导致它只能停留在理论设想层面上，而不能落实为具体的文学文本解读。另一方面，中国文论之所以失语，除其内部因素外，还与其外部文化环境有直接关系，而相关外部条件在中国还需要相当长的时间得以实现。

参考文献

曹顺庆：《文论失语症与文化病态》，《文艺争鸣》1996 年第 2 期。

曹顺庆：《重建中国文论的又一有效途径：西方文论的中国化》，《外国文学研究》2004 年第 5 期。

程勇：《对九十年代古代文论研究反思的检视》，《江淮论坛》2001 年第 3 期。

黄薇梁：《龙学未来的两个方向》，《比较文学报》1995 年第 11 期。

季羡林：《东方文论选·序》，《比较文学报》1995 年第 10 期。

季羡林：《门外中外文论絮语》，《文学评论》1996 年第 6 期。

张颐武：《后现代性与"后新时期"》，《文艺研究》1993 年第 1 期。

张颐武：《在边缘处追索——第三世界文化与当代中国文学》，时代文艺出版社1993 年版。

根、路径、身份：拉什迪小说中的流散书写

朱丽英

摘要：移民群体由于失去了家园，成了飘浮在空中的无根之物，他们找不到归属感，同时缺乏安全感。肉体生活在一种外国文化中，精神却属于母国，这是全球化进程的直接后果。这类移民问题已经在历史、心理、宗教等人文社科领域得到广泛研究。在文学领域，以拉什迪、奈保尔、赛特等为代表的流散作家从外部到内部、从地理到心理、从虚拟到现实书写流散族群的心理困境。本文考察拉什迪四部小说《午夜之子》《羞耻》《摩尔人的最后叹息》和《她脚下的大地》中的流散书写。这四部小说构成了拉什迪的流散叙事连续体，主要表现的是流散族群无根的飘浮状态、迁移的心理创伤和自由流动的身份。

关键词：拉什迪；流散；身份；无根

一 引言

20 世纪以来人口流动不断加速。戴威·赫尔德（D. Held）认为："有一种全球化形式比其他任何全球化形式都更为普遍，这种全球化形式就是人口迁移。"（李其荣，2014）

诚然，正常的人口迁移拓展了人们的视野，促使人类社会走向全球化时代。但不可否认，国际人口迁移并非建立在完全平等的基础之上。根据沃勒斯坦的世界体系理论，在一个较大的地区共同体内，某些地段先发展起来，形成发展的"中心"，后发展的地带成为"边缘"，受"中心"剥夺。该迁移理论认为，历史上与中心国家有过接触或遭受过他们殖民的边缘国家往往会有大规模的移民迁往中心国家。例如印度、巴基斯坦和孟加拉国对英国的移民即与历史上英国在印度次大陆的殖民统治息息相关（沃勒斯坦，1998）。这些来自不同国家的移民，既有同质性，也有异质

性，面临着文化差异和多重歧视，他们在复杂的社会经济文化环境中挣扎求存。这个群体由于失去了家园，成了飘浮在空中的无根之物，找不到归属感，缺乏安全感。肉体生活在一种外国文化中，精神却属于母国，这是全球化进程的直接后果。

　　这类移民问题已经在历史、心理、宗教等人文社科领域得到广泛研究。在文学领域，以拉什迪、奈保尔、赛特等为代表的流散作家从外部到内部、从地理到心理、从虚拟到现实书写流散现象。石海军（2006）认为，"流散"文学的创作和殖民、后殖民故事有不可分割的联系。流散文学书写不同的人种和不同的文化之间碰撞的故事，反映的是文化接触与文化创伤的复杂问题："创伤性的变化是文化接触的必然产物……殖民入侵实际上也是一种文化迁徙现象，要在一种新的文化土壤中生存，这并不单是一种领土占领或权力扩大的问题。战争、暴力等外在的创伤只是某种暂时的影响，文化上的创伤以及由此带来的内部变化则是真正的、长久的影响。"殖民时代遭受的文化创伤对后殖民时代的印度产生了深远的影响，毕竟文化迁移造成的心理创伤是难以抚平的。以拉什迪为代表的流散作家书写的正是流散族群的心理困境。拉什迪的四部小说《午夜之子》《羞耻》《摩尔人的最后叹息》和《她脚下的大地》构成了拉什迪的流散叙事连续体，主要表现的是流散族群无根的飘浮、迁移的心理创伤和流动的身份。

二　《午夜之子》——文化移位的无根状态书写

　　拉什迪的力作《午夜之子》为印度的后殖民文学开辟了道路。小说讲述的是由文化移位导致的无根状态。主人公萨利姆·西奈像拉什迪一样游荡在印度、巴基斯坦和孟加拉国三个国家之间，找不到合适的落脚之地。小说中的很多角色都是从一个地方到另一个地方寻找"想象的家园"的移民。萨里姆的外公阿达姆·阿吉兹医生，在德国留学五年回到了一个"充满敌意"的故乡。不仅仅是阿达姆不适应故乡，故乡也不接纳他。显然，这是作者个人的真实写照。正如普拉莫德·纳亚尔（Pramod K. Nayar, 2008: 191）说的："很多流散书写探索家园的主题。这种由于流散而丢失的家园持续地进入人们对移位的个人/社区的想象和神话之中。""流散书写抓住了移民经历的两个常量：流散和家园。所有流散文学都尝试在两个极端之间进行协商。流散/移民作家使用两种方法书写：

空间的和时间的，米娜·亚历山大称之为'寻找家园的书写'。"（Nayar，2008：188）

拉什迪小说中一个永恒的主题就是家园的神话，用拉什迪的话解释就是"我们创造的是虚构的作品，不是真实的城市和村庄，而是不可见的东西，是想象中的家园，头脑中的印度"（Rushdie，1991：10）。在寻找家园的过程中，拉什迪和他创造的人物一样失去了根、路径和身份。所有午夜出生的孩子萨利姆、湿婆、帕德玛、帕瓦蒂都面临身份的灾难，地理、文化和位置上的断裂。对此，拉什迪澄清道："也许当一个在印度之外写作的印度作家试图反映那个世界时，不得不沉湎于破碎的镜子，其中一些碎片已经无可挽回地丢失了。"（Rushdie，1991：11）

文化移位迫使移民作家接受别人给予的真理和确定性。因为他们不可能从情感上忘记自己的出生地，所以这种移位构成了既是单数又是复数并且残缺不全的双重身份。在《想象的家园》中，拉什迪说："我们的身份立即变得多重和残缺不全。有时候我们觉得自己横跨两种文化；另一些时候，我们掉在了两把凳子间……但这片土地无论有多少分歧和变更，对作家来说都不是贫瘠的领土。"（Rushdie，1991：15）

三　《羞耻》——迁移的心理创伤书写

《羞耻》展现了文化迁移给移民造成的心理创伤，同时也表达了拉什迪痛苦的流散心境。在这部小说中，拉什迪的创伤叙事关注的是迁移造成的心理创伤下主人公的身份危机、生存困境和心灵困境，具有很强的"存在"意识。拉什迪在接受阿沙托什·瓦什内（Ashutosh Varshney）访问时承认小说表达的是："迁移的压力给个人和团体带来的变化……我想谈论伦敦的移民团体特别是南亚移民团体，那时我想表达的是这个庞大的隐形团体——他们的喜怒哀乐，他们的生活完全被白人忽视。"（Herwitz and Varshney，2008：19）

在移出国和移入国，移民都身处尴尬的位置。拉什迪这样描述自己的位置："我是从某个国家（印度）来的移民，是两个国家的新来者（英国是我居住的国家，巴基斯坦是我家人不顾我的意愿迁居的国家）。"（拉什迪，2009：70）徘徊于印度故土文化与英国文化之间的拉什迪经历了一种"撕裂"式的矛盾心理，并在小说中借助作者式叙事干预的手法，数次以叙述者的身份出现，陈述这种由迁移造成的心理创伤："人们脱离故土，就被称为移民。国家也是如此（孟加拉国），但换了一个名称，叫作分离。……我们脱离的岂止是土地，我们已漂离历史、漂离记忆、漂离时间。"（拉什迪，2009：71）

像所有的移民一样，萨尔曼·拉什迪摆脱不了根和身份的困扰。他在《羞耻》中说："根是一种保守的神话，旨在把我们留在原地。"（拉什迪，2009：70）

流散认知的核心是身份的问题。作为从一处迁移到别处的移民，由于地理位置的变动，他们的身份变得混杂而流动。移民们或许可以居住在新的地方，但是这只能是他们想象中的家园，因为他们从没有在新的家园/国家感到舒服。他们的生活，就像霍米·巴巴（1994：17）说的："在两种地理文化位置之间是危险的而且容易被边缘化，而这些中间地带赋予了他们单数或集体地表达自我的叙述策略，这是引发新身份的标志。"

拉什迪试图通过其创作建构自己的文化身份。然而，这一建构过程是一个痛苦的既破且立的挣扎过程，需要一边建构，一边摧毁。这是连他自己也颇觉痛苦的事实。

四　《摩尔人的最后叹息》——自由流动的身份书写

《摩尔人的最后叹息》是"追杀令"事件后，拉什迪出版的第一部主要著作。故事的情节错综复杂，将读者置身于历史与现在、虚拟与现实的迷宫中。在评论这部小说的流散本质时，米诺里·萨尔加多（Minoli Salgado，2007：153）说："小说通过凸显流放意识和即将到来的死亡，复刻了作者的困境。……流放和死亡组成了叙事的拼贴画，构成了由天主教、犹太教、达伽马家族和佐格意比家族共同谱写的传说。把事件包含在前置的时间域，赋予了文本文化和历史浓度。"

主人公摩尔是小说的主要叙述者。他天生残疾，生长速度过快导致他过早衰老。这使他短暂的生命充满艰辛和挫折。小说以倒叙手法让摩尔在咽气前讲述他的家族故事。摩尔是母亲奥罗拉和犹太人佐格意比最后的子嗣，所以也成为父母发泄权力欲的对象。他在孟买家中的"乐园"里做母亲"摩尔斯坦"组画的模特儿，顺从父命在不同的公司任职。随着超过常人两倍的速度成长，他逐渐发掘家族不为人知的秘密，甚至自己的身世之谜。小说最后揭示了摩尔是个血统极其复杂的"国际私生子"。他的祖先是西班牙最后一位穆斯林统治者布阿卜迪尔，所以他也被唤作（"摩尔人"）。他"既不是作为一个天主教徒也不是被作为犹太教徒养大的，……他是个无法确认身份的人"（拉什迪，2003：54）。摩尔永久性地陷入了寻找"身份"的焦灼中。

摩尔的母亲是印度著名的画家。她倾尽毕生之力创作"摩尔斯坦"。在这部伟大的作品中，她表达了对印度宗教纷争的不满，描绘了一个"多元杂居的国家，一个浪漫的神话"（拉什迪，2003：135）。拉什迪在小说中有意把奥罗拉刻画成一个"印度母亲"的形象。印度著名演员纳吉丝曾经主演电影《印度母亲》，塑造了一位隐忍坚强的伟大母亲。奥罗拉这个"印度母亲"则有些另类。"印度母亲爱着自己的孩子，却又背叛、吞噬、毁灭他们，但最后又开始爱他们。于是，孩子们的情感也有时坚定，有时分裂。这种状况会永远持续下去。"（拉什迪，2003：349）奥罗拉能预知未来。她预言儿子终将"像一片游荡的阴影一样消失在废墟中，如同一幅地狱里的灵魂的画像"（拉什迪，2003：81）。所以摩尔流放的命运几乎在冥冥之中从出生就注定了。

摩尔自愿流浪到西班牙，希冀在这片远祖生活的土地上重建自我的身份。拉什迪笔下的"身份"不是指由某个宗教、肤色或民族等团体后天规定的状态，而是指摆脱这些束缚后的原始本真。"在这个世界上，人们不允许你不属于某个固定团体，不允许你怀有这样的梦想：蜕去你的外皮，显现出你那秘密的身份——秘密的，但却存在于每个人身上的身份。"（拉什迪，2003：264）

摩尔的理想是拥有能与任何族群文化交流、沟通的身份，这种理想中的"身份"是一种自由流动的、消除中心和边缘之分的多元文化空间。阅读小说可以发现，拉什迪对这多元文化空间的建构始终持悲观的态度。摩尔离开封闭的、缺乏与外界交流的"乐园"，前往西班牙"寻根"，重新与人沟通、联系，结果不幸落到了邪恶的画家米兰达的手中。米兰达把他囚禁起来，让他写出自己一生的故事。这个情节暗合了拉什迪本人的命运。他和摩尔一样尝试摆脱自己固有的身份，然而遭到了宿命式的反击。1989 年的追杀令让他不得不过着东躲西藏的生活，只能凭记忆写出自己对世界的反思。多元互补的文化理想最终被粗暴的话语权力所颠覆。

五　《她脚下的大地》——文本层面的流散书写

在小说《她脚下的大地》中，拉什迪更加直白地表达了他的流散观点。小说描绘了文本层面的流散。作品中人物对家园的寻找也是流散作家对文化归属的不断追求，他们明白任何国家都无法成为自己的根，于是在作品中寻找自身存在的国度。因此文本层面的流散书写只是为流散族群的灵魂提供一个短暂而又虚幻的栖息之地。在文本之外，他们在灵魂和肉体上的撕裂感是难以去除的。

三个主人公奥马思·卡玛、维纳和拉易都经历了迁移的困扰，像拉易描述的："奥马思、维纳和我都来自西方，穿过了空中的变形羊皮薄膜。奥马思，此时此地是个年轻的劝人改变宗教的人、感官主义者、伟大的爱人、物质化的人。实际上他是位诗人，因为看到了另一个世界的风景被变成了圣人……关于我，我必须说，我最后也穿过了薄膜。我变成了一个外国人，因为我出身的优势，因为我的专业能力，我离开家乡，成为在地球上没有任何头衔的荣誉成员。"（Rushdie，1999：418）

当拉易看到他和其他三个摄影师迈克·施纳贝尔、巴斯·奎阿特和约翰尼·周同住的新房时，他变得平和了。"所以这就是他们的感觉。我想：根，不是我们生而有之而且抑制不住想拥有的那个，而是我们在自己选择的土壤上种下的那个，你也可以说我们为自己做的过激的选择。"（Rushdie，1999：414）

就像所有的移民那样，这些人物都迷恋他们的第二个移入国。萨尔曼·拉什迪和拉易都开始爱上了美国："……美国，自由得像空气，带给我比回家乡更多的归属感。而且带着每个人头脑里有的梦想。美丽的美国，兰斯顿·休斯的国家存在过，但是应该和其他人一样像那样继续存在。我完全地爱上它了。"（Rushdie，1999：419）

即使像拉什迪这样的移民盲目地爱着美国，他们也不可能完全忘记自己的过去。客居他乡，他们仍然怀念过去，缅怀是流散理论的次级主题。在移入国，他们感到自己从三个维度上脱离了现实。一是从地理位置上脱离了养育自己的文化环境；二是从语言上脱离了母国文化；三是在心理上脱离了对母国的情感依赖。这种多重撕裂式的分离是痛苦的。上段引文中表达的移民对美国的热爱是局限于文本层面的。它是短暂的、虚拟的，也是不真实的。实际的情况并非如此："我没有一天不想起印度，不回忆童年的场景：达拉·辛格在户外的体育场角斗、托尼·布兰特在唱歌、舍帕·坦兴在卡马拉·尼赫鲁公园外面从敞篷车的后座招手、传奇舞蹈家阿娜尔·卡莉尽情地舞蹈……那个连续体完全由极端构成。我当然记得，那段过去也是我的过去。"（Rushdie，1999：416）

移民在新的国度只能欣喜一段时间，幸福在收养他们的国度不是一成不变的。用托马斯·哈代的话说：幸福不过是痛苦戏剧中的偶然插曲。拉什迪在他居住的国家感受到这种创伤，并通过人物表达了他的悲伤。叙述者拉易和维纳、奥马思·卡玛在移入国虽然有同样的归属感，但是不能脱离生他们的根。

六　结语

拉什迪的四部小说依序描述了流散经历的三个阶段：文化移位、心理创伤、身份建构。这三个阶段都离不开流散者对根、路径和身份的思考。像拉什迪一样的流散作家一方面不情愿地疏离自己熟悉的文化，另一方面又不能认同生存环境的文化。作品中人物对家园的寻找也是拉什迪对文化归属的不断追求。印度是他无法回去的故乡，曾经的收养国英国和现在的居住国美国都无法成为自己的根，于是他在作品中寻找自身存在的国度。创作成为他寻找家园的唯一路径。正如米兰·昆德拉（2012：116—120）在《被背叛的遗嘱》中以波兰裔英国作家康拉德和俄裔美国作家纳博柯夫等流散作家为例所指出的："对一个小说家，对一个作曲家，离开了他的想象力、他萦绕在脑际的念头、他的基本主题所赖以存在的地点，就可能导致某种割裂。他不得不调动一切力量、一切艺术才华，把这生存环境的不利因素改造成他手中的一张王牌。……正是在那里他决定安置自身，扎下根子，居住下去；正是在那里，他最终找到他仅有的同胞，他仅有的亲人，他仅有的邻人。"

参考文献

Bhaha, H., *Location of Culture*, London: Routlege, 1994.

Herwitz and Varshney (ed.), *Midnight's Diaspora: Critical Encounters with Salman Rushdie*, The University of Michigan Press, 2008.

Nayar, P. K., *Postcolonial Literature: An Introduction*, Pearson Education India, 2008.

Rushdie, S. , *Imaginary Homelands*: *Essays and Criticism 1981—1991*, London: Granta, 1991.

Rushdie, S. , *The Ground Beneath Her Feet*, London: Vintage Books, 2000.

Salgado, M. , "The Policies of Palimpsest in *The Moor's Last Sigh*", *The Cambridge Companion to Salman Rushdie*, Ed. Abdulrazak Gurnah, Cambridege University Press, 2007: 153 – 168.

李其荣:《全球化时代的人口迁移与政策研究》,《人民论坛·学术前沿》2014 年第 8 期。

［法］米兰·昆德拉:《被背叛的遗嘱》,余中先译,上海译文出版社 2012 年版。

［英］萨尔曼·拉什迪:《午夜之子》,张定绮译,台湾商务印书馆 2004 年版。

萨尔曼·拉什迪:《摩尔人的最后叹息》,黄斐娟、何振盛译,台湾商务印书馆 2003 年版。

萨尔曼·拉什迪:《羞耻》,黄灿然译,江苏人民出版社 2009 年版。

石海军:《破碎的镜子:"流散"的拉什迪》,《外国文学评论》2006 年第 4 期。

［美］沃勒斯坦:《现代世界体系》第 1 卷,高等教育出版社 1998 年版。

庞德《诗章》的写作背景、文本结构和文学价值*

郭英杰

摘要：埃兹拉·庞德是美国诗歌史上最伟大，也是最富有争议性的现代派诗人之一。他的著名诗作如《在地铁车站》、翻译诗集《神州集》等，早已被读者熟知并讨论。然而，倾其毕生精力仍未最终完成的诗集《诗章》，却因为内容博大精深、晦涩难懂，一直以来让读者望而却步。本文通过阐释《诗章》的写作背景、文本结构和文学价值，认为《诗章》虽然毁誉参半，但是仍然不愧为一部值得密切关注和深入探讨的旷世杰作。

关键词：庞德；《诗章》；写作背景；文本结构；文学价值

一 引言

提起美国现代派诗人埃兹拉·庞德（Ezra Pound，1885—1972），我们最先想到的就是他那首发表在 1913 年，后来收录在诗集《光芒》（*Lustra*，1916）中，并且被公认为是意象派诗歌经典之作的《在地铁车站》（*In a Station of the Metro*）：

> 人群中　这些脸庞的　隐现；
> 湿漉漉、黑黝黝的　树枝上的　花瓣。

或者是 1915 年他根据美国东方学专家厄内斯特·费诺罗萨（Ernest Fenollosa，1853—1908）遗留的中国诗笔记，以别出心裁的创作式翻译法完成

---

* 本文为陕西省社科项目"唐代诗歌与美国意象派诗歌的互文性研究"（项目编号：2014J11）、教育部人文社会科学规划项目（项目编号：10YJA752031）的阶段性成果。

的"最美的书"——《神州集》（或译为《华夏集》，*Cathay*）。历史不会忘记学院派批评家爱德华·贾尼特（Edward Garnet）于 1917 年在《大西洋月刊》上，就庞德和他翻译的《神州集》给予的最高评价："他译的中国诗是他最出色的作品"，因为"（里面）充满至高无上的美"（Garnet，1917：366—373）。学院派权威人物 T. S. 艾略特（T. S. Eliot，1888—1965）也在 1928 年出版的《诗选·导读》中惊呼，庞德毋庸置疑是"我们这个时代中国诗的发明者……300 年后，庞德的《神州集》……将被视为'20 世纪诗歌当中出类拔萃的作品'，而非某种'译诗'"（Eliot，1928：14—15）。

　　历史的车轮滚滚向前。随着庞德名气的增大和他在欧美诗坛影响力的扩展，《神州集》已经慢慢成为西方文学界最受人推崇、最爱被人玩味的优秀作品之一，这自然也成为庞德生命中的一个巅峰之作。但是，我们还应该认识到，庞德在他富有传奇色彩的一生中，还有一部具有不朽价值的伟大作品，那就是有着宏大叙事风格的《诗章》（*The Cantos*）——该作品使庞德成为 20 世纪"西方诗坛最有影响、最有争议的大诗人"（黄运特，1998：1）。

二　庞德《诗章》的写作背景

　　根据美国纽约新方向图书出版公司（New Direction Publishing Corporation）1971 年的版本，《诗章》共计 117 章。

　　庞德酝酿、构思和准备《诗章》的时间大概是在 1904 年。该说法源于庞德接受一次记者访谈时的回忆："我想我大概是在 1904 年前后开始构思《诗章》内容的。在 1904 年或者 1905 年开始写作时，我已经有多种写作方案。"（Davie，1964：30）如果情况属实，当时庞德只有 19 岁。那时的庞德年少轻狂、阅历不深，但是耽于幻想。他告诉母亲他想写一部史诗（epic），可是让他烦恼、苦闷的是他不知道如何着手和运作。母亲鼓励他写一部关于美国西部（American West）的史诗，把早期的诗歌命名为"Scriptor Ignotus"，意思是说这只是预言性地讲述"你可能知道的有关前 40 年生活的伟大史诗，而不把它作为（最终的）定稿"。其史诗内容是将社会现实与浪漫想象结合在一起，比如把庞德的出生地爱达荷州海莱市（Hailey，Idaho）和成长之地宾夕法尼亚州温科特（Wyncote，Pennsylvania）作为主人公命运的归宿，同时结合主人公自身作为"游吟诗人、预言家、圣哲和有远见的洞察家"的浪漫理想及信念，使诗歌"服务于艺术"和"服务于社会"的双重功能"合一"（one）。这就激励庞德动脑筋去创造一种"自我审视的文本"（Nadel，1999：43—44）。一方面，该文本可以持续不断地拓展，同时向外延伸形成系统或者网络；另一方面，该文本可以动态地理解和消化文本先前的意义，目的是捕捉新的关系网络和吸收新的知识。因此，《诗章》演变成"一种状似成长中的大脑一样的文本"（a text shaped like a developing brain）：

> 新书写的诗章脱胎于已书写的诗章框架，使已书写的诗章变得有意义；所以《诗章》里的故事融合了两个相互交织的故事，一个故事涉及庞德的诗歌写作过程，另一个故事涉及庞德对已完成的诗歌写作的解读阐释。（Nadel，1999：59—60）

母亲对庞德的启发和诱导是高瞻远瞩的，这使庞德受用终身。从某种意义上讲，正是母亲的循循善诱，庞德才有了更加清晰明确的方向和动力，这无形之中也促使他在未来的《诗章》写作中不断提炼生动鲜活的素材，并为获得高质量素材寻觅恰到好处的方法和路径。不过，1913 年，庞德在一篇题为《我如何开始写作》（*How I Began*）的回忆录中争辩说，其实早在 15 岁时，他就立志要成为一名诗人，并为此做好了准备。后来，随着时间的推移和思想的成熟，他又希望把自己塑造成为一位民族史诗诗人（a national epic poet），以"荷马、但丁和惠特曼"为学习榜样（Nadel，1999：43）。庞德一直在为自己的理想不懈地努力。

1915 年，庞德出版了他那本充满异域风情、散发着神秘气息的《神州集》后，便着手谱写一首只有荷马和但丁才敢于担当的"宏伟的诗"（grand poem）。这是一首长诗，被庞德命名为《三首诗章》（*Three Cantos*），发表在 1917 年 8 月哈丽特·蒙罗（Harriet Monroe，1860—1936）创办的《诗刊》（*Poetry*）杂志上。这是一首别开生面的、"不同于我们今天所能读到的诗章诗篇"：

> 这首诗是庞德的一大特色。为此，他必须删去《诗章》的开始部分，因为他的全部事业是对早期诗歌进行结构上的再阐释和经常性的否决。庞德《诗章》的书写过程就是不断地质问自己、废弃过时

的版本，以寻求更新文本的过程。（Nadel，1999：59—60）

庞德把他的这首长诗命名为"Canto"有着特殊的寓意："'Canto'在意大利文中意为'歌'，在英语中它是指一组由单篇诗歌组成的长诗，类似荷马的《奥德赛》，或者但丁的《神曲》。"（蒋洪新，2012：85—91）从某种意义上说，庞德发表《三首诗章》具有里程碑的价值和意义，因为它正式拉开了《诗章》壮丽诗篇的帷幕，而且以"高山仰止"的姿态使《诗章》一开始就有了《奥德赛》和《神曲》的光彩和神韵。至于庞德书写《诗章》的信心、态度和要完成的篇幅长度，可以从 1922 年 7 月 8 日他在巴黎住所给恩师菲利斯·谢林（Felix Schelling）的信中见分晓：

> 可能随着诗歌写作的继续，诸多事情（在我脑海中）将会变得越来越清晰。我已经鼓足勇气去试写一首包含 100 或者 200 篇诗章的诗，这是其他人可望而不可即的工作，我必须尽我所能蹒跚地前行。
>
> 前 11 首诗章只是做好了调色板的准备。为写好这首诗，我必须得到我想要的各种色彩或材料。当然，一些诗章写作可能会显得过于简约和不可思议。我希望上帝能够助我一臂之力，先把它们描绘成型，然后再形成体系。（Pound，1971：178—182）

鉴于此，如果以 1917 年庞德发表《三首诗章》为起点，到 1969 年他发表《诗章 117 章草稿及残篇》为结点，《诗章》整个书写历程跨越了 52 年。这 52 年是庞德人生中最宝贵的年华。所以，可以毫不夸张地讲，《诗章》是庞德一生中最重要的作品，里面镶嵌着他跌宕起伏的生命中最精彩、最闪亮、最有智慧的思想观点和哲学信念。

三　庞德《诗章》的文本结构

至于《诗章》的文本结构，笔者认同唐纳德·戴维（Donald Davie，1964）、休·肯纳（Hugh Kenner，1971）、罗纳德·布什（Ronald Bush，1976）等权威批评家的立场和观点，即认为庞德的《诗章》虽然跨越漫长的历史时期，但是该诗史从始至终蕴含着一条纷繁复杂却又立场鲜明的逻辑主线。换言之，在庞德书写《诗章》的过程中，虽然因为国际风云变幻和突发历史事件做出过内容、形式或思路的调整和变革，但是他一生中的主导思想、写作风格和宏伟目标并没有发生大的变动，还是有章可循。这从他历时性地发表诗章各个部分的诗集中可以看出来：

诗章 1—16 最早收录在 1925 年出版的《16 篇诗章草稿》（*A Draft of XVI Cantos*）中，其中前 6 章涉及奥德修斯来到地狱、狄俄尼索斯的变形记、民谣歌手等带有神秘和传奇色彩的描述。相比之下，现代人类生活显得非常麻木、没有生气。诗章 7—11 聚焦艺术与社会之间的微妙关系。其中，第 7—8 章抨击英国现代社会的堕落，诗人痛惜地指出：英国的文学艺术因为其经济政治的腐朽已经危机四伏。第 9—11 章热情讴歌欧洲文艺复兴时期人文主义学者的光辉思想，尤其是对 15 世纪意大利里米尼的艺术守护人玛拉特斯塔（Malatesta）为巩固城邦艺术奋勇拼搏、死而后已的精神，予以高度赞美。诗章 12—16 借古讽今，借古喻今，批判现代社会独裁政治的同时，热情歌颂中国儒学传统和秩序，认为重视艺术价值的社会必定走向繁荣昌盛。其中，第 14—16 章被视为"地狱篇"。庞德犀利地抨击当代资本主义文明无视艺术价值、遏制有创造力的艺术家施展才华的罪恶做法。因为资本主义艺术的虚无、压抑和扭曲，诗人不得不以逃往极乐之地作结。

诗章 17—27 收录在 1928 年出版的《诗章 17—27 草稿》（*A Draft of the Cantos* 17—27）中。该诗集作为《诗章》总体工程的第二本诗集，有着特殊的价值。其中，第 17—19 章聚焦美国现实，把美国现代社会牟取暴利分子的贪婪无度和自私自利，与文艺复兴时期意大利威尼斯小镇人们高贵的生活品质和高尚的快乐方式形成鲜明对比。庞德这样安排的重要原因在于揭示：现代社会由于缺乏正确的导向，对现实世界人类生活及艺术产生极不负责任的破坏力量。第 20—27 章回顾美国早期先贤约翰·亚当斯（John Adams，1735—1826）和托马斯·杰弗逊（Thomas Jefferson，1743—1826）的政治经济策略和伟大思想。

诗章 28—41 先是收录在 1930 年出版的《30 篇诗章草稿》（*A Draft of XXX Cantos*）中，后于 1934 年以《11 首新诗章》再版。该部分也被称为"杰弗逊诗章"。诗章 31—34 庆祝新时代的诞生和美国先驱的英明政治，这一切用来跟欧洲社会的黑暗统治进行对比。诗章 35—38 以社会制度化的诈骗手段和汉诺的旅行之间的战斗结束。诗章 39—41，庞德的思想体系建构走向一个荒谬的世界：意大利法西斯头目墨索里尼被当作歌颂和膜拜的对象，而且诗人认为墨索里尼所具有的美德（virtu）和杰弗逊的美德如出一辙。这就促使庞德在建构"理想世界"和"诗学乌托邦"的过程中，错误地把美国民主共和思想与法西斯的伪善、虚假等同起来。

诗章 42—51 收录在 1937 年出版的《诗章第 5 个十年》（*The Fifth Decade of Cantos*）中。这在整个《诗章》体系中被誉为"高利贷诗章"。诗章 42—43 抨击资本主义的信贷和金融制度，认为这是导致社会腐败、堕落和人民一贫如洗的根源。诗章 44—45 证明金钱不应该被"粗暴地"囤积，而是应该被"合理地"分享，同时展示了放高利贷者的丑恶面目和手段。诗章 46 展现了英国到处弥漫着腐败。诗章 47—51 展示了中国版图内经历的和平、高利贷影响下的滑铁卢的摧毁性胜利，以及高利贷与光和大自然的战争。

诗章 52—71 收录在 1940 年出版的《诗章 52—71》（*Cantos LII - LXXI*）中。其中，诗章 52—61 是《中国诗章》，诗章 62—71 被誉为《亚当斯诗章》。《中国诗章》集中展现了中国从《礼记》到清朝整个发展演进的历史，歌颂了孔孟儒学对中国历朝历代发展的影响。庞德认为只有当儒家道德思想占正统地位的时候，帝国才会繁荣。道士和佛教徒只会阻碍帝国的繁荣与兴旺发达。最理想的帝王要数中国的雍正皇帝。《亚当斯诗章》详细展示了约翰·亚当斯和他对美国的统一和发展所做出的奠基性的工作。尤其是在政治决策和经济发展战略方面，亚当斯贡献卓著。

诗章 72—73 组成《意大利诗章》，也被称为《遗漏诗章》。该诗章因为庞德激进、反动的政治观点曾经一度引发争议，庞德写完后没有出版社敢于接受和发表。直到 1985 年事态稍微平息和缓和，该部分诗章才被收进《诗章》。所以在美国纽约新方向图书出版公司（New Direction Publishing Corporation）1971 年的《诗章》版本中，这两个诗章是空缺的。

诗章 74—84 收录在 1948 年出版的《比萨诗章》（*The Pisan Cantos*）中。第二次世界大战后，庞德因为"叛国罪"被投入意大利的比萨监狱。《比萨诗章》就是庞德在比萨监狱所写的诗章。在该诗章中，庞德痛苦地反思意大利的没落和他梦想中的"乌托邦社会"的终结。庞德理想的破灭和他经济试验的失败变成对欧洲的一首挽歌，也随着他与乔伊斯、福特和其他作家生活联系的突然终止而消失。庞德的神话幻想和对孔子理想的执着追求使他存活下来，因为他发现"你热爱的东西被很好地保留下来"。当他面对软禁甚至死亡的紧要关头，自然界中孕育的天堂美好和灵魂深处隐藏的黑暗之夜产生激烈的冲突，让庞德痛不欲生。庞德作为诗人的存在从该部分越来越具有隐喻性。

诗章 85—95 收录在 1955 年出版的《部分：燧石篇》（*Section：Rock-Drill*）中。第一部分重复美国诗章和中国诗章的主题；第二部分再次展现他心中尚未泯灭的"天堂"（paradiso）幻象。说明庞德经过比萨监狱"炼狱"的过程，对个人理想和真理的追求并没有改变，意志似乎更加坚定。于是，庞德像是一位"开山凿石"的工人，要寻觅新的宝藏：对国民美德和勇气的高歌、对异邦神秘性的探讨、对新柏拉图哲学思想的求索，等等，坚定不移，宁死不屈。这一过程中，包含庞德借助万物有灵论视野对自然宇宙的展现。不过，诗章 95 以奥德赛船只的损毁和他被仙女伊诺的拯救结尾，也明显带有庞德对自身境遇的真实写照：有扑朔迷离的痛苦，有神秘莫测的渴望。

诗章 96—109 收录在 1959 年出版的《王座》（*Thrones*）中。该诗集标题出自但丁的《天堂》（常耀信，2003：166），融合了《燧石篇》中出现的两个主题：对历史的反思以及对美德和智慧的赞美。一方面探索和描绘早期的基督教欧洲社会、19 世纪的欧洲社会以及美国政府；另一方面展示君士坦丁堡公民法律和"协会生活"（life of guild）的各种细节，以及在所谓黑暗时代里哲学家的睿智光辉。这期间，理性和愚昧交织碰撞，自然和光明带来希望。

诗章 110—117 收录在 1969 年出版的《草稿与残篇》（*Drafts & Fragments*）中。这时候，诗人重返威尼斯，回归个人生活。这一过程中，庞德对自己几十年的创作进行回顾，反思个人创作的得失。庞德认识到：尽管《诗章》只是个人生活和历史的片段和残篇，尽管长诗有许多不够尽善尽美的地方，但是自己费尽心血写就的诗篇仍不失为一首对生命的赞歌。

四　庞德《诗章》的文学价值

庞德的《诗章》无疑具有重要的文学价值，这从欧美学者对庞德本人以及他的《诗章》的评价和论述当中可以明显地看出来。但是客观而论，由于庞德激进的文学思想和先锋派（avant-garde）的创作姿态，欧美评论家对他的文学地位和社会影响又秉持截然不同的观点。其中一个重要因素就是，庞德的《诗章》因为毫无顾忌地把"个人的体验、冥想与社会的历史、文化、政治、经济"融为一体，形成"玉石与泥沙俱下的诗歌飞瀑"（黄运特，1998：1），在欧美学者当中造成完全不同的心理认知和情感反应——许多学者在为之欢呼呐喊的同时，也使另一部分学者愤怒地对它进行批判和口诛笔伐。为说明该问题，这里管中窥豹。

第一，有欧美评论家认为庞德的《诗章》是一部史诗，而庞德本人则是当之无愧的史诗作家。著名庞德研究专家休·肯纳（Hugh Kenner，1971）对庞德及其代表作《诗章》有非常全面和中肯的论述：一方面，肯纳认为庞德是一位了不起的、富有传奇色彩的大诗人，一个缔造了"空前绝后"的"庞德世纪"（the Pound Era）的史诗作家；另一方面，肯纳高度赞扬庞德的代表作《诗章》是登峰造极之作，更是庞德自传和独特想象力的结晶。评论家詹姆斯·J. 威尔海姆（James J. Wilhelm，1974）认为庞德就是 20 世纪的但丁，其鸿篇巨制《诗章》是一部"具有审判性质的史诗"（the epic of judgment）。评论家劳伦斯·S. 瑞尼（Lawrence S. Rainey，1997）认为庞德的《诗章》是欧美现代派文学体系中"最重要的实验性作品"（the most important experiment），史实和现实纵横交错，具有文体学、哲学、美学等多重价值。评论家利恩·亨利克森（Line Henriksen，2006）通过文学比较和大量文献考察，认为庞德具有荷马、维吉尔等史诗诗人所具备的光辉品质，其作品《诗章》是当之无愧的"20 世纪史诗"。

第二，有欧美评论家批判庞德《诗章》的内容和结构，质疑其存在的价值和合理性，甚至对庞德本人进行犀利的抨击和责难。比如，诺尔·斯托克（Noel Stock，1966）和罗纳德·布什（Ronald Bush，1976）就公开抱怨《诗章》杂乱无章、晦涩难懂，认为《诗章》因为缺乏清晰爽朗的诗学线索和"统一的结构"，让读者如坠云雾，不知所云；唐纳德·E. 斯坦福（Donald E. Stanford，1983）和玛丽·E. 吉布森（Mary E. Gibson，1995）则怀疑《诗章》的原创性和严肃性，认为诸多评论家和读者们所追捧的大诗人庞德其实是一位文学史料的拾荒者（ragpicker），在《诗章》里随心所欲地塞满"历史碎片"和"琐碎小事"，因此《诗章》只能是一部"再造的史诗"（epic reinvented），其文学价值需要重新予以界定和认识；乔治·戴克（George Dekker，1963）和查尔斯·伯恩斯坦（Charles Bernstein，1992）则从庞德的反犹太主义"神秘美学"和法西斯主义"反动言论"出发，认为《诗章》"不是一首诗，而是一个阴谋"，是在"盗用意识形态"，庞德本人则无疑是一位彻头彻尾的"反犹太主义"诗人和"法西斯主义"作家。

五　结语

总而言之，庞德是 20 世纪西方诗坛最有个性、最有创造力、最有革新精神的伟大诗人之一。虽然他的反犹太主义思想和亲法西斯主义行为严重影响了他在欧美世界中的形象，但是他在欧美文坛上的崇高地位和作用是无论如何也不能随意抹杀的。至于庞德倾其一生仍旧未完成的伟大诗歌代表作《诗章》，虽然遭到不少欧美评论家的批评和诟病，然而"大浪淘沙"，其不朽价值最终还是得到大多数读者的认同和接受。本质上讲，庞德和他的《诗章》都是世界文学史上绝无仅有的几个"伟大奇迹"（big wonders）之一。

参考文献

Bernstein, Charles, "Pounding Fascism", *A Poetics*, Cambridge, M. A.: Harvard University Press, 1992: 121 – 127.

Bush, Ronald, *The Genesis of Ezra Pound's Cantos*, Hannah Aredt, ed., Harry Zohn, trans., New York: Schocken, 1969.

Davie, Donald, *Ezra Pound: Poet as Sculptor*, New York: Oxford University Press, 1964: 30.

Dekker, George, *Sailing after Knowledge*, London: Routledge & Kegan Paul, 1963.

Eliot, T. S, "Introduction to Ezra Pound", *Selected Poems*, London: Faber & Gwer, 1928: 14 – 15.

Garnet, Edward, "Critical Notes on American Poets", *The Atlantic Monthly*, Sept. 1917: 366 – 373.

Gibson, Mary Ellis, *Epic Reinvented*, Ithaca & London: Cornell University Press, 1995.

Grigson, Geoffrey, "The Methodism of Ezra Pound", *Ezra Pound: The Critical Heritage*, Eric Homberger, ed., London: Routledge and Kegan Paul, 1972: 107 – 108.

Henriksen, Line, *Ambition and Anxiety: Ezra Pound's Cantos and Derek Walcott's Omeros as Twentieth-century Epics*, Amsterdam & New York: Rodopi, 2006.

Kenner, Hugh. *The Pound Era*, Berkeley & Los Angeles: University of California Press, 1971.

Nadel, Ira, B., *The Cambridge Companion to Ezra Pound*, Cambridge: Cambridge University Press, 1999: 43 – 44, 59 – 60.

Pound, Ezra, "How I Began", *T. P. 's Weekly*, Vol. 21, 1913: 706 – 707.

Pound, Ezra, *The Selected Letters of Ezra Pound (1907 – 1941)*, D. D. Paige, ed. , New York: New Directions Publishing Corporation, 1971: 178 – 182.

Rainey, Lawrence, S. , *A Poem Containing History*, Michigan: The University of Michigan Press, 1997.

Stock, Noel, *Reading the Cantos: The Study of Meaning in Ezra Pound*, New York: Pantheon Books, 1966.

Stanford, Donald, E. , *Revolution and Convention in Modern Poetry*, London and Toronto: Associated University Press, 1983.

Wilhelm, James, J. , *Dante and Pound: The Epic of Judgment*, Orono: University of Maine Press, 1974.

常耀信:《美国文学简史》(第 2 版),南开大学出版社 2003 年版。

黄运特:《内容简介》,载 [美] 庞德《庞德诗选·比萨诗章》,黄运特译,张子清校,漓江出版社 1998 年版。

蒋洪新:《庞德〈诗章〉结构研究述评》,《外国文学研究》2012 年第 5 期。

畅想与现实——也谈《消失的地平线》

李 洁

摘要：詹姆斯·希尔顿创作的《消失的地平线》中的"香格里拉"成为西方乌托邦世界的典型，其中不仅反映出东方对于西方的映照，也成为这一乌托邦世界"现世化"的理由。该书出版至今近百年的时间中，吸引着中外读者畅想那神秘的"香格里拉"世界，人们对于作者创作此书的意图和作用也从各种角度进行剖析。本文即将从原著及其国内各类评述中梳理主要内容，进而讨论"香格里拉"被现世化过程中的问题，有利于我们充分了解本书，于现实中厘清思路、正视问题、寻找出路。

关键词：香格里拉；《消失的地平线》；东方；文化

一　引言

《消失的地平线》(*Lost Horizon*) 出版于 1933 年 4 月，原著的作者为英国的詹姆斯·希尔顿 (James Hilton，1900—1954)，英国著名的畅销书作家。1900 年 9 月 9 日出生于英格兰，青年时代曾就读于剑桥大学，1954 年 12 月 20 日因癌症在美国加利福尼亚去世。

詹姆斯·希尔顿创作《消失的地平线》的灵感来自奥地利美籍探险家约瑟夫·洛克从 1924 年到 1935 年在云南省西北部探险期间在《国家地理杂志》发表的系列文章和照片。约瑟夫·洛克其人确是与滇西北有过不解之缘的传奇人物。当地人对这位寄情于高山峡谷之间，踏遍了中国西部壮丽雄奇的雪山冰峰，与他喜欢穿藏族服装的纳西助手们相濡以沫的西方人有着抹不去的记忆。而滇西北这片世外桃源般的神奇土地及其文化便是终身未娶的洛克大半辈子的精神依托和伴侣，以至于他在弥留之际都宁愿回到玉龙雪山的鲜花丛中死去。

《消失的地平线》发表后，成为当时的最畅销书并获得英国著名的霍桑登文学奖。1936—1937 年，美国哥伦比亚电影公司耗 100 万美元创当时美国电影投资的最高纪录，聘请意大利裔大导演弗兰克·卡普拉将其拍摄成了辉煌巨片，该片出台后连续三年打破销售纪录，香格里拉的名声被推向高峰，主题歌《这美丽的香格里拉》随之传遍全球。当时《不列颠文学家辞典》称此书的功绩之一是为英语词汇创造了"世外桃源"一词。

二　《消失的地平线》故事梗概

《消失的地平线》是一部离奇的、带有神秘主义和谜一般"幻灭"色彩的作品。它描述了一段很不寻常但似乎又不太完整的"历险"故事：四个不同背景、不同个性的西方人，即英国领事馆领事康维、副领事马林逊、美国人巴纳德和传教士布琳克罗小姐，被劫持到西藏高原东南边缘地带一个神秘的地方——一个位于"蓝月山谷"高崖处的名叫"香格里拉"（Shangri-La）的汉藏合璧且兼有基督教印记的喇嘛寺。在山谷尽头有一座叫作"卡拉卡尔"（Karakol）的标准金字塔形状的雪山，在康维看来，那是世界上最美丽、最可爱的山峰。康维觉得，这里的居民似乎非常成功地将汉藏文化结合在了一起。在这里，三男一女开始了一次奇特的、不可思议的历险，以至于他们自己都搞不懂，这一切到底是真实，还是虚幻。小说中的四个人，在"香格里拉"生活了一段时间以后，都不同程度地受到"香格里拉"的影响：经历了战争和磨难的康维深深地为"香格里拉"倾倒，以至于再也不想离开这片神奇的乐土；传教士布琳克罗小姐也准备留在"香格里拉"，出于传教使当地居民皈依的目的；"诈骗犯"巴纳德不仅找到一个藏身之地，而且开始编织新的"发财梦"；马林逊对"香格里拉"的一切都持怀疑态度，但却爱上了美丽可爱的满族姑娘罗珍。小说的结尾是一个谜一样的结局：康维痛下决心离开了他心灵的圣殿——"香格里拉"，而"香格里拉"从此也消失在茫茫群山之中。

三　关于意识形态

詹姆斯·希尔顿于20世纪30年代初创作本小说，当时世界经济萧条，人民生活困苦，在饱受了第一次世界大战的摧残后，又面临了第二次世界大战的潜在威胁，生活在焦虑和恐慌中。该书出版后立刻震撼世界，风靡全球，书中的理想国度给人们带来了希望，仿佛看到了世代追求的世外桃源，如果不能在地理上找到它，至少也能存在于心理上而获得暂时的满足。

虽为通俗读物的一部小说，但由于受众面更为广泛，因此产生的影响不可小觑。刘新慧的《西方对中国西藏的媒体建构之文化解读——兼论西藏对外形象重塑的思考》(2010)一文就指出了西方视野下所产生的香格里拉情结和刻板的"他者"文化正是基于"一种远在藏区之外的西方白人男性文化的单方面'臆想'","被现代文明异化了的西方人对一个失落了的过去的美好想象,于是西藏在他们心目中便成为了离天堂最近、离尘世最远的'世外桃源'"。魏慧珊(2012)《一个意识形态化与乌托邦的混合体——试论希尔顿的〈消失的地平线〉》一文详细地分析了隐藏在书中的西方世界对中国香格里拉的憧憬、向往的乌托邦之情,其本质却是西方主义的意识形态,分别体现在以下几个方面:(1)基督教的传播;(2)西方人的优越感;(3)殖民主义的扩张欲望和种族歧视;(4)疯狂的资源掠夺,并认为本书为"西方势力向远东扩张的铺路石"。

正如刘新慧(2010)所分析的西方面对"西藏社会的发展问题时,总怀有一种复杂的心态,希望那里保持其落后的原生态——就像他们总是试图保留孩子的童真一样",西方媒体也因此构建出一种"他者"的东方文化。"借保护传统文化和藏传佛教的名义,企图阻止或拖延西藏现代化的步伐。"她提出在对外传播时从多方面重塑西藏的国际形象,例如,扩大新闻开放度和透明度,有效利用外媒,积极开展文化交流,充分发挥社会名流的作用,改进传播手段等。随着国际化和全球化的发展,上述所提建议亦非空谈,西藏问题原本只是国内问题但却能被国际化、政治化,在解读异化的乌托邦形象的背后,更需要澄清事物的本源,维护和平与共存。

四　关于东西方文化

书中的"香格里拉"喇嘛寺聚集了东西方文明的众多珍宝、书卷、器物,寺中人都有高深的文化修养,喇嘛寺治理着有数千居民的"蓝月"山谷,在多元种族和多元宗教的环境下,当地的人们适度和谐地生活着。东晋诗人陶渊明笔下的"桃花源",与希尔顿笔下的"香格里拉"同为东西方对乌托邦社会的畅想,然而仔细分析,两者也存在各种差异:(1)对物质财富的想象与书写不同;(2)对知识和智慧的崇尚的根源不同;(3)对时间与青春理解的不同(李宏伟,2014)。江玉琴(2012)指出《消失的地平线》"不仅反映出大英帝国主义的全面文化建构设想,而且与东方(中国)文化碰撞,在各自的世界观念中获得了新的启发","呈现了西方(英国)对于西方中心主义这一世界认识的完构;也是中西文化的相互映照,因为异文化（中国文化）的存在以及中国文化古老的中心观念，使得人们心目中确切的欧洲中心主义又具有了模糊性与不确定性。因此，文学文本中的中西接触呈现了全球化时代世界中心观念的消解与多重意义的建构"。

在东西方文化交流的过程中，差异的存在根源于不同的地理、历史、人文等因素，表象上的类似总会掩盖实质上的差异，唯有深知我们自己的民族文化特点，才可能在多元化文化并存的今天辨清事物的真伪，求同存异，和谐共存。兼容并蓄的文化发展才是持久而有生命力的。

五　关于香格里拉情结

鉴于小说的虚构，人们企图还原书中所缔造的"香格里拉"。在多元种族和多元宗教的环境下，当地的人们适度和谐地生活着。"香格里拉"的居民普遍长寿，但一旦离开此地就不再长寿乃至立刻死去。对"香格里拉"的乌托邦想象，给人们留下一个巨大的悬念："香格里拉"究竟在哪里？众说纷纭，庄礼伟（2005）《"香格里拉"在炒作中的崩塌》一文详细探讨了各种对"香格里拉"的误读，其中包括：（1）云南迪庆藏族自治州就是"香格里拉"的误读；（2）对"香格里拉"名称本身的误读；（3）与"香巴拉"的误读；（4）关于洛克和刘曼卿游记中的误读；（5）关于卡拉卡尔雪山的误读。这一系列的误读让我们明白了"香格里拉"仅能安身于想象之中。

而"香格里拉"化又是如何产生的呢？徐新建（2015）《"香格里拉"再生产——一个"希望世界"现实化》一文，指出"以'香格里拉'为题材的生产—再生产始终沿着宗教与世俗两条路线并行展开"。这个圣地的突出特征是基督教与佛教的关联，并探寻出其宗教源头为基督教的聂斯脱利派（传入中国演变为景教）在远东的期待。在权利运作和商业炒作推动下，世俗化的再生产包括"艺术移植""地理联想""文化批评""旅游开发""地名重置"及"品牌争夺"等方方面面。

人们心中的"香格里拉"在于原生态的自然环境、和谐适度的人文环境、人与自然浑然一体的理想国度。在历史的进程中，更在当下的社会发展中，现实却总是令人感觉不适和残酷，对于理想国度的幻想总是我们片刻逃离现实的出口。然而心灵上的逃避姑且尚可，被再次加工利用到现实利益的最大化却是徒劳和荒谬的。从各地争抢小说虚构的"香格里拉"这一现象来说，的确相应地推动了当地的旅游、经济等，然而当你身居香格里拉酒店，感受香格里拉风情，难道就果真找到了书中所描述的你心中的"香格里拉"了吗？若真是如此倒也是绝妙，只可惜我们所需结论的前提既是虚构的，又怎会得到肯定的答案。浓重的商业气息背后隐藏着由此产生的生态问题、人文问题和经济发展等问题。不外乎亦有文章研究对构建和谐旅游的讨论（陈一智，2009）和对地方文化的重建（熊燕，2007）。

六　结语

由于对一个众所周知的名称"香格里拉"的探寻，阅读了詹姆斯·希尔顿所写的《消失的地平线》一书，并研究了相关的评述性文章，进而梳理和探索了有关于此的现实问题。小说基于现实，又不等同于现实，作者创作的意图和背景深受其所处的历史地理等因素的影响。读者在探寻故事的本身，亦即在畅想并企图还原；然而与现实的比对，则是我们更为实际的诠释。小说的现实意义在于点亮我们思想的明灯，经典文学作品的历久弥新则在于她要与时俱进，在我们正处于社会快速发展的时期，思考并审视相关问题才会更好地辨明方向。

参考文献

［英］詹姆斯·希尔顿：《消失的地平线》，胡蕊、张颖译，云南人民出版社2006年版。

刘新慧：《西方对中国西藏的媒体建构之文化解读——兼论西藏对外形象重塑的思考》，《西藏研究》2010年第2期。

魏慧珊：《一个意识形态化与乌托邦的混合体——试论希尔顿的〈消失的地平线〉》，《兰州交通大学学报》2012年第5期。

李宏伟：《香格里拉：乌托邦表层下的意识形态形象——从比较文学形象学看〈消失的地平线〉》，《中国青年政治学院学报》2014年第4期。

江玉琴：《论从〈曼斯菲尔德庄园〉到〈消失的地平线〉西方中心主义的完构及其东方映照》，《名作赏析》2012年第21期。

庄礼伟：《"香格里拉"在炒作中的崩塌》，《南风窗》2005年第11期。

徐新建：《"香格里拉"再生产——一个"希望世界"现世化》，《民族艺术》2015年第1期。

陈一智、刘丽、李强：《〈消失的地平线〉对构建和谐旅游的几点启示》，《边疆经济与文化》2009年第3期。

熊燕、杨筑慧：《从"中甸"更名为"香格里拉"看地方文化的重建》，《中央民族大学学报》（哲学社会科学版）2007年第5期。

维诺格拉多夫"作者形象"与布斯"隐含作者"在文本分析中的功能试探

梁建冰　孟　霞

　　摘要："隐含作者"和"作者形象"分别是美国文学批评家韦恩·布斯和苏联语文学家维诺格拉多夫提出的，前者已被叙事界广泛接受，用来分析世界文学作品文本；后者相对较为"失宠"，仅限于对俄罗斯文学作品，特别是故事体的文本分析。本文试图寻找两者相通之处，"打通"两者概念，为文学批判提供一个新的视角。

　　关键词：作者形象；隐含作者；布斯；维诺格拉多夫；文学修辞

一　引言

　　"隐含作者"（implied author）是 1961 年韦恩·布斯（Wayne C. Booth）在《小说修辞学》中提出的概念，被叙事理论界广泛接受并成为叙事学理论的关键概念之一，促进了叙事学的发展。"作者形象"（образ автора）是俄罗斯文学界的一个重要理论范畴，是苏联语文学家维诺格拉多夫（В. В. Виноградов）所创立的文学修辞学的核心概念。两者概念都是从修辞角度出发，对文学文本做整体的把握分析，逼近原创作者的创作意图，为文学批判做出了巨大贡献。本文试图追本溯源，解释两种概念的异同，梳理其之间的相互联系，以更准确地把握作者、文本和读者之间的关系。

二　"隐含作者"与"作者形象"

　　第一次世界大战之后至 20 世纪 50 年代，西方文学批评界以"内在批评"新批评为代表的西方形式主义迅速发展。新批评强调批评的客观性，视作品为独立自足的艺术品,不考虑作者的写作意图和社会语境等外在因素。作为一个隶属"新亚里士多德派"的芝加哥学者,布斯注重作品的文本和作者之间的关系。在《小说修辞学》中,布斯强调小说永远不可能实现科学的绝对客观和中立。"当他在写作时,他并非简单地创造一个理想、非个性化的'一般人',而是创造一个'他自己'的隐含变体,即作者的'第二自我'。"(Booth, 1961:72)所谓"隐含作者",就是隐含在作品中的形象,它是由现实生活中的作者创造出来的隐含在文本中的作者的化身,他是他自己选择的东西的总和(Booth, 1983:71)。

维诺格拉多夫是苏联著名的语文学家,其通过长期苦心孤诣的钻研,终于发现统摄整部全文作品的灵魂,即"作者形象"。"作者形象"理论提出之前,学术界分别从语言学和文艺学角度对文学作品进行文本分析,很难达成统一。内容形式、主体客体的分化研究,最终结果都不免会陷入以偏概全的旋涡。"作者形象是一个高度抽象、高度概括的综合范畴。简单的说是作者对所写世界的评价态度和作者对民族语的态度。"(王加兴, 2004)

三　二者与作品文本的整合关系

两者都能恰如其分地统筹全文,融合文本的主客体以及内容、形式。

"作者形象"本身就是一个主客体的融合,即"作者"与"形象"分属于主体和客体两个不同的范畴。就文学活动而言,主体即指读者和作者,客体就是文学所描绘的现实世界和作为主体审美意识物态化的文学作品。契诃夫在评论谢·纳依杰诺夫的剧本《金钱》时就这样写道:"重要的是要在剧本中感觉到作者的存在……谢·纳依杰诺夫的剧本中是有作者的存在。"(Виноградов 1971:113)这一点恰恰印证了布斯提出"隐含作者"概念的缘由:对20世纪50年代批评界追求小说"客观性"或隐退作者的苦恼。每个文本中都无形地透露着作者的创作个性,"正如某人的私人信件会隐含该人的不同形象(这取决于跟通信对象的不同关系和每封信的不同目的),作者会根据具体作品的特定需要而以不同的面目出现"(Booth, 1961:71)。所以把文本看成独立于作者之外的孤立事物是不可行的。

那么这种创作的个性是如何反映在作品中的呢?作者对所写世界的评价态度,虽有直露、鲜明,甚至隐蔽的不同表现形式,但是终归这种态度是客观存在的。"作者形象"是"统筹文学作品建构,确定文学作品所有成分之间相互联系和相互作用的个性语言——言语构成"（Виноградов 1971：151—152）。在维氏看来，"作者形象"是把所有的语体手段连接为具有整体性的语言文学系统的整合力量。对这种态度的感受，是从作品语言和形象中体现出来的。从语言层面探寻作者在文本中的痕迹与布斯"隐含作者"的说法不谋而合。福楼拜说"不论人们所要描写的东西是什么，只有一个词最能表达它，只有一个动词能使它最生动，只有一个形容词使它性质最明显"（伍蠡甫，1984：262），所以"'隐含作者'的概念，在语言学意义上是可以理解的，因为语言作为社会群体的资产，常在某种程度上使小说家失去个人控制，文化价值深入他的言辞，以至于他的个人表达必定带有附着于他选择的表达方式的社会意义"（罗杰·福勒，1991：88）。比如，霍达在《穆斯林葬礼》中对穆斯林生活的深刻洞察与作家回族的民族属性密不可分；莫言在《檀香刑》和贾平凹在《秦腔》中的语言运用，都表现出浓郁的地域方言和地域文化特色；鲁迅在《孔乙己》中对"偷书""窃书"的生动描写，表达了对下层没落读书人"哀其不幸怒其不争"的态度。

"作者形象"和"隐含作者"虽然都是基于文本内的概念，但是从正面"作者—文本—读者"角度分析，"隐含作者"切实附带着真实作者对客观世界的情感态度和民族语言的取舍态度；从反面"读者—文本—作者"角度看，读者通过对文本中人物形象、各种语体运用的把握，离析出作者创作时的形象，即"隐含作者"。通过双向的分析，我们看到"作者形象"和"隐含作者"对语篇的整体把握，恰似现实作者和真实读者之间的桥梁。

四　二者与真实作者的关系

两者概念的相似点还表现在与真实作者的关系上，即区别于真实作者。

维氏说："文学作品从来都是要透露出作者形象的信息。从字里行间，从描写手法能感觉到他的面貌。这并非是现实中那个托尔斯泰、陀思妥耶夫斯基、果戈理的面目，这是作家一种独特的演员'脸谱'。"（Виноградов，1980：311）所谓"脸谱"，即有可变性，作家在不同作品中甚至在同一作品中都有不同的"脸谱"，这些"脸谱"与生活中真实的作者有时是不同的。普希金在《加百列颂》中表达对宗教禁欲主义的反抗甚至是对宗教的亵渎，但在《天使》《诗人》《回忆》等诗中表明自己想解除精神痛苦，倾听上帝的语声，以摆脱自己罪孽的愿望。高尔基早期鼓励推崇革命，一度被认为是革命的"海燕"；苏联建设时期，虽对外宣称自己是苏联作家，但内心深处对革命成果的失望溢于言表。

"隐含作者"与真实作者的相似或相异，是因为"受既定角色的规定，他原本持有的道德、习俗、心理、美感等会发生某些迁移"（曹禧修，2003（5）：52）。罗纲认为，"在叙述中，隐含作者的位置可以说是介于叙述者和真实作者之间，如果说现实中的作者是具体的，那么隐含作者就是虚拟的，它的形象是读者在阅读过程中根据文本建立起来的，它是文本中作者的形象"（罗纲，1994：214）。菲尔丁、迪福和萨克雷写了很多追求美德的小说，但在生活中却不尽然；《酒国》里的"隐含作者"，荒诞、玩世不恭，真实的莫言却是略显憨厚、淳朴。所以真实作者不能等同于"隐含作者"。

维氏认为，对于文学作品研究而言，重要的不是现实中的作者其人，也并非现实中作者其人的个性、经历和思想投射到作品中的影子，而是作品中潜移默化存在的作者，换言之，是化解于作品，体现于文中的作者。（王加兴，1995）布斯的忘年交詹姆斯·费伦界定"隐含作者"，说："隐含作者是真实作者的精简了的变体，是真实作者的一小套实际或传说的能力、特点、态度、信念和其他特征。"（James Phelan，2005：45）所以在研究作品文本时，既不能持"内在批评"的标准，主张"作者之死"，完全脱离作者，孤立研究文本；也不能持传统文学批评的标准，只关注真实作者，从真实作者的生平、经历等史料去发掘和把握作者的创作意图并考介作品，从而否认"隐含作者"，混淆作者形象。

五　二者在文本分析中功能体现的现实意义

追溯韦恩·布斯提出"隐含作者"概念的原因：20 世纪 50 年代批评界追求小说"客观性"或隐退作者；其学生将叙述者（尤其是第一人称）和作者本人混淆；批评家忽略修辞伦理效果；无论是在文学创作还是日常生活中，人们在写作或说话时，往往扮演着异于自然面貌的建设性或破坏性角色。前三点强调了真实作者参与文本分析的重要性，第四点则从动态的角度概括了"隐含"的必要性。因为不同创作时期，作者本身对客观世界的认知态度和对民族语的取舍态度不尽相同，不同作品之间的"作者形象"建构就不同；同样从阅读角度来看，作品被创作后，就会处于相对平稳状态，不同时代的读者则随着社会的变迁而成长，对作品也有了不同的理解，从而构建不同的"隐含作者"，使之永葆生命力。"隐含作者"微妙地起到了"拯救"作者的作用，纠正了一些错误的解读办法。所以，"隐含读者"在进行文学分析中是必要的。

"作者形象"，"他是文学作品本质的浓缩体现，他整合了叙述者、讲述人或讲述人们相互关系中的人物的全部言语构成体系，而且通过他们表现为全部作品的思想—修辞核心及焦点"。"作者形象"较多地从语层、语境角度出发，分析文中的言语结构，从而勾画出作者的创作态度和语言观。在这一点上综合了文艺学和语言学，对文本的分析能够得到更好的把握。

六　结语

综上所述，"隐含读者"和"作者形象"有很多相似之处，在文本分析中具有重大的意义，对于文学评论有着非常大的贡献。但若比较而言，"隐含作者"作为原作者的"第二自我"，具有一定的能动性，即从正面分析文本"作者—文本—读者"，可能会栖于文本之外；"作者形象"，则更侧重于反向分析"读者—文本—作者"，较多地建构在"解码"的过程中。同时由于两者概念的模糊性，对"隐含作者"和"作者形象"还有很多争议，在定义的界定方面还要进一步探究。

参考文献

Booth, *The Rhetoric of Fiction*, Chicago: Univ. of Chicago Press, 1961.

Ibid. , 2nd edition, 1983.

James Phelan, *Living to Tell about It*, Ithaca: Cornell Univ. Press, 2005.

Виноградов В. В О теории художественной речи ［M］. M., Высшая школа, 1971.

Виноградов В. В О языке художественной прозе ［M］. M. , 1980.

王加兴：《俄罗斯文学修辞特色研究》，北京大学出版社 2004 年版。

伍蠡甫：《西方古今文论选》，复旦大学出版社 1984 年版。

罗杰·福勒：《语言与小说》，重庆出版社 1991 年版。

曹禧修：《小说修辞学框架中的隐含作者与隐含读者》，《当代文坛》2003 年第 5 期。

罗纲：《叙述学导论》，云南人民出版社 1994 年版。

王加兴：《论维诺格拉多夫的作者形象说》，《中国俄语教学》（季刊）1995 年第 3 期。

浅析爱丽丝·门罗短篇小说《逃离》的主题及其意象

吕竞男

摘要：加拿大小说家爱丽丝·门罗以出色的短篇小说创作被授予诺贝尔文学奖。她的作品主要以安大略省西南小镇为背景，讲述普通人的故事，多维度地展现在生活、家庭、婚姻、压力、欲望面前人类的种种困顿与纠结。其代表作短篇小说《逃离》围绕着女主人公卡拉逃离父母、婚姻及同伴的情节展开。本文着意于分析三次逃离的深层意义以及多重意象在主题呈现过程中所起的作用。

关键词：逃离；意象；象征意义

一　概述

2013 年，瑞典学院将诺贝尔文学奖颁发给加拿大女作家爱丽丝·门罗（Alice Munro）。她成为第一位问鼎诺奖的加拿大本土作家，同时也是 111 位获奖作家中第 13 位获此殊荣的女性作家。值得注意的是，评委会的颁奖词直白简练地称门罗为"当代短篇小说大师"。这是继 1910 年德国作家海泽之后，颁奖词中第二次出现"短篇小说"这几个字。她的获奖不仅为加拿大争得荣誉，证明女性作家的创作才能，也代表世界文学最高奖项对短篇小说艺术性的认可。

1931 年 7 月 10 日，爱丽丝·门罗出生在安大略省温厄姆镇（Wingham）的牧场主家庭。从十几岁时起，她就开始写作。1950 年发表第一篇作品《影子的维度》，当时门罗还只是西安大略大学主修英文的学生。1968 年，她出版第一部短篇小说集《快乐阴影的舞蹈》，并一举赢得加拿大最高文学奖项——总督奖。迄今这位高产作家已经陆续出版 14 部小说集，其中因《你以为你是谁?》（1978 年）和《爱的进程》（1986 年）两获总督奖。她还曾摘取吉勒奖、欧亨利短篇小说奖、布克国际奖等十数个文学奖项。著作等身、诺奖加身的门罗受到诸多盛赞，美国作家辛西娅·奥克齐将其誉为"我们时代的契诃夫"（陈凤，2010：64）。

门罗长期生活在安大略省的小镇克林顿，她的作品也主要以短篇小说的形式描绘加拿大西南小镇普通人的日常生活，语言质朴自然，笔触精准细腻，通过家长里短的琐碎展现人物对婚姻、家庭、生活、挫折的态度，没有激情四射的宏大叙事，也没有卓尔不凡的英雄形象。门罗往往以非线性的叙事手法营造出悬疑隐秘的氛围，展现女性视角下爱情、婚姻、家庭、亲子关系等主题。对于门罗作品的研究主要涉及叙事手法、女性主义、写作风格、地域性等角度，评论家尤其关注其女性作家的身份及塑造的诸多女性角色。虽然国外的门罗研究颇具规模，但在她获得诺贝尔奖之前，国内对这位加拿大女作家的评论分析无论深度和广度都较欠缺。特别值得一提的是，此前只有著名翻译家李文俊先生翻译的《逃离》，诺奖颁出后，译林出版社正式引进门罗的七部重要短篇小说集。中国读者也才得以走进这位家庭主妇作家平静而独特的文学世界。

二　第一次逃离——女儿与父母的疏离

作为门罗的代表作，《逃离》于2004年甫一出版便好评如潮，夺得加拿大吉勒奖。评委们对此书的赞语是："故事令人难忘，语言精确而有独到之处，朴实而优美，读后令人回味无穷。"《逃离》全书由八个短篇小说组成，其中三篇互有关联。在这部小说集中，门罗"将全部精力贯注于平淡日常的另一面，生动地展现出我们每日生活中的期待与忧虑"（Hanson，2011：335）。作为门罗最早被译介到中国的小说集《逃离》的开篇之作，这篇同名小说讲述的是天真理想的卡拉因厌倦与父母的生活而离家出走，后与辍学闯荡世界的马术教师克拉克结婚并依靠经营马场为生，然而婚姻的压抑与生活琐碎使得卡拉的内心再次掀起逃离的愿望。她在邻居西尔维娅的资助下乘车逃往多伦多，途中思及未来生活可能遇到的艰难，卡拉最终选择向丈夫求助，放弃了逃离的计划。平淡无奇的故事情节在非线性的叙述中一幕幕穿插闪现，将女主人公的现实处境与往昔回忆、未来期待与迷茫无措交织在一起，映衬出卡拉内心的渴望、压抑、理想和纠结。细究之下，不难发现这三次逃离恰恰应和卡拉从青春反叛期到成熟的心路历程。

18岁的卡拉厌倦父母那种典型的中产阶级生活，"看不起自己的父母，烦透了他们的房子、他们的后院、他们的相册、他们度假的方式、他们的烹饪路子、他们的'洗手间'、他们的'大得都能走进去人'的壁柜，还有他们为草坪所安装的地下喷水设备"（第33页）。她"一直感到需要过一种更为真实的生活"（第33页），因此在碰到"吉卜赛流浪汉"、马术教师克拉克后，很自然地被这位聪明的浪荡子吸引并坠入情网，向往着他"过去那种不太正规的生活"（第32页）。卡拉的爱情遭到父母的反对，尤其当继父冷漠地表示她不是亲生女儿后，卡拉"很自然，只好出走，去和克拉克住到一起了"（第29页）。第一次逃离时，卡拉带着年轻女孩儿不知世事的天真，怀着对爱情的憧憬，哼着歌。从发展心理学的角度分析，此时的卡拉正处于思维向成熟发展的阶段，主观地预设了一个理想世界，并认识到现实与理想的相异之处。她内心敏感，经常找父母的碴儿，认为父母的做法错误。由于自我意识高涨，卡拉拒绝认同父母的生活方式，反而对克拉克所代表的与父母相反的生活充满向往。与此同时，卡拉的原生家庭中缺少代表权威的父亲（其继父对卡拉的态度是放任自由不加管束），所以没有权威力量将卡拉引入正确的方向。卡拉逃离原生家庭，恰恰反映出其在成长阶段作为女儿对父母的反叛。

从表面上看，卡拉成功地逃离了她所厌倦的生活，逃离了父母的管束，可她简单地认为逃离后的生活似乎就是如她所喜欢的那样——住在乡下和动物打交道。然而开始新生活后，卡拉"注意起别人是怎么装修和布置的了。他们挂的是什么样的窗帘，他们是怎么油漆饰条，又是怎么搭出很有气派的平台、阳台和附属披屋。她迫不及待地也要给自己的住房添上些改良性的设备"（第8页）。卡拉并没有意识到，她所做的一切也是顺着父母的套路进行的，区别只不过在于卡拉改造的是被父母瞧不起的"活动房屋"，仅此而已。属于自己的生活应该是什么样，她的内心没有形成独立的认知，始终不自觉地受到原生家庭生活模式的影响与支配，决定为爱出走恰恰是复制父母的生活模式，"他们实际上是为卡拉指明了方向"（第29页）。从这种意义上说，卡拉的第一次逃离并没有成功，还为日后的生活埋下隐患。

三　第二次逃离——妻子逃离丈夫

随着生活的琐碎烦扰越积越多、热恋的激情和新鲜感一点点被时间消磨殆尽。克拉克没能担负起"设计师"的责任，卡拉不得不忍受克拉克的种种缺点，应付单调繁重的家务，为了获得丈夫的关注，她甚至编造出自己受人调戏的谎言。当爱情的光环不复存在，想象中的浪漫退化成龃龉淡漠，卡拉再次感受到现实的压抑。

　　贯穿这篇小说的天气状况衬托人物的情绪。"雨下得没完没了的夏天"（第 4 页）定下故事最初的基调——沉郁烦闷。原本应该参加夏令营的小学生和游客们不见踪影，就连长期班的老学员也"因为天气太差而退班了"（第 4 页），卡拉和丈夫的收益显然损失不少。正所谓"屋漏偏逢连夜雨"，卡拉与丈夫之间本就磕碰不断，经济压力更是加剧摩擦。暂时停止的雨"刚能勾起你的希望罢了——云变白了一些，薄了一些，透过来一些散漫的亮光，它们却永远也不会凝聚成真正的阳光"（第 5 页），而正在马场干活的卡拉情绪也是如此起伏不定，她对婚姻生活感到失望，常常烦恼于丈夫的淡漠暴躁，而与丈夫之间偶尔闪现的温情就像雨歇后无法凝聚的阳光，带不来内心的晴朗。当克拉克妄图让卡拉因所谓的调戏去勒索邻居时，这种压抑达到顶点。卡拉不愿意去欺诈贾米森太太，情绪激动地跑入雨中，躲到树林里纾解内心的痛苦，这点"毛毛雨"——心中的烦闷困扰最终还是被她控制住。她终于无法承受，在邻居西尔维娅的资助下登上开往多伦多的长途汽车。这是卡拉第二次逃离，此时她的天真无畏早已不再。不同于第一次唱着歌轻松地离开，卡拉"一直把头低低埋下……防备自己忍不住往外看"（第 31 页）。在她脑海中出现的是克拉克正在做的事情、初次离家时的回忆、与克拉克曾经的快乐时光以及对未来的茫然无措。"在她正在逃离他的时候——也就是此刻——克拉克仍然在她的生活里占据着一个位置。可是等逃离一结束，她自顾自往前走自己的路时，她又用什么来取代他的位置呢？"（第 34 页）接下来的暴风雨，倏然而至又戛然而止，预示着卡拉后来的逃离，动意突如其来却没能坚持多久便已放弃。卡拉的第二次逃离没有成功，从出发时起，她就心心念念要逃离的人，而逃向的目标——多伦多——是她无法融入适应的。从卡拉心悦诚服地将主动权交予克拉克，等他设计未来时起，逃离的结局就已注定失败，因为克拉克就像是生活大厦的基石，缺少了他，卡拉便无法继续建设自我的天地。

四　第三次逃离——女性逃离同伴

　　除此之外，还有一次逃离隐匿在故事情节中，即卡拉逃离西尔维娅的同伴之谊。西尔维娅——贾米森太太——在大学里教授植物学，时常有女学生找来倾诉自己的苦恼，颇受她们的爱戴与簇拥。另外，从她处理贾米森先生身后事的态度（先是跑到希腊度假，再把病室、衣服、吊唁信，以及全部遗物都清理得干干净净），不难看出其独立果敢的性格。西尔维娅身上明显具有现代女性的特质——学识丰富，内心坚强，思想独立，与卡拉形成鲜明的对比。就连她的家都是"大扇窗户"倾泻着流水般的阳光，让人感觉开阔明朗而充满自信。卡拉在与西尔维娅相处的过程中受到她的感染，展现出克拉克面前所压抑的健美和活力。当卡拉倾吐内心的烦扰后，西尔维娅毅然支持她挣脱束缚，开启全新的生活。可惜卡拉即便换上西尔维娅的衣服，也装扮不成独立自信的女性。只能一个人面对的新生活让她无所适从，就如身上别扭的衣服，使她步履沉重。当卡拉重新回到克拉克身边后，她便拒绝与西尔维娅见面，就连西尔维娅精心写来的信被她烧成灰冲入马桶。此处对西尔维娅的称呼从亲昵的闺名变成贾米森太太，暗示卡拉对朋友关系的否定。卡拉在忙碌中的刻意忘记和西尔维娅的搬离结束了两人的交往。这次卡拉彻底地逃离同伴，逃离西尔维娅所代表的另一种生活——独立自主、不受家庭管束、不受婚姻压抑的生活。

　　《逃离》的主题指向的是"介于青春期与成熟期的女孩子，面对家庭、婚姻、同伴情谊甚至自我丰富而又矛盾的内心会表现出的无所适从，这其中有反叛，有纠结，有嫉妒，有模仿，有失去控制也有逃离及回归"（马丽莉、刘丽丽，2014：95）。小说着力展现女性探索自我、寻求心灵满足、挣脱生活束缚的尝试，也反映出"女性要实现真正的主体意识，必须实现经济独立和思想独立，两者缺一不可"（于艳平，2011：112）。

五　《逃离》中的意象

　　在《逃离》一文中，门罗的笔触细腻，构思精巧，自然环境和动物形象恰到好处地映射出人物的内心世界，渲染气氛，增加故事的层次感，使主题的表达更易触动读者。

　　首先，天气是人物情绪的象征。卡拉来到贾米森太太家帮忙干活，情绪再次失控下，她终于说出自己的痛苦并获得西尔维娅的安慰和支持。卡拉的压抑与烦闷也逐渐消散，而此时"雨正在一点点地歇住"（第29

页）。经过一次失败逃离之旅后"没完没了"的雨便彻底停止，"晴朗的天气一直持续着"（第43页），马场的生意越来越好，克拉克的态度有所转变，"尽管很忙，他现在却再也不觉得太累和没有情绪了"（第46页）。至此，卡拉迎来"干燥的金秋时节"，"鼓舞人的、能收获的季节"。卡拉顺应着人生成长的轨迹，从青涩走向自我意识如野草般疯长的夏天，经历雨水的洗礼而后渐渐走向成熟。

其次，小说中的景物也颇具象征意义。卡拉家门外"满是车辙和水坑的砾石路"，因雨水变得更加不平整。"泥泞""水坑"反复出现，象征着卡拉对生活的观感，也暗示外部环境的艰难，对其逃离多有牵绊阻塞。"活动房屋"从字面上看就给人不稳固的感觉，卡拉对此颇不适应，虽然起初她和丈夫都曾尝试着将小家建设得更加温馨舒适，生活的不易渐渐消磨掉这份激情，三年婚姻恰如"活动房屋"，随时都有解体的危险。马场是卡拉夫妇日常生活的核心所在，其主要组成部分"环形跑道"，如同他们循环往复简单枯燥的生活。被暴风雨扯松脱落的"塑料屋顶"，暗示卡拉和丈夫的生活出现裂痕。克拉克消极应对，不愿付出太大代价维修。他在对待与卡拉的婚姻问题上也是一样的态度，宁愿对着电脑"忙"也不想花些心思多与妻子交流。直到"逃离日"之后，他才付诸行动修缮屋顶、维护感情。

最后，我们必须提及两个有关动物的重要意象：一个是西尔维娅送给卡拉的青铜马。干活时的卡拉以及曾经冲动离家的卡拉都是勇往直前精力充沛的年轻女子，非常应和青铜马上男孩满身活力策马前冲的形象，这也是西尔维娅心中的卡拉。然而卡拉对这个礼物并不感兴趣，显然她已失去那份冲破生活束缚的勇气和力量。另一个是贯穿整篇小说的小山羊弗洛拉。最初饲养小山羊是为了抚慰与安定马匹，"它完全是克拉克的小宠物，跟着他到处跑，在他跟前欢跳争宠。它像小猫一样敏捷、优雅、挑逗，又像情窦初开的天真女孩"（第9页），这简直就是卡拉刚与克拉克共同生活时的样子，青春恣意如花儿一般（弗洛拉的意思就是"花"）。可渐渐地，克拉克对弗洛拉不再抱有热情，即便走丢，也懒得过多关注，完全应和他对待卡拉的态度——"忙得紧""不耐烦"。而随着相处时间越来越久，小山羊成为卡拉内心的密友与感情的寄托。事实上，弗洛拉的意象更像卡拉的潜意识投射，在她的梦中，即便受了伤，弗洛拉也还是"引导卡拉来到一道铁丝网栅栏跟前，也就是某些战场上用的那一种……

从那地下钻过去了"（第 7 页）。这是卡拉在潜意识中化身小山羊逃离婚姻的束缚。弗洛拉的回归是在卡拉重返克拉克身边后，它拒绝接受西尔维娅的抚摸，也暗合卡拉不愿再见西尔维娅的态度。从最初的天真烂漫到变得明智，从离家出走到再次回归，弗洛拉就是卡拉内心发展变化的外部投射。故事结局，草丛中的头盖骨暗示着弗洛拉的死亡，卡拉渴望逃离现实的心最终也随之消失。经过生活的改造，卡拉如同故事结尾出现的大秃鹫，虽然健壮有力，但始终无法离开那棵枯死的橡树，总是往高空转上几个圈子，最终又落下，回归她"熟悉"的家。

门罗对于场景和意象的安排非常精到，尤其是与卡拉相关的几个意象的运用，使这个平凡的人物呈现出多个层次。看似寻常的环境设定却能恰到好处地凸显人物的内心状态，为故事情节的展开营造合理的氛围，应和主题所表达的各种情绪。

六　结语

门罗的小说看似平淡无奇，无非是些小人物的小情绪，就如《逃离》一文所描绘的那样——小镇主妇卡拉的一时冲动之举。然而，作者以非线性的叙述，整合诸多意象，为读者勾勒出女主人公的前尘过往和困顿中无比纠结的内心世界，使主题得以升华。由此可见，门罗的可贵之处在于从这些琐碎小事中揭示人类感情、意志、欲望的复杂性，"这些力量和人类无法控制的外力交织在一起，使人生充满了奇妙而难以言喻的变化"（姜欣、时贵仁，2014：181）。这应该就是门罗作品能深深触动读者、激起读者内心共鸣的原因所在。

注释：文中所有加注页码部分引言皆出自爱丽丝·门罗著《逃离》，李文俊译，北京十月文艺出版社 2014 年版。

参考文献

Hanson, Clare Review, "The Yearbook of English Studies", *North American Short Stories and Short Fictions*, 2001, Vol. 31, pp. 335 – 336.

李文俊：《译后记》，载爱丽丝·门罗著《逃离》，李文俊译，北京十月文艺出版社 2014 年版。

陈凤：《无法逃离的人生境遇——爱丽丝·门罗〈逃离〉中女性命运探析》，《文学界》（理论版）2010 年第 7 期。

　　丁冬：《意料之外的实至名归——记门罗荣获 2013 年诺贝尔文学奖》，《当代外国文学》2013 年第 4 期。

　　姜欣、时贵仁：《爱丽丝·门罗小说的生态女性书写》，《当代作家评论》2014 年第 3 期。

　　马丽莉、刘丽丽：《成长中的无所适从：门罗小说〈逃离〉探析》，《河北师范大学学报》（哲学社会科学版）2014 年 1 月第 37 卷第 1 期。

　　[加拿大] 门罗、爱丽丝：《逃离》，李文俊译，北京十月文艺出版社 2014 年版。

　　于艳平：《〈逃离〉的背后：女性意识的觉醒与成长》，《郑州大学学报》（哲学社会科学版）2011 年第 3 期。

日本茶道的精神文化

杨　蕾　刘卫刚

摘要：日本的茶道源于佛教，佛教在举行仪式时，向佛虔诚地敬茶，茶道的茶人招待客人时，态度虔诚，犹如佛教中的"一期一会"，茶道的精神，也如佛教中的"众生平等"理念一般，凡尘中的庸夫俗子人人平等，品茗之时，荣辱贵贱皆烟消云散，细细体味茶道的清净和寂，感受生活的美。

关键词：茶道；禅茶；一期一会；禅茶一味；清净和寂

日本的茶道可以说是日本诸多物质文化中独树一帜的代表性文化之一。所谓的茶道，即：饮茶之艺术，日常起居之礼法，相互交流之规范，把饮茶提升至"道"的宗教高度，即所谓的"茶禅一味"。茶道就是以虔诚崇敬之心，犹如禅语所言"一期一会"，以宗教的仪轨来招待促膝相谈的客人。如果时刻都为客人着想，则是饮茶之道，如果仅仅想着自己，则偏离了茶道的精神追求。茶室品茗使人能体味到禅宗世界所追求的"众生平等"的理念，使主客之间心心通融，以心传心通灵犀。在茶室"清净和寂"的氛围中，客主"相爱和合"，给人最高境界的享受。茶人和客人同为人类，而人之根本，即众生平等。茶人通过近乎"道"的"技"，即通过虔诚之心，甚至神秘的精细的茶道礼仪做法，用心款待客人，这既是做人的根本，也是做茶的根本。茶道是人们的衣、食、住等日常生活的极致追求，是日常生活柴米油盐酱醋茶的楷模范例，并且示教于茶道文化之中。

世俗世界里人的烦恼多多，隔心相交频频，言不由衷地寒暄处处。然而在茶席上，客主无须多言，无须恭维，通过茶人心怀近乎对神祇顶礼膜拜般崇敬之情所精制出的茶汤，再附以虔诚的茶点礼仪，以心传心无声胜有声的交流，使彼此感悟到人间纯美的真情，达到心心的交融，这正是茶道所企求的。茶道虽然形式完备，然而它所追求的本质却是不拘于形式的心心相印，平等自然的真诚交往，这点追求也正是示范了世俗社会人类社交的最高典范。在凡尘的社会里注重贵贱、上下、贫富、尊卑等世俗差异，然而在茶道里，人无论贵贱、贫富皆众生平等，受到茶人虔诚平等的接待，这正是茶道的根本之所在，也正是茶道的魅力所在，如同佛教的"众生平等，皆可成佛"一样受到人们的追捧。提起茶及茶文化，真可谓：日本有之，中国亦有之，且中日茶文化之间，尚有诸多千丝万缕的渊源，然若细细品味比对，两者仍存本质上的差异。倘若要把饮茶提升至道德境界，那么极目四野，无论较之于印度的红茶、中国的绿茶，恐怕非日本的茶道莫属。所谓的"道"：宇宙之起源，天地之本始，万物之根蒂，造化之枢机。《清静经》曰："大道无形，生育天地；大道无情，运行日月；大道无名，长养万物。吾不知其名，强名曰道。"老子《道德经》开卷即言："道，无道，非常道。"由此可见，把饮茶宗教般地仪轨化，当属日本的茶道。

日本茶道可以说是起源于日本镰仓时期的禅寺吃茶礼仪，提起茶道的宗教仪式化，追本溯源，还是从茶饮的历史渊源说起，即可明晰茶文化及茶道精神的片鳞只爪。

一　茶道的简史

日本茶道的历史从有文字记载说起，可以追溯至805年，作为遣唐使之一的空海大师向当时的嵯峨天皇汇报情况，上呈《空海奉献表》云："观练余暇，时学印度之文，茶汤坐来，乍阅震旦之书"，可见研习佛法之余，啜著品茶，修身养性。虽不敢说此前日本不饮茶，但空海将品茗落实在文字上，却成了饮茶在日本史料上的最早记录。

与空海大师同时作为遣唐使之一的日本高僧最澄，也于805年将茶籽带回日本，让日本人从此喝上了本地产的茶。与此同时，中国唐代茶圣陆羽《茶经》问世，中国文人品茶风靡当时，受唐风熏沁。当时的日本弘仁年间（870—824年），日本的宫廷及高级僧侣从内容到形式，完全照搬唐代的饮茶风习，迎来了日本第一个茶文化的高峰——"弘仁茶风"。而其真正使"吃茶"形成风气的则是在日本被尊为"茶祖"的荣西大和尚，荣西两度入宋，潜心禅宗，并时时耳濡目染宋朝的茶文化，且写就《吃茶养生记》一书，称茶乃"养生之仙药，延龄之妙术"，详细地介绍了茶的功效、性能及用法，强调茶不仅是人们喜好的一种饮品，更具祛病、养生、长命之妙用。吃茶之风首先在禅僧中流行，又广布其他各禅宗寺院。日本人开始视茶为治百病之神药，而贫苦民众常常无钱买药治病，寺院僧侣就以茶为药进行救助，寺院茶由于荣西的倡引形成以寺院为中心、以茶为药的第二个茶文化高峰。当日本由镰仓时期进入室町时期以后，特别是室町幕府第三代将军足利义满平灭国内政敌，国力达到极盛，日本茶文化也与当时奢侈、华丽、虚荣的武士阶级生活相应，由寺院茶演变成极度追求娱乐性的奢侈豪华的斗茶。茶会以斗茶游戏为中心，辅之以嬉玩打闹，狂吃暴饮的靡华聚会，成为武士们消耗热情、显摆财富、攀比奢华、扩大交际的重要活动及场所。令人啼笑皆非的近乎暴发户式的奢靡式斗茶的前身，却是极为恬淡高雅的宋代文人斗茶，即品茗竞猜茶名的游戏。喧嚣终要归于沉寂，室町时代后期随着武家统治势力的衰微，此时的茶文化则一反斗茶娱乐性质，而转变为近乎宗教形式的书院茶，这种书院茶相对于前期的斗茶显得封闭、肃静、简洁、清雅、闲寂，此时茶道的雏形和基本要素已趋于完备。

到书院茶为止，日本的茶文化虽然经历了诸多形式和内容的剧变，但仍只是在皇室、公卿、上层武士和僧侣中流行的一种文雅的文化活动，在这种犹如象牙塔般狭窄层面发展的基础上，尚未能形成真正有生命力的"道"，仅仅是一种茶艺，还未形成茶道。特别是当日本社会进入南北分裂对峙的南北朝时代，尤其是进入了群雄争霸的战国时期，而这一乱世的历史背景，颇似佛教传入中国时的历史背景，人们企求内心的安宁，往往将追求和谐平等的美好期冀寄托在无言的茶汤之中，以求心灵的些许安慰。日本的饮茶文化，在日本固有文化土壤里吸纳禅宗思想文化，以崭新的姿态崛起，成为融哲学、宗教、艺术、礼仪为一体的综合文化体系——茶道。

人们公认的茶道的"开山之祖"乃是村田珠光（1423—1502 年），原本是奈良称名寺的小沙弥，由于怠慢寺役，被逐出寺，流浪四方，后随书院茶大师能阿弥学习插花、辨别茶器，又随大德寺"疯僧"一休宗纯参习禅宗，一休宗纯就是大家熟知的那位大名鼎鼎的"聪明的一休"。珠光经过修行，得到禅之教外别传，一休赠给他中土大宋禅师圆悟克勤的墨迹作为印可。圆悟大师名著《碧岩录》是禅宗重要的典籍，珠光自从习禅之后，珠光悟道："仏法も茶の湯の中にあり（禅茶一味）"，即把禅宗与茶相结合，从而使原先的等级森严的贵族茶向众生平等、慈悲为怀的平民茶转化，茶禅结合是茶道形式的一大关键，茶道也被认为是"在家禅"的一种，甚至有"禅茶一味""茶禅一如"之说。

至此村田珠光开创的"草庵茶"与贵族上流社会所崇尚的"书院茶"相结合，完成了由茶文化到茶道的升华最为重要的一步，后经杰出的大茶人武野绍鸥的继承和发展，到茶道的集大成者千利休的出现，茶道渐趋成熟，无论从茶道的形式上，还是在思想内容上，都达到了一种可望而不可即的高度，难怪人们称千利休为"茶圣"。总之，用什么样的语言赞美他似乎都不过分。日本战国乱世的年代，在统治者的眼里，人们的性命轻如鸿毛，当时一代大茶人千利休一贯操持古朴简约、清雅闲寂的茶风，坚守众生平等的主张；而当权者丰臣秀吉喜欢盛大热闹、淫奢豪华的茶风，并主张人们应严格遵循上下尊卑、森严有循的社会秩序。由于理念相左，千利休表面上并未有什么反应，但内心却十分鄙视丰臣秀吉；同样好大喜功的丰臣秀吉，也不欣赏千利休的清雅枯寂的茶风，甚至十分反感，终于以"莫须有"的罪名赐千利休一死。1592 年 2 月 28 日千利休以死殉道，捍卫了他的茶道艺术理念，他的死，也给他的茶道艺术增添了永恒的力量。千利休的死带来的不是茶道的衰落，而是茶道的空前兴盛，在其弟子及门人古田织部（1544—1615 年）、小堀远州，以及千利休长男千道安、次男千少庵及孙千宗旦等的承继下，形成茶道的诸多流派：三齐流、古田流、远州流、表千家（千家流派之一，始祖为千宗旦的第三子江岭宗左。其总堂茶室就是"不审庵"。表千家为贵族阶级服务，他们继承了千利休传下的茶室和茶庭，保持了正统闲寂茶的风格）、里千家（千家流派之一，始祖为千宗旦的小儿子仙叟宗室。里千家实行平民化，他们继承了千宗旦的隐居所"今日庵"。由于今日庵位于不审庵的内侧，所以不审庵被称为表千家，而今日庵则称为里千家）、武者小路千家（千家流派之一，始祖为千宗旦的二儿子一翁宗守。其总堂茶室号称"官休庵"，该流派是"三千家"中最小的一派，以宗守的住地武者小路而命名）等主要茶道流派，另外，还有薮内流派（始祖为薮内俭仲。当年薮内俭仲曾和千利休一道师事于武野绍鸥。该流派的座右铭为"正直清净""礼和质朴"。擅长书院茶和小茶室茶）。随着茶道派系的不断发展，加之社会的不断发展变化，茶道各流派都确立了自己的"家元制度"。家元，即掌门人的职位是世袭的，从五六岁便修习茶道，之后去寺院参禅，经过长年的艰苦修行磨炼，才能担当家元的重任，家元制度的确立对茶道传承至今起到了很重要的作用，但同时家元制度也使茶道发展格式化，逐渐使茶道淡忘其根本精神，而趋于形式化。

二　各流派的追求

1. 日本早期的茶文化沿袭唐、宋饮茶之遗风，且饮茶风习在皇族、贵族、武士、僧人等上流社会流行，饮茶风习就是为了附庸风雅，修身养性，茶道尚处于早期的寺院茶，此时茶与禅相糅合，使茶事活动有了深邃的禅学以大慈悲为怀、众生平等的思想内涵，茶道也被称为"在家禅"。

2. 室町时期八代将军足利义满的大茶人能阿弥是介于僧人和俗人之间的艺术家，作为茶人，既能诗，又能画，才华横溢，名播当时，是贵族书院茶的代表者。茶室宽阔，茶具名贵高雅，茶事追求盛大高雅。

3. 珠光开创的"草庵茶"属于平民茶系，并使平民的"草庵茶"与贵族的"书院茶"结合，既注重茶具的古朴高雅，也倡导人人平等，不分高低贵贱，用心相待。茶室有戒："博弈、饮食、好色。"沏出发自内心清纯的茶汤，且认为只有茶人内心清洁，才能冲泡出清雅的茶水，茶道的追求就如同人心一样，无法用肉眼看得见，只有清净自身的内心，才能感悟到茶道。

4. 武野绍鸥深受珠光的影响，同时武野绍鸥也是日本"茶圣"千利休的老师，也是一位连歌师，连歌凝聚了日本人的审美情趣及思维方式。他将日本人审美意识中的"侘び（わび）""錆（さび）""幽玄（ゆうげん）"等审美情趣与茶道相结合，即将日本人"恬静、闲寂、古雅风趣，神秘深奥"等高古清雅的艺术思想导入茶道，并通过书法、茶具、插花、茶礼等具体的形式来表达抽象的艺术情趣。书院茶中茶室所挂墨迹多是唐代名人字画、高德大僧的墨迹，甚至文人骚客的连歌，而连歌中多是吟咏男女恋情，这曾被认为是玷污神圣高洁的茶道，然而武野绍鸥作为歌人，首先肯定了和歌在茶道中的艺术地位，他把珠光茶道中强硬的理念柔和化。正因为如此，茶道向民族化迈出了重要的一步，首次进入茶室的和歌则是遣唐使阿倍仲麻吕的思乡诗："翘首望东天，神驰奈良边。三笠山顶上，想又皎月圆。"其师大林禅师的一首赞诗概括了他茶道所追求的境界：

曾结弥伫无碍因，料知茶味同禅味。宗门更转活机轮，汲尽松风意未尽。

5. 千利休这位处于乱世的"茶圣"，穿梭于大名、武士之间，为他们这些不知明日倒向何方的武士们点茶静心，宁静的茶室、虔诚的礼仪、沁人心脾的茶香慰藉着他们的心灵，使他们忘却战场的厮杀，抛开生死的烦恼，正因为如此千利休的茶道艺术之花盛开，茶艺硕果累累，弟子接踵而至，天下无人不晓大茶人——千利休，真可谓茶名盖世。千利休的茶道思想可以说就是日本茶道的主体思想：千利休的茶道，追求的是一种绝对的美，他们以大彻大悟的胸怀和独特的审美意识，展开了丰富多彩的实践活动，剔除了茶道的娱乐性，所用茶具一改过去艳丽奢华的唐代茶具，而改用素淡拙朴的日本与朝鲜的茶具，茶室也逐渐变小，简洁而富有艺术性。茶人以一种近似宗教虔诚仪式的茶艺，用心点茶，并时时处处为来客着想，并使这种心情丝毫不受外界干扰，在静谧清雅的茶室传递给访客，无论如何要让同为人类的客人感受到茶道的愉悦，在茶席之间交流人世间的美，体味人世间相爱和合的真谛。这就是千利休茶道所企求的境地。千利休这位集大成者把茶道从贵族社会的一种娱乐形式转变成平民社会的宗教形式的茶道"万物归于无"的境界。在这样的境界里，充满着和、敬、清、寂的氛围，净化人的心灵，远离尘世的喧嚣进入一种禅的境界。千利休为以后所有茶道流派的形成奠定了基础，树立了示范。

6. 古田织部是千利休的"茶道七哲"之一，在千利休死后接替千利休侍奉丰臣秀吉，屈于当权者的淫威：将千利休的平民式茶法改造成武士风格的茶法。建立起一种色彩鲜明、阳刚豪放、自由豁达的武士新风茶。

7. 小堀远州既是一位茶人，又是一位有名的造园者。如果说千利休追求的是一种绝对的美，那么远州则追求的是一种相对的美。生活于和平年代的远州既不同于千利休，又不同于织部，表面上非常美，但美得软弱无力。远州茶道讲究的是"真、行、草"，在茶室内所谓的"真"为一种格式，"行"则为一种行为，"草"则为一种自由的心态；在茶室外的庭院所谓的"真"指的是一种不可动摇的东西，例如，亭台楼阁，"行"则是一种流动的东西，而"草"表现的是一种不可抗拒的生命。因此，远州的茶道包括茶室之内、外两部分，是融千利休的素淡与王朝华美为一体的日本美的追求。

8. 三千家：千利休的子孙及其弟子们继承了千利休茶道的遗风，随着时代的发展变化分流形成以"表千家""里千家"和"武者小路千家"为代表的茶道流派。特别是明治维新以后随着贵族、大名、武士的没落，贵族式茶道逐渐衰落，追求众生平等以心传心的平民式茶道广泛流行，论起茶道必指千利休的平民式茶道。特别是千利休的名望已到了"茶圣"的高度，且千利休所追求的超越时光、跨越身份、众生平等的"侘び茶"，已成了可望而不可即的绝对唯美境界，也是茶道的最高境界。尤其是随着时代的发展，千利休各茶派创立了世袭的家元制度，使千利休所创立的茶道，时至今日成为遍及日本的社会文化活动，且随着女性地位的提高，女性更多地参与社会文化活动，学习茶道的绝大多数都是女性。女性主持的茶会，气氛明快华丽，典雅多彩的女性和服，也为茶会增添了几分风雅和节日的气息。

三　茶道的仪轨

茶道的做法

日本茶道所用的茶是不同于一般绿茶的抹茶，即将绿茶经过蒸青、冷却、脱水、复合干燥、组合粉碎等多道工序制作而成的超微粉末状的抹茶。茶道所用茶具有茶碗、茶壶、茶入、花入、水指、茶杓等器具。点茶前在天目磁茶碗中放入适量的抹茶，用竹制的茶　茶筅用一定的力度搅拌起泡，茶人很虔诚地用右手取碗，左手掌转两圈茶碗正面面向客人，客人在饮茶时将茶碗转动一圈半，轻轻吸啜茶汤，不宜一口饮尽，饮定后用茶巾拭净口触茶碗处，然后将茶碗转回正面。

日本的茶道遵循严格的礼仪做法，客人进入茶室品茗之前，必然会经过一段精致的自然景区，这是为了使茶客专注于自然静下心来，到茶室门外的水缸取水净手、漱口，取持一巾干净的手绢于前胸衣襟内，再取一柄折扇，插入身后的腰带上，然后进入茶室；日本的茶室由于流派及用途的不同大小各异。村田珠光的茶室"草庵"4张半榻榻米大，千利休的茶室1张半榻榻米大，千宗旦的茶室"今日庵"2张榻榻米大。此外，一般标准的茶室：4张半榻榻米。总之茶室是美的圣殿，通过精心布局，能使饮者在日常茶饭中发现平凡中的伟大，便于主客倾心交谈。茶室分为床间、客、点前、炉塌等专门区域。室内设置壁龛、地炉和各式木窗，右侧布"水屋"，供备放煮水、沏茶、品茶的茶具和清洁用具。床间挂有名人字画，其旁悬竹制花插，所插之花视旁边饰物及四季而有所不同。茶会开始时主人必须先在茶室的活动门外跪迎宾客，虽然进入茶室的宾客不强调上下尊卑，但一般第一位进入茶室的必然是来客中的首席宾客（正客），其余客人则随后入室，随后宾主，相互鞠躬，正客需要坐于主人上手（左边），一般在敬茶之前，先品尝一些甜点。敬茶时主人用左手掌托碗，右手五指持碗边，跪地后举起茶盛齐眉，恭敬送至正客面前。正客饮毕后，其余宾客才依次饮用。边饮茶，边愉快地自由交谈。

四　茶道的精神

日本人相当注重用形式来表达本质的含义，茶道便是用礼仪形式来表达平等精神的典范。茶道起源于对佛的崇敬而做的献茶，为了表示对佛的虔诚，自然有诸多烦琐的礼仪做法。茶道也通过烦琐的规则来磨炼人心，而当这些定规不再令饮茶者厌烦，而当饮茶人信手而为就符合茶道礼法时，才算真正领会了茶道的真谛，才能喝到一杯身心愉悦的好茶。繁杂而熟练的礼法超然物外，浓如苦药的茶汤正如人生，别出心裁的茶室插花，显示了自然亘古不息的生命力，茶道令人体味处处有真理，步步是道场。日本茶道是用一种仪式来阐释茶道的精神，正如参禅需要顿悟一样，其中蕴含的人生的经验，需要饮茶者用生命的一段时光来感悟。正因如此，人们公认茶道的精神之一就是"禅茶一味"。

茶道来源于佛教，故而与禅宗持有法嗣关系，茶道主张众生平等，茶道的第一目的为修炼身心，其修炼身心是茶道文化形式的根基。无相的了悟为一种现象，显示出来的才是茶道文化。茶道文化其实是一种内容丰富的文化形式，其文化形式有着强烈的独特性，那它就是一种由无相的了悟、无相的自我表现出来的形式，茶道文化是无相的自我的外在表现。茶道是一种修炼茶人的天地，是创造文化创造者的文化，这些文化的创造者反过来又创造文化创造者。所以茶道是无相自我的形式及无相自我表达的道场。

对于茶事来说，重要的是心。不管有多么漂亮的点茶手艺，有多么高贵的茶具，如果没有虔诚的心的话，可以说任何意义都没有。日本的文化是情感性的，只能用心去体会，而无法用言语来表达茶道的精神，自然也需要用心去感悟。

茶道的精神归纳为三点：

（一）和敬清寂

和敬清寂被称为茶道的四谛，茶道追求的是"无"的最高境界。即"万物归于无"。在这样的境界里，充满了和、敬、清、寂的氛围，净化人的心灵，陶冶人的情操，使人远离尘世的喧嚣，进入一种"禅"的境界。所谓的"和"即和谐、和悦；"敬"即主客互敬互爱，诚心诚意；"清"即凡是清净一尘不染；"寂"即淡雅枯寂。和、敬、清、寂是"无"派生出来的四种现象，是"无"幻化出来的有形理念。由这四个抽象的理念又产生出了日本茶道艺术成千上万的艺术形式，如茶室建筑、点茶手艺、茶道器皿、茶道点心等具象。茶道具有繁杂的礼仪形式，肃穆的茶室氛围。材料虽简单，但通过添加饮茶的手法等达到品茶的境界。茶不单纯是茶，而是体现了日本文化单纯、清澄、清寂、调和等诸多特质。

（二）一期一会

茶室上的主客相聚，应诚心以对，就如同今生仅此一次相聚一般。因此，主人要千方百计，尽深情实情，不容有半点疏忽；客人也须以此再不能相逢赴会之思，衷心领受主人的每一处独具匠心，以诚相交，达到主客心心相印，彼此珍爱。

（三）独坐观心

面壁独坐茶室，回味往昔茶室，今日成昨日，静观我心，有些许茫然，有些许充实。体念到：会者定离，诸行无常。

总之，茶道所追求的是平和的艺术之道。茶道所追求的清寂、淡雅犹如禅宗中追求的静、定、慧一般，从而达到物我两忘、禅定静谧的自享境界。每每体味起"禅茶一味"，坐禅苦中求乐，犹若品茶苦涩中泛甜，其可谓禅茶一味相投，禅茶一体互通。

参考文献

［日］片冈山：《日本茶道史》，日本青空文库出版社 1998 年版。

［日］樋口清之著：《日本人与日本传统文化》，王彦良、陈俊杰译，南开大学出版社 1989 年版。

翻译与文化

运用辩证法对归化与异化翻译原则的哲学思考

白靖宇　余美霞

摘要：归化与异化是我国翻译界长期以来一直争论的理论与实践问题，形成了截然不同的观点。本文旨在通过分析归化与异化原则固有的优势与弊端，指明翻译实践中归化与异化翻译原则的困惑，并就当前存在的困惑提出归化与异化是矛盾的两方面，但它们是辩证统一的，无论是异化还是归化，只要译者在翻译的过程中将两者有机结合，既再现原作的风格，又结合了读者的文化及语言习惯，体现出辩证法的哲学思想。

关键词：翻译；归化；异化；辩证法

一　归化与异化之争

翻译的归化与异化自翻译活动在我国开始以来就一直存在争论。最初的直译与意译之争使归化与异化之争初见端倪。汉唐时期，大规模的佛经翻译活动出现后，归化与异化的交锋日趋激烈。从古代佛经翻译出现以来，归化与异化经历了几次大规模的论战。归化与异化之争雏形乃是佛经翻译中的"文质"之争。"文质"说是我国翻译理论的基础，它植根于我国传统哲学思想，吸取了传统文论的精华。支谦的《法句经序》最早反映了直译和意译之争，是两派的第一场论战。在近代，"文质"之争为"直译"与"意译"所替代。第二次论战发生在 20 世纪 20—30 年代，以鲁迅为首的翻译家主张意译。围绕鲁迅的"硬译"而展开了异化与归化之争。在此以前，严复、林纾、梁启超等人的翻译均可视为以归化为主的翻译。鲁迅的异化策略到了"五四"新文化运动时期找到了适合自己生长的土壤，为国人打开了启迪文化思想的大门。

纵观中国翻译史，虽然早在佛经翻译之初就有"文质"之辩，但真正出现归化与异化之争乃始于 20 世纪 30 年代中期，鲁迅与瞿秋白、赵景深与林语堂之间的那场关于直译与意译的笔战，主要是一场句法的归化与异化之争。在争论的早期，学者们倾向于把归化与异化看作完全对立的两个翻译策略，所以他们往往激烈地批评一种策略，支持另一种策略，而他们的讨论在很大程度上集中在这两个策略的优缺点上。自 40 年代一直到 70、80 年代，我国译界更多注重归化，认为译文应该以归化为主。最具代表性的当数林语堂的"忠实、通顺、美"，傅雷的"神似"，钱锺书的"化境"以及许渊冲的"三美"和"优势竞赛论"，这些都可看成是主张归化的观点。这些观点的提出反映了自 30 年代以来的这场争论已由起初占主导地位的异化逐渐转向了归化。而到了现在，主张异化的观点似乎又在我国译界占了主导地位，以孙致礼（2002）为代表的诸多学者提出了中国的文学翻译从归化趋向异化的主张。这说明，在翻译史上，归化观和异化观也是此消彼长，交替主导着翻译的走向，具有阶段性。如果我们可以笼统地把直译算作异化，把意译算作归化，那么就会发现，两千多年来，中国的翻译史与其他国家的翻译史一样，整个也是一部异化与归化此起彼伏、竞相辉映的历史过程（刘英凯，2003：272—279）。如今关于归化与异化问题，孙迎春、张古若（2004）认为，直译与意译之争仅涉及语言层面和现象层面，延伸开来就成了归化与异化之争，同时必然扩展为涉及文化、文学和政治等实质性层面的更高层次的争辩。

二　归化与异化翻译原则的概述

（一）归化的翻译原则及其理论意义

归化翻译（domestication）指的是一种以目的语为归宿的翻译，即采用目的语文化所认可的表达方式和语言规范，使译文流畅、通顺，以更适合目的语读者。美国翻译理论家奈达（Eugene Nida）是归化翻译的倡导者，他重视翻译的交际功能。奈达提倡"动态对等"（dynamic equivalence），他后来又用"功能对等"（functional equivalence），如语义对等（semantic equivalence）、语言对等（linguistic equivalence）和文体对等（stylistic equivalence）等，他认为翻译时不求文字表面的死板对应，而要在两种语言间（译文读者对译文信息的反应）达成功能的对等（Nida，1993：118）。比如，"Your guess is as good as mine"，若要求文字对应，应该译成"你的猜测和我的一样好"，但这根本不是原本的意思。若要求功能对等，可以译成"我和你一样不知道"。译文要达到"动态对等"，不仅译文的表达形式要纳入目的语的规范，而且在文化方面也要纳入目的语的规范。按奈达的归化翻译，中国成语"智者千虑，必有一失"可以译为"Homer sometimes nods"，而英语成语"Cast pearls before swine"可以译为"对牛弹琴"。以下是一组著名外国品牌成功翻译的例子，Porsche（保时捷）、Hammer（悍马）、Citroen（雪铁龙）、Johnson（强生）、Revlon（露华浓）、Crest（佳洁士）、Cannon（佳能）、Xerox（施乐），等等（余美霞，2014：146—147）。这些翻译不仅符合汉语的表达特征，而且能够迎合中国人的内心追求和向往，其市场效应就显而易见了。以"雪铁龙"为例，龙的形象和寓意从古至今一直受到中国人的喜爱，它是力量与权势的象征，再加上纯洁晶莹的"雪"，其所传达的形象和暗示的寓意就不言而喻了。具体地说，归化的翻译原则就是在词汇、语法、语义等语言学的不同层次上，不拘泥于原文的形式，只求保存原作的内容，用译文中最切近而又最自然的对等语将这个内容表达出来，以求等效。

（二）异化的翻译原则及其理论意义

异化翻译（foreignization）是以源语文化为归宿的翻译，即努力做到尽可能地保持原作的风味，使源语异国情调得以存续，为了使目的语读者能够领略到"原汁原味"而不惜采用不符合目的语的语言规范。

韦努蒂（Lawrence Venuti）是美国一位解构主义翻译思想的积极倡导者，他也通过对西方翻译史的研究，批判了以往翻译中占主导地位的以目的语文化为归宿的倾向，并提出了以解构主义思想来反对译文通顺的翻译策略。解构主义的思想不是要"求同"而是要"存异"。韦努蒂的观点主要在他的专著《译者的隐身》（1995）和他主编的一本解构主义翻译论文集之中。韦努蒂认为翻译的目的不是在翻译中消除语言和文化的差异，而是要表达这种差异。韦努蒂对异化的定义概括起来就是："偏离本土主流价值观，保留原文的语言与文化差异。"（Venut，2001：240）以英译汉为例，异化不仅可以充分传达原作的异国风味，而且可以引进一些源语的表达方式，以丰富我们祖国的语言。例如，高尔夫球（golf）、沙龙（salon）、雷达（radar）、模特（model）、咖啡（coffee）、威士忌（whisky）等这类词已被译入语读者广泛接受。异化译法是一种文化的传播，使东方读者对西方文化的理解也上升到了一个新的层面。简而言之，归化与异化是在翻译界如何处理文化差异的问题上所产生的两种对立意见。"归化和异化包含了深刻的文化、文学，乃至政治的内涵。如果说直译和意译只是语言层面的讨论，那么归化与异化则是将语言层次的讨论延伸至文化、诗学和政治层面。"（王东风，2002：24—26）就翻译中涉及的文化转换而言，一般可以分为以目的语文化为归宿（source target language culture oriented）和以源语文化为归宿（source language culture oriented）这两种原则和方法。归化认为译文应以目的语或译文读者为归宿。这里所谓的"归宿"都不仅仅是语言层面的，而更是跨文化意义上的。

三 翻译实践中归化与异化翻译原则的困惑

归化的翻译强调通俗易懂，避免多义或者歧义。当原文与译文之间因文化差异而出现不能通达的情况时，用目的语中的文化观念和价值观来替代，特别是对原文的比喻、形象和民族地方色彩进行替代。在缓和语言文化这一矛盾方面，归化的翻译确实起了积极的作用，它有效替代了外国文本中的语言和文化差异，使译文对目的语读者来说既通顺又易懂。但是因过于强调归化的翻译也暴露出它的缺陷，一是会产生对原文语义的截流，二是会失信，有时甚至会扭曲原文的含义。异化即在译文中保留源语的文化观念和价值观，特别是保留原文的比喻、形象和民族地方色彩（杨士焯，2006：8）。异化翻译和归化翻译相比较，存在以下几个优势：一是从读者阅读译作的目的出发，能让译文读者了解异国文化，从而促进文化交流。二是移植进源语文化将会丰富目的语文化和目的语的语言表达方式（郭建中，1998：12—18）。但是异化并非万能的。过分异化，不顾读者的需要，不顾目标语的语言习惯，一味追求跟原文的形式对应，结果会导致译文的晦涩难懂。

例1：We couples who have been separated hate the ruthless "The Milky Way".

文中的"The Milky Way"可以译成两种：牛奶路（异化），银河（归化）。在西方，"Milky Way"与希腊神话有着非常密切的关系。古希腊人认为它就是众神聚居的奥林帕斯山通往大地的路。而在中国，银河则不被称作"路"而称作"河"。这是民间神话故事"牛郎织女"的缘故。将"Milky Way"译成"牛奶路"采用了异化的方法，这样翻译保留了西方的文化色彩，但是由于汉语读者缺乏对西方文化的了解且"牛奶路"不符合汉语的表达习惯使得他们无法理解"牛奶路"的文化内涵进而觉得"牛奶路"这种翻译诡异难懂。将"Milky Way"归化译成"银河"符合目的语的语言习惯，读者易于理解与接受，但是会使读者联想到神话故事"牛郎织女"，这就意味着我们以中国文化替换了西方文化，"Milky Way"所能产生的关于古希腊神话的联想及其他话语意义就消失殆尽了（朱安博，2009：95）。

例2：《红楼梦》第六回中刘姥姥说：这倒不然。谋事在人，成事在天。咱们谋到了，看菩萨的保佑，有些机会，也未可知……"

文中的"谋事在人，成事在天"译文有两种：

译文1：Man proposes, God disposes.

（David Hawkes 译）

译文2：Man proposes, Heaven disposes.

（Yang Xianyi and Gladys Yang 译）

译文1"Man proposes, God disposes"是归化的翻译，把在汉语里的"天"归化为英语文化中熟悉且具有宗教色彩的"God"（上帝），这样有利于西方读者理解译文，但他们无法理解汉语文化"天"的内涵并错误地认为汉语中的"天"就是指基督教中的"上帝"（God），会造成文化误读，本质上阻碍了文化交流。译文2"Man proposes, Heaven disposes"是异化的翻译，体现了文化差异，并将中国文化植入西方文化中，但是给译入语读者理解译文造成了困难。

例3：《红楼梦》第二十四回贾芸对十世仁说："巧媳妇做不出没有米的粥来，叫我怎么办呢？"

文中"巧媳妇做不出没有米的粥来"可以译为：

译文1：... and I don't see what I am supposed to do without capital. Even the cleverest housewife can't make bread without flour.

（David Hawkes 译）

译文2：Even the cleverest housewife can't cook a meal without rice. What do you expect me to do?

（Yang Xianyi and Gladys Yang 译）

原文中的"巧媳妇做不出没有米的粥来"即俗语"巧妇难为无米之炊"，意思是即使聪明能干的人，做事缺少必要条件也难办成。译文1将"没米的粥"译成"bread without flour"（没有面粉的面包），典型地采用了归化策略。译者之所以这样译主要考虑到英美人的传统主食是面包，他们对大米不熟悉。所以将"米"转译成"flour"，有利于英美读者接受和理解。但西式面包出现在中国古典小说中，与整个作品中的中国传统文化氛围不相协调，有损于原作的民族文化特色（白靖宇，2010：8）。译文 2 保存了原作中"米"的物质文化概念，符合作品的社会文化背景，再现了源语民族文化特色。但是英美人对米却不太熟悉，所以将"米"译成"rice"不利于英美读者接受和理解。

上述例子说明归化与异化翻译都具有优势，但同时也存在不足，如何正确地使用归化与异化策略，从而使译文与原文获得最佳关联成为当前的一大困惑。针对这一困惑，笔者认为应用辩证统一的思想来指导归化与异化原则，将归化与异化统一用于一篇译作中，以实现归化与异化的优劣互补。

四　归化与异化应体现辩证法的哲学思想

归化与异化，说到底也是一对矛盾的两个方面，它们之间不仅是对立的，而且还应该是统一的，因此要处理好这两者之间的关系，关键还是要讲辩证法。

辩证法的精髓是实事求是。辩证法中对立统一原理认为在事物的矛盾中，矛盾的对立性是无条件的、绝对的，矛盾的同一性是有条件的、相对的。无条件的、绝对的对立性与有条件的、相对的同一性相互结合，构成事物的矛盾运动，推动事物发展。异化与归化作为矛盾的两个方面是绝对对立的，但是在一定的条件下，异化与归化又是统一的，因而我们不能把异化与归化完全割裂开来，我们要在统一中把握对立，在对立中把握统一。翻译的指导思想是把完成翻译的基本任务和基本要求作为其出发点和归宿。实践证明，要完成翻译的双重任务，译者必须采取"两条腿走路"，善于兼用异化和归化两种方法。辩证法指出，任何矛盾都有两面性，且有主次之分，异化与归化也不例外（付小平，2011：96）。翻译的根本任务规定准确而完整地传达原作的"思想"和"风味"，这就要求走异化的途径，因而异化也就成了矛盾的主要方面，是第一位的；而归化作为解决语言障碍，使语言通顺的这种手段，也就成为矛盾的次要方面，是第二位的。但是，异化与归化虽有主次之分，却不存在高低之别。他们各有各的优势，也各有各的缺陷，在一篇译作中，或在某个历史时段里，厚此薄彼，都不可取（王永龙，2006：94—76）。

例 1：If We don't hang together, We shall most assuredly hang separately. —Benjamin Franklin

译文 1：我们大家必须紧密团结在一起，否则我们大家就会一个个地被绞死。

译文 2：我们要是不摽在一起，保准会被分别吊死。

在译文 1 中，译者采取完全归化的译法，对读者来说通俗易懂，但双关的韵味未能体现。在译文 2 中，译者用汉语"摽"（biao，北京方言，意思是团结在一起）和"吊"（diao）两个字的近似发音和原文修辞相符，风格相近。其译法在语言形式上尽量符合目的语的习惯，使用归化的译法，同时又使用异化的译法将原文的思想感情和语言风格（即民族特点和异国文化）保留下来（周旋、孙卫红，2006：58—59）。归化与异化的相结合使译文 2 大放异彩。

例 2：Mastering Chinese is really a way to kill two birds with one stone.

原文中的"to kill two birds with one stone 可以译成三种：一举两得、一箭双雕、一石二鸟。"一举两得""一箭双雕"采取的是归化的翻译策略，体现了目的语的文化色彩和语言风格，但源语的文化色彩却没有充分地体现出来，与之相比，"一石二鸟"采取的是双重的翻译策略：在文化内容层面上，它采取的是异化策略，转存了原文的文化内容，保存了"异国情调"，所以"原汁原味"；在语言形式层面上，它采取的是归化策略，发挥了译文的语言优势，因此显得生动流畅。

例 3：惠普助推 ARM 挑战英特尔，一个诸葛亮顶不过三个臭皮匠。

原文中"一个诸葛亮顶不过三个臭皮匠"就是民间俗语"三个臭皮匠，顶一个诸葛亮"。英语译文：Three cobblers with their wits combined equal Chukeh Liang, the master mind. 译者在翻译此俗语时，先采用了归化的翻译策略，将此俗语直译成"Three cobblers equal Chukeh Liang"，符合目的语的表达习惯，便于读者接受和理解。"诸葛亮"是中国历史上的著名人物，在中国人民心目中是智慧的象征。但是英语读者不知道他是什么人。译文采用异化策略增加"with their wits combined"和"master mind"，充分再现了源语的文化信息。

例 4：腾讯财经［微博］消息，俄罗斯或破釜沉舟，让卢布自由浮动。

这则国际财经消息中的"破釜沉舟"，可译为：burn one's boats。汉语"破釜沉舟"出自《史记·项羽本纪》："项羽乃悉引兵渡河，皆沉船破斧甑，烧庐舍，持三日粮，以示士卒必死，无一还心。" "burn one's boats" 是古代西方军事上采用的措施之一。据说，古时候，从海路入侵外国的将军，到达彼岸后把他的船只弄上沙滩放火烧掉，以此向士兵指明后路已断，不可能退却。由此可见，"burn one's boats" 与"破釜沉舟"都有"顽死抵抗，奋力一搏"的意思，将"破釜沉舟"译成"burn one's boats"保留了源语的文化色彩，在文化层面上体现了异化的策略。而"burn one's boats"体现了译入语的表达习惯，易于读者接受和理解，在语言层面上则体现了归化的策略。

在翻译实践中，北京大学教授、著名翻译家张谷若被看作"归化派"的代表人物，但在归化和异化问题上，他还是辩证统一的，归化和异化均衡在他的译著《德伯家的苔丝》中得到了较为完美的体现。张谷若通过注释的方式把承载异质文化的内容表达出来而遵守目的语规范，为我们处理不同文化之间的翻译策略提供了成功的范例。张谷若先生用地道的归化手法而又不放弃异化的策略原则，能够做到异化、归化均衡，特别是夹注大量的注释来解释英语语言文化中所蕴含的特殊意境可谓是独具匠心（朱安博，2009：173）。

五　结语

异化和归化虽然是两种不同的翻译原则，但也可以共存于同一次翻译行为之中。这进一步说明：在具有排斥性和对立性的同时，异化和归化还有兼容性和共存性的一面。而常为争论双方所忽略的，正是异化、归化矛盾中的这种兼容性和共存性。归化和异化是立足于大语境下的价值取向。在翻译过程中，译者要处理所涉及文化之间的空缺、交叉、冲突等问题。对待文化因素的处理，在两者之间取得较合理的平衡：既要不折不扣地、忠实地向读者传递源语文化，保证译品的新颖性或陌生感；又要适度地进行归化，减少读者的阅读难度，确保译品的流畅性和整体感。总之，在翻译实践中，我们要用辩证统一的思想来指导翻译以找到归化和异化原则的完美结合。

参考文献

Nida, E. A., *Language. Culture and Translating*, Shanghai: Shanghai Foreign Language Press, 1993.

Venuti, L., *Strategies of Translation*, Routledge：Encyclopedia of Translation Studies, 2001.

白靖宇：《文化与翻译》，中国社会科学出版社 2010 年版。

曹雪芹、高鹗：《红楼梦》，人民文学出版社 1982 年版。

付小平：《试析异化与归化在翻译中的辩证统一关系》，《新余学院学报》2011 年第 5 期。

郭建中：《翻译中的文化因素：归化与异化》，《外国语》（上海外国语大学学报）1998 年第 2 期。

刘英凯：《归化——翻译的歧路》，载《翻译新论》，湖北教育出版社 2003 年版。

孙致礼：《中国的文学翻译：从归化趋向异化》，《中国翻译》2002 年第 1 期。

王永龙：《翻译的归化与异化的辩证统一》，《教学与研究》2006 年第 3 期。

王东风：《归化与异化：矛与盾的交锋》，《中国翻译》2002 年第 5 期。

余美霞：《广告翻译中的归化与异化》，《青春岁月》2014 年第 12 期。

杨士焯：《英汉翻译教程》，北京大学出版社 2006 年版。

周旋、孙卫红：《双关语的翻译：归化与异化的辩证统一》，《阜阳师范学院学报》2006 年第 3 期。

朱安博：《归化与异化：中国文学翻译研究的百年流变》，科学出版社 2009 年版。

近代中国"黄种意识"形成中的日本因素

——对日汉翻译史的一个相关考察

许赛锋

摘要：近代中国"黄种意识"的形成，日本因素起了不可忽视的作用。日本不仅是西方人种学传入中国的重要渠道，而且在甲午战后的中日关系中，其对华外交的"黄种联合论"，引起了清末中国各方政治力量的共鸣，日本在日俄战争中打败白种俄国，更激发了中国人自身的"黄种自信"。时至今日，尽管人种学说的影响力已经式微，但"黄种意识"却积淀下来，成为中华民族认同的重要情感基础。

关键词：中国；黄种意识；塑造；日本因素

一　中日古代的肤色认识

追溯历史，瑞典植物学家林奈，在 1735 年出版的《自然体系》中最早提出把人类分为四种，即"欧罗巴白种""亚细亚黄种""亚美利加红种"和"阿非利加黑种"。随后，德国人类学家布鲁门巴哈的"五色人种划分法"对后世影响深远，他按照肤色和头形等体质特征，把人类分为"高加索白种""蒙古利亚黄种""阿美利加红种""埃提奥辟黑种""马来棕种"（林惠祥，1932：11—12）。经过这些学者的提倡，西方形成了一套以地域和肤色为主要标准的人种分类方式，中国人开始在学理上被列为"黄色人种"。

然而，如果我们对照镜子审视自己的话，就会发现"黄色人种"的称谓实在是名不符实。根据各种记载可知，古代中国人大多将自身肤色视为白色。明代张燮所著的地理志《东西洋考》就称："马六甲……男女椎髻。肌肤黑漆。间有白者，华人也。"即便在西方，18 世纪中期之前各类西人的旅行报告对东亚人肤色的描述，也多为白皙、略暗的白色、橄榄色等，绝少认为与欧洲人有大的不同。1655 年，第一个来到清朝的欧洲使节就描述中国人具有白色肤色，称"与欧洲人相同"，只有一些南方人的皮肤显"微褐色"（冯客，1999：52）。

同样，在日本江户时代的一些绘画中，日本男性脸部的肤色与荷兰人、葡萄牙人这样的"南蛮人""红毛人"并无差别，甚至一些日本女性的肤色还要显得更白一些（我妻洋、米山俊直，1988：52—53）。日本开国后，到访的欧美人称日本女性的皮肤"白似透明"，除去一些劳动阶层中有"赤铜色"皮肤外，"大多数日本人与北欧人几乎同为白色"（石川荣吉，2008：12—13）。也就是说，直到江户末期，日本人也并不认为自身的肤色是黄色，所谓的"黄色人种"，只是近代人种分类理论传入后形成的概念。

美国学者奇迈可（Michael Keevak，2011），在考察了西方对东亚人群的认识演变后指出，把东亚人的肤色归类为黄色，完全是一种近代"伪科学式"的新发明。在他看来，随着欧洲工业革命的发展与进步，古老的东方社会显得越来越落后，其肤色也逐渐失去了被描述为表示圣洁、高贵之意的白色的资格。典型的就如像林奈那样，将亚洲人的肤色几经更改后描述为"luridus"，而该词在古典拉丁文中表示"灰黄、蜡黄、苍白"，从植物学和医药学角度来讲，这种颜色属于疾病的颜色，而它和中国人（东方人）专横、迟钝，永远沉浸在异端宗教的状态似乎极为吻合。

正如有学者所言："把人类划分为不同集团与亚集团的传统分类法，开始越来越失去其生物学的依据。……在种族与种族之间、族群与族群之间，根本不可能描画出有科学依据的分界线。"（罗新，2013）然而，当时的东方人却对此一无所知，在殖民者坚船利炮的震慑下，人种论作为西方先进学说的一部分，开始被广为接受。

二　西方人种学的日本译介渠道

从 19 世纪 40 年代起，西方人种学就已开始陆续传入中国，但在清末西学停滞不前的大环境下，此类学说普及得非常缓慢。反观于日本，与对其他西学知识迅速反应一样，日本人也很早就接触到了人种分类学。1839 年，儒学家渡边华山在谈及对外政策时就说："一地球内，人分四种。一曰鞑靼种，一曰埃塞俄比亚种，一曰蒙古种，一曰高加索种。"明治维新后，随着西学普及的加快和学校教育的推行，人种知识在日本开始迅速传播。

在学科体系上，近代欧洲人的到来，开创和促进了日本人种学的发展。荷兰商馆的医生大希伯特，提出了"绳文人＝阿伊努人"说，随后其子小希伯特又对该理论作了进一步完善。1877 年，美国动物学者爱德华·莫斯在旅行途中发现的大森贝冢，是日本首个具有里程碑意义的人类学考古遗址。德国医生贝鲁兹，按照长相与外形，将除阿伊努人之外的日本人划分为"长州型"和"萨摩型"，在当时的日本引起了很大震动。

1886 年，人类学者坪井正五郎、鸟居龙藏等人，组建了"东京人类学会"，标志着日本自己的人类学研究正式开始。在日本人类学家中，对中国影响最大的是鸟居龙藏，他于 1895 年首次到中国辽东半岛进行实地调查，以后又多次前往中国东北，考察各民族的体质、习俗、文化等，其论著很多被译为中文，在 20 世纪初的中国产生了相当大的影响（石川祯浩，2001）。

甲午战后，迅速变革成功的日本，成为中国各方面学习的榜样，大量西学开始经由日本进入中国。其中，日本的人类学、社会学著作，成为中国人系统地获取人种知识的重要来源。汉学家冈本监辅所著的《万国史略》，被认为是除传教士渠道之外，人种知识在中国开始传播的重要媒介（坂元ひろこ，2004：59）。1897 年 11 月，上海《译书公会报》第 5 册刊出的《地球人类区别》，原载日本《地学杂志》，是中国最早翻译的日本人类学著作（石川祯浩，2001）。

与此同时，清政府也向日本大量派遣留学生，在顶峰时期的 1906 年，人数竟多达 8000 人左右。这些数量众多的留日学生，既是西方人种学的接触者与传播者，又是清末"排满"与"尊黄"运动的中坚力量。像英国威尔逊的原著《人类学》日译本，在 1902 年就由黄兴等人组织的湖南编译社译为中文，成为"人类学"这一学名进入中国的开端（张寿祺，1992：320—323）。

三　日本对华外交中的"黄种联合论"

明治维新后，日本在全力学习西方的同时，随着列强对亚洲侵略加剧，其自身危机感也日趋强烈。为了抵御西方，主张以东亚各国地理相邻、人种相同、文化一致作为联合基础的"亚细亚主义"应运而生。被誉为与福泽谕吉比肩的思想家中村敬宇，就曾主张中日之间应该紧密合作，称"亚细亚不及今同心合力，则一旦有事，权归于白皙种，而我黄种危矣"（中村敬宇，1903：19）。显示出"人种相同"成为部分日本人新的对华外交视点。

1880 年成立的以培养兴亚志士为目的的"兴亚会"（后改称亚细亚协会），是近代日本亚细亚主义产生的重要标志，其成立主旨中写道："欧亚强弱之势何其甚哉，白人对黄人无道至极，……怎可同种相忌，同文相疑，使碧眼人窥我间隙？"（黑木彬文、鳟泽彰夫，1993：9）该会以人种、文化的同一性作为号召口号，一时间吸引了驻日公使何如璋等一大批中、朝、日知名人士参加。

早期"兴亚主义"所包含的朴素的传统夷狄意识、东西文明对抗及黄白人种对抗的思想，唤起了摸索近代国家建设之路的中日知识人的共鸣，"在国际政治中同受列强压迫，以及东亚地理位置上的接近性、共属黄色人种的同一性、儒教传统与使用汉字的文化共通性，共同交织出了中日朝三国政府及民间的亲近感。这成为近代日本政府及民间产生亚洲主义（当时在日本称为'兴亚主义'）的历史基础"（黑木彬文，2005：616）。

甲午之战日本虽然取胜，但随之而来的俄、法、德三国干涉却令其始料未及，在感受到国际外交弱肉强食本质的同时，黄白人种差异也成为一大批日本人解释三国干涉的依据。著名学者寺尾亨就愤然说道："从欧洲人作出其最为忌讳之干涉之举看，足以知道欧人并未视我如同等，欧美人对同种表示同情，有危难时相救之情，而对异人种却无丝毫同等之感，也难生同情，一言概之，现今之世界乃人种竞争之世界。"（寺尾亨，1896）

与此同时，西方"黄祸论"渲染下的人种对立感，更促使部分日本人的思想转向了"黄种联合"。"黄祸论"（Yellow Peril），是指黄色人种可能会带来的灾祸，19 世纪末期开始在欧美广为流传。按照这一论调的发展轨迹来看，"黄祸"最初的所指对象是人口众多的中国，但日本在明治维新后，不仅工业技术和商品竞争力有了显著提高，甲午之战更显示出军事力量的强大，日本转而成为西方"黄祸论"的主要攻击对象。

在这种情况下，为了在列强瓜分中国狂潮中保持优势，日本的对华外交暂时转向了隐蔽和缓和。1897 年，驻清武官神尾光臣拜见张之洞时就说："前年之战，彼此俱误。今日西洋白人日炽，中东日危，中东系同种同文同教之国，深愿与中国联络。"（苑书义，1998：2112）翌年，贵族院议长近卫笃麿驳斥了日本人严重"轻侮支那人"的风气，称日中"最后之命运在于黄白人种之竞争",呼吁两国建立人种同盟来对抗西方(近卫笃麿,1898)。日本宣扬的"黄种联合论",折射出中国"黄种意识"的形成,与黄白人种对抗思维盛行的国际环境紧密相关。

四　中国对日本"黄种联合论"的回应

甲午战败,国人惊醒。深受社会达尔文主义影响的严复,率先敲响了"亡国灭种"的警钟,自此"物竞天择、适者生存"的生存进化法则迅速深入人心。作为思想界领军人物的梁启超(1999:54)也认为,将来人种之战不可避免,"要而论之,种战之大例,自有生以来至于今日,日益以剧,大抵其种愈大者,则其战愈大。……自此以往,百年之中,实黄种与白种人玄黄血战之时也"。

有关"人种""种族"等概念在中国出现后,一大批知识分子开始把"黄种图强"和"人种斗争"放在全球"公理"的语境中去讨论。无论是主张"变法必自平满汉之界始"的维新派,还是疾呼"革命必剖清人种"的革命派,尽管在满族的人种认定上存在分歧,但通过发动"黄种意识"来铸造民族主义和争取民众支持却是双方共同的选择。"他们一方面接受了社会达尔文主义的'弱肉强食、优胜劣汰'的'自然法则',强调生存危机(亡国灭种)的迫切性,以激励人心来唤起改革的决心和意识;另一方面,却也要强调改革必定有成功的希望,因而往往以明确的人种本质论述(黄种为良种),来保证改革绝对不会徒劳无功。"(杨瑞松,2010:87—88)

在此背景下,来自日本的"黄种联合论",引起了众多中国人的共鸣。梁启超(1999:324)就称:"日本与我唇齿兄弟之国,必互泯畛域,协同提携,然后可以保黄种之独立,杜欧势之东渐。"1898年4月东亚会成立,唐才常在日本友人徐勤来信中说:"日本处士,仁哉侠哉。日日以亡中国为忧,中国亡则黄种瘠;黄种而瘠,日本危哉!于是上自政府,下逮草野,辇有心捄世之人,创立兴亚义会,冀扶黄种,保亚东,毋尽为俄、德诸雄蚀。"(湖南省哲学社会科学研究所编,1982:178)此后很长一段时期内,"人种斗争"与"黄种联合",一直是各方政治势力寻求日本援助时的常用话语。

值得一提的是,与日本对"黄祸论"唯恐避之不及的态度不同,虽然孙中山、鲁迅等中国人对"黄祸"之说也提出过批判,但在当时,还有许多知识分子将西方抛来的"黄祸"指责视作"他者的肯定",像"每谈黄祸我且栗,百年噩梦骇西戎"等言论所示,把西方恐惧的"黄祸"用作中国反击殖民侵略的绝好武器。"在高涨的'黄种'意识,连同方兴未艾的'黄帝'共同始祖说的推波助澜下,'黄祸'成为近代中国以'黄色'为基底的一系列的国族认同符号的成员之一。"(杨瑞松,2010:103)

在清末中国,"人种学说之所以引起人们的共鸣,与积弱不振的国势和反满革命的现实条件有莫大的关系。不论介绍西方的人种理论还是其他种类学说,其背后无不蕴含了现实关怀,很少有人从学理层面探究人种问题"(李孝迁,2007:109)。包含"社会进化论"的西方人种学,在特殊的历史条件下,成为中国人分析和解释世界的重要工具。从这个角度上说,正是中国各主要政治力量对日方"黄种联合论"的认同与共鸣,营造了国人"黄种意识"勃兴的时代潮流。

五 日俄战争日本胜利的影响

日俄战争日本获胜,是有色人种几百年来第一次打败白色人种,这在种族主义一统天下的当时,给图强困境中的中国人带来了巨大鼓舞。官员孙宝瑄在得知日本对俄作战的捷报后,曾喜出望外地说:"此一战也,日本果而胜,即为黄人抗制白人之起,端使欧洲碧眼黄髯之徒,不敢正视我亚东。"(孙宝瑄,1983:810)

当时《东方杂志》的《祝黄种之将兴》一文就说,日俄之战使得"黄白之例不可尽信",今后国民无须妄自菲薄,必定"黄种之兴其可量哉"。另一篇社论也称:"五洲交通以来,白人横行世界,既奴红、黑、棕三族,亚洲黄种,亦为所蚕食,几无立锥之地。论者谓:白人殆天之骄子,非他种所得望其肩背。自日俄交战,俄罗斯以四十余倍之地,三倍之人,历数年之经营,据形胜之要地,竟为区区日本所大困,种族强弱之说,因之以破。凡吾黄人,其亦可以自奋矣。"(崇有,1904)

一时间,在所有黄色人种眼中,日本被视为驱除西方殖民势力的先锋、民族复兴的希望。越南革命家潘佩珠就认为:"惟日本为黄种新进之国,战俄而胜,野心方张。往以利害动之,彼必乐为我助。纵秦兵不出,而购械借资,必易为力。"(内海三八郎,1999:250)孙中山也以他的亲身经历,感受到了当时亚洲有色人种的喜悦,"从日本战胜俄国之日起,亚洲全部民族便想打破欧洲，便发生独立的运动。……所以日本战胜俄国的结果，便生出亚洲民族独立的大希望"（孙中山，1986：403）。

在日俄战后的几年间内，甚至连日本战胜俄国的电影也在亚洲受到了空前的欢迎。"印度人、缅甸人、泰国人、安南人、中国人、南洋人等皆来观看，一解多年心头之恨。电影中俄军败走的情形，自然令白人威风扫地。彼等以知白人非不可敌也，反抗之心油然而起。自此，亚洲乃亚洲人之亚洲之新思想蔓延于东洋世界。"（桑原骘藏，1935：21）

但实际上，就如日本元老山县有朋所说："日本与欧洲强国开战取得胜利，绝非证明有色人种强于白人，倒不如是证明学习伟大欧洲文明后的有色人种打败了落后于文明潮流的白种人。"在日本政府看来，日本的胜利与人种斗争没有丝毫关系，而由此激发的中国及其他有色人种国家的反抗殖民情绪才更需要慎重对待（大山梓，1966：304）。1909 年，日本在法国的要求下，就将前来寻求越南民族独立的潘佩珠驱逐出境。此后的历史众所周知，随着日本扩张、侵略欲望的不断膨胀，谋求东亚霸权和盟主地位，成为其面向其他"黄色人种"时的基调性态度。

六 结语

不可否认，近代中国"黄种意识"的形成，与传统观念下对黄色的崇拜、清末排满革命中的理论需要等诸多现实国情紧密相关。但通过上述分析可以看出，日本因素在其中的确起了不可或缺的促成作用。自此以后，以"黄种意识"为发酵基础，"尊黄现象"中推崇的黄帝、民族文化塑造中的"黄河"和"黄土地"等符号，都成为引导近代中华民族自我认识的精神标签。

需要说明的是，本文所涉及的中日历史交涉，既是近代日文著作被大量汉译的重要时代环境，也是日文词汇成批融入汉语的根本起因。在日语词汇、日汉翻译的课堂教学中，对这些背景进行适当的穿插讲解，将非常有助于学生对相关知识的掌握。以本文的讨论对象为扩展基础，像人种学之类近代西学汉译时的政治目的性、人种理论对清末文学生态的影响等更进一步的内容，限于篇幅将在别稿中讨论。

参考文献

Michael Keevak, *Becoming Yellow: A Short History of Racial Thinking*, Princeton University Press，2011.

林惠祥:《世界人种志》，商务印书馆1932年版。

冯客:《近代中国之种族观念》，杨立华译，江苏人民出版社1999年版。

［日］我妻洋、米山俊直:《偏見の構造》，日本放送出版協会1988年版。

［日］石川榮吉:《欧米人の見た開国期日本》，風響社2008年版。

罗新:《我们不是“黄种人”》，《东方早报》2013年5月12日。

［日］佐藤昌介等校:《日本思想大系55》，岩波书店1971年版。

［日］石川禎浩:《辛亥革命时期的种族主义与中国人类学的兴起》，载《辛亥革命与20世纪的中国——纪念辛亥革命九十周年国际学术讨论会论文集》（中），中央文献出版社2002年版。

［日］坂元ひろ子:《中国民族主義の神話》，岩波书店2004年版。

张寿祺:《19世纪末20世纪初“人类学”传入中国考》，《社会科学战线》1992年第3期。

［日］中村敬宇:《敬宇文集》卷3，吉川弘文馆1903年版。

［日］黒木彬文、鱒沢彰夫解説:《興亜会報告・亜細亜協会報告1・2》，不二出版1993年版。

［日］黒木彬文:《興亜会のアジア主義》，《法政研究》2005年第3期。

［日］寺尾亨:《日清戦争中の欧洲列国》，《太陽》1896年4月20日。

苑书义等编:《张之洞全集》第3册，河北人民出版社1998年版。

［日］近衛篤麿:《同人種同盟　附支那問題研究の必要》，《太陽》1898年1月。

张品兴主编:《梁启超全集》第1卷，北京出版社1999年版。

杨瑞松:《病夫、黄祸与睡狮:“西方”视野的中国形象与近代中国国族论述想象》，政大出版社2010年版。

湖南省哲学社会科学研究所编:《唐才常集》，中华书局1982年版。

李孝迁:《西方史学在中国的传播（1882—1949）》，华东师范大学出版社2007年版。

孙宝瑄:《忘山庐日记》上册，上海古籍出版社1983年版。

《祝黄种之将兴》，《东方杂志》1904年第1期。

崇有:《论中国民气之可用》，《东方杂志》1904年第1期。

［日］内海三八郎著，千島英一、櫻井良樹编:《潘佩珠伝》，芙蓉书房1999年版。

孙中山:《孙中山全集》第11卷，中华书局1986年版。

［日］桑原隲蔵:《東洋史説苑》，弘文堂书房1935年版。

［日］大山梓:《山縣有朋意見書》，原书坊1966年版。

从明末清初科技翻译看赞助人
对翻译选材的影响[*]

杨冬敏

摘要：在影响翻译这一跨文化活动的诸多因素中，赞助人具有不可忽视的作用，尤其对翻译活动的第一步——翻译选材具有决定性影响。本文以明末清初科技翻译活动为例，探讨赞助人对翻译选材的影响，指出明末清初科技翻译活动中由各方势力组成的赞助人的意识形态要求是影响当时翻译选材的最主要因素；与此同时，在经济和政治地位上，这些赞助人对符合他们各自意识形态的翻译选材给予了不同形式的资助，而对不符合他们意识形态的翻译选材和翻译活动则采取消极甚至抵制的态度。

关键词：明末清初科技翻译；赞助人；翻译选材

一　引言

翻译作为一种跨文化的社会活动，不可避免地会受到诸多社会因素的影响。作为翻译活动的执行者和主体，译者在进行翻译的过程中，不可能在完全真空的环境下进行，总是在一定的社会历史文化条件下进行的。从开始着手进行翻译的第一步——翻译选材来看，译者在决定选择何种内容进行翻译时，总是受到一定社会因素的影响和制约，其中赞助人在这一环节中起到重要作用。目前国内关于赞助人在翻译活动中的作用研究中，多侧重于意识形态因素对翻译活动的影响（蒋骁华，2003；孙艺风，2003；

　＊　本文为2015年度教育部人文社会科学研究青年基金项目"中、美、澳三国翻译资格考试效度对比研究"（项目编号：15YJC740115）、国家语委"十二五"科研规划2015年度重点项目"国家语言服务的战略规划和政策管理研究"（项目编号：ZDI125 - 49）、广东省学位与研究生教育改革研究重点项目"面向广东省现代服务业转型升级的语言服务方向研究生教育模式改革探索"（项目编号：2014JGXM - ZD11）的部分研究成果，并受到陕西师范大学校级科研项目（999841）和外国语学院科研培育项目的资助。

王东风，2003；屠国元、王飞虹，2005），或从宏观角度探讨赞助人对中国各个时期翻译活动或某一特定时期翻译活动的影响（王友贵，2006；魏清光，2006；成昭伟、刘杰辉，2009），专门探讨赞助人对翻译选材影响的研究却不多。本文以安德烈·勒菲弗尔（Andrew Lefevere）的赞助人概念为理论框架，以明末清初科技翻译为例探讨赞助人对翻译选材的影响。

二　翻译的赞助

赞助人这一概念由翻译研究文化学派的领军人物之一安德烈·勒菲弗尔提出，即"能促进或阻碍文学的阅读、创作和重写的力量（个人或组织）"（Lefevere，2004：15）。勒菲弗尔认为，赞助人作为对整个翻译过程产生影响的重要力量，可以是某一特定历史时期有重要影响和权力的个人，可以是诸如出版商、媒体、政治团体之类的群体，也可以是管理文学和文学思想传播的组织机构。赞助人有三个基本要素：意识形态要素、经济要素和地位要素。意识形态要素指赞助人所持有的规定其行为的形式、习惯、风俗等，并不仅限于政治层面。这种意识形态对翻译内容的选择和呈现方式起决定作用，也是赞助的中心部分。经济要素涉及的是对作者和重写者的酬劳，或者提供给他们的固定工作。地位要素可以有多种形式，包括赋予他们一定的社会地位或政治地位。作为对提供给他们经济因素或地位要素的回报，受益者应符合赞助人提出的要求，所作所为也应该符合某一特定团体的利益。赞助人又可以根据这三部分的关系分为可区分赞助人（differentiated patronage）和不可区分赞助人（undifferentiated patronage）。赞助人的三个要素都由同一赞助来实现时，即为不可区分赞助，当赞助人的三个要素由不同赞助来实现时，即为可区分赞助（Lefevere，2004：15—17）。

勒菲弗尔提出的翻译赞助人的观点，将我们从只关注于翻译内部因素的局限中解放出来，将目光投向翻译体系外部的因素。按照他的观点，影响翻译选材和具体翻译策略等翻译活动的并不仅是译者、文本和所涉及的语言、文化之间的差异，许多时候翻译体系外的因素也可能会起到更大的作用。尤其对于翻译活动的第一步——翻译选材来说，许多译者在选择将哪种内容的文本进行翻译的时候，不可避免地会考虑到一些翻译外的因素，其中赞助人的影响往往具有决定性的作用。下面我们就以明末清初科技翻译为例，具体探讨赞助人的三个要素对翻译选材的影响。

三 明末清初科技翻译的选材：赞助人影响下的结果

（一）明末清初科技翻译概况

明末清初科技翻译从 1582 年意大利传教士利玛窦抵达澳门为肇始，至 1793 年耶稣会最后一任会长法国耶稣会士钱德明去世为止，其间 200 余年间为我国继佛经翻译之后的第二次翻译高潮。这次翻译高潮以西方传教士为主要翻译力量，同时由于许多传教士对中土文字和文化不甚熟悉，部分中土士大夫也参与到了这次活动中，开创了"洋译华述"的翻译方式。因此可以说此次翻译高潮的主体是传教士和士大夫。

从翻译的内容来看，以利玛窦为代表的西方传教士，首先将他们信奉的基督教（或天主教）教义及相关书籍进行译介，这部分译著占据了明末清初所有翻译内容的 57%（马祖毅，1999：448）。与此同时，传教士和当时的士大夫合作，还翻译介绍了大量的西方科学著作。按照马祖毅（1999）的统计，明末清初时期的科学著作中，主要有天文历算、数学、物理学和机械工程学、采矿冶金、军事技术、生理学和医学、生物学、舆地学、语言学、经院哲学和伦理学等。这些著作都是从西洋文字（主要是拉丁文和法文）译为中文（部分为满文）的。除此之外，传教士们还将一些中国典籍翻译成西洋文字，因本文主要探讨的是明末清初时期外译中的翻译内容，故在此不将此类中译外情况列入讨论范围。需要指出的是，这一时期的译、著是不分的，许多当时标明是亲著的作品后来发现其实是译著或编译，因此在此处也不作区分。

明末清初翻译活动作为我国第二次翻译高潮，翻译的内容除基督教文献外，还包括了大量的西方科学著作，这和以佛经典籍为主要翻译内容的第一次翻译高潮完全不同。是什么原因促使译者选择同时将基督教文献和西方科技知识译介入中土呢？他们在决定选择将何种内容译介到中土的时候，肯定不是随心所欲、漫无目的的，必定会受到当时诸多社会因素的影响和制约，其中赞助人的影响对明末清初科技翻译的选材具有重要作用。

（二）明末清初科技翻译的赞助人

明末清初，以传教士和华人士大夫组成的翻译主体在着手翻译的过程中，不可避免地会受到当时的社会因素的影响。这些社会因素中，既有一些个人或团体通过各种方式发起、鼓励、邀请译者们选择某一特定内容的文本进行翻译，也有一些权力机构和组织，派遣、命令、资助译者们选择他们认可的内容进行翻译。当然，这些个人、团体、权力机构和组织单位，在推动、促进者选择他们所认可的内容进行翻译时，也会采取一定的措施阻止、控制译者们翻译他们不认可、不赞同的内容。这些个人和集体在影响译者进行选材翻译的过程中，起到了赞助人的作用。

王友贵（2006）曾对中国各个时期的赞助问题进行了研究，并特别指出，明末清初科技翻译的赞助为可区分赞助，主要由三部分组成：第一种为当时的士大夫官吏，包括当时与传教士合作翻译的译者（如徐光启、李之藻、杨廷筠等）和不参与翻译但资助译作出版者（如冯应京等）；第二种为明清时期的皇室或朝廷等有关机构（如明崇祯皇帝、清康熙皇帝等）；第三种为欧洲教会、教廷和王室等西方权力机构（如罗马天主教会、葡萄牙国王等）。本文拟采纳王友贵提出的这一观点，具体探讨这三类赞助人对明末清初翻译选材的影响。

（三）赞助人影响下的明末清初翻译选材

翻译选材是任何翻译活动都要进行的第一步，涉及的是选择何种内容进行翻译的问题，而这一工作通常是由译者来决定的。在明末清初实行的"洋译华述"的合作翻译模式中，译者们首先决定选择何种内容进行翻译；其次由传教士进行口译，华人士大夫笔授；最后由双方邀请其他传教士和士大夫进行审核、润色。在这一过程中，由于大部分士大夫不懂外文，选择何种内容进行翻译主要由传教士来做。部分士大夫可以进行建议，但起决定作用的仍然是传教士。以传教士为决定性力量的翻译主体，在翻译选材方面并不是随心所欲进行选择的，而是受到由各方力量组成的赞助人影响。这些赞助人首先在意识形态上要求译者按照他们的利益要求进行翻译选材，同时通过经济和社会地位等方式对译者的翻译活动进行资助或阻碍。

首先来看欧洲教会、教廷和王室等西方权力机构作为赞助人对明末清初科技翻译选材的影响。在意识形态上，作为派遣传教士来华的组织机构，早期的欧洲教会和教廷资助这些传教士来华的主要目的就是传教，将基督教教义传播至遥远的东方，以实现其宗教普世的理想。作为虔诚的基督教徒，以利玛窦为代表的西方传教士深受这些教会、教廷的意识形态影响，以翻译介绍基督教教义和典籍为己任，最终达到吸引中土人士信奉基督教的目的。因此在翻译的选材上，他们把基督教典籍作为翻译的重点和首选。从世界范围来看，17 世纪后期的法国、葡萄牙等国家为了同其他欧洲国家竞争，以建立世界霸权地位，迫切需要在远东地区扩大自己的影响，因此派遣了一批具有丰富科学知识的传教士——"国王的数学家"——携带一批科技书籍来华传教，由此从一方面促进了欧洲文艺复以后的科学知识在中国的传播。但是，在这种"科学传教"的过程中，欧洲教会、教廷的意识形态仍然具有决定性的影响，所翻译、介绍的只能是教会认可的科学理念。在这种基督教为核心的意识形态影响下，西方传教士所翻译介绍的科学知识，仅仅限于流行于欧洲的"古学"（如古典哲学、伦理学、语言学等）和亚里士多德的四元素说、托勒密地心说等古典科学，而和基督教教义相冲突的一些近代科学，如哥白尼的天体运动说、牛顿的力学，则因和基督教教义相冲突而不可能被译介过来。在经济方面，由于传教士基本上都是和欧洲教会、教廷、王室的意识形态相一致，这些西方权力机构基本上采取的是支持的态度，为他们提供了一定的经济和物资支援。教会、教廷主要是给予传教士以一定的经济资助，以便他们能顺利来到遥远的东方。虽然这些经济资助并不一定直接应用于翻译出版西书，但由此促成了传教士能越洋过海顺利来华，使他们后来从事科技翻译成为可能。此外，一些教会和王室（如法国、葡萄牙）派遣的科学代表团带来的大量科学书籍也为明末清初科技翻译提供了资源。在地位方面，西方权力机构作为赞助人给予这些传教士以官方的身份和合法的传教地位，允许他们作为西方宗教团体和政治团体的代表来华，从而使他们更容易受到中土士大夫和明清朝廷的重视，为他们进行传教和译书提供了基础。

其次看明清士大夫作为赞助人对翻译选材的影响。明末清初士大夫对西学及传教士的兴趣，最初是由以利玛窦为代表的传教士所带来的地图、自鸣钟等代表西方先进科学技术的仪器和传教士本身呈现出来的科技知识所引起的。虽然个别士大夫官吏由于和传教士的频繁接触而信奉基督教（如徐光启、李之藻等），但当时的士大夫官吏所关注的重点并不是传教士所带来的宗教典籍，而是西方先进的科技知识。因此在意识形态上，作为赞助人的明末清初士大夫阶层希望传教士翻译介绍的主要是当时能开启国人民智的先进科技知识和对社会民生有重要实用价值的先进技术。如徐光启和利玛窦合译《几何原本》的出发点就是认为数学为"度数之宗"（徐光启，1996：113），是各门科学技术的基础。徐光启建议翻译农学和水利类著作，原因就是这些对以农业为基础的封建社会具有重要意义。另外，明朝末年资本主义雏形形成，尤其在南方出现了一些工业化生产的萌芽，士大夫官吏也希望能翻译一些冶铁、采矿等方面的书籍，以利于社会民生。在这种意识形态影响下，传教士为了能获得士大夫阶层的支持，实现其"学术传教"的目的，有选择地翻译介绍了一些农学、地理、水利、冶铁、采矿等方面的书籍。在经济上，明清的士大夫官吏对迎合了他们意识形态的翻译活动在经济上给予一定的资助，包括资助出版译作，推荐传教士为官进而取得一定俸禄等。如利玛窦来华后翻译的第一部科学著作《山海舆地图》，即由当时的肇庆知府王泮资助出版；徐光启也曾推荐龙华民、邓玉函等进入当时翻译修订历书的官方机构——历局工作。在地位上，顺应士大夫意识形态的传教士由于他们在翻译介绍西方科学书籍方面的出色表现，得到了士大夫的尊敬和认可，并被介绍给更多的士大夫群体，甚而向封建社会的最高权力机构——皇室和朝廷推荐。徐光启和李之藻等士大夫都曾先后上书朝廷，请求聘用传教士译介天文历法等著作，为传教士获得更加合法的政治地位提供了基础。更重要的是，正是由于士大夫的引荐，才使充当第三部分赞助人的明清皇室和朝廷能对当时的科技翻译提供资助，才使对整个国家机构带来影响的天文、军事等书籍得以翻译。

最后看明清皇室和朝廷作为赞助人对明末清初科技翻译的影响。在意识形态上，以皇帝为代表的明末清初皇室和朝廷对符合他们意识形态的翻译内容采取资助和鼓励的态度，而对和他们意识形态不相符的翻译活动则采取消极的态度。明清皇室和朝廷对传教士带来的基督教教义并不感兴趣，他们看重的是能稳定朝廷并对时局有实用价值的西方科技知识。如明朝末年，主管天文历法的钦天监屡次在日食和月食的计算上出现错误，而采用西方历法计算则准确无误。在中国这样一个主要靠天吃饭的农业大国，天文历法至关重要。此外，明朝末年的农民起义，以及朝廷在北方和其他少数民族的战争，也迫切需要借用西方先进的军事技术。因此，翻译西方的天文历法和军事类著作便符合当时朝廷的意识形态需求。到了清朝时期，由于康熙皇帝对生理学和医学的兴趣，也希望传教士翻译介绍一些相关著作。另外，以利玛窦为代表的传教士为了能在中土有立足之地，得到官方的认可，达到曲线传教的目的，也就按照这些代表封建社会最高权力机构的皇室和朝廷的意识形态要求，选择相应的内容进行翻译。与此同时，作为赞助人，明清皇室和朝廷对符合他们意识形态需求的翻译活动也给予了一定的经济资助。如清康熙帝时期汤若望、南怀仁等曾任钦天监监正，安多、白晋、张诚等曾任康熙帝的老师等。而经徐光启、李之藻等士大夫推荐的传教士，也只有经过朝廷的任命，才能担任相应的官职，领取一定的俸禄。在地位上，明末清初皇室和朝廷对符合他们意识形态需求的翻译活动给予了一定的政治地位，允许部分传教士在朝廷任官，并通过采纳他们翻译介绍的天文历法、军事等科学知识使他们在政治上有了一席之地。事实上，正是由于明清皇室的肯定和支持，一些诸如天文历法、水利、农业等关乎整个社会的科学知识才能真正译介到中土。

不过，一旦和朝廷的意识形态需求不相符，传教士的翻译活动和传教活动便会受到打击。对不符合此类赞助人意识形态需求的翻译、传教活动，明清时期的皇室、朝廷则直接采用禁止的态度，由限制传教士活动直至1724年清雍正皇帝下令禁教，最终使第二次翻译高潮落下帷幕。

四　赞助人对翻译选材的影响

通过以上对明末清初科技翻译时期赞助人对翻译选材的影响的讨论，我们发现，在可区分赞助中，不同赞助人都会通过意识形态、经济、地位三个因素对翻译的选材产生影响，不过，不但这三个因素对翻译选材产生的影响程度不同，同一因素中不同赞助人所产生的影响程度也不同。

首先，就意识形态、经济、地位这三个因素对翻译选材的影响来看，上文分析说明，明末清初时期赞助人以意识形态为主、以经济和地位为辅对翻译的选材产生了影响。意识形态方面，明末清初科技翻译时期，包括欧洲教会、教廷和王室在内的西方权力机构，明末清初的朝廷、皇室和士大夫三部分赞助人都在意识形态上对翻译的选材产生了影响。西方权力机构的意识形态影响促成了当时占翻译总量比例最大的基督教典籍的翻译；明清时期的朝廷、皇室和士大夫阶层产生的影响促使大量西方科技知识在中国的翻译和传播。经济方面，翻译过程中赞助人会通过经济要素对符合本身意识形态的翻译选材及翻译活动进行资助，包括金钱和物质资助。欧洲教会、教廷和王室等西方权力机构主要对传教士来华传教提供资金，为他们在华的翻译活动提供经济基础；同时，这些权力机构也赠予传教士大量宗教、科技书籍，并允许将其带到中国，使我国第二次翻译高潮的产生成为可能。明末清初士大夫官吏在经济方面的影响则主要体现在对传教士的译作出版提供一定资助；皇室、朝廷的资助则是将一些有名望的传教士吸纳为朝廷官员，提供一定的俸禄。地位方面，翻译过程中赞助人都对符合本身意识形态需求的翻译选材及翻译活动给予一定的政治地位，对不符合他们意识形态需求的翻译选材及翻译活动则采取消极抵制甚至禁止的态度。而赞助人在政治方面会直接影响到翻译活动的兴起和衰落。欧洲教会、教廷和王室赋予来华传教士以正当和官方的地位，为传教士们能进入中国并和士大夫、朝廷对话提供基础。士大夫官吏则为传教士的翻译活动扩大了影响，并推荐给朝廷，为他们的翻译活动赢得明清时期最高统治阶级的支持创造了条件。明清的皇室、朝廷则为迎合他们意识形态需求的传教士及其翻译活动提供了最有保障的社会地位，对不符合本身意识形态需求的翻译活动和传教活动则予以制止，并最终导致了第二次翻译高潮的结束。

其次，就不同赞助人在意识形态、经济、地位这三个因素对翻译选材的影响看，同一因素中不同赞助人所产生的影响程度有时不相上下，但有时某一赞助人的影响要远远大于其他赞助人的影响。意识形态方面，欧洲教会、教廷和王室的意识形态影响最大，在整个明末清初时期的翻译选材中起着决定性作用。包括明清朝廷、皇室和士大夫在内的中国力量在意识形态方面主要是对传教士的翻译选材起着建议、督促作用，而采纳与否还是需要受欧洲教会、教廷意识形态控制的传教士来决定。经济方面，三部分赞助人在经济方面的影响都不太明显，也无所谓哪方影响大小之说。地位方面，明清朝廷和皇室作为赞助人对翻译选材的影响最大，既促成了明清科技翻译的官方化，也导致了此次翻译高潮的结束。

五　结语

翻译作为一种复杂的社会文化活动，不但会受到译者、文本、语言、文化等翻译内部因素的影响，许多时候翻译外部的因素也会对翻译活动的整个过程产生影响。明末清初科技翻译活动的实践说明，由各方力量组成的赞助人对翻译的选材具有重要影响，其中赞助人的意识形态要求是影响译者选择何种内容进行翻译的决定性因素，而赞助人又通过经济和社会地位等要素对译者的翻译活动进行资助或抵制，最终达到控制译者按照其意识形态要求选择合适的内容进行翻译的目的。与此同时，不同的赞助人在意识形态、经济、地位三个方面所起的作用并不总是相同的，有时某一赞助人在某一方面的影响要远远大于其他方面。

参考文献

Lefevere, A. , *Translation, History and Culture: A Sourcebook*, London and New York: Routeledge, 1992.

Lefevere, A. , *Translation, Rewriting and the Manipulation of Literary Fame*, Shanghai: Shanghai Foreign Language Education Press, 2004.

Munday, J. , *Introducing Translation Studies*, Routeledge, 2001.

成昭伟、刘杰辉:《赞助人视角下的林译小说研究——商务印书馆个案分析》,《重庆大学学报》(社会科学版) 2009 年第 5 期。

江慧敏:《试论意识形态对翻译的影响——以利玛窦的翻译实践活动为个案》,《燕山大学学报》2010 年第 3 期。

蒋骁华:《意识形态对翻译的影响——阐发与新思考》,《中国翻译》2003 年第 5 期。

黎难秋:《明清科学翻译方法与特点》,《中国科技翻译》1991 年第 3 期。

黎难秋、徐萍、张帆:《中国科学翻译史各时期的特点、成果及简评》,《中国翻译》1999 年第 3 期。

李亚苏、黎难秋:《中国科学翻译史》,湖南教育出版社 2000 年版。

刘树勇:《利玛窦传播科学的动机之我见》,《首都师范大学学报》(自然科学版) 1995 年第 4 期。

马祖毅:《中国翻译史》(上卷),湖北教育出版社 1999 年版。

梅晓娟、周晓光:《选择、顺应、翻译——从语言顺应论角度看利玛窦西学译著的选材和翻译策略》,《中国翻译》2008 年第 2 期。

倪学德:《论明末清初西方科技的输入》,《湖南师范大学社会科学学报》1994 年第 4 期。

佘烨:《中国翻译史上外来译者的作用与贡献》,《上海科技翻译》2001 年第 4 期。

孙艺风:《翻译研究与意识形态——拓展跨文化对话的空间》,《中国翻译》2003 年第 5 期。

屠国元、王飞虹:《论译者的译材选择与翻译策略取向——利玛窦翻译活动个案研究》,《中国翻译》2005 年第 2 期。

徐光启:《刻几何原本序》,引自黎难秋(编)《中国科学翻译史料》,中国科学技术大学出版社 1996 年版。

王东风:《一只看不见的手——论意识形态对翻译实践的操纵》,《中国翻译》2003 年第 5 期。

王银泉:《明清之际耶稣会士翻译活动、翻译观与翻译策略刍议》,《南京农业大学学报》(社会科学版) 2010 年第 3 期。

王友贵:《中国翻译的赞助问题》,《中国翻译》2006 年第 3 期。

魏清光:《赞助人对译介活动的操纵》,《天津外国语学院学报》2006 年第 3 期。

赵文利:《明末清初西方传教士来华与中国翻译》,《中国科技翻译》1998 年第 4 期。

翻译专业资格（水平）考试 CATTI 与 MTI 翻译教学的对接

高　芬

摘要： 翻译专业资格（水平）考试（CATTI）作为一项国家级人才的评价体系已经实施了 12 年，它具有较强的信度和效度，规模和影响力超越其他现行的翻译资格考试，它对翻译人才的培养理应起到积极的反拨作用。而目前的翻译硕士专业学位教育（MTI）面临课程设置偏学术性、知识建构不合理、教学与实践联系不紧密、课堂教学模式传统和评价方式单一等问题。本文提出翻译资格考试应与 MTI 翻译教学实现"无缝"对接，以此来推动翻译的职业化发展进程，提高翻译人才的培养质量。

关键词： CATTI；翻译资格考试；MTI 翻译教学；对接

一　引言

2007 年我国开始实施翻译硕士专业学位（Master of Translating and Interpreting，MTI）教育以来，一直蓬勃发展，目前已有 158 所高校建立培养试点。根据国务院学位办及全国 MTI 教学指导委员会颁布的《翻译硕士专业学位指导性培养方案》，翻译硕士专业学位旨在培养德、智、体全面发展，能适应全球化形势及我国经济、文化、社会建设需要的高层次、应用型、专业性口笔译人才。他们应具有较强的语言运用能力、扎实的语言基础、熟练的翻译操作技能，具备广博的专业知识，能够胜任不同专业领域所需的高级翻译工作。

根据教育部"通知"（见学位［2008］28 号文件）：翻译专业学位研究生在校学习期间必须参加二级口译或笔译考试；凭在校证明可免试《综合能力科目》，只参加实务考试；考试合格者获得《中华人民共和国翻译专业资格（水平）证书》。由此标志着翻译硕士专业学位教育与翻译专业资格（水平）证书正式有效衔接。从近几年 MTI 考生的通过率来看，二级只有 12%—15%，分数区间多在 60—65 分，平均分为 62 分，个别能达到 67 分，70 分极少。这说明现在翻译硕士学位教育还存在一些问题，学生的翻译实践能力还比较薄弱，距离成为高层次、应用型、专业化特点的口笔译人才还有一定距离，在学科基础建设、师资队伍建设、教学基础设施建设等方面还需要进一步努力。

二　我国翻译资格考试

目前国内主要有四种英语翻译资格考试：

第一种是教育部考试中心和北京外国语大学合作组织实施的"全国外语翻译证书考试"（National Accreditation Examinations for Translators and Interpreters-NAETI），包括口译和笔译，该级别考试于 2008 年 10 月首次开考。专门对广大从业人员，包括在校大学生的英语实际翻译能力进行科学考核并提供权威资格认证。

第二种是"翻译专业资格（水平）考试"（China Accreditation Test for Translators and Interpreters，CATTI）。人事部于 2003 年 3 月开始对翻译从业人员实行统一的 CATTI）考试（见人发［2003］21 号），这是国家唯一的、在全国范围实行的面向全社会翻译专业资格（水平）的认证。目的是进一步规范翻译市场，培养高质量的职业译员，推动我国外语翻译专业人才队伍建设。通过者可获得由人事部统一印刷的《中华人民共和国翻译专业资格（水平）证书》。该证书在全国范围内有效，是翻译专业技术职务的必备条件之一。CATTI 每年 5 月和 11 月举行，有英、法、德、俄、日、阿拉伯和西班牙七个语种，每一个语种均有笔译和口译两大类别，其中口译又分为同声传译和交替传译两项专业类别。共分为四个等级：从低到高依次是三级、二级、一级和资深翻译。每科考试分为综合能力和翻译实务两部分，前者测试应试者的语言基础能力，后者测试翻译业务水平，目的都是测试应试者的汉英双语的专业水准和语言运用能力。

第三种是"上海市外语口译岗位资格考试"（Shanghai Interpretation Accreditation，SIA）。这是中共上海市委组织部、上海市人事局、上海市教育委员会、上海市成人教育委员会等政府部门共同设立的上海市紧缺人才培训工程的高层项目之一。该考试实施以来赢得了社会较高的信任度，被媒体和社会广大考生称为"求职通行证""黄金证书""白金证书"

等，但考试只限口译，分中级和高级两种，以测试口译水平为主要目标，从听、说、读、译四个方面对考生的语言运用能力进行全面测试。

第四种是"全国商务英语翻译资格考试"（English Translation Test of Business Language，ETTBL），是由中国商业联合会向社会推出的、全国商务英语翻译资格考试办公室组织实施的、目前国内唯一属于商务性质的翻译资格认证考试。考试的目的是测试考生在商务工作环境中英语的应用能力，为社会及企业提供源源不断的商务合格人才。

除了以上四种主要的翻译资格考试外，还有厦门大学口笔译资格证书考试、江苏省外语口语（口译）等级证书考试等，但是这两类考试的地域性较强，开始时间较短，且普及面还不够广泛。上海市外语口译岗位资格考试仅仅限于口译，全国商务英语翻译资格考试侧重于商务环境中的语言应用能力。学生广泛参加的是全国外语翻译证书考试（NAETI）和翻译专业资格（水平）考试（CATTI）两种。而由人事部主办的翻译资格（水平）考试有其独特的优势，它与认证资格、认证职称相关联，"是翻译资格考试与传统翻译人才评价体系衔接、引导今后翻译实践教学的体系"（杨英姿，2011：82）。自2003年试点以来，已有超过25万人报考，3万多人通过考试，其规模和影响力超过其他几种翻译资格考试。因而本文将着重探究 CATTI 考试与 MTI 翻译教学的对接，以及如何以考试促教学、以教学提高 CATTI 通过率，从而达到两者融合的问题。

三　MTI 翻译教学现状

（一）偏学术性课程设置

目前各个翻译硕士培养单位的课程设置多以学术性为导向，开设课程多为学术性和理论性较强的课程。以陕西师范大学为例，MTI 课程主要安排在第一学年，总学分为38分：第一学期为公共选修课和基础性的专业必修课，如政治理论、中国语言文化、翻译概论和基础口笔译等；第二学期为专业必修和选修课，包括文学翻译、非文学翻译、典籍翻译、计算机辅助翻译、翻译批评与赏析、英汉语言对比与翻译、论文写作、翻译史等。虽然涉及翻译的各个层面，但板块之间缺乏和谐与统一，未能体现语言技能、语言知识、翻译技能、翻译知识以及相关知识的交叉与融合（姜秋霞、曹进，2006：9）。这显然不完全符合翻译硕士培养的要求，实践性和应用型的课程数目不足，学生的实践翻译能力很难提升；即便是口笔译的实践课，似乎只注重基础层面的翻译技能训练，不利于培养学生实践中翻译能力的培养。

（二）内容知识建构不合理

由于课程设置的问题，造成翻译硕士专业学位的学生知识建构不合理，文学和文化的知识积累相对丰厚，应用性和专业领域的知识较为匮乏，具体表现在：对涉及经济、金融、政治、外交、信息科技等方面的知识了解不够、国内外时事要闻不熟悉、词汇储备不扎实等，这与翻译硕士培养的职业化素养目标还有差距。如出现在2015年5月CATTI二级口译考试中的一些短语具有较强的时效性和应用性：rehabilitation center（康复中心），grant tax exemption and deduction（减免税收），preferential treatment（优惠政策），tear down barriers to equality（扫除壁垒，谋求平等），rise to challenge（应对挑战），cross-boarder settlement（跨境贸易）等。总之，学生过多地关注了传统文化和文学的学习，而忽视了CATTI考试的实效目的。

（三）课堂教学与实践联系不紧密

学校基本以课堂教学为主，只注重翻译技巧的传授和翻译理论的探讨，学生实践训练的机会较少，参与口笔译实践的时间有限，缺少实战经验和临场应变策略。学生在校期间，第一学年忙于各种课程学分，应付各科的作业、任务、测试、论文等；第二学年的第一学期虽然能进入实习，但真正参与口笔译还不够深入，实战演练的机会在西安并不多见。原因是通常大型会议有固定的翻译群，学生只能参与收集材料和会前准备工作等；小型会议又不常需要口译译员。这样课堂教学很难和实践演练相结合，学生担任译员仍不能控制心理素质、翻译的稳定性欠佳、翻译的质量不高并常伴有错误，使自信心受挫。课堂教学的效果很难在实践中进行检验和强化，课堂教学和实践联系稀疏，职业化意识薄弱，缺乏对翻译行业化和规范化方面的了解。

（四）授课模式传统

课堂教学的模式采用教师教授为主，"教师示范＋学生训练"是最常见的授课模式，而学生自主学习和合作学习的强度和深度都不够。学生在普通的课堂学习中，常常译文滞后，听说时差往往大于5秒，对汉、英两种语言的差异领悟有限，很难体验到实战的强度和压力，无法了解翻译职业化的素养要求。另外，课堂训练很少兼顾到CATTI考试要求，对三级和二级具体差别未能进行针对性的演练，如三级口译着重短间距的交替传译，即每一段话只有一个句子或两到三个短句；而二级的每段话长度比三级长两倍到三倍，应学会记笔记，协调耳、手、眼和口各个身体器官。学生课堂上更多地依赖老师，自主学习能力意识薄弱，学习态度被动，很少进行自主学习和生生之间的合作学习。教学过程往往限于完成老师布置的任务，未能有效地扩展和补充。

（五）评价方式单一

评价方式基本以终结性评估为主要的评价方式，对过程性评估重视不够，实施力度有待加强。长久以来，MTI 教学的考试常常以翻译某部作品多少字或撰写学术文章一篇（笔译）和口译教师准备的视/音频材料作为终期考核的主要方式。这种只将学生一次的口笔译能力作为考核标准的方式多围绕译文的文字质量或翻译的准确与否进行评价，未能把翻译当作一项有目的、有意识的语言交际活动，基本没有对学生的过程性学习进行考量，也无法看到学生的进步过程，作为翻译能力的培养显然不够完善。这种一次决定成败的方法也不符合全国 MTI 教学指导委员会对翻译硕士培养的要求。

四 CATTI 与翻译教学的对接

（一）翻译课程与 CATTI 考试匹配

根据 MTI 的教学目标和要求及《英语二级翻译口笔译考试大纲》（2010 最新修订版），课程应体现多模块、多课型的原则，如必修课、任选课、限选课和实践课等，包括语言基础训练、语言知识、翻译技能训练、翻译理论知识、应用专业知识等内容。建议开设一门与 CATTI 相关的课程，如《CATTI 考试辅导》《专题口译》等，将三级和二级的内容纳入课程体系，让学生熟悉并熟练考试流程、内容和题型。如让学生了解 CATTI 二级口译的考试包括英—中和中—英各两篇，分别为 600 字左右的短文，内容与国际或国内的热点问题有关。英—中的短文一般为六段，每段 100 词左右；中—英大约为 4 段，每段 125 词左右。这样在课程教学中，可以效仿 CATTI 模式，对学生进行训练，保证学生每一自然段的演练都能达到最低水平，每一篇文章都能达到临界点 15 分，这样才有可能通过考试。

（二）加大时政、商贸等内容的演练

在课程中，加大时政、科技、商贸、环保、卫生、社会、国情咨文等内容的渗透及演练，扩大学生的知识视野，了解不同领域的基础知识，学会在一些场合下知识不够的补偿策略和方法。如 2015 年 5 月举行的 CATTI

二级口译，英—中两篇分别为《全球人口所造成的挑战》和《外国专家建议改进中国水资源管理》；中—英两篇分别为《中国保护残疾人的权益》及《人民币的国际化问题》。同时，使学生熟悉各领域内的常用词汇和短语，丰富术语库，对与时俱进的一些表达做到融会贯通。采取"单项训练＋综合训练"的方式，及时对训练结果进行分析和反馈，针对英译中的信息考生听不懂、记不住的问题，主要应鼓励多收听 VOA 和 BBC 的新闻，扩大知识面，强化笔记的作用和训练，通过"学生练习＋教师指导"的方式加大力度来解决；中译英的翻译往往不够流畅，可在平时多阅读译入语的相应文本、参阅官方对于政府文件的翻译文稿、了解常见术语行话、学习地道的表达方式、熟悉中国特色的短语等，China Daily、Beijing Review 等常常有第一手的翻译资料和素材，可作为演练的重要参照。

（三）加强实践训练强度和广度

改善教学课堂模式，以培养学生的翻译实践能力为核心，注重翻译的练习与操练，尽量加大学生的训练强度和力度。采用灵活多样化的教学方式，采取合作式教学和任务型教学，激发学生的学习兴趣，促进学生的思考与交流，提升学生分析和解决翻译问题的能力。课堂上主要进行技能教学和知识教学，以辅助学生训练为主要任务，真正加强"听辨＋记忆＋构思＋表达"四个阶段的演练，能熟练运用翻译技巧，集中精力听清开头，完整准确地译出原话内容，无错译漏译。在规定的时间内（少于原文 2.5 倍的时间长度）必须产出流畅、准确和完整的译文，并且要求听说时差控制在 3—5 秒之内，声音适中，语气稳定，从容淡定，每分钟 100—140 词的英文或 180—220 词的中文。除课堂训练以外，应该为学生创造更多的机会参加实践，完成流程教学、团队合作训练和实践训练等，与翻译客户和翻译市场建立紧密联系，包括省市的一些会议及各类展会，如西洽会、茶叶博览会、文化交流会等，使学生获得一手资料、一手实践的空间。只有在现实的参与中，学生才可能对课堂学习的知识和技能进行消化，同时磨炼了心理素质，增强了口译的信心。实践是检验自身能力的标尺（王燕，2012：95），也只有在实战的演练中，学生才可能体验到职业化的要求，准确表达原文的意义，做到条理清晰，逻辑缜密。

（四）自主学习和合作学习相促进

传统的以教师为中心，传授知识为主的教学模式应该转向以学生为主体的实践性教学。鼓励学生在课内和课外进行自主学习和合作学习，如建立自主学习的纸质和电子档案袋，追踪学生的过程性学习，鼓励学生间互评和共同学习。教师只提出要求，例如要求学生每日收听国内外英语新闻，熟悉主题、把握大意、瞬间理出篇章结构、迅速整理主要信息和细节，也可进行复述和综述训练，注意时间、地点、人物和前因后果；要求学生课下合作，进行信息视觉化训练，加强笔记练习，自行或合作完成每年的政府工作报告、两会记者招待会、国际重要会事的各国领导人发言等的口译。通过前期准备到录音再到课堂随机抽查、质量检测、生生反馈、教师点评的方式，定期对其自主学习和合作学习的效果进行检查和督促。课堂上可进行模拟会议，分配学生不同角色，体会会议的各个环节，进行实战口笔译，让学生自己进行译后反思，生生之间评价反馈，真正合作、高效地完成翻译任务。

（五）过程性评估与终结性相结合

将过程性评估也纳入评估体系，注重学生的自我学习积累、自我分析和自我诊断，将过程性评估和终结性评估有力结合，对学习效果和翻译能力评价客观考量。过程性评估采用档案袋的评价方式，以学生平时的有效积累为前提，包括纸质版和电子版，如各类词汇的储备，各个阶段的口译录音，实践视/音频材料的汇总，学习自评、他评和师评的记录，学习情况的总结，录音情况的反馈，等等（见表1）。同时采用终结性的评估方式，选择适合MTI学生难度、与国内外时政接轨、长度接近CATTI考试的英—中和中—英视频或音频对其进行测试，以了解真实情况下的译者水平。这样过程性评估与终结性评估的结合，最大化地呈现了学生的学习成果和教师的教学效果，因而能促进学习兴趣的极大提高和口译教学与评估的一体化。

表1　　　　　　　　　　过程性评价中档案袋的收录内容

完成阶段	课内			课后					期末			
主要内容	个人陈述文本	小组展示PPT	展示视/音频	周自查表	时事新闻	主题词汇表	实践演练视/音频	录音反馈	学期总结	同伴评价书	自我评价书	任何证明学习和训练的内容

五　结语

翻译资格考试是一种职业考核手段，也是一项国家级人才的评价体系，它既是进入翻译行业的敲门砖，亦是保证行业规范的炼金石（周潇涵，2014：72）。它经过了十几年的检验，证明该考试有足够的信度和效度，可以为翻译教学提供积极的反拨作用。因此，对 MTI 专业学生的培养也应该与翻译资格考试进行"无缝"对接，反之，翻译考试也应服务于翻译教学，引导翻译教学，从而推动翻译的职业化发展进程，为社会选拔和输出合格的高层次专业翻译人才，确保我国对外交流事业的健康发展。

参考文献

柴明颎：《对专业翻译教学建构的思考——现状、问题和对策》，《中国翻译》2010 年第 1 期。

《翻译专业资格（水平）考试暂行规定》，人事部办公厅人发〔2003〕21 号。

《关于翻译硕士专业学位教育与翻译专业资格（水平）证书衔接有关事项的通知》（学位办〔2008〕29 号）。

黄友义：《实行翻译资格考试，推动翻译职业化进程》，《中国翻译》2003 年第 6 期。

贾欣岚、张健青：《谈翻译资格考试》，《中国科技翻译》2004 年第 3 期。

姜秋霞、曹进：《翻译专业建设现状：分析与建议》，《中国翻译》2006 年第 5 期。

考试办：《英语二级翻译口笔译考试大纲》（最新修订版），外文出版社 2010 年版。

刘世晓：《翻译资格考试制度与翻译人才的培养》，《牡丹江大学学报》2014 年第 3 期。

卢敏：《如何准备 CATTI 英语二、三级笔译实务考试》，《中国翻译》2013 年第 5 期。

吕国军：《口译与口译教学研究》，外语教学与研究出版社 2005 年版。

王立弟：《翻译资格考试与翻译培训》，《中国翻译》2003 年第 6 期。

王燕：《CATTI 英语口译实务（二级）考试的定位与备考思路》，《中国翻译》2012 年第 5 期。

许钧：《关于翻译硕士专业学位教育的几点思考》，《中国翻译》2010 年第 1 期。

杨英姿：《谈翻译资格（水平）考试的三个衔接》，《中国翻译》2011 年第 3 期。

仲伟合、穆雷：《翻译专业人才培养模式探索与实践》，《中国外语》2008 年第 6 期。

周潇涵：《翻译资格考试十年回顾与展望》，《海外英语》2014 年第 6 期。

佛经翻译文学与中国古代小说

焦亚璐

摘要：本文从小说发展史的角度出发，探讨了汉译佛经和我国小说的渊源。指出我国小说自其诞生之日起，从内容、体裁、文体这三方面均受到佛经翻译文学的影响。该进程不但从一定程度上揭示出外来文学本土化的过程，而且对研究汉译佛经和我国其他文学形式之间的关系具有借鉴意义。

关键词：佛经翻译文学；中国古代小说；母体；催化剂

一 引言

佛教传入中国后，外来僧侣们为了进一步扩大其影响，在东汉末年开始了中国历史上持续千余年的译经活动。随着佛教在中国的盛行，汉译佛教经典对中国文学产生了潜移默化的影响。梁启超先生就曾说过："我国近代之纯文学——若小说，若歌曲，皆与佛典之翻译文学有密切关系。"（梁启超，1989：179）此话说来不无道理，如果我们沿着中国小说的发展历史逆寻而上，就会发现它与佛经翻译文学的"亲密"关系。因此，我们完全有理由认为，佛经翻译文学是中国古代小说产生和发展过程中的最大"母体"和最强有力的"催化剂"，如果没有它的影响，中国小说将会呈现完全不同的景象。

佛经翻译文学之所以会对中国文学，特别是古代小说产生巨大影响，其根本原因在于佛经典籍本身就是极具价值的文学作品（这也正是我们称其为佛经翻译文学的原因）。众所周知，盛行于中国的是印度大乘佛教，我国佛教自秦以后几乎全是大乘教派。盛行原因与其教义顺应当时社会思潮虽有很大关系，但另一原因却是它借助了文学形式来传播大乘教义。在弘扬大乘佛教的过程中，大乘教派开山鼻祖马鸣利用他"实一大文学家，大音乐家"（梁启超，1989：180）的优势撰写了许多极具文学价值的佛教经典。例如他在公元 1 世纪撰写的《佛所行赞经》，不但情节生动，文字优美，还运用了多种文学技巧，具有很高的文学造诣。佛经用韵文叙述了佛祖释迦牟尼一生的故事，被视为当时最优美的长篇叙事诗，堪称印度古典梵语文学典范。后秦僧人昙无谶用五言无韵诗体将该经译出，译本一经问世，不但众佛教徒争相传阅，众多文人雅士也趋之若鹜，此经的文学魅力由此可见一斑。梁启超先生对此译本的文学价值也给予了肯定，认为："译本虽不用韵，然吾辈读之，犹觉其与《孔雀东南飞》等古乐府相仿佛。"（梁启超，1989：180）同时，此类其他佛经，如《佛本行经》《普曜经》《须赖经》《法华经》等，本身也都是传世的长篇故事，文学趣味甚浓，影响极大。此外，在佛典中还有大批富于哲理、机智和幽默的寓言。这些寓言在弘扬教义的过程中，也对世界文学产生了巨大影响。对此，鲁迅先生曾说道："尝闻天竺寓言之富，如大林深泉，他国文艺，往往蒙其影响。"（鲁迅，1981：8）

如果从小说发展史的角度来看，我们会发现，中国古代小说从体裁到内容，都与佛经翻译文学有很深的渊源。不论是魏晋南北朝的志人志怪小说，还是明清时的白话章回小说，均受到佛经翻译文学巨大影响。

二　中国古代小说的素材库

魏晋南北朝时，大批西域僧人来华传教，其中较著名的有支谦、鸠摩罗什、支谶等佛经翻译家。他们的翻译理论不但为中国译论奠定了基石，译作也随着佛教影响的日趋壮大而拥有了大批读者。与此同时，中国小说的雏形逐渐形成了。魏晋南北朝时期当时的文人常将一些故事当作实际发生过的事情记录下来以便流传，虽然这些故事很少经过艺术加工，但仍可称其为中国文学史上的小说雏形。当时的小说大体可以分为志人和志怪小说两大类，特别是志怪小说，多记录神鬼灵怪、天堂地狱、因果报应。从内容上看，它明显受到佛经翻译文学的影响。鲁迅先生在《中国小说史略》一文中曾指出："助六朝志人志怪思想发展的便是印度思想的输入。因为晋、宋、齐、梁四朝，佛教大行。当时所译佛经很多，而同时鬼怪奇异之说杂出，所以当是合中印两国的鬼怪到小说里，使它更加发达起来。"（鲁迅，1981：308）

此阶段的志怪小说大多从佛经文学中取材、模仿、改造、演绎，甚至完全照搬佛经故事的情况屡见不鲜。例如，晋朝志怪小说《灵鬼志》中就载有"外国道人"的故事,讲述了一外国道人寄身竹笼,又口吐妇人的故事。而类似的故事又再次出现在南朝梁代吴均的《续齐谐记》中,只是故事主人公变成了"阳羡鹅笼先生"。稍加探究,不难发现以上两个故事中奇特的思维方式和空间观念与上古神话及前朝作品并无任何相似之处。唐朝人段成式在他的著作《酉阳杂俎》中指出,这个情节来自吴时康僧会所译佛经《旧杂譬喻经》中"梵志吐壶"的故事。同时期的志怪小说,如《搜神记》《灵鬼志》《列异传》《幽明录》等,也都不同程度地从佛经中提取素材,明显受到了佛经翻译文学的影响。

被誉为中国神魔小说之首的《西游记》也是佛教在中国盛行,佛经翻译文学广泛流传下的直接产物。从内容上分析,《西游记》所描写的内容是以唐僧师徒西天取经的故事贯穿起来的;从语言上分析,小说中的佛语僧言比比皆是;从内容上分析,小说中的故事绝大多数源自佛经;从人物上分析,唐僧的原形直接取自名僧玄奘,而孙行者的原形据我国著名学者季羡林、陈寅恪先生考证也出自佛典。笔者认为,孙悟空形象的演变过程,完全可作为印度文学中国化、本土化的个案来进行进一步的研究。

因此,我们可以确信:随着佛教传入中国,灿烂的佛经翻译文学给中国文学,特别是当时的志怪小说产生了巨大影响,也为后世小说的进一步发展提供了广阔的发展空间和丰富的素材储备。

三 崭新的文学体裁

以魏晋南北朝志怪小说为基础,唐宋传奇得以萌发并逐渐兴起,"到了唐代,中国文人才开始真正有意识地创作小说,而不是像魏晋南北朝时期那样只是对道听途说的故事做简单的记录"(鲁迅,1981:313)。这样有意识创作小说的直接结果便是唐宋传奇的出现。传奇小说继承了南北朝志怪小说的某些特点,同时也加强了描写和虚构,使整个作品具有了强大的文学吸引力和感染力。

在唐宋传奇小说里,我们同样可以找到佛经翻译文学的痕迹。此时的传奇除了一如既往地从佛教典籍中汲取创作素材、从内容上加以模仿外,还加大了对佛经翻译文学中结构布局手法模仿的力度。例如唐朝人王度撰写的《古镜记》,其布局手法在当时极为奇特,它将几个毫不相干的小故事有机地用一面古镜为线索贯穿起来。而这种结构在当时的汉译佛典中极为普遍。例如《佛本行经》就以菩萨转生为线索,把许多故事联系在一起，而每个故事实际上又各自独立。类似的《六度集经》《五卷书》等佛经在结构上也体现出了这种特点。在佛经翻译文学的影响下，自《古镜记》之后，又出现了大批以这种手法布局的唐宋传奇，但由于唐宋传奇作者的创作用意多不在故事本身，而旨在炫耀才华，所以他们在文字修辞上极下功夫，这就使传奇逐渐失去群众基础，成为文人雅士的附庸，注定了传奇小说最终衰败的结局。

另外，据胡适先生考证，印度文学中有一种特别的体裁"偈"。印度学者们习惯用散文记叙之后，再用韵文（有节奏之文，不一定要有韵脚）重述一遍，这韵文部分就叫作"偈"。由于印度文学自古以来多靠口头传述，这种体裁可以帮助记忆。因此在翻译佛典的过程中，这种结构和布局上的特点就被继承了下来。例如，《普曜经》《佛所行赞经》《佛本生经》等许多佛经都体现出这种特点。而"其余经典也往往带着小说或戏曲的形式，像《须赖经》一类，便是小说体的作品；《维魔诘经》、《思益梵天所问经》……都是半小说体，半戏剧的作品"（胡适，1999：124）。

佛经中韵散夹杂并用的体裁都是中国古文学中没有的，所以当唐朝俗讲（用大家都感兴趣的事物来阐释艰涩的佛理，宣传佛教教义），逐步演变为一种崭新的文学体裁——变文时，它就自然而然继承了佛典韵散相间的体裁。

根据我国学者张锡厚先生的观点，唐变文根据内容可分为两大类。一类是"讲唱佛经故事"的佛经变文；另一类则是在佛经变文基础上产生，以历史故事、民间传说和社会现实为内容的俗变文（薛克翘，1994：26）。这种变文抛弃了佛经变文的内容，只在结构布局上保留了佛典韵散相间的形式。如《汉将王陵变文》《王昭君变文》《伍子胥变文》《孟姜女变文》等。这类变文的出现说明原来作为佛教宣传手段的俗讲、变文，已随着群众的爱好逐步世俗化、社会化。汉译佛经的体裁此时已演变为中国小说的固定结构。

进入两宋，出现了用接近口语体的白话撰写的小说——话本。话本在艺术结构上有以下几个特点：第一，正文之前有用韵文写成的"入话"（入话常与正文有内在联系）；第二，用韵文来写景状物；第三，用诗或词等韵文结束，多带有箴言劝诫的意思。如果把话本、俗变文同佛典相互对比，不难发现它们在结构布局上是一脉相承的。

元明清时的章回小说，结构上仍延续了佛典韵文、散文相间的体裁以及用一条主线贯穿全文，将其他故事串联成文的布局编排。这种源自佛经的体裁不但对当时的小说，对其他后世长篇小说均产生了巨大影响，所以许多小说在章回前后都有诗，行文中也常出现韵文。因此，我们可以肯定：以佛经翻译文学为媒介，汉译佛经在结构布局方面对中国古代小说产生了十分深远的影响。

四　永远的白话

佛经翻译文学的中国古代文人喜用文言文进行创作。关于这种古文体，胡适先生在其著作《白话文学史》中有过一段十分精彩的论述（胡适，1999：97）：

> 两晋南北朝的文人用那种骈俪化了的文体来说理，说事，谀墓，赠答，描写风景——造成一种最虚浮，最不自然，最不正确的文体。他们说理本不求明白，只要"将毋同"便够了；他们记事不求正确，因为那几朝的事本来是不好正确记载的；他们写景本不求清楚，因为纸上的对仗工整与声律铿锵岂不更可贵吗？他们做文章本不求自然，因为他们做贯了那不自然的文章，反觉得自然的文体不足为贵，正如后世缠小脚的妇人见了天足反要骂"臭蹄子"了。

以弘扬佛法为目的的译经事业对这种说理不清、叙事不明的文体自然要"望而却步"了。此时的佛经翻译界于是对汉译佛经的文体展开了一场长达千年的"文""质"之争。从安世高的"弃文存质"到支谦法师的"因循本旨，不加文饰"的翻译主张，从释道安的"五失本、三不易"再到东晋高僧慧远的"厥中之论"及唐玄奘"既须求真，又须喻俗"的译论观点，佛经翻译大体走过了由"质"到"文"，而后"文""质"有机结合的历程。立论于佛理"依其意不用饰，取其法不以严"和中国传统文论"美言不信，信言不美"的观点，汉译佛经从最开始就摒弃了南北朝骈俪的文体，改为采用"但求易晓，不加藻饰"的白话文，"遂造成一种文学新体"（胡适，1999：124）。

随着佛经翻译文学在中国广泛流传，白话文与文言文并存的局面开始了。"这种白话文体虽不曾充分影响当时的文人，甚至不曾影响当时的和尚，然而宗教经典的尊严究竟抬高了白话文体的地位，留下无数文学种子在唐以后生根发芽、开花结果。佛门禅寺遂成为白话文与白话诗的重要发源地。"（胡适，1999：124）而后佛教禅宗白话语录的出现及兴起进一步确立了白话文体在中国文学史上的地位。

两宋时出现的话本实际是唐俗讲、变文的进一步演变。由于唐俗讲、变文的对象是普通百姓，故保留了通俗易懂的白话文体。至宋朝建都汴京，民康物丰，游乐之事也随之增多。鲁迅先生在《中国小说的历史的变迁》中指出："当时流行于市井间的所谓说话，便由唐俗讲、变文演变而来。而说话人编写的书便是话本，即最初的白话小说。"同时他还进一步将"说话"分为四类，即说经诨经、讲史、小说、合生。他认为：

> 与后世小说有关的乃"讲史"与"小说"。而宋人之"说话"的影响非常之大，后来的小说十分之九是基于话本的。如一，后世之小说如《今古奇观》等片断的叙述即仿宋之"小说"；二，后世之章回小说如《三国演义》等长篇叙述，皆本于"讲史"。其中"讲史"影响更大，从明清延续至现在，连"二十四史"都演完了，不但体裁不同，文章上也起了改革，用的是白话，实是小说史上一大变迁。（鲁迅，1981：363）

到元明清三代，真正的白话小说已经崛起，并很快便攀上了一座高峰。时至明朝，短篇白话小说出现了像《三言》《二拍》等优秀的小说集。长篇小说也异军突起，出现了像《水浒》《三国演义》《西游记》等脍炙人口的传世佳作。清代的长篇小说则达到了一个更高的境界，出现了《红楼梦》等伟大名著。由于白话文具有生动、明快的特点，增强了小说的表现力和感染力，反映出大众的生活和思想感情，白话小说最终成了人们喜闻乐见的一种文学形式，在中国文学史上写下了绚丽的一笔。

五　结语

通过以上三方面的研究，佛经翻译文学在中国小说诞生、发展过程中的最大"母体"地位得到了充分论证：佛经文学中的恣意幻想和极具文学魅力的故事寓言，"对于那最缺乏想象创造的古文学却有很大的解放作用"（胡适，1999：124），同时促进了南北朝志人志怪、唐传奇以及明清神魔小说的出现和发展；而佛经韵散相间的文学体裁的引进，不但丰富了中国文学的表现方式，还在此基础上产生了变文、话本以及章回小说；最先应用于佛经翻译中的白话文体因其明晰易懂、贴近百姓而被广泛使用，并最终形成了一种新的文学形式——白话小说。学界普遍认为源自佛经翻译的白话文体是对中国文学的一大贡献。通过对佛经翻译文学和中国古代小说渊源的探析，我们可以清楚地看到外来文学影响本土文学的过程，而这同时对研究佛经翻译文学与我国其他文学艺术形式的关系，以及研究外来文学、外来文化本土化的过程都有一定的借鉴意义。

参考文献

Bassnett, S. , *Translation Studies*, London：Methuen & Co. Ltd. , 1980.

Bassnett, S. , （ed. ）*Essays and Studies*：*Translationg Literature*, Suffolk：St. Edmumdsbury Press Ltd. , 1997.

Jin Di & Nida, E. A. , *On Translation*, Translation and Publishing Corporation of China, 1984.

Lefever, A. , *Translation*, *Rewriting*, *and Manipulation of Literature Fame*, London：Routledge, 1992.

Moore, C. N. & Lucy Lower, *Translation East and West*：*A Cross-cultured Approach*, Hawaii：University of Hawaii, 1992.

Newmark, P. , *Approaches to Translation*, Shanghai：Shanghai Foreign Language and Education Press, 2001.

Nida, E. A. , *Language and Culture*：*Context in Translating*, Shanghai：Shanghai Foreign Language and Education Press, 2001.

Samovar, L. A. , （ed. ）*Communication between Cultures*, Beijing：Foreign Language Teaching and Research Press, 1990.

北京大学中文系编：《中国小说史》，人民文学出版社 1978 年版。

陈福康：《中国译学理论史稿》，上海外语教育出版社 2000 年版。

陈平原：《20 世纪中国小说史》第 1 卷，北京大学出版社 1997 年版。

胡适：《白话文学史》，上海古籍出版社 1999 年版。

赖永海：《中国佛教文化论》，中国青年出版社 1999 年版。

梁启超：《佛学研究十八篇》，中华书局 1989 年版。

鲁迅：《鲁迅全集》第 9 卷，人民文学出版社 1981 年版。

王克非：《翻译文化史论》，上海外语教育出版社 2000 年版。

薛克翘：《佛教与中国文化》，中国华侨出版社 1994 年版。

西安大学校训翻译对比研究

潘　婧

摘要：校训是一所学校的文化与精神象征，中国大学的校训浓缩了中国传统文化深邃的内涵，体现了中华民族对理想人格的最高追求。随着中国和世界的联系日益紧密，对大学校训准确传神地翻译，有助于我们与其他国家进行文化交流，有助于我们向世界传播中国文化的价值观。西安市拥有80多所高校，可谓高校云集，然而校训的翻译却不尽如人意。笔者通过研究西安市八所知名院校的翻译，分析各自的词汇和语篇结构，发现这八所院校普遍均存在逐字翻译的问题。通过对比西方与香港诸所大学校训的翻译，笔者认为在从事校训翻译时，译者应更加注重语篇结构的多样性和诗学美感的传递。

关键词：校训翻译；逐字翻译；文化意象；诗学美感

一　引言

校训是大学文化的积淀和凝练，是在学校长期的办学实践和教学活动中逐渐形成的，集中体现了一所大学的办学理念、学术追求和人才培养的愿景。英国牛津大学的校训"上帝乃知识之神"，哈佛大学的校训"求是"，清华大学的校训"自强不息，厚德载物"，无一不用简短精练的语句，描述了它们所秉承的信念和崇高的理想。

在日益开放的21世纪，中国和世界的联系变得越发紧密，中国高校和世界的交流也日益频繁。校训，作为典型的教育文化符号，在对外宣传交流合作中，发挥着文化名片的作用。中国大学的校训浓缩了中国传统文化的精髓，对校训翻译的研究，有助于我们了解西方教育界的文化形象，规范中国传统文化对外传播方式，并融入整个国际教育大环境。

校训翻译研究具有重要意义，目前学术界已经进行了一些个案研究，如杜争鸣（2007）从汉英对比研究的角度，从多个维度对苏州大学校训的中英文文本进行比较，论述翻译与语言比较的应用性价值及英汉思维差异。张顺生（2006）在苏州科技大学外宣资料翻译的实践中提到：该校校训没有佳译，汉语意思虽然清楚，但仍需要透彻理解。周永模（2008）在分析了国内校训在来源和语言方面的特点后，提出了大学校训翻译的互文性、传意性和简洁性三原则。范武邱从美感、赘述、中式英语等层面列举并分析了中国大学校训英译中出现的问题，并提出校训翻译的五点基本要求。麦新转、王玉芬（2009）从文化视角比较了哈佛大学、清华大学和香港中文大学的校训，利用功能对等理论描述了翻译过程中的文化缺省。

纵观国内校训翻译研究，大多集中在对比中西校训的文化意象流失，对某个大学校训翻译的点评，提出的解决策略也较模糊，适用语体范围较广，针对性不强。鉴于这些不足，笔者以提升西安高校形象宣传为目的，广泛调查了西安市二十多所公办和民办高校，并发现有相当多数量的高校没有在自己的英语网站上使用英语的校训，如长安大学、西北政法大学、西安文理学院和西京学院等。因此笔者就所搜集到的八所较有社会影响力的一本院校，分析其校训英译的特点，并提出改进的策略。

二 西安高校校训翻译存在的问题

（一）语言形式单一趋同

在调查的八所高校的校训中，汉语表达形式共有两种：一种以四字格为单位，呈两组或四组对称；一种以词为单位，并列四组对称，间以逗号分隔，即"四词八字"，或者省略逗号，合成一个四字格。

这种两两对仗的形式结构和中华民族的审美心理有直接的关系，然而这种审美习惯僵化了我们的思维，使我们在翻译校训的过程中一律采用了名词并置的方法。除了西安电子科技大学的校训，其他六所大学的翻译手段过于简单，只是从语义上传达了基本思想，没有考虑到结构单调这一问题。如西安外国语大学校训"爱国、勤奋、博学、创新"，行文浅显易懂，两两对称，没有使用修辞手段传达语言意象，其官方翻译为："patriotism，diligence，erudition and innovation"。译文和原文的词汇可谓一一对应、准确明了，句末两个单词结尾押韵，为原文增添了节奏感，然而这种逐字翻译并未给人留下深刻的印象。再如，第四军医大学的校训"团结、求实、创新、献身"和上文的例子如出一辙，也是为了方便起见，译者选取了语义完全对应的词汇"Solidarity，Practicality，Creativity and Dedication"作为英语版的校训。同样，西安交通大学的校训"精勤求学、敦笃励志、果毅力行、忠恕任事"也采用了四个英语单词并置的单调形式——"Rigor, integrity, determination and loyalty"。

由此可见，在西安高校的校训翻译中，逐字对等的翻译手段不断被使用，这种形式虽然保证了语义的正确，却无法再现原文铿锵有力、朗朗上口的语势，最终无法实现功能对等，并给读者留下深刻的印象。

（二）词汇选择粗糙随意

西北农林大学校训"诚朴勇毅"，每个字都承载了中华民族深厚的传统文化，彰显了中华民族的优良品质。然而，译者并没有完全理解此校训的内涵意义，选用的词汇"honesty, austerity, bravery, stamina"无法准确传递原文的精髓。"诚朴"意为真诚朴实，不夸夸其谈，代表了一种美好崇高的品德。北宋时期，朱熹提出君子理想的人格情怀为：诚心正意修身齐家治国平天下。"诚"作为君子的首要品质，要求普天下的读书人胸襟坦荡、无愧于天地。就单个词而言，译文"honesty"虽然通俗易懂，然而却无法统摄"诚"的全部内涵，笔者认为 sincerity 似乎比 honesty 更为恰当。"austerity"用来形容由于经济困难生活水平下降，或者物品的朴素无华，和人的品质没有丝毫关系，因此"朴"用"austerity"来翻译，实在不恰当。"bravery"的意思是敢于面对危险和困难，侧重于行动；"courage"同样是勇敢，却更侧重于一种临危不惧的品质，勇敢的动力来自主体内部。因故"courage"比"bravery"更适合翻译"勇毅"。

再看另一则例子，西安电子科技大学的校训为"厚德求真 励学笃行"，译文为"great virtue, truth-seeking, endeavor to study honesty in behavior"。这条翻译将名词短语、合成名词、名词加不定式，三种不同的形式综合在一起，是笔者所调查的七所院校中，唯一一个打破了四个名词并置的结构。然而在一一对应的平衡被打破后，原文并没有换来地道准确的译文，反而出现了理解错误。"励学笃行"这四个字出自宋代陆游《陆伯政山堂稿序》，意在劝勉学子努力读书并学以致用。英译"endeavor to study honesty in behavior"的意思是努力在实际行动中学习诚实，和原文的意义相去甚远。

从以上两则校训的翻译可以看出，译者在从事翻译之时，对原文理解不够透彻，甚至出现错误的地方，选词略显随意，没有斟酌词语之间细微的差异。

（三）文化意象缺失

中国校训为了凸显传统文化的精髓，往往倾向引经据典，从而体现中华文明深厚的文化底蕴。如清华大学校训"自强不息，厚德载物"源自《易传·象传上》；中山大学校训"博学，审问，慎思，明辨，笃行"源自《礼记·中庸》。这些校训的"微言大义"通过经济的表达，展现了丰富的文化意象。然而在翻译中，我们通常无法准确地传递原语的凝练力和表现力。

西北大学校训"公诚勤朴"，用来勉励全校师生追求公正、诚实、勤劳、质朴的品格，体现了中国"先学做人，再做学问"的教育传统。特别是"朴"这一文化意象，在中国传统文化中有着悠久的哲学内涵和审美传统。早在《道德经·第三十二章》中，老子就曾反复强调"朴"的概念："道常无名、朴，虽小，天下莫能臣。"这里老子用"朴"来解释道教的核心概念"道"。此外，第十五章"敦兮，其若朴"，第十九章"见素抱朴"，第二十八章"复归于朴"，以及第三十七章"化而欲作，吾将镇之以无名之朴"和第五十七章"我无欲，而民自朴"均出现了"朴"一词，阐释了老子的理想人格追求——质朴、本真。不仅如此，追求朴素的审美在中国传统工艺美术方面有着更为形象的展现，如中国传统绘画用简洁的水墨勾勒出富有表现力的画卷，清花瓷器仅用两种色彩就代表了中国瓷器文化的精髓，"中国"一词享誉世界。

在官方的翻译中，"Fairness, Integrity, Diligence"还算和原文的一一对应，可是"Simplicity"一词多用形容事物的简单、不复杂的特质，用来翻译汉语文化的"朴"可谓是小词大用，有浅化翻译之嫌，并未体现出"朴"在中华民族文化审美中的重要内涵。因此，外国读者也无法对等地体验到原文带给中国读者丰富的文化意象和审美。

让我们再看另一则例子。陕西师范大学校训"厚德，积学，励志，笃行"，"厚德"一词语出《周易·坤卦》，"积学"一词见《文心雕龙·神思》，"励志"一词见汉班固《白虎通·谏诤》，"敦行"一词始见于《礼记·曲礼》。这八个字言简意赅，含蓄雅致，分别从品德、学问、意志和行动四个方面阐释了中国传统文人治学的理想境界，以其精练的表达将儒家文化深邃思想汇集成"篇"，鼓舞学生奋进向上。该校训的官方翻译"Morality, Learning, Aspiration and Action"采用的是逐字翻译的方法，语义传达准确，尤为难能可贵的是将"志"翻译为"aspiration"与"行"

的翻译"action"互为头韵和尾韵，力图再现原文典雅的意境，然而译者虽良苦用心，但也未能完整地体现整个语篇庄重博大之感。

三　西安高校校训翻译对策

（一）丰富语言的表现形式

范武邱、范头姣（2008）指出校训翻译应该字斟句酌，尽量用最恰当的词把原文的语义充分地表达出来。然而他们只谈及了词汇的选择，并没有将校训作为一个独立完整的语篇来看待，没有从篇章结构上给出合理的建议。基于以上几则校训的翻译，我们可以看出翻译所选择的词汇都十分简练，与原文逐字对应，这就造成我们的校训翻译呈现出一个共通的模式，即四个名词并置。虽然这种形式十分简洁明了，但也不免有单调乏味之嫌。

与西安的大学相反，西方大学的校训简洁明了、形式丰富多样。杜克大学的校训"knowledge and faith"，西点军校校训"duty, honor, country"，斯坦佛大学校训"the wind of freedom blows"，哥伦比亚大学校训"in thy light shall we see light"，多伦多大学校训"as a tree through ages"。这些校训语篇除了使用我们最为熟悉的单词并置结构，也使用了句子和短语的结构。

再比较一下和我们有着共同文化背景的香港诸所大学的校训。香港城市大学校训"敬业乐群"出自《礼记·学记》："一年视离经辨志，三年视敬业乐群"，译文为拉丁语"Officium et Civitas"。该翻译虽然使用了单词并置的结构，却别出心裁地用拉丁语进行翻译，读者仿若置身于古老的经院，沐浴着古典文化的阳光。香港中文大学校训"博文约礼"出自《论语·雍也》："子曰：君子博学于文，约之以礼，亦可以弗畔矣夫。"意在教导学生广求学问，恪守礼法。其翻译"Through learning and temperance to virtue"摆脱了逐字翻译的模式，将原文中"博文"和"约礼"的并列关系，转化为用介词短语结构所表现的手段与目的的关系。这种灵活自由的变译凸显了中国儒家文化最高的道德追求——"礼"，并揭示了实现"礼"的途径 ——"求知"和"克制"。

基于以上论述，笔者认为除了使用逐字翻译，我们还应采用灵活多变的形式，丰富校训翻译。如西安外国语大学的校训"爱国、勤奋、博学、创新"可译为"To love the country in working hard; to innovate the world in knowing all"。该译文采用了"不定式＋动名词短语"的结构，前后对偶，朗朗上口，词汇方面选用了最常见的英文单词，体现了原文简单明了的特点。西北农林大学校训"诚朴勇毅"可译为"with sincere fortitude thou shall remain natural and courageous"，该译文摆脱了四字格的束缚，将中国文化中表达高尚品质的四个词语完整地统摄于一句话中，使原本独立存在、互不相连的四个词语融为一体。与此同时，"thou"的使用也为译文增添了些许古朴的色彩。

（二）增强诗学美感的传递

校训作为一所大学精神的表征，不仅反映了学校的价值取向、办学态度，也体现了它的审美准则。西方大学校训在语言审美上的特点表现为：语言简短精练，韵律性强。校训读起来朗朗上口，富有画面感，易于传播。如加州大学伯克利分校校训"Let there be light"，麻省理工学院的校训"mind and hand"，还有爱丁堡大学 校训"The learned can see twice"都简单易懂，易于人们熟记传播。除此之外，耶鲁大学曾经的校训"For God，for America，and for Yale"则非常富有乐感，语言中的韵律美十分具有感染力。

在翻译中，我们应该尽量模仿西方大学校训的特点，通过增加语言的美感，补偿在翻译中丢失的中国传统文化意象。清华大学的校训"自强不息，厚德载物"出自《周易》，这两句话气势磅礴、波澜壮阔，将天地之秉性赋予万千学子，使人产生无边无际的遐想。翻译"Self-discipline and Social Commitment"虽然无法再现原文恢宏的气势，以及文化意象，然而结构上的对称美和头韵的诗学美补偿了这一损失，可谓是一则较为传神的翻译。

在笔者所调查的八所西安高校中，没有一所大学能够在语体上完全体现音韵的美感，它们都是或多或少地运用了尾韵或者是头韵。如第四军医大学的校训翻译，前三个词押韵；西北工业大学的校训是前两个单词押韵，后两个单词没有韵脚。美感保留较好的应该算是西北大学的校训"Fairness，Integrity，Diligence and Simplicity"，单词两两押韵（fairness 和 diligence 押/s/韵，integrity 和 simplicity 押/ti/韵）。因故，笔者建议如若词汇无法完全押韵，则可选择两两对仗押韵，这样也会给读者带来节奏的美感，增强了译文的美学效果。

四　结语

大学的校训是一种特殊的文化形式，它反映了教育机构的人文素养与精神追求。中国大学的校训深深植根于中国传统文化的土壤，在当今联系日益紧密的世界，能否准确传神地翻译我国大学校训，关系着我们传统文化的对外传播，以及自身的国际形象等诸多问题。因此，在进行校训翻译时，我们应该对照西方大学的校训，丰富语言表达的形式，增强诗学美感的传递，使中国传统文化意象能够最大限度地传递给西方读者，从而获得较好的接受。

参考文献

杜争鸣：《从苏州大学校训中管窥中英互译原理》，《苏州大学学报》2007年第2期。

范武邱、范头姣：《中国大学校训翻译：问题与基本对策》，《上海翻译》2008年第2期。

麦新转、王玉芬：《文化视角下的大学校训翻译管窥》，《楚雄师范学院》2009年第7期。

张顺生：《致远至恒　务学悟真——谈苏州科技大学外宣资料的翻译》，《中国科技翻译》2006年第4期。

周高德：《老子道德经中的返璞归真思想及其现代意义》，《道教论坛》2007年第1期。

周永模：《大学校训的主要特点及翻译原则》，《中国科技翻译》2008年第2期。

附录：西安市八所高等院校校训汉英对照

西安交通大学：精勤求学、敦笃励志、果毅力行、忠恕任事
Rigor，Integrity，Determination and Loyalty
西安电子科技大学：厚德求真 励学笃行
Great virtue，Truth-seeking，Endeavor to study honesty in behavior
西北工业大学：公诚勇毅
Loyalty，Integrity，Courage and Perseverance
第四军医大学：团结、求实、创新、献身
Solidarity，Practicality，Creativity and Dedication

陕西师范大学：厚德，积学，励志，笃行

Morality, Learning, Aspiration and Action

西北大学：公诚勤朴

Fairness, Integrity, Diligence and Simplicity

西安外国语大学：爱国、勤奋、博学、创新

Patriotism, Diligence, Erudition and Innovation

西北农林大学：诚朴勇毅

Honesty, Austerity, Bravery, Stamina

翻译基督教：早期《圣经》汉译史略

史　凯

摘要：《圣经》汉译持续的时间久，牵涉的问题广，为人们认识和把握翻译活动的本质提供了重要的参考与借鉴。本文首先还原早期《圣经》汉译进程的基本样貌，在此基础上尝试总结几个具有代表性的问题。

关键词：《圣经》；翻译；脉络

一　引言

《圣经》是基督宗教的正典，其翻译历史久远悠长。公元前 3 世纪，以希伯来文和少量亚兰文写成的《旧约》被译为希腊文，即著名的《七十子译本》，由此开启《圣经》在不同语言地区的翻译流转进程。在 19 世纪现代印刷技术出现之前，《圣经》的全文或部分章节已经被翻译成 71 种语言（North，1938：2）。威克里夫国际联会（Wycliffe Global Alliance）最新的统计（2014）显示，包括方言和少数民族语言在内，《圣经》的全文或部分经文的译语版本数量已近 3000 种，是名副其实的圣言文字数千种。《圣经》在不同语境下的本土化进程既是教会传教的基准和延续的管道，也是人类翻译史上重要的代表性活动。那些发生在经文背后的碰撞、龃龉、选择和调和，映射出思想旅行的复杂性。本文主要从动态的历史角度钩沉早期《圣经》汉译的基本脉络，一窥当中的翻译启示。

二　从圣意到华言的译经史

（一）起：译业之始

在中国，有史可稽的《圣经》翻译的起点，可以追溯至唐代。公元635 年，叙利亚聂斯托里派（景教）传教士阿罗本从波斯抵达西安宣教，标志着基督宗教正式进入中国。后世出土的"大秦景教流行中国碑"碑文既有"真经""旧法""经留七十二部"和"翻经建寺"等字样，显示当时已有《圣经》翻译活动。又据敦煌鸣沙山石窟发现的景教文献《尊经》记载，贞观年间陆续有《摩西五经》（牟世法王经）、《诗篇》（多惠圣王经）、《撒迦利亚书》（删可律经）、《使徒行传》（传化经）和《保罗书信》（宝路法王经）五册新约分卷被翻译出版，可惜译本均已佚失（罗香林，1966；朱谦之，1993；翁绍军，1995）。景教在中国顺利发展两个世纪后，先后受会昌灭佛的牵连和黄巢起义的冲击，几乎绝迹于汉族世界，仅在北方边域的少数民族中传播。

（二）续：天主教的翻译事业

元朝时期，天主教进入中国，与景教并称为也里可温教，随蒙古政权入主中原，但因其传播范围仅限蒙古人和色目人，未与汉语文化产生实质性交融，因此并未形成真正的《圣经》汉译事件。[①]明政权建立后，缺少中土基础和汉人信任的也里可温教彻底退居漠北。

及至 16 世纪，以沙勿略（Francois Xavier，1506—1552）登陆广东上川岛为开端，天主教再度进入中国。罗明坚和利玛窦的文化适应策略把天主教正式引入汉文语境。二人极为重视文字于圣教之业的功用，刊刻出版了《天主圣教实录》《天主十诫》《天主实义》等中文信仰著作。它们虽然不属于狭义的《圣经》翻译，但毕竟是中文世界现存最早的基督宗教文献，不但开创了儒学释耶的本土化文本诠释范式，而且确定了一批今人使用至今的汉语神学词汇（张西平，2013），原生于中文语境指称中土思想典籍的"圣经"一词也在利玛窦等人的笔下拓展了意义的边界，与基督宗教的圣典联系在一起。[②]

1635 年意大利耶稣会士艾儒略刊印《天主降生言行纪略》，是首部以福音书为依据编译的耶稣生平记事。1636 年葡萄牙传教士阳玛诺（Emmanuel Diaz，1574—1644）刊印《圣经直解》一书，仿拟《尚书》文体

---

① 此间曾有方济各会来华教士孟德高维诺（Giovannida Montecorvino，1247—1328）在北京来信中声言已将《新约》和《旧约·诗篇》译入"鞑靼语言"，但由于其手稿早已难觅踪影，所指究竟为何语言，后人莫衷一是。

② 成书于北宋的《新唐书》卷五十七·志第四十七即有语，"自孔子在时，方脩明圣经以绌缪异"。文中"圣经"显然指以孔子为代表的儒家思想正典。到了利玛窦的时代，《天主实义》里的西士所言"圣经"一词所指已全然不同——"且夫天堂地狱之报，中华佛老二氏信之，儒之智者亦从之，太东太西诸大邦无疑之，天主圣经载之，吾前者揭明理而显之，则拗逆者必非君子也。"

翻译了《四福音》中的大段内容，据信是首部以"圣经"为书名的中文著作。此外，利类思（Ludovic Bugli，1606—1682）、庞迪我（Diego de Pantoja，1571—161）等耶稣会士出版的教义纲领和祈祷文里也收录了《圣经》片段的译文（费赖之，1995）。不过严格来讲，现有文献显示，整个 17 世纪并未出现《圣经》的全文译本。

《圣经》的完整汉译本要等到 19 世纪初年才由新教传教士完成，在此之前还有两部重要的天主教译本。一部是巴黎外方会传教士白日升（Jean Basset，1662—1707，又译巴设、白日陞、白日昇）与四川文人徐若翰（? —1734）合译的《新约》译本《四史攸编耶稣基利斯督福音之会编》，简称"白徐译本"。这是现存可考最早的《新约》译本。徐若翰协助白日升，依据拉丁文武加大本《圣经》（*The Vulgate Bible*）以文言文翻译了从《马太福音》到《希伯来书》的第一章的内容。它虽然未曾正式出版，却是《圣经》汉译史上一部承上启下的关键译本。细致的文本考辨显示，其篇名、人名、地名和宗教专名向上接续利玛窦和阳玛诺等晚明天主教士开创的汉译起点，吸收前代译家的成果，向下直接影响到新教中文《圣经》的首译，在天主教和基督新教的译经传统之间搭建起一座桥梁。即使在后来"译名之争"的论战中，新教传教士马礼逊也沿袭白日升的译法，主张以"神"翻译 God（朱菁，2014）。

另一部是耶稣会传教士贺清泰（Louis Poirot，1735—1814）的白话本《古新圣经》。《古新圣经》成书于清嘉庆年间，译者同样以拉丁文武加大本《圣经》为底本，翻译了其中 50 余卷的内容，几近全译。这个译本的独特之处在于，它开白话解经的先河，在尚古的"经"体之外探索基督宗教经典化的另一条道路。清中叶，奥古文言依然大行其道，白话俗语只属于难登大雅之堂的小道末流，贺译在词汇、句法和文体上展示了颇多激进的努力。译者的文本书写虽然有违中国语法传统，却立下白话现代性的首役之功（李奭学，2013）。

（三）转：新教的翻译事业

由于神学思想上的根本差异，天主教和新教对译经的立场态度和工作成就大不相同。

因宗教改革而生的新教主张《圣经》是超越一切神学著作和教会传统的最高权威，信徒的思想、工作、生活应以《圣经》的教导为引导和准则，有所谓"信徒皆祭司"和"自由解经"之说。天主教虽然同样承认《圣经》的权威，但极为强调教会传统和组织结构，教会掌握着经文的解释权，普通教徒无法自由读经。因此天主教虽然早已进入中国，其《圣经》汉译却进展迟缓，即使有贺清泰和白日升这样的敢为先者，译本也无缘刊刻，遑论大众阅读，第一部完整的天主教中文《圣经》甚至迟至20世纪60年代始得问世（思高本《圣经》）。而新教进入中国伊始，就把翻译中文《圣经》视为基础性的福音工作，伦敦会在派出首位来华传教士马礼逊（Robert Morrison，1782—1834）之前即通过决议，"翻译汉语《圣经》是有利于基督教的最重要目标之一"，马礼逊肩负的任务里就包括翻译"一部令人称赞的、忠于《圣经》的译本"。

　　1807年马礼逊来华正式拉开基督新教在华两个世纪的活动大幕，新教传教士成为推动《圣经》在中国经典化的主力军。从1810年起，马礼逊陆续翻译出版《新约》的单卷经文。1813年，他将翻译完成的《新约》全文出版，题名《耶稣基利士督我主救者新遗诏书》。此后，他联合伦敦会的第二位来华传教士米怜（William Milne，1785—1822）着手翻译《旧约》，耗时数年于1819年完稿。1823年21卷本的中文版《新约》和《旧约》在马六甲刊刻出版，这就是《圣经》汉译史上大名鼎鼎的"马礼逊译本"《神天圣书》。

　　就在马礼逊、米怜等人埋头苦作之时，毗邻中国的印度塞兰坡（Serampore）也进行着一项为天父传箴言的翻译工程。马士曼和拉塞尔（Joannes Lassar，1781—？）组成的翻译搭档先是在1810年通过当地的传道出版社出版了中文版《马太福音》和《马可福音》，逾三年又出《约翰福音》和《约翰书信》译文，至1816年推出《新约全译》。完整的《圣经》全本则在1822年面世。后世把这部经文与随后出版的马礼逊《神天圣书》合称为"二马圣经"。"二马圣经"对天主教士白日升的译本多有借重，马士曼的新约译本又较多地参考了马礼逊的成果，两人之间甚至为此爆发过激烈的论战（赵晓阳，2009）。据此而言，"二马圣经"似乎都算不得严格意义上的独立翻译，但它们毕竟标识着基督新教进入中国话语土壤的早期努力。马士曼与马礼逊的冲突与隙嫌，表面上是竞争者的声誉之争，其实质涉及基督教遭遇中国文化的过程中不同译者理解与诠释的博弈，指向宗教文化跨疆传播进程中无法回避的本土化与可译性的辩难。

　　"二马"贵为新教《圣经》汉译事业的开山鼻祖，但草创时期的译本难免瑕疵，随着其他传教士相继来华展开福音活动，对新译本的需求越发强烈。二马编著的字典工具和汉语研究专著则从技术上降低了后来者进入中文文本世界的难度。因此，在他们身后不久，后辈教士就启动了译本的修订与重译，《圣经》汉译活动日趋活跃，各种版本相继面世。至《和合本圣经》出版的 1919 年，百年间由不同差会和国籍传教士所译的中文《圣经》已具相当的规模。要之，可依据语体差异归为三类：深文理译本、浅文理译本和白话体译本。第一类译本包括二马译本、郭实猎译本、委办本译本、裨治文/克陛存译本、高德译本、怜为仁译本以及和合深文理本；第二类译本包括杨格非译本、施约瑟译本、包约翰/克陛存译本、和合浅文理译本；第三类译本包括官话译本和方言译本，以和合本官话译本这一集大成者为代表。

三　启示与结论

第一，经典在不同语境下的再经典化是一个累积建构的过程。现有研究表明，天主教汉译本之间、天主教与新教汉译本之间、新教不同时期汉译本之间在翻译策略和神学词汇上存在明显的承继与相互影响。罗明坚和利玛窦开启天主教西来圣书本土化的进程，经阳玛诺等人承继，又在白日升和贺清泰笔下实现扩充和突破，至思高本形成稳定的天主教汉语正典。"二马"在形式上确立了新教译本的起点，却割不断与天主教译本的内在关联。"二马"之后的历代基督新教译者在"出新"之际，无不融合前译的"陈"。今天中国基督教会通用的和合本圣经为"集大成者"之说，显然也包含着"源头活水来"之意，积累着来自多方面的解释。《圣经》汉译的历史脉络就这样呈现出纵向与横向的渗透、借鉴、融合甚至竞争。在此过程中基督宗教在中国文化土壤里的话语体系不断丰富、完善、壮大。一代有一代的翻译，一代又推动一代的翻译，这场《圣经》翻译进化史体现着解经传统的延续，又反映着信仰沟通者因应时代语境的新变。在变与不变之间《圣经》的汉译本行走在经典化的道路上，由外来的教义记录逐渐上升为汉语世界里另一种权威的思想文本。

第二，本土调适的方式与边界，或曰本土化的纠葛，是经典进入另一套社会和文化系统时必然要回应的难题。传教士相信，《圣经》包蕴着信仰和实践的唯一系统，纵使世间诸人内在的心性与外部的环境如何不同，《圣经》的教义、箴言和仪礼无不适用，因此依托语言载体进行传播时字字句句不容含糊，否则会影响带领世界走出无尽迷途的神圣事业。不过任何一种外来之学要进入相异的文化系统又总得从寻找可以引发接受者共鸣的具体路径开始。只有找到那个契合点，才有可能打开一名信仰的门外汉的耳朵，令其倾听上帝的声音，而突破就来自比附目标对象的某些方面。对于《圣经》译者而言，这意味着要通过概念和译体的求同来解决读者的认同问题。由此衍生的具体问题是：（1）芸芸众生的认知框架和文人精英的思想世界，求谁的同？（2）草根素语的浅白讲述和典籍雅言的词美意深，求哪种同？（3）求同之际，如何保真？

在经典翻译的跨文化、跨国界乃至跨世纪的接力中，一代代译者苦心思虑话语转换的奥妙，以便超越文本传统与文化结构的屏障，将目标读者带向真理与启示。面对"原意"与"译语"之间难以全然对等的张力，他们殚精竭虑地寻找着每一个时代语境里忠实与通达的平衡点，从这个角度而言，无论是具体的翻译问题引发的论战与分裂，还是早期译本最终湮灭在沉寂的历史中，其实都具有积极的翻译史和文化史意义。在译者继承和创新的过程中，原著在译语系统里的语文风格渐渐走向成熟，其诠释系统也日渐形成。

参考文献

North, Eric M., *The Book of A Thousand Tongues*, New York: The American Bible Society, 1938.

费赖之：《在华耶稣会士列传及书目》，冯承钧译，中华书局 1995 年版。

李奭学：《近代白话文·宗教启蒙·耶稣会传统——试窥贺清泰及其所译〈古新圣经〉的语言问题》，《中国文史哲研究集刊》2013 年第 42 期。

罗香林：《唐元二代之景教》，中国学社 1966 年版。

翁绍军：《汉语景教文典诠释》，三联书店 1996 年版。

朱菁：《汉译新约〈圣经〉"白徐译本"研究》，北京外国语大学中国海外汉学中心 2014 年版。

朱谦之：《中国景教》，人民出版社 1993 年版。

张西平：《简论罗明坚和利玛窦对近代汉语术语的贡献——以汉语神学与哲学外来词研究为中心》，《贵州社会科学》2013 年第 7 期。

赵晓阳：《二马圣经译本与白日升圣经译本关系考辨》，《近代史研究》2009 年第 4 期。

生态翻译学视域下的陕西省
旅游景点公示语翻译探究

杨关锋

摘要： 生态翻译学是国内学者胡庚申提出的全新翻译理论。本文着眼于翻译生态环境的整体性，以陕西省旅游景点公示语翻译为例，以生态翻译理论的"三维转换"方法为指导，即从语言维、文化维、交际维三个层面对陕西省的旅游公示语翻译所出现的问题进行系统分类，指出原因，提出恰当的改正方案。在此基础上，进一步探讨和论证了旅游公示语的汉英翻译技巧，以期为陕西省的旅游公示语翻译研究提供新的理论视角和实践指导。

关键词： 生态翻译学；陕西省；景点公示语；三维转换

一　引言

旅游景点公示语问题是一种公共场所常见的特殊问题。旅游景点公示语采用文字、图示、图片，或三者共同使用，起到标志、指示、警示，为旅游者提供信息的作用。这些公示语的汉英翻译在使用中具有实际的交际功能，以及提供信息和完成指令的作用。翻译得体的旅游公示语不仅为游客提供吃、住、行、游、购、娱等各方面的细心服务，而且是一个地区和城市对外交流水平和人文环境建设的具体体现，也是建设国际化旅游目的地的重要组成部分。反之，对旅游景点公示语的任何歧义理解、误解、滥用，轻则引起极大的笑话，造成不必要的麻烦，严重时甚至会导致非常恶劣的影响。陕西省作为全国乃至全球的热点旅游目的地，每年大量的国内外游客会如潮水般纷至沓来。随着来陕西旅游的外国游客的增多，全省的各个旅游景点的旅游公示语的汉英翻译质量显得尤为重要。然而，面对陕西省蓬勃发展的旅游业，与之相对应的旅游景区公示语翻译的质量却远远不尽如人意，完全不能适应陕西省旅游业的快速发展，成为制约陕西省旅游业国际化发展、吸引海外游客的瓶颈。旅游景点公示语英译中的错误随处可见，中式英语充斥着全省的各大旅游景点。这些问题严重地影响着陕西省的对外交流和整体城市旅游形象，削弱了对外宣传效果。

二 生态翻译学

（一）基本概念

生态翻译学是翻译界出现的新理论。胡庚申教授在达尔文"选择适应论"的理论基础上发展构建了"翻译选择适应论"，进而提出了生态翻译学。生态翻译学将生态学和翻译结合起来，是一种生态学视角的翻译研究。作为一个具有跨学科性质的翻译研究途径，生态翻译学对翻译进行了综观的整体性研究，即运用生态理性对翻译实质、翻译过程、翻译原则、翻译方法、译评标准等进行了全新的阐释。生态翻译学的理论基础为翻译适应选择论。该理论运用达尔文生物进化论中的"生态环境""适应与选择""自然选择""适者生存"等一系列基本概念和术语描述翻译并将翻译定义为"译者适应翻译生态环境的选择活动"。翻译过程是译者适应与译者选择的交替进行的循环过程。具体地说，翻译过程是译者对以原文为典型要件的翻译生态环境的"适应"和以译者为典型要件的翻译生态环境对译文的"选择"。此概念中的"翻译生态环境"已经远远超出了传统意义上的语境概念，而是"涵盖了文化、交际、社会等方方面面的源语世界和译者所面对的世界，语言、交际、文化、社会以及作者、读者、委托者等互联互动的整体，是制约译者最佳适应和优化选择的多种因素的集合"。鉴于此，译者在翻译过程中要综合考量各因素，不仅要注意语言层面上的转换，还要实现文化内涵的体现和交际意图的传递。生态翻译学的翻译原则即"选择性适应与适应性选择"；翻译方法侧重"三维"转换：语言维、文化维、交际维的适应性选择转换；评价翻译主要看译文的"整合适应选择度"，而评判译文的"整合适应选择度"，有"三个参考指标"：多维转换程度、读者反馈以及译者素质。也就是说，评价公示语英译的优劣，首先要关注译者是否做到了语言维、文化维、交际维的转换，是否多维度地适应了特定的翻译生态环境；其次要看读者的反馈和译者素质的高低。

（二）生态翻译学与旅游景点公示语翻译

学者方梦之进一步发展了生态环境的理论，将旅游翻译生态环境定义为：影响翻译主体生存与发展的一切外界条件的总和。旅游翻译的主体包括文本的创建者、译者、游客、旅游景区的管理者、翻译人才的培养者等众多方面。旅游翻译者的翻译实质，就是全方位地考虑旅游翻译生态环境，将自身的翻译活动与旅游翻译生态环境的所有因素协调起来，与该生态环境中各种因素多维互动、协调发展。具体来讲，就是译者在进行景区公示语翻译时，不仅要考虑到目的语的语言规则，还要考虑到目的语文化、源语言文化、当地政府和旅游主管部门的整体旅游规划、景区工作人员和游客的需求。只有这样，才能适应生态翻译学的要求。旅游翻译的生态环境包括语言文字环境、社会文化环境和政治环境。换而言之，旅游翻译的生态环境就是国家政治、经济和文化的大环境的综合体。随着中国改革开放的深化发展和综合国力的不断增强，建设文化强国的需求越发迫切。旅游翻译的目标已从早期的简单介绍的交际型旅游翻译转为文化推介的文化型旅游翻译，向外推介中国文化，树立我国的文化大国形象。陕西省是中华文明的发源地之一，文化底蕴厚重，代表着中华文化的主流。因此，陕西省旅游景区的翻译生态环境包含着中国传统文化，是中国传统文化的体现。虽然译者在翻译过程中受到翻译生态环境的影响，但译者并不是出于被动的地位。相反，译者在翻译生态环境中出于主动地位。如同生态学中的"生态群落"这一概念，译者处于翻译生态群落的主动地位，处于整个翻译生态环境的优势地位。译者的翻译过程受译者的语言功底、译者的文化敏感性、译者对翻译生态环境的适应性的制约。如同在自然界中，将某一植物从此处移植到另一处，它需要适应其周围的生态环境，否则就会死亡。

三　"三维转换"翻译方法

从微观来看，生态翻译是"一种翻译实践，该实践控制着弱势语言的使用者和译者，该译什么，什么时候译，怎么译"。其目的是要实现语言和文化交流的平衡。译者在多维度地适应翻译生态环境的基础上，作出适应性选择。其适应选择的翻译方法，可概略为"三维转换"，即相对集中于语言维、文化维和交际维的适应性选择转换。

（一）语言之维

在旅游景点公示语翻译实践中，总的原则是，忠实地传递语言信息，服务于宣传旅游景观的文化底蕴。下面以陕西旅游景点的公示语翻译为例，观察译者如何选择和适应以实现语言的再现。译者一定要根据具体情况，对源语从语言层面上作适应性选择，不能机械套用，必须适应目的语的语言习惯和规范。景点名称的翻译，大多不完全用音译，而是采取意译、音译或二者相结合的办法。旅游景点公示语翻译在充分考虑了翻译的整体生态环境后，首先应该考虑对语言形式的适应性选择。西安市公示语在语言形式转换上出现的错误颇多，包括以下情形：

1. 书写错误、拼写错误、语法运用错误、乱译等

大唐芙蓉园内有一处关于《西游记》人物雕塑的翻译，"Sculpture of 'ravels to the West'"。除了大小写不统一外，"ravels"一词拼错了，应改为"Travel"。而笔者认为"Journey to the West"则是《西游记》广为接受的译法。位于大雁塔南广场的大唐不夜城，它的名字被译为了"Great Tang All Day Mall"。该英文翻译所传递的含义为"只在白天营业的商场"。"All Day"就指白天，和"不夜"没有关系。这样的翻译只是考虑词汇的字面意义对等，没有注意到"不夜城"的深层表达意义，从而造成目的语读者的误解。笔者认为"The Sleepless Mall of Great Tang Dynasty"较好。西安北客站售票大厅门上有关"此门开放"的译文是"The door in used"，应改为"The Door is in Use"。再如，在长安兴教寺塔下的石碑上有"此处禁止乱涂乱写"，此句被翻译为"Please don't describe"。这样的翻译让人啼笑皆非。笔者认为，该句应翻译为"No Graffiti"比较合适。在秦始皇帝陵内，有一则关于"北逐匈奴"的汉英翻译，其中一句"秦始皇三十二年，派大将蒙恬率兵 30 万北逐匈奴七百余里"。译文是"In the 32nd year of his reign, Emperor Shihuang sent his general Meng Tian 300,000 troops who drove away Xiongnu invaders."."his general Meng Tian"与"300,000 troops"是上级与下级的关系，不能同时做"sent"的宾语，笔者建议在这两个名词间加"to lead"。另"匈奴"应该被翻译为"the Hun"。

2. 中式英语

如西安某景区的超市有这样的公示语"60 天无忧退货"，其译文为"60 Day Worry Free Return"。译文与原文字字对应，体现了中式思维，不合英语语法规则，建议改为"Worry-free Return in 60 Days"。在钟鼓楼的地下通道里，公示语"公安民警提醒：保管好财物，注意防扒"译为"The policeman remind: caution your property and beware of thieves"。这显

然根据汉语逐字对译，它不能正确地表达出此公示语的警示意图，也不符合英美国家的语言表达习惯。此翻译首先选词不太确切，caution 意为注意，留心；property，严格地讲为固定财产；而 thieves 意为入室偷盗财物的偷盗者；其次，"公安民警提醒"可以省去不译。所以确切的翻译应为 "Take Care of Your Belongings and Beware of Pickpockets"。可见，景点公示语的翻译不但要忠实地传达原文的信息，还应符合英美语言习惯，体现语言文化差异，从而使国外游客更好地感受西安浓厚的文化内涵。陕西某县的一个旅游景点在翻译"请勿拍照"时直接译为：NO TAKE A PICTRE。英译后的拼写错误 PICTRE 且不提，根据英语语法规范，表示"禁止"时，NO 后必须接名词或动名词，而此处 NO 后的单词 TAKE 采用了动词原形。况且此条英语公示语随处可见的，相关工作人员如果能稍微仔细一点就不会错译，也就不会给外国朋友留下不好的印象。建议译成"No Photography"。

3. 翻译中信息传达不全面

曲江寒窑遗址内有关"寒窑遗址简介"中有句"不久，边疆告急，薛平贵降服了'红鬃烈马'，赴西凉参战"。译文为 "After sometime, Mr. Xue Pinggui was ordered to serve the army in Xi Liang（nowadays Gansu Province）." 此处译文省译了"薛平贵降服了'红鬃烈马'"一句。笔者认为这是不妥的，通过查阅相关资料了解到，那时在当地常有"红鬃烈马"出没威胁百姓的性命，薛平贵降服烈马有功，唐王大喜，封为后军督府。王允参奏，改为平西先行。西凉作乱，平贵为先行。可见，薛去西凉参战与降服烈马有一定关系。若不译出，译文读者则难以全面理解原文。建议改译为 "Mr. Xue Pinggui was brave enough to tame a hot-tempered horse with brown-mane which was once a big trouble to endanger people's lives. After that, Mr. Xue Pinggui was ordered to serve the army in Xi Liang（nowadays Gansu Province）."

（二）文化之维

文化之维的选择转换，是指译者在翻译过程中要有文化意识，认识到翻译是跨语言、跨文化的交流过程，注意克服由于文化差异造成的障碍，以保证信息交流的顺利发展。因此，作为主体的译者应具有较好的文化意识，了解源语和译语文化的规范和惯例，熟悉各地风俗民情，会以独特的文化眼光审视源语，从而有利于对源语的充分认识和理解。相反，如果译者缺乏文化意识或文化意识淡薄，不关注译语读者的阅读经验和审美心理，那么就会忽略源语的文化图式，甚至损害其文化分量。

在骊山华清池当中，其中有一个杨贵妃的雕像，下面有个介绍其生平的翻译，将杨贵妃称为 Empress Yang。但是英文中的"empress"主要指"皇后，女皇帝"。意指极有权力、极其威严的女人，而这和人们心目中的杨贵妃相去甚远。在历史上杨贵妃是中国四大美女之一，英译中采用"empress"词体现不出这样的文化内涵，应摒弃。贴切的翻译应为"Concubine Yang"或"Lady Yang"。

中西方文化传统和思维方式的差异使得景点介绍语的语言风格大为不同。汉语旅游文本讲究声韵和谐、整齐对偶，大量使用四字结构，以求行文工整，声律对仗（陈宏薇，1998：86—88）。在描写景物时，采用比喻、夸张、拟人等修辞手段，以达到诗情画意、音韵谐美。例如，骊山五间厅东侧的登山盘道有一座桥形建筑物，每当夏秋日落时，自西向东望去，但见夕阳似火，红霞万丈，宛如雨后长虹，故名"飞虹桥"（姚宝荣，2001：336）。与汉语相比，英文旅游宣传资料则大多实景实写，表达直观通俗，通过提供细节来向读者显示出某种印象，让读者自己作出判断。由于汉、英旅游文本文体风格上的明显差异，英译时切忌字句上的简单生硬对应，而应力求忠实、再现自然，例如上句的英文翻译：Up the winding path, east of the Five-Room Hall, you will see a bridge-like structure. On summer and autumn evenings, the sun shines the bridge in a way that makes it very much like a rainbow. So it was named the Hovering Rainbow Bridge.

（三）交际之维

顾名思义，交际之维的适应性选择转换是指译者除语言信息和文化内涵的转换之外，把侧重点放在交际的层面上，关注原文中的交际意图是否得以体现。在翻译过程中，译者除适应译语读者的要求外，还要注意译文的预期功能，优化整合适应选择度最高的翻译。译者在适应原文的文化生态环境后，要作出相应的译文选择，在传译原文的语言文化色彩的同时，满足译语读者的阅读期待，实现源语的交际目的。对译文读者无用或用处不大的源语信息，译者应放开手脚，删除或简化冗词赘语，使译文符合英语行文习惯和读者的审美情趣，达到翻译活动沟通和交流的目的。例如"展出的 8000 个与真人真马一样大的陶俑陶马，造型逼真，神态各异，栩栩如生，宏伟壮观，表现了两千年前我国劳动人民巧夺天工的高超技艺，具有极高的历史、军事、科技和艺术价值。"译文："These Terra-cotta warriors and horses showing good workmanship of ancient Chinese working people 2000 years ago have a high value in history, military science, technology and in arts."

一些中国特有的表达方式以及汉语独特的语言结构，如果照字面译成英语，必然使不熟悉中国文化背景的外国游客难以理解。因此，为了更好地实现预期的译文功能，可酌情对那些一时无法翻译或者勉强译出的段落进行重新组织，甚至可根据译入语处理同类语篇的习惯加以改写。位于西安以西45公里兴平市东北的渭北塬上被称为"中国的金字塔"的汉武帝刘彻的陵墓，是西汉11座帝王陵中规模最大的一座。墓内随葬品极为奢侈丰厚，武帝埋葬时口含蝉玉，身着金缕玉衣，随葬的珍奇异宝无数。茂陵四周有二十多座汉室功臣、贵戚陪葬墓，其中主要有卫青、霍去病、霍光、李夫人等墓分布在陵的东西两侧。（茂陵）译文：Located in Xingping City, 45 kilometers away from Xi'an, Maoling is the tomb of Han Emperor Wu di (Liu Che) Of the11 imperial tombs in Western Han Dynasty, it was the Largest of its kind and had the richest funeral objects. It is called "the Pyramid of China". It includes the main satellite Tombs of Wei Qing, Huo Guang, Lady Li, ect. 译文中采用了篇章整合的形式，打乱了原文句序，将包含重要信息的句子提前，全段按内容调整为两个逻辑层次分明的复合句，重点突出主题信息的表达，并将汉语惯用的四字话语"奢侈丰厚""口含蝉玉""金缕玉衣""珍奇异宝"就译为简单的"the richest funeral objects"，紧凑了原文结构和语义，使信息更明确。

四   结语

旅游景点公示语翻译语要在目的语和源语两个系统中实现最佳平衡。这种平衡是在语言维度、文化维度以及交际维度上不断地进行相互的适应性选择和选择性适应的一种动态的过程。这就要求译者在翻译时必须考虑到中外两种语言的规则和文化，把公示语的翻译植根到整个旅游业发展的生态环境中去。只有进一步加强旅游公示语的翻译质量，才能更好地加快陕西旅游业发展，推动整个省的文化软实力的建设。

参考文献

胡庚申：《翻译适应选择论》，湖北教育出版社 2004 年版。

胡庚申：《从术语看译论——翻译适应选择论概观》，《上海翻译》2008 年第 2 期。

方梦之：《论翻译生态环境》，《上海翻译》2011 年第 1 期。

戴宗显、吕和发：《公示语汉英翻译研究》，《中国翻译》2005 年第 6 期。

张沉香：《功能目的理论与应用翻译研究》，湖南师范大学出版社 2008 年版。

周晴霖、李欣：《基于功能目的论的陕西旅游英语翻译》，《社科纵横》2008 年第 3 期。

胡庚申：《生态翻译学：生态理性特征及其对翻译研究的启示》，《中国外语》2011 年第 6 期。

赵铮：《生态翻译学关照下的汉语公示语翻译》，《宁波广播电视大学学报》2014 年第 6 期。

李琳：《功能翻译理论对旅游翻译的启示——以陕西旅游景点解说词的英译为例》，《旅游经济研究》2015 年第 3 期。

陈楚雄：《生态翻译学视阈下的河南省旅游景区公示语翻译研究》，《吉林化工学院学院学报》2015 年第 3 期。

语言与教学

基于元教学理论的研究生
公共英语教学反思

高延玲

摘要： 全球化、信息化时代对研究生的培养提出了多元化要求，在元教学理论指导下对研究生公共英语教学进行基于原点的理性反思，探索研究生英语教育教学的规律，是提高教学成效和研究生培养质量的根本保证。

关键词： 元教学；研究生英语；教学反思

一　引言

随着全球经济一体化的全面展开，国际交往与合作日益频繁，文化和学术的交流与竞争也趋向密切与激烈。研究生作为国家未来经济持续发展与文化纵深交流的实践者与新成就的铸造者，在很大程度上成为国家竞争力的要素之一。因此，必须给予研究生的培养质量问题以足够的重视。研究生公共英语课程作为研究生课程体系的有机组成部分，肩负着为国家培养专业精、懂外语，既有较强科研能力又有实际操作能力的高级复合型人才的重要使命。如何在英语教学过程中，从哲学的高度对研究生的语言能力、学术能力及思维创新能力的培养进行有效的思辨，从而构建较为完善的教师个人教学体系，应该成为研究生英语教师们关注的重要问题。元教学理论正是这样的一种回到原点、具有哲学思辨性质的高层次的理论反思，它不仅涉及教学过程的具体环节的反思，更重要的是，它还为英语教师的教学理念、教学哲学的构建提供了重要的理论基础和认识论依据。

二　元教学理论综述

"元"的英文为"meta"，意即"在……之后""超越"。它与某学科名相连所构成的名词，意味着一种更高级的逻辑形式 。具体说来，又可区分为两层含义：一是指这种逻辑性具有超验、思辨的性质；二是指这种新的更高一级的逻辑形式，将以一种批判的态度来审视原来学科的性质、结构和其他种种表现（唐莹：2002：13—14）。从本质上讲，元研究是一种科学研究的方法论。元研究不等同于反思，平常的反思只表现为用一些观念对另一些观念进行解释，元研究则是对观念的最后证明或向最后证明无限接近（郭元祥，1994：18）。

从"元概念"出发，元教学便是从教学的本体论视角，用元语言对教学进行逻辑分析，它超越教学现象本身，采用思辨的、批判的态度，"在教学之后"反思教学实践，即省察教学自身，从而在发展教学理论的基础上修补、完善教学实践，建构教师的教学实践哲学的过程（陈晓端，2011：151）。

就元教学的内容涵盖而言，陈晓端（2011：150—152）认为分为三个方面：一是"元"概念视域中的元教学，即超越教学现象的理论思辨；二是与元学习相关的元教学，涉及教与学两方面的主体活动，即作为元学习的主体（即学生）的认知建构及心理建构和与之相对应的作为元教学的主体（即教师）的教学实践的反思与批判；三是基于教学理解的元教学，涉及教学活动中的各个环节及与教学活动相关的各种因素，如教学资源、教学环境、教育技术、教学方法、教育评价，等等。概括而言，元教学是从元观点出发，对于教学活动的一种高层次的哲学认识和反思，不仅涉及"教师如何教"的问题，还涉及"教师如何帮助学生学""教师如何构建个人教学理论思维""教师如何持续发展""教学理论如何完善"等重要的教学实践与理论问题。

元教学对于教学活动有着积极的理论指导作用，具体表现为以下几个方面：

其一，元教学密切关注"教"和"学"两方面的主体活动，从而促使教学活动呈现良性发展和互动。教学活动是教师与学生之间的双向互动，一方面，元教学促使教师对于教学理念、教学设计、教学环节的展开、教学效果及其反馈等教学活动的重要因素进行积极主动的反思，在极大程度上提高了教学的可接受性和教学质量；另一方面，元教学综合关注学生的认知因素、心理因素、情感因素及其他非智力因素，有效提高学习效率，促成积极的学习体验。教师教学能力的提高与学生学习效果的改善使教学活动更加富有活力和吸引力，教与学双方教学相长、互相促进。

其二，促进教师的哲学思辨和教学理论的构建，从而提高教师的综合理论思维水平，提升教学活动的整体思维高度。教师的理论内涵、思辨能力、教育观、教学观等，不仅是来自其知识的积累、教学技能的熟练和提高，更是在较高逻辑思维层次上对于教学实践的不断反思、抽象思辨及理论概括，对于新一轮的教学实践产生全面而深刻的影响。而在新一轮的教学实践活动之后进行的持续的哲学反思和理论概括，会进一步提高教师的整体理论水平及思维高度。

其三，提高教师进行专业学习和理论学习的积极性，从而提高教师可持续发展的能力。在当今的信息化时代，包括教师在内的各种科学、技术从业人员都需要不断学习，了解行业最新动态，把握科技前沿，其中理论素养的提升成为重要的内容之一。元教学促使教师教学在实践的基础上积极反思，在学习新理论和提高思维水平的基础上不断丰富完善自己的教学理论体系，教学能力不断提升，从而实现个人的可持续发展。

其四，促进学科教学理论的不断发展与完善，从而促进教学实践活动的合理性和有效性的不断提升。学科教学理论的发展与完善离不开个体教师对于教学实践的主动反思和理论建构，在元教学理论指导下，个体教师的这种微观的反思和个人的教学理论构建将更加主动和频繁，这将促使学科教学理论从整体上的宏观丰富与发展，进而对于教学实践产生更加明确的指导作用。

其五，通过富有指导性的理论建构和针对性的教学实践活动，最终提高教学活动的成效，使学生学习效率及培养质量大幅度提升，实现教学活动的终极目标。教学活动是教育教学工作的核心内容，其最终目的是通过学科教学活动促成学生的认知建构、智力发展和心理建构。元教学是基于教学实践的教学理论概括与思辨，能够调动教学活动的各个要素，有助于教师的教和学生的学，促使教学良性发展，最大幅度地提升教学质量，从而为社会培养出合格的可用之才。

三　研究生公共英语教学的反思

近年来，随着信息化时代的到来，国际交流与合作的广泛开展，研究生教育教学工作面临着时代的机遇和挑战。为适应形势的发展需求，研究生公共英语教学也在不断地调整与改革之中。在教师、学生及教学行政管理部门的共同努力之下，改革中的研究生英语教学取得了明显的进步，教学效果有了很大的提高，但不可否认，这其中仍然存在着突出的问题。

其一，对研究生英语教学缺乏准确的定位，对研究生英语教学的重视和投入不足。

全球化时代的研究生作为国家培养的高级复合型专业人才，应该不仅能够进行专业领域的研究和创新，更重要的是了解国际学术前沿，借鉴国际同行的最近研究成果，同时将国内的研究成果推向国际，以提升其行业声誉。在此过程中，其英语综合能力起着至关重要的作用。在英语教学过程中更好地面对未来需求，从国际学术交流与竞争的广阔视野提高研究生的英语应用能力，为国家的经济及科技发展储备后续力量，应该是研究生英语教学的理性定位。

然而在现实中，许多高校——特别是中西部地区高校，仅仅把研究生英语教学作为本科英语教学的延伸，教学的着重点仍然是词汇、句法、语篇等基本语言要素，对于研究生未来工作中需要的跨文化交际能力、学术研讨能力、学术写作能力则未给予足够重视。在这种指导思想的影响下，学校对于研究生英语教学的资金投入十分有限。一方面，由于近年来的扩招，研究生的人数大大增加，而教育成本的不足导致师生比例逐年下降。研究生的英语课堂常常只能采取大班教学的形式，许多课堂活动无法展开，导致教学形式单一，抑制了学生的创新思维和对英语学习的兴趣，课堂教学效果不佳。另一方面，教育投入不足导致英语课堂无法将现代教育技术和教学设备融入课堂。在信息化时代，教材只是教学活动所依托的物化载体之一，而要培养具有开放性思维的高级人才，教师——无论是专业教师还是语言教师，都应时时为学生做出典范，成为现代技术的积极使用者和海量信息的有效利用者。然而令人遗憾的是，由于对研究生英语教学定位的失当，有些高校甚至还停留在"粉笔加黑板"的时代，课堂主要依靠教师与学生的"一对一"式互动，极大地降低了课堂效率，影响了学生批判性思维的培养。

其二，研究生英语课程体系单一，不足以满足研究生的多元化需求及社会对高级人才的需求。

首先，在当前的研究生英语教学改革中，不少学校都将基于网络的学习平台纳入教学体系当中，把相当多的学习资源放在学习平台上，供学生在课堂以外以自主学习的形式进行学习。这样的改革措施带来的结果喜忧参半。可喜的是研究生可以有更多的个性化选择，更加自由地安排自己课堂以外的学习，语言输入的形式更加多样化；但令人担忧的是，由此，有些学校减少了英语课的总课时数，有的甚至将听说课完全纳入学生自主学习的范围，课堂教学成为"精读教学"。在实践当中，由于网络平台的技术问题及人为管理不到位等原因，导致网络平台形同虚设，学生听说训练时数急剧减少，听说技能不升反降，结果造成课堂教学互动时学生听不懂、说不出的局面时常发生，进而影响到其语言综合能力的整体提升。

其次，语言教学与专业学习脱节，学生学习兴趣普遍不高。在目前的课程体系下，英语教学主要针对的是研究生听、说、读、写等一般语言技能的提高，教材主题以社会性话题为主。在教学实践中，为了改善教学效果，教师努力创新课堂活动的互动形式，如课堂导入、小组讨论、辩论赛、短剧表演等，以期让研究生能够积极参与，获得学习体验。然而由于这些活动主题与研究生的专业学习关系并不密切，而除此之外当前的课程体系并未设置研究生的专业英语课程，加上研究生对英语学习重要性的认识不足，学生常常缺乏对学习过程的积极主动参与。对于大多数研究生而言，通过学校的期末考试、拿到学分、通过英语四、六级考试是他们英语学习的主要动机。

最后，分级教学未能充分考虑研究生的学术背景等差异。分级教学是研究生英语教学改革的一项重要举措，其考量前提是针对研究生的个体差异，按入学时的英语水平进行分级并因材施教，使不同水平的学生都能够获得发展，使教学活动更具有针对性。几年的改革实践表明，分级教学在一定程度上满足了不同学生群体的语言学习需求，但另一方面，这种分级只把研究生入学时的英语水平作为分级的唯一变量，从而忽视了研究生未来的职业需求和专业发展。再加上实践中的大班教学形式，常常出现不同专业甚至是专业差异较大的学生被编入同一英语教学班级的现象，导致在课堂教学中，教师很难组织起与专业学习相关的主题研讨，只能就事论事、借教材进行适当的发挥。这样做的后果是日常教学与研究生的多元需求及未来的社会需求相互脱节，无法为社会培养有竞争力的人才。

其三，教学目标与教学方法的错位，教与学的效率偏低。

研究生英语教学的最终目的是使研究生在其专业领域内具有国际交流能力和国际竞争力。英语教学的过程是通过各项语言技能的训练，提升研究生的日常综合语言应用能力、英语专业文献阅读能力、英语学术论文写作能力及国际学术会议发表及交流能力。研究生英语教学应该在本科英语教学的基础上有着质的飞跃，然而现实的情况是，许多学校的研究生英语教学并未很好地与本科英语教学衔接，由于未能处理好学生英语水平参差不齐的问题，研究生英语教学的关注点仍然停留在大学英语教学的水平，有的甚至是大学英语教学的倒退。大量的课堂教学时间被用于训练学生的语言基础，课堂教学中仍以教师讲解为主，学生被动接受，忽视了对于学生专业的促进与发展，忽视了学生批判思维能力、创新能力的培养。即使少数考试得分较高的学生也出现"高分低能"的现象，即便能够大致理解英语专业文献的主要内容，但在进行英语论文的写作中连最基本的写作范式都不知晓，更不用说较为清晰地表达自己的观点和按照逻辑顺序层层论证了。更多的学生则对于英语学习抱着迷茫、懵懂的态度，不知为何而学，认识能力和思维能力都保持在较低的水平。这样培养出来的学生，不会用英语从事专业的学习及交流，根本无法适应国家发展、国际竞争的需求。

其四，教师理论水平及学术素养有待提高，教师亟待建构个人教学理论体系。

教师的教育观、教学观是教师基于教学理论的学习和积累并在教学实践的基础上不断进行理性反思后所形成的具有个体特色的、对教学实践产生持续影响的观念体系。同时，教师的教育观、教学观也是教师教学实践的逻辑起点，是指导和影响教学实践的教师观念化、系统化的理论体系，不仅是教师教学观念和教学方法论的集中体现，也对教师的教学行为起到定向和调节的作用。作为一种观念系统，教师个人教学理论体系涉及教师教学活动的方方面面，如教学目的、教学本质、教学价值、教学方法与策略、教学内容、师生互动、课堂氛围、教学效果、教学自我评价等。教师的个人教学理论体系则包括了个体教学本体论、教学价值论、个体教学认识论和个体教学方法论四个部分，而教师个体教学理论体系的形成并不是自然生成的，而是在很大程度上有赖于个体教师积极主动的建构。教师的个人教学理论体系同其专业知识、教学技能、专业精神一起成为决定教师专业素质的重要因素（陈晓端、席作宏，2011：74）。

近年来，由于研究生英语教学中师生比例的不断下降，个体英语教师的平均年工作量呈明显的递增形式，一线教师除了承担密集的授课任务之外，还要接受科研的量化考核，工作压力普遍较大。与从事专业教学的教师相比，从事非英语专业研究生英语教学工作的教师年龄较轻，学历和职称较偏低，大多面临着工作考评、职称聘任、提升学历等多重压力，许多教师忙于应付，身心俱疲。尽管多数教师都会在教学实践后进行自觉的教学反思，或者利用课间休息时间主动就教学中出现的问题与同事们进行热烈的探讨，并在这种反思的基础上不断调整其教学活动，但这种反思由于缺乏必要的理论依据和深入细致的科学调研，缺乏持续性、系统性和理论高度，因而具有随机性、任意性和感性的特点，不足以形成科学、理性的教学理论和观念，不利于教师建构相对稳定的、对教学实践产生持续影响的教学理论体系。对于研究生英语教学工作的实践而言，如果教学活动的实施者缺乏必要的理论建构，其教学活动的成效必然大打折扣。因此，必须重视教师的理论思维水平和学术思辨能力，积极引导教师主动建构个人的教学哲学。

其五，教学评价体系尚不能充分反映教学过程的动态变化，不利于学生积极性的发挥。

教学评价是教学实践的最后环节，也是对教学效果的检验与考核环节，对于教师和学生都有着重要的反馈和导向作用。随着近几年研究生英语教学改革的不断深化，教学评价体系方面有了一些显著的变化。在传统的校内期末考试的基础上，许多学校将"形成性评估"加入其评估体系，目的是加强对学生学习过程的监管和考评，从而引导学生注重日常学习行为和学习过程的参与。除此之外，全国英语大学四、六级考试也作为重要的考量，被用于对研究生英语教学的评价。与研究生英语教改前以考试为唯一手段的教学评价体系相比，目前的评价体系，能够考虑英语的学科教学特点，注重学生学习习惯的养成，评价形式更加丰富，这些都是值得肯定的方面。

但不可否认的是，现行的教学评价体系仍然存在着突出的问题，制约着教学活动的充分开展，不利于对学生的引导。一方面，在整个评价体系中，形成性评估所占比重太低，不足以反映教学过程中学生的行为差异。许多高校都采取了学期考试及形成性评估相结合的方式对教学活动进行考核和反馈，但形成性评估通常只占到20%—30%的比例，在其中又有课堂考勤、作业完成、活动参与等细化项目的分项评分，由于教师掌握的给分空间极其有限，所以很难通过这样的评价对学生在课堂上参与互动活动的语言质量和批判性思辨的质量进行有效区分。学生普遍认为只要出勤率达标，上课时参与课堂活动与否、自我发言的准备充分与否并不重要，最终起决定作用的还是学校的期末考试，其结果是学生课堂参与学习过程的积极性大打折扣。另一方面，考试内容不能充分体现学生的语言应用能力，与研究生英语教学培养目标距离较大。无论是校内考试还是四、六级考试，传统的选择题都占了很大比重，虽然听、读、写、译等技能都在考查的范围，但基本没有对口语表达能力的测试，更不涉及对研究生以英语为工具进行专业学习和研究的能力的考查。在这样的考试体制下，学生往往忽视平时的综合语言学习和专业英语学习，仅仅在考前背词汇、做模拟卷突击复习，以通过考试为英语学习的最终目的。

四　改进研究生公共英语教学的建议

研究生公共英语教学工作中出现的问题，是各种因素综合作用的结果。其一，就教师而言，其专业素质、教学理念、理论水平、哲学思辨能力、对教育的基本理解、教学态度、教学方法和策略的选取等，都渗透到其教学实践的各个环节，对于教学效果和教学培养目标的实现有着直接而重要的影响。其二，就研究生而言，其学习背景、认知能力、心理发展、情感态度等方面的差异会直接导致学习行为、认知策略、情感应对、思维发展、学习成效的显著差异。其三，就教育行政管理者而言，其对教育教学目标的定位、教育政策的制定、教学管理制度的设计、课程体系的建构、教学评估体系的调整、教学的资金投入及师资力量的培训与补充等，对教学实践的成败也产生到不可小觑的影响。

因此，为了保证研究生的培养质量，提高研究生英语教学的成效，各方面应互相协调，搞好配合。

第一，面向研究生的未来专业发展和社会需求，合理定位研究生公共英语教学，不断丰富和完善英语课程体系。在公共英语必修课的基础上结合专业学习和研究的需求，设置专业英语选修课程，开设专业英语文献阅读、专业英语论文写作、国际学术会议模拟等课程，在提高研究生综合语言技能的基础上，加大其用英语进行专业学术学习和研究的能力。

第二，完善分级教学体系。在当前初步的分级教学体制下，依据教育学和语言学的基本原理，科学探究细化分级分类教学的基础变量，将研究生的专业英语能力纳入分级分类教学的考量标准范畴，更好地因材施教，从而提高班级课堂效率。

第三，适当增加研究生英语教学的资金投入。信息化时代的教学离不开现代教育技术和教学设备的支持，同时也应增加教师的人员补充，为在岗教师提供继续培训、进修和提升学历的机会。

第四，教师努力提高自己的理论及思维水平，积极参与多种形式的教学实践，有意识建构科学、理性的教育观念体系。教师通过主动学习教育理论、专业理论，掌握基本的教学认识论和方法论，提高理论素养，增强科学研究意识，以科研促进教学，并坚持自我教学反思，更新教学理念，不断完善个人教学理论体系，并在教学实践中注重对研究生元学习、元思维、元策略的引导和培养。

第五，更新、完善教学评价体系，为教学工作提供合理的导向和参照。一方面，可以适当加大形成性评估所占的比重，引导学生积极参与日常的学习过程；另一方面，在考试中增大主观题的比例，在考察课本知识点的同时扩大考察范围，设计真实情境，如举办模拟国际学术会议、个人学术成果发表、小组辩论等，加强对研究生的学术英语运用能力的测评。

在新的时代背景下，研究生公共英语教学必须不断调整，以适应国家和社会对于高级人才的多元化需求。在元教学理论指导下，对研究生英语教学进行深入的理性反思，探索研究生英语教育教学的规律，是提高教学成效和研究生培养质量的根本保证。

参考文献

唐莹：《元教育学》，人民教育出版社 2002 年版。

郭元祥：《元教育学概论——元教育学的性质、对象、方法及意义》，《华东师范大学学报》（教育科学版）1994 年第 2 期。

陈晓端：《元教学研究引论》，《陕西师范大学学报》（哲学社会科学版）2011 年第 1 期。

陈晓端、席作宏：《教师个人教学哲学：意义与建构》，《教育研究》2011 年第 3 期。

高低语境文化在汉英语言结构上的对比分析

——兼谈其对大学英语教学的影响

黄　梅

摘要： 汉英两种语言在结构上的差异实则是两种文化特质在语言层面上的反映。在文化研究中，爱德华·T. 霍尔（Edward T. Hall）提出文化具有语境性，并认为中国文化是高语境文化而英美文化是低语境文化。本文在从字词构成、句式结构和语法的角度论证爱德华·T. 霍尔观点的同时，指出其对大学英语教学的影响作用。

关键词： 高低语境文化；字词构成；句式结构；语法；大学英语教学

一　引言

美国文化人类学家爱德华·霍尔（Edward T. Hall）在 1976 年出版的《超越文化》一书中提出文化具有语境性，并将语境分为高语境（High Context）与低语境（Low Context），简称为 HC 和 LC（Hall，1976）。霍尔认为："任何事物均可被赋予高、中、低语境的特征。高语境事物具有预先编排信息的特色，编排信息处于接受者手里及背景中，仅有微小部分存于传递的讯息中。低语境事物恰好相反，大部分信息必须处在传递的讯息中，以便补充语境中丢失的部分（内在语境及外在语境）。"（Hall，1988：96）也就是说，在高语境文化中，绝大部分信息来源于或内化于说话者当时所处的语境中和说话者身上，只有极少量的信息能从说话者的语言中获得。而在低语境文化中，信息主要是通过语言来传递的，通过语境和说话者传递的信息只是极少的一部分。由此我们可以看出，高语境文化中语义的承载主要不是语言性的，而是非语言和语境性的。传递信息时并不完全依赖语言本身，因为人们对语言的局限性有充分的认识。语义主要从存储的非语言及语境中衍生出来，信息不是包含于语言传输中。然而在低语境文化中，语义的主要载体是语言本身，非语言的及语境性信息对语义的影响是有限的，语义主要包含于进行交际的语言中。高语境中的信息解码更多地依赖交际者双方共享的文化规约和交际时的情景，而低语境中的信息解码则主要在言语中，交际信息对语境的依赖性小。霍尔通过研究得出结论："有着伟大而复杂文化的中国就处于天平的高语境一方"，而"美国文化……只是偏向天平较低的一方"（Hall，1988：201）。威廉姆·古迪孔斯特（William B. Gudykunst）将 12 个不同文化的国家按"低语境"到"高语境"的方式排列，其中中国文化具有高语境特性，而英美文化具有低语境特性。

霍尔的文化语境性研究不仅对跨文化交际具有重要的指导意义，而且在语言研究方面也同样具有宝贵的理论及现实参考价值。本文从字词构成、句式结构和语法的角度，论证霍尔提出的中国文化为高语境文化、英美文化为低语境文化的论点的同时，指出其对翻译活动、英文写作、大学英语教学的影响作用。

二 高低语境性的语言结构对比

不同的语言之间既有共性也有个性。其共性折射出文化的共核性，其个性则展示着文化的差异性。汉英两种语言在结构上的差异是其所在文化差异性在语言层面上的投射。这种差异具体表现在汉英字词构成、句式结构及语法中。

（一）字词构成

从汉英两种语言在"字"这一层面来看，汉语属于汉藏语系，是典型的象形文字，在经过数千年的变迁后仍基本保持着形义结合的特征。汉字的文字系统是以表意为主的，其发展先后经历了象形、指事、会意和形声等几种构造方式。象形是后三者的基础，也就是说象形字是汉字的基础。人们通过借助于字的形体构造便能明白其意义，而不是靠语音来表达。象形、指事、会意和形声将信息包含于其构造中，使汉字能够让人"望文生义"（张鲁宁，2003）。例如，"口""火""木""山"等象形字，其结构字形是其所指实物的图像化的结果。"口"字的构造很像一个人微微张开的嘴巴。"火"字像是一堆架起的火焰。"山"字让人想起群山绵延的形状。人们见到汉字中具体名词的构造就能识其义，是因为在人们的头脑中已有与之相关和共享的"预先编排的信息"（programmed information），这显然是中国文化的高语境特征使然。另外，汉字中的形声字以及构字的部首偏旁更能说明这一点。形声字在"六书"造字（象形、指事、会意、假借、转注、形声）中占有绝对比例，成为构成字的主要方式。组成字的部首偏旁则是构成汉字最直接、最基础的单元。汉字的偏旁系统很发达，而偏旁本身就是该字表义的重心，偏旁里浓缩的"预先编排的信息"对该字的基本意义起到了解释作用，从偏旁便知与该字相关的语义。例如，"燃""烤""炸""焊""烫""烧""爆"等字与火有意义上的关联。"枝""杆""板""树""桃"等字都与木有一定的联系。这里的"火"和"木"这些偏旁是预先编排的信息，以汉语为母语的人一眼便能识其义。这充分体现了汉语文化高语境的特征。

和汉语相比，作为印欧系语言的英语属于表音文字中的音素文字，英语中的词从表面来看与汉字大相径庭。作为拼音文字的英语，其象形的表义功能基本丧失。在英语词汇的意义传输中，单词的构形组成居于次要地位，全靠语音来表达，其文字系统的微观结构属于完全依据语音的任意性符号、音素变化组成词。英语的屈折变化形式多样，每种变化表达着词的词性、语法意义及语义。单词的语法范畴在这种形态组合下一目了然。而这种词外屈折（前缀、后缀）决定了形态的变化（蒋磊，2000：15）。英语中构词作用的词缀变化如：－ion、－ment、－ness 等为名词的后缀；－able、－al、－ful 等为形容词后缀；－ly、－ward、－wise 等为副词后缀。英语不像汉语的象形文字那样，几乎没有任何形义结合的特征，也就是说，英语中的具体名词的拼写与其所指实物在形态上没有什么联系。例如，英语中"man""fire""wood"等基本的名词与现实中的"人""火""木"等实物在形体构造上联系不大。而相应的汉字却与其所指实物的形体意义联系紧密。语音对于英语词汇的意义起着举足轻重的作用，而语境对词语基本意义的解释是不起作用的，缺少那种"预先编制的信息"。很明显，这是英语文化的低语境特征所致。

汉字是由笔画，即直线、点和对角线变体（撇、捺）、框、钩组成的方块字，原形结构图像性很强，任意程度低于表音文字，信息量却高于表音文字，个体自足性（结构独立、意义自释、词性内含）很强，视觉语义分辨率高（蒋磊，2000）；这些都是英语词不可能具备的，英语中除合成词外，有数以万计的单词都是非自释性的（non-self-explanatory），视觉分辨率也较低。汉语中许多字可以以形知义，而英语则不能，前后缀也大多作为词性的标志。中国文化的高语境特征使汉字的意义外化于人们的常识或语境中，而英语则不同，因为美国文化具有低语境性，语境解释功能弱。

英语的语音形态提供了该语言词法、句法、语义方面较完整的信息，而汉语句子的词法、句法、语义信息的大部分不是显露在词汇形态上，而是隐藏在词语铺排的线性过程中的（申小龙，1990：117）。也就是说，英语句子的大部分语言自身的信息已为其结构所显现，而汉语句子语言自身信息则需要透过词汇所在语境去把握其语法意义，需要人们的共享的知识去获取。另外，汉语中部分词汇的词素顺序是可以颠倒的，并且能够表达比较符合逻辑的语义。比如，海上—上海，人名—名人，会议—议会等，颠倒前后所表达的语义都是符合逻辑的，且词性不变。人们能够在实际应用中辨认其含义，语境起着不可替代的作用。当然，这也是汉语文化高语境性使然。而英语则不可以：greenhouse 、notebook、blackbird 转换成 housegreen、booknote 、birdblack 之后便不能表达一个符合逻辑的语义。

（二）句式结构

1. 汉英主语的比较

汉语在形式上，主语不限于名词性词语，各式词组以及不同的词类都可以做主语。汉语中的动词、形容词在句中通常是位于谓语的位置上，对主语加以陈述或描写，但它们也可以不经过任何形式的变化就直接放在主语的位置上。它们起着陈述或描写的作用，而位于主语的位置时，它们就起着指称性的作用，即以动作形态的名称作为描写判断的对象，本身不再具有陈述或描写的作用。例如：

（1）"坐""立"都不是。（2）"贫穷"不要紧，只要能够耐得苦。

"坐""立"是动词当名词用，"贫穷"是形容词当名词用，它们在句中做主语。这些句子的语法关系不是显露于外面，而是隐含于其词汇中，中国人可以利用语境把握其关系，在理解上不会有问题。

英语中，一般情况下，除了不定式或动名词可在句中做主语外，大部分的主语通常是名词、代词或动名词。英语中的主语一般必不可少，即使在祈使性分句中通常省略主语，不过主语是什么是不言而喻的。即使有些句子不需要参与者，主语功能也要由代词 it 来充当，而代词 it 几乎没有或完全没有语义内容。例如，代词 it 用来表示（a）时间（It's ten o'clock precisely. ）、（b）气象（It's freezing outside. ）和（c）距离（It's not very far to York.）。可见，英语句子必须有主语作为说明陈述对象，说话者必须向听者讲明陈述对象，信息清晰地显露于语言结构。

而汉语则不然，汉语句中无主语却是正常的。林语堂在《开明英文文法》中指出：英文动词老是需要一个主语，而中文动词却不尽然。在英文里，我们说 It rains，虽则未必真正知道什么下雨；或者是天，或者（更妥当一些）是雨本身。……It 往往没有鲜明的意义，只是满足英文文法需要一个主语的那个条件而已。……在中文里，如果动词的主语不存在的时候，我们不必一定要把它找出来或表达出来，例如"下雨了""不行了"。汉语不像英语那样以主语为必要的结构成分……汉语中主语省略的情况也很多，如果同一个主语第二次出现，汉语通常承前省略，而英语常用代词来代替。

因此，汉语的语法通则是，凡主语显然可知时，以不用为常，故没有主语是常例，是隐略。例如，毛泽东的"十六字令三首"中第一首是"山！快马加鞭未下鞍。惊回首，离天三尺三"。虽然整句话没有主语，但表达的内容既符合逻辑又语义清晰，母语为汉语的人凭语境解释功能便能明白该句的意思。要用英语来表达该句的句意，由于语境解释功能弱，则需用语法手段补充主语，信息须明晰地置于语言结构中，其对应英语表达为："Mountains! I whip my swift horse, glued to my saddle. I turned my head startled. The sky is three foot above me!"

2. 汉英谓语的比较

汉语句中的谓语复杂多样：它可以是动词、名词或形容词；可以是一个动词，也可以是多个动词，还可以没有动词；它可以是一个单词，也可以是多个词组。而英语的句式要求句子必须由动词充当谓语，且一个英语句子只能有一个谓语。例如，（1）天高云淡（形容词做谓语）。（2）他出国留学去了（连动式谓语）。（3）我介绍他加入协会（兼语式谓语）。（4）这项合同经理要签名（主谓词组做谓语）。汉语句子不受形态的约束，主谓结构灵活多变，句式呈"流散型"，词语间的语法关系要读者或听者利用语境去把握去意会。而要将以上句子译成英语，则必须补充动词或对两个动词作特殊处理，要么做并列谓语，要么转变成非谓语做其他句子成分。（1）The sky is high and the clouds are pale. （2）He has gone abroad for further studies. （3）I recommended him for membership of association. （4）This contract should be signed by the manager.

　　由此可见，英语句子有严谨的主谓结构，主语不可或缺，谓语动词是句子的中心；主语和谓语动词搭配，形成句子的核心，句法关系清晰地表露于结构中；英语词语的语法关系反映在单词形态及其排序上，一目了然于词语层面。而汉语的主谓结构较为复杂，主语和谓语形式多样；句子不求结构整齐，而求意思通顺；汉语词语的语法关系要读者去把握，靠的是逻辑联系，句子层面体现不出来。因此我们看出，汉语语法是隐性的，重的是意合，注重行文意义上的连贯，而英语语法是显性的，重的是形合，注重语言形式上的连接。汉英这种差别正如王力所言："就句子的结构而言，西洋语言是法制的，中国语言是人治的。"（王力，1954）这种特点还表现在汉英的句子结构形式上。

　　3. 汉英句子结构的比较

　　汉语是一种意合语言，往往用隐性连贯的方法来表示语法关系，在语言表达中较多使用结构松散、随意铺排的"流水句"式的短句、简单句。词与词、句与句等语言单位之间的结合少用甚至不用形式连接手段，而主要是凭借语义上的关联进行，其逻辑关系内化于句子中，内化于语言内，依据语境或共享的信息来判决。而英语是一种形合语言，比较注重句子结构形式的完整和逻辑的合理，句子中的限制和修饰成分可以不断叠加，形成严谨平衡、层次复杂的"多枝共干"式的长句、复合句，句子的逻辑关系依靠各种连接词、关系词、指代词等来表示。

　　例如，(5) 早知今日，何必当初？(6) 话不投机半句多。

　　上述汉语句子不使用任何关联词，却表达了假设关系，(6) 也可理解为条件关系，这一假设关系没有用明确的关联词来表示，而是隐藏于语义的逻辑中，听者需借助语境的解释功能来意会。如早知今日，何必当初？实际是"如果早知今日，那么何必当初？"而英语主从句是需用对应的关联词将其关系明确表示出来的。若要译成英语则为：

(5) If I had known it would come to this, I would have acted differently. (6) If/When the conversation gets disagreeable, to say one word more is a waste of breath.

　　由此可以看出，"If"作为条件句的标志，需出现在句子中以标明主从句的关系，句法关系已由 If 表达清楚，语境解释功能较弱，传递的信息编制于语言结构本身。

三　对大学英语教学的影响

　　汉语文化和英美文化分别具有高语境性和低语境性。这种语境性的不同表现出汉英语言结构上存在差异，这对翻译活动构成了不小的障碍。汉译英时，除了需要把包含于汉语语言本身的信息传输出来，更重要的是要把隐含于语境中的信息补充到低语境的英语中。例如，在汉语某些复句中隐含的主语、关联词等，译成英语时，必须补充完整。如果学生在翻译过程中，忽略了汉英在语言方面和语境方面的差异，每个单词、词组只是机械死板地对应翻译，以译语思维去造句，难免会译出西式汉语或中式英语。

　　学生在跨越汉英两种语境文化进行英文写作中会不可避免地受到母语的干扰。由于对英语的低语境文化特点缺乏了解，他们会不由自主地把英文写作置于汉语高语境文化模式下。例如，学生在写作过程中，因受到汉语话语表达方式的影响，常常写出的句子主谓结构不完整，一句话中多个谓语动词连用，有意或无意地疏漏表示不同逻辑关系的连词，导致不符合英语语法规范的句子出现，严重影响了写作质量。这就要求学生在遣词造句上遵循英语句子的特点，保证结构的完整和形式的严谨性。句子结构有主谓框架限制，主语和谓语是形成全句的主轴线，如有限制和修饰成分可以叠加，但要借助关联词语或其他的外形手段与主轴线相接。汉英两种不同的语境文化还影响到了中国学生在英文写作时的篇章布局。他们习惯于绕弯子，常常避开主题，语篇中往往以间接反复的方式展开，从宽泛的空间和时间入手，先提背景、原因或条件，最后再得出结论表明自己的观点，要靠读者揣摩信息，体会语言。而他们理应运用低语境文化的写作特点，结论或结果在文章一开始就要阐述，表明自己的观点，再分述实例或原因来支持结论，要点紧扣主题，语言传递着具体信息。

四　结语

　　季羡林先生在《漫谈东西文化》一文中提道："读西方语言写成的书，变格、变位清清楚楚，不必左顾右盼，就能够了解句子的内容。读汉语则不行，你必须左顾右盼，看上下文，看内在和外在的联系，然后才能真正了解句子的内容。"（季羡林，1994）此话精辟概括了分属不同语系的英语和汉语由于其文化背景的差异从而导致不同的语言表达习惯。文化语境性特征的内在差异外化于语言层面便是语法体系及语言结构的不同，进而句子结构、词语排列的不同，表达同一语法关系的手法也不尽相同（申小龙，1988：24）。在大学英语教学中，教师要指导学生从文化根源上了解汉英两种语言在语法和句式结构上的特点和差异，这将有利于学生克服汉语的负迁移，减少由此造成的语用障碍，从而提高学生掌握和运用语言的能力和教学效率。

参考文献

Hall，E. T.，*Beyond Culture*，New York：Doubleday，1976.

［美］爱德华·T. 霍尔：《超越文化》，居延安等译，上海文化出版社1988年版。

季羡林：《漫谈东西文化》，《中华文化论坛》1994年第1期。

蒋磊：《英汉习语的文化关照与对比》，武汉大学出版社2000年版。

林语堂：《开明英文文法》，外语教学与研究出版社1982年版。

申小龙：《中国句型文化》，东北师范大学出版社1988年版。

申小龙：《中国文化语言学》，吉林教育出版社1990年版。

王力：《中国语法理论》，中华书局1954年版。

张鲁宁：《浅析语言结构棱镜下的高语境与低语境文化》，《四川外语学院学报》2003年第1期。

状态词和属性词的概念特征和句法功能

摘要：本文以认知语法中的辖域和入场理论为基础，对汉语属性词和状态词的概念和句法特征进行了分析和对比，指出这两类词的本质区别在于二者概念特征的不同：属性词的直接辖域是由同类属性词构成的认知域，而状态词的直接辖域则是派生出该状态词的属性词构成的认知域。辖域特征的区别反映到句法层面上，主要表现为二者句法功能的差异：属性词主要用于区别和分类，主要功能是用作定语；状态词主要用于描写，主要功能是用作谓语。所谓状态词用作定语，实际上是状态词用作定语从句中的谓语。与英语中的 that/which 一样，"的"也是定语从句的标记，这就是状态词做定语需要附加"的"的原因。

关键词：属性词；状态词；辖域；指称

一 引言

自朱德熙（1956）首次提出"性质形容词"和"状态形容词"① 之分以来，这两类词的区别就成了一个充满争议的焦点。众多学者基于不同的理论，采用不同的研究方法，提出了一些富有创见却不尽相同，甚至相互抵牾的观点。

在语义层次上，多数学者（如朱德熙，1956、1982；沈家煊，1997；张敏，1998；蔺璜，2002）认为属性词表示性质，状态词表示状态，有

---

① 尽管状态形容词被公认为是形容词的一个次类，还是有一部分人认为应该把它从形容词中分离出来，如袁毓林（1995）和卢英顺（2005）就称为"状态词"。本文认为，状态形容词是否形容词的一个次类，需要进一步分析。为了行文的需要，本文暂且将状态形容词称为"状态词"，同时，为了不将性质形容词与传统定义的"形容词"混淆，将性质形容词改称为"属性词"。

些学者（如石毓智，1991、2000、2001；沈家煊，1995；张国宪，2004）从"量性特征"（包括"有界"和"无界"）的角度解释属性词和状态词的语义区别，张敏（1998）则认为属性词和状态词的语义区别主要体现在二者与中心语的"概念距离"上。在句法层次上，人们也认识到，这两类词在否定、做定语、做谓语、做状语和补语、名词化等方面都体现出一系列的区别。

　　根据乔姆斯基（Chomsky，1965），一个完善的语法理论不仅要满足观察的充分性（Observational Adequacy）和描写的充分性（Descriptive Adequacy），还要实现解释的充分性（Explanatory Adequacy）。按照这个标准，迄今为止语法界对属性词和状态词的研究还不够完善：无论属性/状态，量性特征，还是概念距离等语义层次的特征（详见第二节第二小节），都不足以对属性词和状态词句法层面的区别作出令人信服的解释。

　　针对这一现状，本文以兰艾克（Langacker，1987、1991、2008）提出的"辖域"（scope）和"入场"理论（grounding）为基础，试图找到汉语属性词和状态词在概念层面上的本质特征，并以概念层面的特征为基础，对这两类词的不同句法特征作出解释。

二　对属性词和状态词的认识

　　状态词通常被视为属性词的复杂形式，或带有程度义的形容词（朱德熙，1956、1982），这一点争议比较少。属性词和状态词在句法层次上的区别也没有引起太大的争议。但是，对于产生这些区别的深层原因，目前还没有形成比较一致的看法。

（一）句法特征

　　前人总结了属性词和状态词之间在句法层次上的一系列区别，例如，程度与否定的区别、做定语的区别、做谓语的区别、名词化的区别等。其中，最主要的区别是二者用作定语时的区别。

　　朱德熙（1956）把属性词和状态词充当的定语分别称为限制性定语和描写性定语，前者是分类的根据，后者用来描写所论及的事物的状况或情态。也有学者称前一种情况为区别性定语，或分类性定语（范继淹，1979；吕叔湘，1999）。

　　刘月华（1984）也作了限制性定语和描写性定语的区分，不过，刘文的限制性定语主要用于限定指称，而不是区别和分类。并且，按刘文的观点，由属性词和名词等充任的黏合式定语应属描写性定语，这正好与朱德熙的观点相反。

张敏（1998）提出了汉语的定语限定序列。在这个序列中，由左至右，定语确定指称的功能逐渐减少，刻画概念的功能逐渐增加；反之则刻画概念的功能逐渐减少，确定指称的功能逐渐增加。状态词在该序列中的位置处于属性词的左端，也就是说，状态词更倾向于确定指称，属性词则更倾向于刻画概念。张敏的观点实际上与刘月华的观点是相似的。

属性词和状态词在担任定语时另一个公认的区别是：属性词可以不带"的"直接修饰名词，如"白云""红布""漂亮姑娘"等，状态词必须带"的"才能修饰名词，如只能说"雪白的衬衫""红彤彤的晚霞"，不能说"雪白衬衫""红彤彤晚霞"。

（二）语义特征

为了对属性词和状态词的句法特征作出合理的解释，很多学者从语义的层次分析了这两类词的异同。

以朱德熙先生为代表的传统观点认为，属性词通常表示恒久的、规约的、客观的性质，状态词往往描写临时的、带有主观评价的状态（朱德熙，1956、1982；沈家煊，1997；张敏，1998；蔺璜，2002）。

有些学者则认为，属性词和状态词的语义差别体现为二者之间一系列对立的量性特征："量幅∣量点"的对立，属性词表示一个量幅，状态词表示该量幅上的一个量点（石毓智，1991、2001）；"连续量∣离散量"的对立，属性词属于连续量，状态词属于离散量（石毓智，2000a）；"有界∣无界"的对立，属性词具有"无界"特征，状态词具有"有界"特征（沈家煊，1995）；"弥散量∣固化量""隐性量∣显性量""静态量∣动态量"的对立（张国宪，2004）。

张敏（1998）用"距离象似性"来解释属性词和状态词语义特征上的差别，提出状态词与中心语的概念距离要远于属性词与中心语之间的距离。

（三）对"的"的认识

然而，要说明性质形容词和状态形容词的句法特征，尤其是做定语时加"的"与不加"的"的区别，仅仅讨论属性词和状态词的语义特征是不够的，还要结合"的"本身的功能进行分析。

自从朱德熙（1961）提出"的₁""的₂""的₃"之分以来，汉语界针对"的"的功能提出了各种各样的看法。迄今为止，对"的"的功能的认识，主要有"区别说""描写说"以及"分隔成分说"三类观点。

"区别说"以石毓智和沈家煊的观点为代表。石毓智等认为，现代汉语中的"的"由量词或指示代词语法化而来，因此"的"具有与量词和指示代词类似的功能，即"确立某个认知域的成员（一个或多个）"（石毓智、李讷，1998；石毓智，2000a、2000b、2002）。属性词做定语给事物分类时，一般都有明确的标准，所分出的类与类之间的关系是离散的，不需要"的"来确定认知域成员；状态词所确立的认知域的成员具有临时性和不稳定性，所以需要"的"帮助确认。这就是状态词修饰名词时需要添加"的"的原因（石毓智，2000b）。沈家煊（1995）也认为，"的"的作用是将无界概念变为有界概念。完权（2012）则提出，"的"的功能是"通过标记描写关系而达成认知入场"，还是认为"的"起到的是区别作用。

与"区别说"相对立的是以陆丙甫为代表的"描写说"。陆丙甫（1998，2003）认为，"的"本身的基本功能是做描写标记，区别（或指别）功能是描写功能在一定条件下派生出来的语用功能。

张敏（1998）则提出，状态词与中心语的距离更远，因此需要在状态词和中心语之间添加一个"的"，"的"起到的是分隔成分的作用。

（四）研究问题

"区别说""描写说"和"分隔成分说"都是为了通过分析"的"的功能，对状态词和中心语之间必须出现"的"这一现象作出解释。然而，所有这些假说都有一定的问题。

"区别说"认为"的"的功能是"确定认知域成员"（石毓智、李讷，1998；石毓智，2000a、2000b、2002），或"把无界概念变成有界概念"（沈家煊，1995），然而，既然状态词本身就是"离散"或"有界"的，为什么还需要一个区别性的"的"？

"描写说"也不是没有问题。张敏（1998）发现，与"甲₁式"相比，"甲₂式"可以将属性词的分类意义置于前景。也就是说，属性词加"的"反而能增加定语的区别性。对此，"描写说"很难解释。

同样，仅仅把"的"视为分隔成分也无法说明"甲₁式"和"甲₂式"的区别。另外，这种观点也无法说明其他语言（如英语）中并没有类似于"的"的分隔成分的原因。

　　总之，前人对属性词和状态词的语义特征区别以及"的"的功能的分析尽管都有合理之处，却未能对二者所担任的定语的不同性质，尤其是状态词须加"的"才能修饰名词的现象作出令人信服的解释。在前人研究的基础之上，我们重新提出并试图从另一个角度回答如下问题：

　　1. 属性词和状态词的本质区别是什么？

　　2. 属性词和状态词的句法功能有何区别？为什么状态词做定语时要加"的"？"的"的功能是什么？

　　3. 英语中也有一些词语（如 snow-white、pitch-dark 等），在概念上与汉语状态词非常类似，为什么它们和名词之间并没有一个类似于"的"的分隔成分？

三　属性词和状态词的概念特征

　　本节以兰艾克（Langacker，1987、1991、2008）提出的"辖域"（scope）概念以及"入场"（grounding）概念为基础，来说明属性词和状态词各自的认知基础和概念特征。

（一）辖域特征

　　辖域是兰艾克提出的"识解"（construal）概念中一个重要的组成部分。一个词的辖域，就是它所激活并用作其意义的概念基础的一组（或一个）特定的认知域（cognitive domain）。因此，辖域对该词语意义的解释起着至关重要的作用。

　　辖域可分为不同的级阶，身体部位词语是最明显的例子，如：

body > arm > hand > finger > knuckle（Langacker，2008）

　　其中 body 是 knuckle 的"最大辖域"（maximal scope，MS），而 finger 则是 knuckle 的"直接辖域"（immediate scope，IS）。

　　本文认为，属性词的直接辖域是由同类属性词构成的认知域，而状态词的直接辖域则是派生出该状态词的属性词所构成的认知域。图1显示了属性词"白"和状态词"雪白"的不同辖域。

　　如图1（a）所示，"白"的直接辖域是整个颜色域，说某事物"白"，是说它的颜色不是黑色、绿色，蓝色等其他的颜色。[①]

---

　　① 图1（a）中列出颜色序列只是显示了人们头脑中不同颜色的对比，并没有也不可能按照自然光谱的顺序。

而如图1（b）所示，"雪白"的直接辖域是属性词"白"所限定的认知域。说某事物的颜色"雪白"，"白"这个认知域就得到激活，其他程度的"白"，如"灰白""银白""洁白"等就成了"雪白"的参照。[①]

属性词和状态词概念层面上的区别正是它们各自不同的辖域特征的体现。

（二）入场方式

以上只是状态词和属性词在孤立状态下的概念特征的区别，要分析它们之间用法的区别，还需用到认知入场（grounding）的概念。

入场本是认知科学哲学中的一个重要概念，后由兰艾克用作认知语法的一个术语，用于揭示"所指实体与包括话语事件本身、会话者，以及会话者各自的知识范围的会话背景或会话情境之间的关系"（Brisard，2002）。在具体会话中，名词（noun）和动词（verb）需要经过入场要素（grounding element）的作用才能转换为完整名词短语（full nominal）和定式小句（definite clause）。

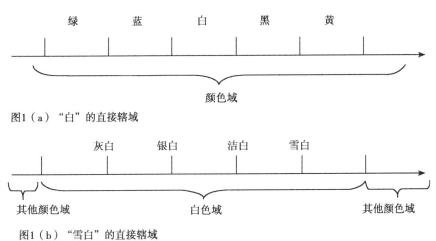

图1（a）"白"的直接辖域

图1（b）"雪白"的直接辖域

图1　属性词的辖域特征

入场之前的名词和入场之后的完整名词短语的关系，以及入场之前的动词和入场之后的定式小句之间的关系，都是"型（type）"和"例（in-

---

　　① 图1（b）中的白的各个程度并没有统一的客观标准，这里只是标明各种白分别占据了某个程度。

stance)"的关系。"型"用于分类（classificatory），"例"用于指称（referential）（Langacker，2008）。一个光杆名词指一类事物，一个光杆动词指一类过程。但在具体的语境中，人们往往需要指称具体的事物和过程，入场就成了必不可少的手段。

如图 1（a）所示，"白"的直接辖域是整个颜色域，以其他颜色为参照。对人们来说，白色和其他颜色的界限比较明确，把白色的事物从其他颜色的事物中分辨出来也就相对容易；相反，图 1（b）显示，"雪白"的直接辖域是白色域，以其他程度的白色为参照，而不同程度的白色是很难分辨的。换句话说，属性词由于参照域明确，所修饰的名词在具体的语境中入场就相对容易；而状态词由于参照不明确，入场就相对困难。

四　属性词和状态词的句法表现

属性词和状态词辖域与参照域的不同造成了二者入场方式的区别，入场方式的区别在语句中主要表现为指称方式的区别，后者直接决定了属性词和状态词在句中的不同功能和表现。

（一）再说区别性和描写性

朱德熙（1956）、范继淹（1979）和吕叔湘（1999）把属性词担任的定语称为限制性定语或区别（分类）性定语，把状态词担任的定语称为描写性定语；相反，刘月华（1984）和张敏（1998）则把前者担任的定语视为描写性定语，把后者担任的定语视为限制性定语。朱德熙等所说的限制是限制范围，刘月华和张敏所说的限制是确定指称，双方似乎都有道理。问题在于，状态词是否真的可以帮助确定指称？

如第三节第二小节所述，属性词参照域明确，所修饰的名词在语境中入场也相对容易，而状态词参照不明确，入场就相对困难。将朱德熙（1956）提出的甲₁式（属性词 + 名词）和乙类结构（状态词 + 的 + 名词）的指称特征进行对比，就可以验证属性词和状态词在这方面的区别。

为了考察甲₁式在具体语境中的指称特征，笔者在国家语委现代汉语语料库（http：//www.cncorpus.org）中搜索"白纸"，共命中 89 例。其中用于无指①的情况共 11 例，多用于比喻，这不在本文的考察范围之内。

其余 78 例中，相当一部分用于通指（generic），共 37 例，如：

---

① 对于指称，我们主要参照了陈平（1987）的分类体系。

（1）戴蓝色眼镜的人看白纸，他看到纸是什么颜色？

其余 41 例都用于单指，并且用于单指时，都是实指用法。其中 25 例有指示词或量词的引导，如：

（2）在美术编辑办公室里，张守义一手拿着啤酒瓶子，一手拿着画笔，在一张白纸上勾画着。

即便没有指示词或量词，"白纸"也能用于实指，这种情况有 16 例之多，如：

（3）我瞧见这一情景，就拿了一块硬纸板，画了格子，再拿白纸剪成 12 只小鸟。

对于乙类结构，笔者在语料库中搜索"雪白"做定语的情况，共命中 133 例，其中又分为语境中有多个实例和只有一个实例两种情况。

在有多个实例而没有指示代词和量词的引导的情况下，乙类结构不能像甲$_1$式那样用于通指，只能虚指不确定的某个（些）个体。这样的例子共有 32 例，如：

（4）在晴朗的日子里，人们常常可以看到雪白的、像纤维或者像羽毛一样的云片。

在有多个实例的情况下，要表示定指，乙类结构必须搭配指示词或量词，这样的情况共有 56 例：

（5）只见一只全身雪白的猫从匣子里跳出来。

（6）莉莉下意识地噙着右手的手指头，摇了摇头，但她的一双大眼睛却盯着远处那只黑眼眶，浑身雪白雪白的大熊猫。

当然，如果只有一个实例，则无须指示代词和量词就可以指称个体，这类例子共 45 例：

（7）塔顶上是漂亮的微波站，雪白的透花栏栅，沿着盘山道蜿蜒蜒地伸去。

可见，属性词和状态词的指称性有较大的不同。其一，甲₁式可表通指，乙类结构只能虚指不确定的个体。其二，只要语境允许，属性词可以直接确定中心词的指称，而状态词基本不能直接确定指称，往往需要指示词或量词的引导。

在汉语中，若要指称某个特定的单个实体，可以采取图 2 显示的三种方式（参看张敏，1998）：

1. 直接指称，即用专名或指示代词直接指称某事物（如张三、这个、那个等），如图 2（a）所示。

2. 先直接指明一个类，然后靠上下文及语境蕴含地指称此类中的某个例，如图 2（b）所示。

3. 指量定中结构（这个人，一本书）和领属结构（张三的书）的指称方式。这种指称方式的特点是，由于使用指示代词、量词以及已知的领属者作为参照点，可以直接指称该类中的某个体，不需要语境和上下文的帮助，如图 2（c）所示。

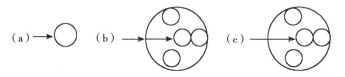

图 2　三种指称方式（参见张敏，1998：349）

甲₁式基本对应于图 2（b）显示的"由类及例"的入场方式，即先指明一个类，如（3）中的"白纸"，然后根据语境，指称具体的（几）张白纸（区别于其他颜色的或写过字的纸）。

乙类结构的指称方式可用图 3 表示。可以看出，图 3 类似于图 2（c）显示的直接指称的入场方式，例（6）中的"那只雪白雪白的大熊猫"实际上是先虚指（用虚线箭头表示）"白色的熊猫"这个集合中某个不确定的个体，再通过指示词指向其中的某个确定的个体。

指称方式的区别直接决定了属性词和状态词在句中的不同功能：属性词主要用于区别和分类，状态词主要用于描写，不能用于区别和分类的标

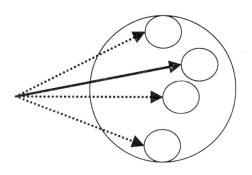

图 3 乙类结构的指称方式

准。从这个意义上说，朱德熙（1956）、范继淹（1979）和吕叔湘（1999）对属性词和状态词担任的定语的定性无疑更符合实际。

（二）"的"的功能

甲$_1$式和甲$_2$式之间形式上最明显的区别在于"的"的出现与否，因此将甲$_1$式和甲$_2$式进行对比最能体现出"的"的功能。

除了带"的"和不带"的"以外，甲$_2$式和甲$_1$式的区别还在于，甲$_2$式中的修饰成分不仅可以接受程度词修饰，还能被否定，如"白的纸→很白的纸→不白的纸"，而甲$_1$式的修饰成分既不能被程度词修饰，也不能被否定，如"白纸→＊很白纸→＊不白纸"。

在汉语中，否定是一个典型的句法过程，如果一个成分能被否定（个别固定用法除外，如"不法之徒"），就可以认定为谓语。对于这一点，赵元任（1968/1979：147）早就指出，带"的"定语可视为隐含的逻辑谓语。同样，张敏（1998：243）也认为带"的"定语具有微弱的述谓性。

也就是说，甲$_2$式的定语实际上是定语从句，"的"则是定语从句的标句词（complementizer），相当于英语中的关系代词 that/which。① "白纸"在英语中的对应表达应该是 white paper，而"白的纸"译成英语，则应该是 paper that is white，前者不能被否定，说成 not white paper，后者可以被否定，说成 paper that is not white，正是这种对应性的体现。

---

① 一些学者（如 Huang，1982；Li，1990；Ning，1993、1996）已经提出过类似的观点（石定栩，2011），不过并未为国内语言学界广泛接受。

　　从这个意义上说，状态词做定语时之所以要加"的"，是由状态词本身性质决定的。状态词主要用于描写，不能用于区别和分类，因此从本质上说，汉语中的状态词与动词更为接近，主要功能是用作述谓，即便要用作定语，也只能用作定语从句的述谓，也就是说，需要在状态词后加"的"转化成定语从句。

　　英语中也有一些在意义上与汉语状态词颇为接近的词，如 snow-white、pitch-dark、scarlet 等，然而，它们在用作定语时，并不需要在其后附加类似于汉语中的"的"之类的分隔成分。原因可能在于，英语中普通形容词（adjective）和动词（verb）的界限非常明显，形容词用作述谓时，需要在前面添加系词；相反，动词在用作定语时，需要转换成分词形式，snow-white、pitch-dark、scarlet 等词不具备时间性，不可能有分词形式，归入形容词是很自然的事情。既然普通形容词 white、dark、red 等可以直接用作定语，snow-white、pitch-dark、scarlet 等自然也不需要附加任何分隔成分。

五　结语

　　至此，对于本文开头提出的三个问题，已经可以逐一作出回答：

　　1. 属性词和状态词最本质的区别在于这两类词的辖域特征以及由不同的辖域特征导致的入场方式的不同：属性词的直接辖域是由同类属性词构成的认知域，而状态词的直接辖域则是派生出该状态词的属性词所构成的认知域；属性词由于参照域明确，所修饰的名词在具体的语境中入场相对容易，而状态词由于参照不明确，入场相对困难。

　　2. 二者入场方式的区别在语句中体现为指称方式的区别，而不同的指称方式又决定了二者不同的句法功能：属性词主要用于区别和分类，状态词主要用于描写，不能用于区别和分类。

　　定语和中心语之间的"的"相当于英语定语从句的标句词 that 或 which。状态词做定语之所以需要加"的"，是由状态词本身的性质决定的。状态词与动词具有类似的功能，主要用于述谓，只有通过加"的"构成定语从句，并担任从句的述谓方式才能修饰名词性中心语。

　　3. 英语中有些词与汉语状态词在意义上非常类似，然而做定语时并不需要任何类似于"的"的分隔成分的原因在于，这些词在功能上与动词相差甚远，与形容词更为接近。

当然，篇幅所限，本文只探讨了属性词和状态词做定语时的情况，两者之间其他方面的区别，如名词化和做谓语的区别等，本文均未能涉及。另外，本文也只考察了甲$_2$式和乙类结构中"的"的使用情况，对出现在其他位置的"的"，也未能加以关注。不得不说，这些都是本文的不足之处。

参考文献

Brisard, F. , "Introduction：The Epistemic Basis of Deixis and Reference", In Brisard, F. （ed.）, *Grounding：The Epistemic Footing of Deixis and Reference*, Berlin：Mouton de Gruyter, 2002.

Chomsky, Noam, *Aspects of the Theory of Syntax*, Massachusetts：The M. I. T. Press, 1965.

Langacker, Ronald, W. , *Foundations of Cognitive Grammar：Theoretical Prerequisites*, Stanford：Stanford University Press, 1987.

Langacker, Ronald, W. , *Foundations of Cognitive Grammar：Descriptive Application*, Stanford：Stanford University Press, 1991.

Langacker, Ronald, W. , *Cognitive Grammar：A Basic Introduction*, Oxford：Oxford University Press, 2008.

陈平：《释汉语中与名词性成分相关的四组概念》，《中国语文》1987 年第 2 期。

范继淹：《"的"字短语代替名词的语义规则》，《中国语文通讯》1979 年第 3 期。

蔺璜：《状态形容词及其主要特征》，《语文研究》2002 年第 2 期。

刘月华：《定语的分类和多项定语的顺序》，《语言学和语言教学》1984 年第 147 期。

卢英顺：《形态和汉语语法研究》，学林出版社 2005 年版。

陆丙甫：《从语义、语用看语法形式的实质》，《中国语文》1998 年第 5 期。

吕叔湘：《现代汉语八百词》（增订本），商务印书馆 1999 年版。

沈家煊：《"有界"与"无界"》，《中国语文》1995 年第 5 期。

沈家煊：《形容词句法功能的标记模式》，《中国语文》1997 年版。

石定栩：《"的"的基本功能和派生功能——从描写性到区别性再到指称性》，《世界汉语教学》2003 年第 1 期。

石定栩：《名词和名词性成分》，北京大学出版社 2011 年版。

石毓智：《现代汉语的肯定性形容词》，《中国语文》1991 年第 3 期。

石毓智：《语法的认知语义基础》，江西教育出版社 2000a 年版。

石毓智：《论"的"的语法功能的同一性》，《世界汉语教学》2000b 年第 1 期。

石毓智：《肯定和否定的对称与不对称》，北京语言文化大学出版社 2001 年版。

石毓智：《量词、指示代词和结构助词的关系》，《方言》2002 年第 2 期。

石毓智、李讷：《汉语发展史上结构助词的兴替——论"的"的语法化历程》，《中国社会科学》1998 年第 6 期。

袁毓林：《词类范畴的家族相似性》，《中国社会科学》1995 年第 1 期。

张国宪：《现代汉语形容词的典型特征》，《中国语文》2004 年第 5 期。

张敏：《认知语言学与汉语名词短语》，中国社会科学出版社 1998 年版。

赵元任：《汉语口语语法》，吕叔湘译，商务印书馆 1968/1979 年版。

朱德熙：《现代汉语形容词研究》，《语言研究》1956 年第 1 期。

朱德熙：《语法讲义》，商务印书馆 1982 年版。

英语专业本科毕业论文常见错误分析及其对英语教学的启示

吕敏宏

摘要： 每年毕业季，常有英语专业教师抱怨学生论文错误百出，有的甚至影响到读者对论文语意表达的理解。其原因多种多样，学生的语言基本功欠佳是这一现象的原因之一，极少数学生习惯于用汉语先完成，然后翻译成英文，甚至有学生直接使用百度翻译等机器翻译工具进行翻译。本论文基于笔者多年审读学生论文的经验和教学经验，分析了近五届英语专业本科毕业论文中的常见错误，以期对今后的英语教学，尤其是英语论文写作教学有所帮助。

关键词： 英语专业本科学生；毕业论文；错误分析

本科毕业论文常见各种各样的问题，如论文选题、论文规范、参考文献梳理、综述与论证、逻辑关系梳理等。然而，语言错误依然是让教师们感到头痛的重要问题之一。本论文主要分析英语专业本科毕业论文中的语言错误。在英语教学中，错误分析一直以来受到教师的重视，它不仅可以帮助学生提高英语学习能力，还可以提高英语教师的教学效率。本论文首先界定了错误的概念，分类分析了英语专业本科毕业论文中的常见错误和原因，并探讨了其对今后英语教学的启示。

一　对错误的界定

外语学习的错误分析起源于 20 世纪 60 年代，人们首先遭遇的一个问题就是对错误的界定和理解。英文研究资料中有多个对"错误"的措辞，诸如 misuse、deviances、fault、slip of tongue、slip of pen、error、mistake 等。这些措辞在汉语中均可表达"错误"的含义，语言学家们对它们的界定和使用较为模糊，甚至混乱。一些学者用 error 一词涵盖各种类型的错误，并不刻意区分它们之间的差别（Johnson，2002：59—74）。大多数学者主要区分了"错误"和"失误"两个概念，但他们引为术语的词语却常见出入。詹姆斯（James，2001：28）使用 fault 一词作为各种语言失误现象的总称，在其之下更有详细的划分，如失误（mistake）、口误（slips）、错误（error）、文法错误（solecisms）等。詹姆斯（2001：78—79）认为在语言运用中，意识性（intentionality）是区分错误和失误的核心所在。错误是对目标语的无意识（unintentionally）偏离，其中大部分源于学习者不完善的知识体系，因而是学习者无力自行感知并纠正的；而失误既包括了有意识（intentionally）偏离，也包括了某些无意识偏离，区别在于，失误非源于学习者知识系统的不完善，而且大部分是学习者可以自我意识并能自发纠正的语言误用。

早在 20 世纪 60 年代，英国语言学家斯蒂芬·考德（Stephen Pit Corder）在其颇有影响的《学生错误的意义》（The Significance of Lerner's Errors）一文中就对 mistake 和 error 作了区分（吴小华，1988：33）。他认为，前者是学习者在语言产出的过程中，由于记忆偏差、拼写失误，甚至过度紧张、疲劳、注意力不集中等原因导致的语言错误。这类错误突发性较强，且没有系统性，学习者能够自己意识到并改正。而后者则是学习者在建构目标语体系的过程中，由于语言能力的缺乏而导致的错误，不能轻易地被学习者察觉并改正。

杜雷（Dulay，1983：140）也将 mistake 和 error 作了区分。他在考德的基础上，又在属于 mistake 的类型上包括了因学习者随意猜测而引起的错误。乔姆斯基曾经划分了语言学习过程中的 competence 和 performance 两个概念，mistake 属于 performance 过程中的失误。这一类型的错误不是由于学习者的语言知识系统不完善而造成的，而是由于学习者没有正确运用其内在的语言知识系统，没有很好地表现出来，他具有一定的语言能力（competency），但是由于某种原因，其产出的语言行为（performance）受阻，因而不尽如人意。美国语言学家道格拉斯·布朗（Douglas Brown，1994：217）也认为 mistake 和 error 是两个不同的概念。

综上所述，无论使用哪一个词语作为术语，语言教学所在意的是错误，而非失误。失误是学习者在语言产出过程中的语言偏离，是学习者语言行为不慎的表现，而非学习者语言知识不足所导致的语言误用；而错误则指由于学习者缺乏目标语的知识而引起的语言运用失误，是学习者语言能力不足的表现，因此是学习者不能轻易地自我意识和纠正的语言误用。

本论文主要讨论的是后者。

二　错误分类分析

错误类型的分类错综复杂，相互重叠。桂诗春（2004：129—139）从语言学习认知角度，将失误分为单词层面上的词汇感知失误、词际层面上的词汇、语法失误和句子层面上的句法失误三大类。本论文在此基础上，将学生毕业论文中的错误分为四种类型：第一，单词层面的错误，如形似词的误用、意似词的误用、术语误用等；第二，词际层面的错误，如词汇搭配问题、副词的位置等；第三，句子层面的错误，如句子结构问题、句子语序问题、句子信息冗余问题等；第四，语篇层面的问题，如代词的任意转换、句子衔接问题、句序问题等，以下逐类分析。

（一）词汇层面

词汇层面的错误指某个词汇的用法错误，包括形似词误用、意似词误用、术语误用等。这类错误只发生在某个单词层面，与句中的其他词汇无关。形似词误用指学习者混淆了拼写相似的词汇，从而造成错误，如下面一组常见的误用词汇：ankle & anglc/ choose & chose/ shoot & shot/ hard & hardly/ export & expert/ expect & except/ terrified & terrifying。下面给出学生论文里的一个例子：The western capitalist began to come into the monopoly capitalism period in the latter half of 19th century. 很显然，这里学生把 latter 一词与 later 搞混了。有些形似词误用是学生的粗心错误，有些则源于学生词汇系统的模糊构建或想当然所造成的误用。

意似词误用也是学生常犯的错误，指学习者混淆了意义相似的词汇，从而造成错误。有时，这类错误源于学生惯于对应英语单词的汉语意思，想当然地用于英文写作当中，是母语在外语学习过程中的负迁移结果。如：If a translator misses the inner meaning of a sentence, literal translation will occur and it never expresses the real meaning of Chinese sentences. 不难看出，本句中 the inner meaning of a sentence 是想表达汉语"一个句子的内在含义"，但是英文通常并不这样表达，而是 the deeper meaning of a sentence。有时，这类错误源于学生在学习外语过程中的过度类推。如：Kincaid aroused the intense emotion covered in Francesca's bottom of heart. 本句意在表达"激发起内心深处潜藏的某种情感"。我们知道，cover 和 hide 两词均有"掩藏"之意，但用法仍有差异。柯林斯高阶英汉双解学习词典对 cover 的解释如下：If you cover something, you place something else over it in order to protect it, hide it, or close it，即"用某物遮盖住另一物，以保护、掩藏"；该词典对 hide 的解释如下：If you hide something or someone, you put them in a place where they cannot easily be seen or found，即"将某物放置起来让人们无法看见或无法找到"。显然，内心深藏的某种情感不能用 cover 而应用 hide 来表达，因此，本句应改为：Kincaid aroused the intense emotion hidden in Francesca's bottom of heart。

由于学生对某个专业领域不是太了解，导致术语误用的现象也时有发生。如：In the 1890's Symbolism gradually faced the danger of vanishing as a literary genre with the death of those three symbolists. 本句使用 literary genre 一词表达"文学流派"这一术语，而惯常的英文术语应为 literary trend。

（二）词际层面

与词汇层面不同的是，词际层面的错误并不只是一个单词的误用，而是发生在词与词之间的联系。这类错误最常见的是词汇的搭配问题，如：to solve the question。我们知道，solve 和 question 不能搭配，英语中的习惯说法应为 to solve the problem，或 to answer the question。学生论文中出现的搭配问题不仅限于动词和名词的搭配，还有形容词和名词的搭配，如：After a short happy time, she returned to her family out of the heavy responsibility. 这里，用 heavy 修饰 responsibility 来表达"强烈的责任感"不符合英语习惯。相同的概念用英文表达应该是 a strong sense of responsibility。因此，可将本句改为：After a short happy time, she returned to her family out of the strong sense of responsibility。类似的搭配问题还可见介宾搭配，如下面一句：Han Shan's poems in 1960s became more and more popular because of the following reasons. 在英语中，because 和 reason 不能连用，常见的可用 because of... 或 for the reason of... 两个短语给出原因，比如：Morning reading in learning English is very important for several reasons。又如：She was moved to tears when reading the letter because of the past love story between them years ago。因此，本例句可以改为：Han Shan's poems in 1960s became more and more popular for the following reasons。

词际层面的错误还表现在副词的误用上。一方面，有相当一些学生不知道副词的正确位置，如下句：Finally, possible solutions to producing Chinglish are given also through the lexical and syntactical levels。我们知道，复

合时态中副词的位置应该在助动词和分词之间，本句中，also 一词显然错置了。本句正确的表达应为：Finally, possible solutions to producing Ch-inglish are also given through the lexical and syntactical levels。令人不安的是，这类问题看似简单，却时有发生。副词的误用有时还表现在副词前后词汇的衔接上，造成结构松散，语意模糊。如：The Declaration holds that female is a free man naturally and possesses the right that is equal with male。此句中 naturally 一词的使用不够妥当，其原因在于理不清 naturally 一词是用来修饰系动词 is，还是用来修饰形容词 free。其实无论是从该学生的本意来看，还是从美国独立宣言的宗旨来看，我们都可分析出本句想要表达的意思是，女人和男人一样，享有平等的权利。因此，略作如下修改，句意就清晰多了：The Declaration holds that female is a free person by nature and possesses the right that is equal with male。副词的误用还有一种情形，虽不算是错误，却用得不够地道，如：Symbolism that he used in his writing affected French poems deeply。本句中，副词 deeply 一词放在句末并不影响句意，但从修辞美学的角度来看，整句话结构松散，语势较弱，可修改如下：Symbolism that he used in his writing deeply affected French poems。事实上，英语母语的使用者更适应后者的表达方式。

短语误用是词际层面错误的又一种情形。一些学生想当然地使用某些习语，比如把 in this way 写作 through this way。习语如同单个词汇，也有语域和搭配关系，有些词际错误便缘于学生不了解某一习语的使用范围和搭配习惯。如：He should fight it on to the end even in the price of his life。本句中 price 一词有"价格、价钱、标价"之意，但是 in the price of 并非固定搭配，且没有"以……为代价"的含义。按照句意，本句应改为：And he should fight it on to the end even at the cost of his life，因为习语 at the cost of 正有"以……为代价"的含义。

（三）句子层面

句子层面的错误较为繁杂，常见的有句子结构问题、句子词序问题、句子信息冗余问题、can 的滥用等。忽视平行结构是句子结构问题较常见的一类错误。有些平行结构问题非常明显，学生一经提醒，或自己修改论文时，自己可以意识到，如：In order to achieve the translation standard of faithfulness, expressiveness and elegance as well as make the translation more idiomatic... 这里的平行结构问题较为明显，其中 to achieve the translation standard of faithfulness, expressiveness and elegance 和 make the translation more idiomatic 是短语 in order to 并列的两个成分，make the translation more idiomatic 前的不定式符号 to 必不能少，因此本句应该为：In order to achieve the translation standard of faithfulness, expressiveness and elegance as well as to make the translation more idiomatic...

有时，平行结构方面的错误是隐性的，容易被学生忽视掉，如：It often happens to translators when parallel phrases are not well matched, and hence make readers feel uncomfortable and misunderstood。这里的 uncomfortable and misundersfood nderstood 这一结构作为 feel 的补语，表面看来是并列的，或说平行的，但是从语意上来说是错误的。因为 make readers feel uncomfortable 是合理的，但是 make readers feel misunderstood 是讲不通的。根据句意，可尝试将本句改为：It often happens to translators that parallel phrases are not well matched, hich makes readers feel uncomfortable and misunderstandings arise accordingly。

词序问题是句子层面错误的常见表现形式之一。常有学生表达类似"……年以后"这样的概念时，写作 after several years，而非 several years later。再看下面这个句子：The novel's author Waller was well-known overnight. 本句主语部分的 The novel's author 和 Waller 是同位成分，按照英语的习惯不能这样直接并列在一起，可将 Waller 做主语，然后将 the novel's author 做主语的同位语，前后用逗号隔开，即：Waller, the novel's author, became quite well-known overnight。又如：A devoted image of a mother appears in front of readers。表面看来这是词序错置的小问题，实际上是一个语意逻辑混乱的大问题。其实学生想要表达的意思是：An image of a devoted mother appears in the mind of the readers。

句子信息冗余的现象很多时候是汉语行文和思维习惯对学习者产生影响的结果。中文习惯使用诸如"……问题""……局面""……局势""……工作""……现象"等概括性的范畴词，学生常常受此影响，在英文写作或翻译中添加 problem、situation、phenomenon 等词。常见的此类概括性范畴词有：说服工作（persuasion）、准备工作（preparation）、自满情绪（complacency）、敌对行为（antagonism）、测量办法（measurement）、落后状态（backwardness）、紧张局势（tension）、疯狂行为（madness）、不规则现象（irregularity），等等，不一而足。如下句：And the natural love to her husband and children influenced her decision to return to the reality life. 这里的 reality life 明显是学生与中文 "现实生活" 的对应, 事实上, "现实生活" 用 reality 一词表达即可。又如: There are three main sources which cause Chinglish problem in C-E translation。其中的 Chinglish problem 对应的是中文常说的 "中式英语问题", 从中可明显看到中文对学生写作的影响。

(四) 语篇层面

语篇层面的问题更是呈现多样性, 如连接词误用或欠缺、句子衔接问题、任意转换代词、句序问题等。使用连接词是结构语篇的重要手段, 学生论文写作中常常误用连接词, 或不用连接词, 造成语意模糊的现象。如: It shows from what we have discussed above that both Jane Eyre and Tess are born in the same period of the same country, while their destinies are apparently different。这里, 学生知道需要一个转折连词, 却误用了 while。再看下面一个语篇:

The Bridges of Madison County is partially based on the author's own experiences. And it has ever stimulated people's sense. The two main characters' story in their four-day affair has ever overpowered many people. They never meet again, but their spirits are interlocked until death. In many years, people have stopped making discussion on it from various angles. *The San Francisco Chronicle* praised the novel as "lyrical... sensuous and sensitive... a tale of lasting love", while *Entertainment Weekly* called it "... a short, poignant story, moving precisely because it has the ragged edges of reality." <u>Other reviewers criticized the novel as sentimental slush</u> "contrived, unrealistic dialog" and "a trite storyline". And some comments held the idea that using the topic of extramarital affair in his novel Waller conveyed the downside sentiment to people and made a negative influence on society.

该语篇中, 论文作者从正反两方面论述了公众对小说《廊桥遗梦》的评论。前半部分论证该小说在各个方面的成功, 并给出多个细节以佐证, 如知名刊物的盛誉。从画线部分开始, 论文作者陈述了一些评论家对该小说的负面评价, 两者之间没有任何过渡性或暗示性话语, 显得有些唐突。这里若是加入 however 之类的转折性连接词, 即: ... However, there are also some other reviewers criticizing the novel as..., 语意会更加清晰。

结构语篇时随意转换代词是行文错误的另一种形式。如：As a student majoring in English translation not only need to learn some vocabulary and background knowledge，but also need to learn some translation strategies and methods to improve our translation ability。这里，our 代替的应该是前文的 a student，如此，两者之间就产生了矛盾。我们或者把 our 改成 his/her，或者把 a student 改成 students。类似问题在学生的毕业论文里较为常见。另外，逻辑句序不合理也是造成语篇失误的原因之一。如下一个语篇片段：

①The category of culture has always been wide and miscellaneous，involving every aspect of life，so teachers can hardly cover all relevant cultural knowledge in the classroom. ②Large amount of reading will not only improve the students' reading skills，but also cultivate their cultural awareness，which will subconsciously be applied in practical language use. ③In order to effectively increase the students' knowledge of language and culture，it is necessary to encourage students to do a lot of reading，whether in class or after class.

这一片段有三层含义：一是文化内容万千，不可能全都在课堂上掌握；二是大量阅读不仅能训练学生阅读技巧，而且能扩大学生的文化知识，从而潜移默化地帮助学生正确使用外语；三是为了能有效地提高学生的语言技能和文化知识，教师应该鼓励学生扩大阅读量。按照汉语思维习惯来看，本段的论证似无不可。但是，由于英汉两种语言表达和思维习惯不同，英语的语意重心往往落脚于句子前面，由此，英文学术论文的论证习惯也是首先交代最重要的信息或论点，然后再陈述论据。因此，该语篇片段的句子顺序若改为①③②，则更加符合英文学术论文的论证习惯。

三 错误成因分析及其教学启示

外语学习过程中的错误分析对教师、学生以及语言研究者来说都具有重要的意义，其中错误成因研究更是错误分析的核心所在。考德（1981：56—58）按照错误产生的时间，总结了三种类型：第一，系统形成前的错误，指学习者在尚未很好地掌握外语前，利用现有的外语语言知识进行表达和交流时所犯的错误。此时，学习者往往不能自己察觉到所犯的错误，更不会自我改正。第二，系统形成过程中所犯的错误，指学习者在外语学习过程中已掌握了一定的外语语言知识，并逐渐形成系统，但不够完整，此时，由于理解偏差等原因仍会犯各种错误。第三，系统形成后的错误，指学习者在外语学习过程中，已掌握并构建了较为完整的外语知识系统，但由于不够熟练，仍会出错。此时，学习者能较好地意识到错误之处及其原因，并自行改正。这一归因方式涵盖较广，但由于学生（尤其是毕业班学生）对语言掌握的程度参差不齐，很难界定学生的某一个错误属于哪一个学习阶段，即使是同一年级的学生也可能处于不同的学习阶段。

较为常见的成因分析是将错误大体分为两个类型，即语际干扰和语内干扰。语际干扰也被称为母语干扰，指外语学习过程中，学习者已有的母语语言知识体系和文化背景对学生的影响。当学习者已有的母语语言知识体系和文化背景对学习者有所帮助，产生积极影响时，就形成学习者学习外语过程中的正迁移，反之，则被称为负迁移，即母语干扰。就中国学生的英语学习而言，因为中英两种语言文化系统存在较大差异，因而汉语对英语学习者常常带来较大的负迁移，这在学生的学习产出结果中常见，无论是作文练习还是口语交流，论文写作中更是如此。语内干扰，指学习者在外语学习过程中，往往容易忽视规则的限定性，根据所学到的有限的、不完整的外语知识体系作出不正确的类推或过度概括。这类错误与学习者的母语无关，而是由于学习者对内化的外语语言规则的不准确运用所导致的。语际干扰和语内干扰便于操作，比较容易分析出学生出错的原因，然后有针对性地启发学生、帮助学生察觉并改正错误。

通过上述错误分类分析，我们看到，一方面，本科生毕业论文里的错误有考德所分析的三个阶段的错误，有些错误是他们可以自察并自行纠正的，有些则源于他们所构建的知识体系不够完善，或掌握得不熟练。这类错误是他们不能自察的，因而需要教师予以帮助和指导。另一方面，本科生毕业论文里的错误既有母语干扰的负迁移，也有来自学生所学外语基础上的过度类推等导致的语内干扰性错误。

语言学习重在细节和点滴积累。首先，教师要鼓励学生多读英语，强化英语语感。强化语感需要从细节入手，以词汇搭配问题为例。词汇搭配不当是学生写作中常犯的错误之一，教师在平时的教学中要及时地帮助学生发现标准的词汇搭配关系，培养和提高学生在阅读中辨识词汇搭配的能力。教师有时会认为某一语言现象属于常识问题，因此平时讲课容易被忽视，认为学生已经掌握，不必再提，其实语言学习见在细节，也许老师不失时机地点化一下，会引起学生注意，从而尽可能避免类似错误。比如，学生的毕业论文里有一种现象非常普遍，就是 can 一词的滥用。最常见的句型是 From what we have discussed above，we can see that...（对比：From what we have discussed above，we see that...）。类似的句子比比皆是：It can help English learners to bridge the cultural gap and enhance the awareness of cross-cultural communication。（对比：It helps English learners to bridge the cultural gap and enhance the awareness of cross-cultural communication.）又如：These materials can give foreigners general information of China。（对比：These materials give foreigners general information of China.）类似 can 的滥用问题，是学生英语写作中受汉语影响的负迁移结果，对于很多学生而言是不可自察的，但多加提醒，是可以尽量减少的。

其次，教师要注重学生语篇知识的积累，在平时的课堂上可以设计一些篇章结构分析和讨论的活动，以训练学生的逻辑思维能力、论点阐发能力和篇章架构能力。同时，教师可以建议学生看一些论文写作技巧方面的书籍或文献，帮助学生熟悉英语学术论文中惯常的论证习惯，掌握基本的学术论文写作技巧，提高论文写作能力。此外，教师还应注重培养学生的科学研究能力，据熊淑慧和邹维诚（2011：22）的研究发现，语言学习者的语言能力与其研究能力同步发展且相互作用。另外，教师是学生语言知识与习惯的最直接输入者，因此，教师要努力提高自身语言能力，注意语言输入的正确性和高阶性，有利于帮助学生在潜移默化中提高语言能力。

四　结语

错误分析帮助学生意识到自己所犯的错误以及出错的原因何在，从而有意识地规避错误，减少出错的概率。同时，错误分析帮助教师发现学生语言学习过程中的薄弱环节，认清教学重点，便可有的放矢，提高教学效率。本科生到毕业时，从理论上讲，应该已经基本完成了英文知识与文化系统的构建，但由于中英两种语言文化系统的差异较大，仍然会因为语际干扰和语内干扰而不同程度地出现各种错误。有些错误比较容易自察自纠，有些则因英文知识体系不完善，或对英文知识运用不熟练而不为学生所自察。错误的发生多种多样，且潜在于字、词、句、篇等各个层面，这就要求教师从细节入手，帮助学生养成多阅读、多思考、多训练、多积累的良好学习习惯，如此才能尽量减少论文写作中的语言错误，提高论文写作水平。

参考文献

Brown，H. D.，*Principles of Language Learning and Teaching*，N. J.：Prentice Hall Regents，1994.

Corder，P.，*Error Analysis and Interlanguage*，Oxford：Oxford University Press，1981.

Dulay，H.，et al.，*Language Two*，Oxford：Oxford University Press，1983.

James，C.，*Errors in Language Learning and Use*：*Exploring Error Analysis*，London：Longman，2001.

Johnson，K.，*An Introduction to Foreign Language Learning and Teaching*，New York：Pearson Longman，2002.

Xiong Shuhui, Zou Weicheng, "Developing Chinese Undergraduate English-Majors' Research Article Writing Competence"，*Chinese Journal of Applied Linguistics*，2011，Vol. 34，No. 2.

桂诗春：《以语料库为基础的中国学习者英语失误分析的认知模型》，《现代外语》2004 年第 2 期。

吴小华：《浅谈"错误分析"的新模式与发展方向》，《湖南大学学报》1988 年第 2 期。

网络技术支持下大学英语自我调控词汇学习模式探析

马　萍

摘要：通过学习策略培训，培养外语学习者自主学习能力一直是词汇教学的一个重要目标。自我调控学习是自主学习能力培养的重要组成部分，其理论对语言学习策略，尤其是对元认知研究起到很好的借鉴作用。与传统的课堂策略教学相比，使用网络技术以促进学习者自我调控学习策略的使用已成为自主学习教学模式研究的重点。针对英语词汇教学，本文基于对自我调控学习理论、网络教学技术、自我调控教学模式、语言学习策略，以及英语词汇学习策略与自主学习等方面的文献分析，提出了网络技术支持下大学英语自我调控词汇学习模式以期提高外语学习者词汇学习的自主性和有效性。

关键词：自我调控学习；词汇学习策略；网络教育技术

一　引言

在外语界，进入20世纪90年代以来，外语学习策略研究的一个新趋势是与自主研究相结合（Benson，2005；Wenden，1991）。学习策略的培养不仅在于提高学业成绩，更重要的是培养学生的自主学习能力。词汇是语言技能发展的核心。有限的课堂时间无法让学生掌握大量的词汇。培养学生独立学习词汇的能力在外语教学中显得尤为重要（Gravs，1987）。自大学英语教学改革在全国范围内推广，外语词汇自主学习能力培养被视为重要的教学目标，并成为研究的热点。国内研究表明（如张日美、司显柱、李京平，2011）词汇匮乏，学习策略尤其是元认知策略的缺乏是阻碍大学英语词汇学习的关键因素。掌握有效的词汇学习策略是培养学生自主学习能力，提高学生词汇学习水平和英语教学质量的重要途径之一（Derin & Cenqiz，2007）。

自 20 世纪 80 年代起，自我调控学习最初出自教育心理学，经过三十多年的研究已形成一套较为完善的理论体系（Paris & Paris，2001）。与元认知理论相比，自我调控学习强调认知、元认知、动机因素（如个人效能感、目标定向等）和环境因素对自主学习能力的培养。本森（Benson，2001）指出自我调控学习是自主学习能力培养的重要组成部分，其理论对语言学习策略，尤其是对元认知研究起到很好的借鉴作用（Benson 2001）。

随着网络资源的日益普及和发展，网络环境对培养学习者的自主学习能力提供了理想的环境支持（Lehmann，Hahnlein & Ifenthaler，2014）。一些研究者探析了如何利用网络教育技术来培养自主学习能力（Dabbagh & Kitsantas，2005），研究表明网络教学技术能有效帮助学生掌握认知、元认知学习策略，培养发展学生的自主学习能力。韦斯坦、赫斯曼和迪尔金（Weistein，Husman & Dierking，2000）指出在网络环境下对学生自我调控学习能力的培养，学习策略及学习环境的设计需要深入系统的研究。

针对词汇学习，基于社会认知学视角下自我调控学习理论及二语词汇习得理论，本文从认知、元认知、动机和环境等多维角度提出了在网络教育技术支持下的自我调控词汇学习模式以期提高外语学习者词汇学习的自主性和有效性。

二　自我调控学习的定义及过程

自我调控学习（self-regulated learning）从字面看有两方面意义，一是"自我"（self），强调个体依靠自己的资源，主动实施策略；二是"调控"（regulation），即设定目标及行动策略，以便实现学习目的。齐默曼和马丁尼斯‒旁斯（Zimmerman & Martinez-Pons，1986）认为自我调控学习是指学习者是从元认知、动机和行为方面积极融入学习。在教育心理学领域，大量的研究从不同理论角度系统地分析探讨了自我调控学习，如行为主义理论、认知学理论、建构主义理论等。其中社会认知学理论对自我调控学习的探讨更为全面综合，给研究策略教学提供了充分的理论依据和指导作用（Zimmerman，2000）。该理论指出个体、行为及环境是影响自我调控学习的三个主要因素。个体因素包含认知和情感两个方面，其中策略使用和自我效能感（即在某个特定情形中，学习者对完成某项学习任务所具有的信心程度）对自我调控学习能力的培养起着关键作用（Bandura，

1986）。行为因素指在某一特定学习情形中学习者对某学习任务所作的答复或反映；环境因素包括物质环境如课程模式和教材及社会环境如教师、父母和同伴在学习过程中扮演的角色（Zimmerman, 2000）。

齐默曼（Zimmerman, 2000）将自我调控学习过程分为三个阶段。第一阶段称为前期思考阶段。在这个过程中，学习者确定任务，设立目标，规划特定策略，以及确立动机信念。第二阶段是执行阶段，包括自我控制和自我观察。最后一个阶段是自我反应，包括自我决策和自我反应。在这个阶段内，学习者对照自己先前的学业表现或任务完成的标准进行自我评估，为制定新的学习目标作出相应的策略调整。

关于如何培养学生的自我调控学习能力，一些学者提出了各自的教学模式。这些模式的共同特征是自我调控学习是一个可控制的循环过程，强调认知和动机因素，以及有效的策略使用取决于元认知知识（Paris & Paris, 2001）。迪格那斯、布特尼和朗费尔特（Dignath, Buettner & Lang-feldt, 2008）针对培养自我调控学习能力的干预研究作元分析研究后发现有效的策略教学是基于社会认知学理论，针对某一具体学习内容，并具体教授认知和元认知策略，且注重动机因素；莱曼、哈林和芬特拉（Leh-mann, Hahnlein & Ifenthaler, 2014）的元分析研究也表明元认知知识（即教授学生有哪些策略，如何使用，以及何时和为何使用）是有效策略教学的重要特征。

三　网络教育技术与自我调控学习

目前很多网络平台如 BlackBoard、WebCT 和 Moodle 应用网络教育技术以促进师生交流和学生学习技能的培养（Dabbaghi 2006）。达巴格和吉安泰（Dabbagh & Kitsantas, 2005: 514）把网络教育技术工具分为四种类型，即合作和交流工具、内容建立和输出工具、管理工具和超媒体工具。（1）合作和交流工具是指通过使用异步通信工具，如虚拟聊天和白板，或同步交流工具如电邮、论坛和布告板促进学生或师生间的互动。（2）内容建立和输出工具有利于教师管理资源，上传课程内容和计划，并使学生能够阅读课程资源并上交作业，如利用 WebCT 的特点张贴作业和课堂任务活动。（3）管理工具可以帮助教师管理学生信息及课程信息，如建立演示和交流区域，评分以及建立课程日历。（4）超媒体工具帮助教师演示课程素材，允许学习者以线型和非线型流程浏览课程内容；此外，不同超媒体工具能够满足学习者不同的学习风格，如视觉和听觉型学习。

目前，探析网络环境下自主学习能力的培养已成为国内外研究的热点。很多研究者通过设置网络课程并运用网络技术来支持学生自主学习能力的发展。例如，学生用目标清单建立学习目标，到截止日期时，目标完成情况会自动通过电邮方式寄给学生；学生用网上导学系统安排学习活动；此外，给学生进行在线记分小测验，以此监管他们的学习过程并评估学习效果。研究结果表明网络技术能有效帮助学生掌握认知、元认知学习策略，培养发展学生的自主学习能力（Dabbagh & Kitsantas，2005；王正聪、丁新，2008）。真纳莫，罗斯和罗杰斯（Cennamo，Ross & Rogers，2002）基于社会认知学自我调控学习理论，达巴格和吉林塔斯（Dabbagh & Kitsantas，2005）确定了几个重要的自我调控学习过程，即目标设定，自我监管，自我评估，选择策略执行任务，规划和管理时间，并研究了不同类型网络技术的使用对自我调控学习能力发展的作用。研究结果表明在教学中将网络技术与不同阶段的自我调控学习过程相结合能有效地促进自我调控学习技能的发展。此外，研究表明以社会认知学为视角的自我调控学习理论能够为探析如何有效运用网络技术培养自主学习能力提供一个良好的理论框架，因为该理论解释了学习的动机、认知、元认知和社会因素之间的相互关系（Whipp & Chiarelli，2005）。

四　语言学习策略与自主学习能力培养

70年代早期，在外语研究领域，研究学习者、学习过程、学习策略和自主学习得到语言教学界的广泛关注（Brown，2000；Schmitt，1997）。帮助学生如何学习是自主学习研究的重要初衷。大量研究表明可以通过使用学习策略实现对自主学习能力的培养（Griffiths，2004）。夏莫特（Chamot，1987）认为语言学习策略可分为三个主要领域，即元认知、认知和社交情感策略。元认知策略指选择性地注意、规划、监管和自我评估学习过程，这些策略适用于所有学科的学习任务，而认知策略的使用则与某个特定学习任务直接相关，包括使用记忆、组织、总结、迁移和阐述等策略。此外，社交情感策略包括同伴学习、寻求帮助和情感控制。

和语言学习策略相比较，自我调控学习策略更具综合性。齐默曼（2000）把自我调控学习定义为自我指导学习过程而不是某种技能的学习。自我调控学习过程涵盖认知、元认知和社交情感策略。认知学习策略只是自我调控学习的一个重要组成部分（McDonough，2001；Tseng，Dornyei & Schmitt，2006），然而国内大部分策略研究强调认知而非元认知或社交情感策略（高黎、陈唐艳、曾洁，2012）。茨奥等人（Tseng et al.，2006）指出自主学习能力的培养不在于学生使用了多少学习策略，而在于如何运用策略有效地自我调控学习过程。换句话说，学生可以通过选择、自我监管和评估等学习策略管理学习过程。一些研究者主张语言策略研究应从注重具体的单个学习策略转为研究自我调控学习过程（Weinstein et al.，2005；Tseng et al.，2006）。

五　词汇学习策略与自主学习能力培养

词汇学习方法可分为直接和间接学习（Schmitt，2000）。直接学习指直接学习词汇相关信息。而间接学习是指从语言交际中获得词汇信息。目前广泛采用的词汇学习策略类型包括：（1）施密特（Schmitt，1997）基于奥科斯福得（Oxford，1990）语言学习策略分类和内绅（Nation，1990）词汇学习理论的两个主要领域，将词汇学习策略分为两大类，即发现策略和巩固策略；（2）顾和约翰逊（Gu & Johnson，1996）将词汇学习策略分为词汇认知和元认知策略。元认知策略包括选择注意和自发性词汇学习。认知策略包括猜词、查字典、做笔记、演练和激活等策略。

大量研究表明词汇策略在培养学生词汇自主学习能力方面起着重要的作用（Gu & Johson，1996）。词汇学习策略被认为是有效的词汇教学的一个重要部分（Graves & Fink，2007）。然而，绝大多数研究注重单一的认知策略研究而不是策略综合使用，并且忽略了元认知和情感策略。

内绅（2001：394）确定了培养词汇学习自主能力的三个主要因素，即态度、意识和能力。（1）态度指学习者想要或需要自主地学习词汇；（2）意识指学习者有意识地使用不同策略并不断进行个人反思以检验这些策略的有效性和词汇学习的进展。从这个方面讲，元认知策略提高学习意识具有重要作用；（3）能力指词汇学习所需的技能和知识。可见与自我调控理论的论述相一致，词汇自主学习能力的培养应包含认知、元认知及情感因素。词汇学习策略应融合到自我调控学习过程中，策略使用学习者只有能够设立具体目标，自我监控和自我评估策略使用，才能促进学习者有效地使用策略，促进其自主学习能力的发展。

六 网络技术支持下的自我调控词汇学习模式

自主学习能力的培养对于词汇学习发展非常重要（Nation，2001；Tseng et al.，2006）。系统地教授学生词汇学习策略能有效地提高词汇学习能力（Schmitt，2000）。

基于社会认知视角的自我调控学习循环模式的三个阶段（Zimmerman，2000），本文主张将词汇学习策略使用融入自我调控学习的五个步骤中，即自我检测、目标设定、制定学习内容及学习策略、实施计划和个人反思。鉴于网络教育技术对自我调控学习策略的支持作用，本文主张在教学设计中把不同类型的网络技术与自我调控词汇学习策略相结合以提高学习者词汇学习成绩并促进策略的使用。图1展示了自我调控词汇学习过程和模式。

第一，通过自我检查，学生确定具体的学习目标和学习计划，即提高学习者词汇学习独立性和策略性。在这一过程中，学生可以利用网络词汇学习资源，进行自我检测。根据测试结果，可以使用内容创建和输出工具帮助学习者设立特定和适宜的学习目标。例如，学习者设立词汇和策略使用的目标清单，并通过教师提供的学习资源，选择学习内容和任务并设立日常学习目标；此外，学习者可以通过通信工具与教师交流他们的学习目的以便获得反馈。

第二，自我调控学习循环过程的五个步骤，强调了情感因素、元认知策略及认知策略。情感因素包括自我效能和目标设定，元认知因素包括自我规划，自我监管和自我评估，认知策略包括具体词汇学习策略。在网络学习中，教师可以用超媒体工具以不同的方式展示任务策略。在线日历和贯穿课程的学习主题和活动时间表帮助学习者管理时间和规划他们的词汇学习；此外，学习者可以通过同步或异步通信工具与教师交流词汇学习规划。

第三，增强词汇学习策略的使用。任务策略是指学习者运用某些学习策略完成学习任务（Zimmerman，2000）。任务策略包括（1）深层处理策略，如分析，详细制订学习计划、确定学习要点、分析概括文章主旨；（2）回忆复述策略，如记忆策略（Zimmerman，2000）。在词汇学习中，可以通过使用内容输出和超媒体工具增强词汇学习策略的使用，如图片、声频、抽示卡和 Java Script 等以便促进学习者能够运用不同的策略类型处理词汇学习。

　　第四，自我监控词汇学习进程。在网络词汇学习中，管理工具可以帮助学习者记录详细的执行信息，如在线单词练习所用的时间，完成任务时所使用的词汇策略类型；在线记分词汇测验可以帮助学习者监控学习进度。

　　第五，自我评估词汇学习。利用网络技术教师可以将词汇学习评估标准放到网上指导学生评估他们的词汇学习进展和所用策略；此外，学生可以通过词汇评估测验和复习以前小测验来评估词汇学习。

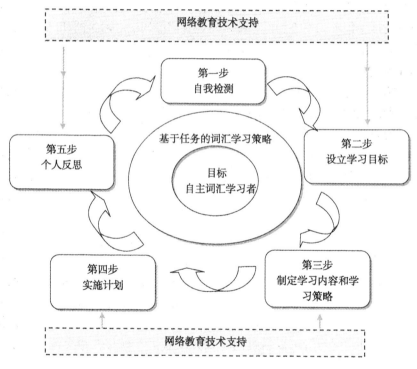

图1　网络技术支持下的自我调控词汇学习模式

七　结语

　　本文以自我调控学习理论和二语词汇习得及策略理论为依据，从认知、元认知、动机和环境多维角度设计策略教学以提高学生的英语词汇学习成绩及自主学习能力。基于齐默曼（2000）自我调控学习过程三个循环阶段，即计划阶段、执行阶段和自我反思，本文主张将词汇学习策略整合到自我调控学习过程中，突出自我调控词汇学习能力培养及提高词汇学习成绩。此外，本文系统地分析了如何将网络技术应用与自我调控学习过程有机地结合，以增强学习者词汇策略使用并提高其词汇学习兴趣。该理论框架对综合个体、行为和环境因素设计外语学习策略教学有一定的借鉴作用，此外应进一步进行实证研究探析如何运用网络教育技术来促进外语学习者自我调控学习能力的发展。

参考文献

Bandura, A., *Social Foundations of Thought and Action：A Social Cognitive Theory*, Englewood Cliffs, NJ：Prentice Hall, 1986.

Benson, P., *Teaching and Researching：Autonomy in Language Learning*, New York, NY：Pearson, 2001.

Brown, H. D., *Principles of Language Learning and Teaching*, London：Addison-Wesley, 2000.

Cennamo, K. S., Ross, J. D. & Rogers, C. S., *Evolution of a Web-enhanced Course：Incorporating Strategies for Self-regulation*, *EDUCAUSE QUARTERLY 1*. Retrieved on March, 6, 2008, from http：//www. educause. edu/ir/library/pdf/EQM0214. pdf.

Chamot, A. U., "The Learning Strategies of ESL Students", In A. Wenden & J. Rubin (eds.), *Learner Strategies in Language Learning*, Englewood Cliffs, NJ：Prentice Hall, 1987.

Dabbagh, N., Self-regulation and Web-based Pedagogical Tools, *Academic Exchange Quarterly*, Retrieved on March, 6, 2008, from http：//www. thefreelibrary. com/Self-regulation + and + Web-Based + Pedagogical + Tools-a0159921073, 2006.

Dabbagh, N. & Kitsantas, A., "Using Web-based Pedagogical Tools as Scaffolds for Self-regulated Learning", *Instructional Science*, 33, 513 – 540. Retrieved on March 10, 2008, from http：//www. springerlink. com/content/u400646752g2t021/.

Derin, A. & Cenqiz, O., "Memory Strategy Instruction, Contextual Learning and ESP Vocabulary Recall", *English for Specific Purposes*, 26 (1), 39 – 5. EJ748376, 2007.

Dignath, C., Buettner, G., & Langfeldt, H – P, "How Can Primary School Students Learn Self-regulated Learning Strategies Most Effectively? A Meta-analysis on Self-regulation Training Program", *Educational Research Review*, 3, 101 – 129, 2008.

Graves, M. F., "The Roles of Instruction in Fostering Vocabulary Development", In M. G. McKeown & M. E. Curtis (eds.), *The Nature of Vocabulary Acquisition*, London：Erlbaum, 1987.

Graves, M. F. , & Fink, L. S. , "Vocabulary Instruction in the Middle Grades ", *Voices from the Middle. Proquest Education Journals*, 2007, 15 (1).

Griffiths, C. , "*Language Learning Strategies: Theory and Research*", Occasional paper No. 1. School of Foundations Studies, AIS St Helens, Auckland, New Zealand. Retrieved January 15, 2008, from http: //www. crie. org. nz/research_ paper/c_ griffiths_ op1. pdf, 2004.

Gu Yongqi, & Johnson, R. K. , "Vocabulary Learning Strategies and Language Learning Outcomes", *Language Learning*, 1996, 46 (4), 643 – 679.

Lehmann, T. Hahnlein, I. and Ifenthaler, D. , Cognitive, Metacognitive and Motivational Perspectives on Reflection in Self-regulated Online Learning. Computers in Human Behavior 32, 313 – 323, 2014.

McDonough, S. K. , "Promoting Self-regulation in Foreign Language Learners", *The Clearing House*, Washington, 74 (6), 323 – 326. Retrieved July 10, 2007, from University of Malaya library database: http: //proquest. umi. com/pqdweb, 2001.

Nation, I. S. P. , *Teaching and Learning Vocabulary*, Boston: Heinle & Heinle, 1990.

Nation, I. S. P. , *Learning Vocabulary in Another Language*, Cambridge UP, 2001.

Oxford, R. L. , *Language Learning Strategies: What Every Teacher Should Know*, Boston: Heinle & Heinle, 1990.

Paris, S. G. & Paris, A. H. , "Classroom Applications of Research on Self-regulated Learning", *Educational Psychologist*, 2001, 36 (2), 89 – 101.

Schmitt, N. , "Vocabulary Learning Strategies", In N. Schmitt & M. McCarthy (eds.), *Vocabulary: Description, Acquisition and Pedagogy*, New York: Cambridge UP, 1997.

Schmitt, N. , *Vocabulary in Language Teaching*, Cambridge UP, 2000.

Tseng, W. Dornyei, Z. & Schmitt, N. , "A New Approach to Assessing Strategic Learning: The Case of Self-regulation in Vocabulary Acquisition", *Applied Linguistics*, 27 (1), 78 – 102, Oxford UP, 2006.

Weinstein, C. E. Husman, J. & Dierking, D. R. , "Self-regulation Interventions with a Focus on Learning Strategies", In M. Bockaerts, P. R. Pintrich, & M. Zeidner (eds.), *Handbook of Self-regulation*, San Diego: Academic Press, 2000.

Wenden, A. , *Learner Strategies for Learner Autonomy*, Englewood Cliffs, NJ: Prentice Hall, 1991.

Whipp, J. L. & Chiarelli, S. , "Self-regulation in a Web-based Course: A Case Study", *Educational Technology Research and Development*, 2005, 52 (4), 5 – 22.

Zimmerman，B. J. ，"Attaining Self-regulation：A Social Cognitive Perspective"，In M. Boekaerts，P. R. Pintrich，& M. Zeidner（eds.），*Handbook of Self-regulation*，San Diego：Academic Press，2000.

Zimmerman，B. J. & Martinez-Pons，M. ，"Development of a Structured Interview for Assessing Student Use of Self-regulated Learning Strategies"，*American Educational Research Journal*，1986，23（4），614－628.

张日美、司显柱、李京平：《国内英语词汇学习策略实证研究述评》，《兰州大学学报》2011 年第 39（2）期。

高黎、陈唐艳、曾洁：《学习，策略培训对学习者元认知水平影响的历时研究》，《外语界》2012 年第 1 期。

王正聪、丁新：《网络环境中学习者自我调节学习能力培养研究》，《中国远程教育》2008 年第 3 期。

关于日语有对自动词的语义特征及其可能表达方式

史　曼

摘要：大多研究认为，日语有对自动词的语义特征为"无意志性、完结性"，描述无生命物体的状态变化。但本文通过考察有对自动词及其可能态表达形式，指出有对自动词内部语义特征非整齐划一，而应该进行再界定、分类。本文从主语名词的性质"有生命/无生命"，以及动词的语义特征"自我控制性""界限达成性"，将有对自动词分为三大类，并考察各类动词的可能表达形式。

关键词：有对自动词；自我控制性；界限达成性；可能态

一　引言

日语中存在大量在形态、句法和语义上对应的成对动词。如「お皿を割る（他动词）—お皿が割れる（自动词）」，在形态上，他动词「割る（war-u）」与自动词「割れる（war-eru）」具有相同的词根「war-」。句法上，他动词句的「を」格与自动词句的「が」格前都是同样的名词「お皿」。并且在语义上，他动词句表达的是"摔坏盘子"，自动词句表达的是"盘子摔坏了"，即描述的是同一事件的不同侧面。

本文依据早津（1989），将成对动词里的他动词称为有对他动词，成对动词中的自动词称为有对自动词。一般认为，有对他动词是意志动词，表示对动作对象的作用，并包含了由此引起的动作对象的变化。例如，「お皿を割った」就表达了"摔盘子+盘子碎"的两层含义；有对自动词是一种无意志动词，表达的重点是动作对象的变化结果。因而大部分的先行研究认为，有对自动词表示的是无意志的变化，其语义特征为"无意志性”和“完结性（完了）”①　　（早津，1989；影山，1996；岸本，2000）。

然而，根据词汇语义学的一个基本理念，动词的语义特征决定其句法结构（小野，2000），如果认为有对自动词都为无意志动词，那么同属无意志动词的有对自动词应该具有相似的句法结构。但是，请看下面两个例子。

(1) 景気は不安定ではっきりしたことは誰にもわからないが、円だけは当分「上がる/＊上がれる/＊上がることができる」かもしれない。（青木 1997：15）
(2) そんな象皮病の下では、生きた血が自由に流れることはできない。（「傍人の言」）

例 1 的「（円が）上がる」与例 2 的「（血が）流れる」都是有对自动词，但是，前者的可能态表达无法用「られる」「ことができる」，而后者的可能表达为「ことができる」②。同样都是有对自动词而句法表达却不同，究其原因，就要考虑到这两个有对自动词的语义特征的不同。这说明，日语中存在着的大量有对自他动词，其语义特征不是整齐划一的。本文旨在详细考察日语有对自动词的语义特征，并在了解语义特征的基础上，研究日语有对自动词的可能表达形式。

二　关于日语有对自动词语义特征的先行研究

关于有对自动词，比较有名的研究有早津（1989）、影山（1996）、岸本（2000）等。

被广泛引用的早津（1989）关于有对自动词的语义特征有如下的叙述「働きかけによって引き起こしうる非情物の変化を有情物の存在とは無関係に、その非情物を主語にして叙述する動詞」（有对自动词描述无生命名词受作用力产生的变化）。

影山（1996）根据有对自动词的词缀不同，将有对自动词分为以下

---

① 关于“意志性”和“完结性”，在第二节进行具体探讨。
② 先行研究（青木，1997 等）指出动词的可能态与“意志性”有关，请参考第二节。

两大类，并指出「-e-」自动词描述的是无生命名词的自然变化，而「-ar-」自动词描述的是受作用力引起的无生命物体的变化。

　　　　　（3）a. -e-自动词：自己变化　　糸が切れる（kir-e-ru）　　　　野菜が煮える（ni-e-ru）
　　　　　　　　b. -ar-自动词：隐藏动作主　木が植わる（uw-aru）　　　　命が助かる（tasuk-aru）

　　岸本（2000）将日语有对自动词的语义特征归纳为无意志性和完结性。

　　如上所述，很多先行研究认为有对自动词描述的是无生命主体的状态变化，其语义特征为"无意志性"和"完结性"。下面，我们来探讨为何有对自动词的语义特征不能简单概括为"无意志性"和"完结性"。

　　杉本（1997：35）对于意志性、意志性动词有如下叙述："主体的意识在动词所表示的动作，作用，状态的成立，实现方面起决定作用的动词为意志动词，其他动词为无意志动词。"另外，杉本指出，在确定意志动词范围时最关键的是看主体的意志是否起作用。也就是说，意志性指动作主体首先要有意志，并且该意志要能支配动作的执行。

　　从这一点来考虑的话，有对自动词表示的是受外力而出现的状态变化或动作，并不是主体有意识支配动作的执行，有对自动词应该属于无意志动词。然而，根据词汇语义学的一个基本想法，词的语义特征决定其句法结构，如果认为有对自动词都为无意志动词，那同属无意志动词的有对自动词应该具有相似的句法结构。

　　从例（1）与例（2）我们已经看出同为有对自动词，其可能表达方式是不同的。① 青木（1997）指出，意志性自动词的可能表达可以用「られる」「ことができる」，难以表达主体意志性的自动词可以用「ことができる」。按照青木的书法，例（2）「（血が）流れる」应该属于难以表达主体意志性的自动词。然而难以表达主体意志性与"无意志性"界限模糊，无法清楚区分例（1）与例（2）的区别。

　　下面，我们再探讨"完结性"。"完结性"是动词的时体特征 [「ア

——————————

①　关于有对自动词可能态表达形式将在第四节具体论述。

スペクト」（体）]。三原（2004）指出，"完结性"即完了性，并将完结性动词根据动作是否为瞬间完结分为动作瞬间施行的到达动词（achievement verbs），以及动作完成需要一定时间的达成动词（accomplishment verbs）。而伊藤（2005）对1000个日语动词进行调查，发现有对自动词的大部分为到达动词，即具有完结性的自动词；有对他动词的大部分为达成动词，即具有完结性的他动词。但是伊藤指出，非完结性的自动词与非完结性的他动词的组合，以及非完结性自动词与完结性他动词的组合也不少。如以下例子：

  （4）a. 非完结性自动词与完结性他动词的组合：
     流れる—流す 進む—進める 動く—動かす
回る—回す
    b. 非完结性自动词与完结性他动词的组合：
     渡る—渡す 戻る—戻す 上げる—上がる   通
る—通す 燃える—燃やす

  在此，我们可以看出，自他对应动词中有很多有对自动词为非完结性。所以，将有对自动词的语义特征笼统归纳为完结性是不正确的。

  通过以上的论述，我们可以知道，日语的有对自动词的语义特征并非先行研究所说的无意志性和完结性。那么有对自动词具有怎样的语义特征呢？本文认为动词的语义特征应该从动词的特性及主语名词两方面考虑，并援引"自我控制性"和"界限达成性"对有对自动词的语义特征进行新的界定。

三 日语有对自动词的语义特征

（一）主语名词的性质

  小野（2000）指出，在考虑动词的语义特征时，必须结合动词句中出现的名词的特性。在此，我们从有生命名词、无生命名词来考察有对自动词句中出现的名词的特性。本文从《日语基本动词用法辞典》里收集93对有对自他动词，并对其主语名词是有生命名词还是无生命名词进行了调查，调查结果如下：

（5）a. 以无生命名词作为主语的有对自动词（63 个）

例：ドアが開く　木が植わる　穴が埋まる　戦争が起
こる

b. 以有生命名词作为主语的有对自动词（3 个）

例：犯人が捕まる　来客が帰る　　部下が従う

c. 有生命名词，无生命名词都可作为主语的有对自动词
（27 个）

例：お金/学生が集まる　幕/人が降りる　お金/旅人が渡
る　無理/人が通る

从这个调查结果可以看出，无生命名词和有生命名词都可以成为有对
自动词的主语。这也证明了先行研究中所说的有对自动词描述的是无生命
名词状态变化这一观点是不符合事实的。

（二）"自我控制性"

本文所提出的"自我控制性"主要参考仁田（1991）的论述。仁田
对于"自我控制性"有如下论述：「動きの主体が、自己の意志でもっ
て、動きの実現化を計り、動きを遂行、達成することができる、言い換
えれば、動きの主体が、動きの発生・遂行・達成を自分の意志でもって
制御することができるといった性質」。（自我制御性指的是动作的主体
具有意志，用自己的意志来控制动作的发生、实施和达成。）从这个定义
来看，自我制御性与意志性相差无几。但重要的是，仁田指出，动词所表
示的自我制御性有程度上的区别，并根据程度的差别将"自我控制性"
分为"非自己制御性""过程自我控制性"以及"达成自我控制性"。①

本文参考仁田对于自我制御性的定义及分类，将自我制御性分为以下
三种：

---

① 仁田（1991）指出，『非自我控制性』というのは動きの主体が動きの発生、過程、達
成をまったく自分の意志でもって制御できないタイプの場合、例えば『呆れる』『困る』など
である。『過程の自己制御性』というのは動きの成立、達成は自分の意志でもって制御できな
いが、動きの成立、達成に至る過程は自分の意志でもって制御できる場合、例えば「落ち着
く」「思い出す」などである。『達成の自己制御性』というのは動きの主体が、動きの発生、
過程だけでなく、動きの成立そのもの、動きの達成を自分の意志でもって制御できる場合、例
えば「食べる」「書く」などである。

（6）a. 完全自我制御性：动作/作用/变化从开始，到过程，达成都是靠自己的意志或能力控制。

例：（太郎が）步く　　（花子が）働く

b. 部分自我制御性：动作/作用/变化从开始，到达成，自己的意志或能力无法控制，但过程可以部分控制。

例：（車が）動く　　（火が）燃える　　（学生が）集まる

c. 非自我制御性：动作/作用/变化，自己的意志和能力完全无法控制。

例：（窓ガラスが）壊れる（太郎が）見つかる　　（犯人が）捕まる

（6a）的"完全自我控制性"可以理解为"意志性"，其主语为有生命名词，具有"完全自我控制性"的动词都具有"意志性"。但当主语为有生命名词时，动词还可以是（6b）的部分自我制御性或（6c）的非自我制御性。如「学生を集める—学生が集まる」，在这个例子中，学生是被召集而集合到一起，该动作从开始到结束并非完全是本人意志所为的情况，我们认为该动词具有部分自我制御性。另外，（6c）中的「（犯人が）捕まる」，虽然主语为有生命名词，但主语"犯人"完全无法控制"被逮捕"这一结果，所以该动词为非自我控制性动词。当主语为无生命名词时，有对自动词大多数具有非自我控制性，但有些动词，如（6b）中的「車が動く」，车行驶这个事件从车的发动到车的停止，都是由人来控制的，但如柴谷（1978）所说，车具有"自力"，即车的行驶过程也要发挥车自身的性能。对于该类动词，我们认为其具有部分自我控制性。

（三）"界限达成性"

在第二节中，我们已经知道日语的有对自动词的「アスペクト」（体）不能用"完结性"来概括，这里，我们参考工藤对于日语动词时体的论述来考察日语有对自动词的时体特征。工藤指出动词内在的"体"为"限界达成性"，并细分为两类。一类为"终了界限达成性"，表示变化的终了；一类为"开始界限达成性"，表示动作的开始。

而且，工藤从动词描述的是动作还是变化，描述的是主体还是客体的这两点，将日语的动词分为三类：①主体动作/客体变化动词，如「割る、壊す、倒す」等；②主体变化动词，如「割れる、壊れる、倒れる、

開く」等；③主体动作动词，如「動く、打つ」等。工藤认为，主体变化动词具有终了界限达成性，主体动作动词具有开始界限达成性。

前一节中将动词依据自我控制性划分为三类，即非自我控制性，部分自我控制性，完全自我控制性。非自我控制性的有对自动词，如「壊れる、倒れる」等，描述主语名词的状态变化，属于工藤分类中的主体变化动词，具有终了界限达成性。而部分自我控制性的有对自动词，如「動く、流れる、通る」等表示主语名词的动作，属于工藤分类中的主体动作动词，具有开始界限达成性。

四　有对自动词的语义特征分类

本文参考工藤（1995）的分类，结合动词的语义特征及主语名词的性质，对有对自动词进行如下分类。

　　（7）Ⅰ类　具有"非自我控制性/终了界限达成性"的有对自动词

　　①描述无生命名词主体变化

（ドアが）開く、（木が）植わる、（ビルが）建つ、（鍵が）見つかる、（値段が）上がる

（お金が）集まる、（お金が）渡る、（無理が）通る

　　②描述有生命名词主体变化

（彼が）助かる、（犯人が）捕まる、（太郎が）見つかる

　　Ⅱ类　具有"部分自我控制性/开始界限达成性"的有对自动词

　　③描述无生命名词主体动作

（火が）燃える、（雑草が）燃える、（車が）動く、（下水が）流れる

　　④描述有生命名词主体动作

（学生が）帰る、（猿が）降りる、（子供が）集まる、（人が）通る

　　Ⅲ类　具有"部分自我控制性/终了界限达成性"的有对自动词

　　⑤描述无生命名词主体变化

（水仙が大きく）育つ

　　⑥描述无生命名词主体变化

（子供が一人前に）育つ　（太郎が）治る

　　这里，我们把日语有对自动词分为三大类六小类。从这个分类，我们可以看出有对自动词的语义特征并不统一，也就可以知道引言中提到的同为有对自动词而可能表达形式却不同的两个词「上がる」「流れる」的区别。「円が上がる」属于①类无生命名词的主体变化，而「流れる」属于②类无生命名词的主体动作。

　　词汇语义学一个基本观点是动词的语义特征决定其句法表现。有对自动词语义特征不同，其句法表现也不同。下面我们以有对自动词的可能表达为例进行考察。

五　有对自动词的可能表达方式

　　日语中的可能表达形式有三种，一种是无标可能表达形式，即动词自身含有可能义，被称为「語彙的可能表現」（词汇型可能表达）；另两种是有标可能表达形式，一种是「V＋ことができる」、一种是「V—れる・られる」表达形式。寺村（1982）、久野（1983）、青木（1997）认为意志性动词的可能态用「V—れる・られる」表达形式或「V＋ことができる」形式，而难以表达意志性的动词用「V＋ことができる」形式。下面我们通过具体例子来考察各类有对自动词的表达形式。

　　　Ⅰ类：“非自我控制性/终了界限达成性”无生命名词主体变化、有生命名词主体变化
　　　（8）私の内界と外界との間のこの錆びついた鍵がみごとにあくのだ。
　　　我的内界和外界之间这把上了锈的锁马上就能顺利打开了。（金閣寺）
　　　（9）出版を引き受けてくれるところがあれば、金は集まると思うんです
　　　眼下没有。不过，只要有地方答应出版，我想钱是凑得起来的。（あした来る人）
　　　（10）いつもよりはずっと短かい手紙だったが、なんとなくその方が相手に意がうまく伝わるだろうという気がした?

这封信虽说比以往简短得多，但我自忖这样反倒能更好地传情达意。

（ノルウェイの森）

（11）これでも家族は<u>助かる</u>だろうか。

那么，家里人都能得救吗？（黒い雨）

从以上例子可以看出，具有"非自我控制性/终了界限达成性"的有对自动词自身有可能含义，其可能表达不用借助于句法可能表达形式，而应采用无标可能表达形式。

Ⅱ类："部分自我控制性·开始界限达成性"无生命名词主体動作、有生命名词主体動作

（12）ウイルス粒子だけでは<u>増えることができず</u>、人間の生きた細胞の中でのみ<u>増えることができる</u>のです。

（http：//www. pref. osaka. jp/shokuhin/noro/）

（13）同時に体の中でためている脂肪にも移動して、それをあとで行う運動の過程の中

<u>十分に燃えることができます</u>。

（www. diettonya. com/view/151. html-21k-）

（14）そんな象皮病の下では、生きた血が自由に<u>流れることは出来ない</u>。

（傍人の言）

（15）人力車に乗って<u>降りられない</u>のは勿論（もちろん）、空車（からぐるま）にして 挽（ひ）かせて<u>降りることも出来ない</u>。

（<u>鼠坂</u>）

具有"部分自我控制性/开始界限达成性"的有对自动词，描述无生命名词，有生命名词主体动作。当主语为无生命名词时，动词的可能形式为「V＋ことができる」，如例（11）、例（12）、例（13）。当主语为有生命名词时，动词的可能表达可以用「V-れる·られる」形式，也可以用「V＋ことができる」形式。

Ⅲ类：“部分自我控制性·终了界限达成性”无生命名词主体变化、有生命名词主体变化

（16）自分たちの活動の基準をどこにおいたら、たたかれないで育つことができるのかを思い迷うこころもちにもおかれた。

（五〇年代の文学とそこにある問題）

（17）ただ問題は一万尾の毛子のうち、何割が果して青子に育つかということである。

问题是一万条鱼苗究竟有几成能养活成小鱼呢？（黒い雨）

（18）この年の夏チブスにかかり、再びなおることができた。（年譜）

（19）五彩の虹が出たら矢須子の病気が治るんだ。

出现彩虹的话，矢须子的病就可以治好喽。（黒い雨）

具有“部分自我控制性/终了界限达成性”的有对自动词，描述无生命名词，有生命名词主体变化。其动词自身可以用于可能表达，也可用「V＋ことができる」来表达可能态。

五 结语

本文在指出先行研究的问题点之后，对有对自动词的语义特征及其可能表达形式进行了考察。从主语名词为有生命还是无生命，动词的自我控制性，界限达成性等语义特征，将有对动词分为三大类/六小类。在此基础上，考察了各类有对自动词的可能表达形式。当有对自动词的语义特征为“非自我控制性/终了界限达成性”，可表达有生命名词和无生命名词的主体变化，其可能表达方式为动词自身，即无标可能表达形式。当有对自动词的语义特征为“部分自我控制性/开始界限达成性”，可表达有生命名词和无生命名词的主体动作。主语为无生命名词时，其可能表达形式为「V＋ことができる」形式，主语为有生命名词时，其可能表达形式为「V＋ことができる」形式或「られる」表达形式。当有对自动词的语义特征为“部分自我控制性/终了界限达成性”，可表达有生命名词和无生命名词的主体变化，其可能表达形式为无标可能表达形式或「ことができる」表达形式。总结如下表：

日语有对自动词的语义特征分类及各自可能表达形式

分类	语义特征	例子	可能态
Ⅰ类	非自我控制性 终了界限达成性	①无生命名词主体变化 ドアが開く、円が上がる ②有生命名词主体变化 太郎が見つかる	无标可能表达形式
Ⅱ类	部分自我控制性 开始界限达成性	①无生命名词主体动作 車が動く、血/下水が流れる ②有生命名词主体动作 学生が集まる	「ことができる」表达 「ことができる」表达/ 「られる」表达
Ⅲ类	部分自我控制性 终了界限达成性	①无生命名词主体变化 水仙が大きく育つ ②有生命名词主体变化 太郎が一人前に育つ	无标可能表达形式 「ことができる」表达

参考文献

青木ひろみ，1997，〈可能〉における自動詞の形態的分類と特徴 [J]．『神田外語大学大学院紀要 (3)』：11—26

伊藤たかね，2005，日本語自他交替動詞の完結性と意図性——大規模辞書構築の現場からの予備的考察 [A]．『言語研究の宇宙——長谷川欣佑先生古稀記念論文集』，今西典子編：355—366，開拓社

小野尚之，2000，動詞クラスモデルと自他交替 [A]．『日英語の自他の交替』，丸田忠雄・須賀一好編：1—31，ひつじ書房

影山太郎，1996，『動詞意味論——言語と認知の接点』[M]．くろしお出版

岸本秀樹，2000，非対格性再考 [A]．『日英語の自他の交替』，丸田忠雄・須賀一好編：71—110，ひつじ書房

久野暲，1983，『新日本文法研究』[M]．大修館

工藤真由美，1995，『アスペクト・テンス体系とテクスト』[M]．ひつじ書房

小泉保・船城道雄ら，1993，『日本語基本動詞用法辞典』[Z]．大修館

杉本和之，1997，意志動詞と無意志動詞の研究——その2 [J]．『愛媛大学教養部：愛媛大学教養部紀要』：33—47

寺村秀夫，1982，『日本語のシンタクスと意味Ⅰ』[M]．くろしお出版

仁田義雄，1991，『日本語のモダリティと人称』[M]．ひつじ書房

三原健一，2004，『アスペクト解釈と統語現象』[M]．松柏社

早津恵美子，1989，有対他動詞と無対他動詞の違いについて—意味特性を中心

に［A］.『動詞の自他』，须贺一好・早津惠美子编：179—197，ひつじ書房

姚艳玲，2013，《日语有对自动词的句法语义研究》［J］.《东北亚外语研究》：19—26

例子出处：《中日对译语料库》，北京日本学研究中心

汉语语音对英语语音的负迁移初探

王晓芸

摘要： 良好的发音不仅是评价口头交流有效性的重要因素，也是语言学习者必须具备的基本素质。然而，由于受母语迁移的影响，很多英语学习者在英语语音的学习中遇到了障碍，这在很大程度上对他们的听力理解和社会交往带来了一定的消极影响。本文依托语言迁移理论，通过对比汉语语音和英语发音系统之间存在的差异，初步探讨了中国的英语学习者英语发音困难的根源，并提出了相应的策略和建议，旨在消除母语和方言对英语语音的负迁移，提高英语学习者的英语发音。

关键词： 英语发音；负迁移；贵州方言；粤方言

一 引言

语言是人类通过使用声音、手势、书写体系等任意信号或符号进行思想交流的基本方式和最重要的工具。通常来讲，一提到学习某一门语言，我们指的是学习构成该语言体系的所有因素，如语音、词汇、语法、书写系统等，其中语音是最重要的因素。语言学习者只有掌握了正确的发音规则，才能够进行拼写、朗读、阅读，才能自发地对词汇进行复习、预习，从而为进一步发展其他语言技能打下良好的基础。因此，良好准确的发音不仅仅是对口头沟通有效性进行评价的重要因素，也是语言学习者必须具备的基本素质。

毋庸置疑，要想掌握一门语言，学习者首先要学好发音，即要学好并能自如运用某种语言，学习者必须先学习好语音，英语学习也不例外。近几年来在中国，英语学习者的人数尤其是将英语作为一门外语而学习的在校学生人数大大增加，大多数的中国学生学习英语是因为英语本身也是学校为学生设置的必修课程之一。然而，在英语教学的过程中，经常发现一些学生在英语学习的过程中能取得快速的进步，他们经过一段时期的学习和实践能够讲一口纯正标准的英语，而另一些人（往往是大多数英语学习者）尽管也付出了辛苦的努力，却总是保持着原有的水平停滞不前，更令他们感到尴尬的是，即使他们也能用英语表达自己的想法，可是想让对方听懂领悟自己的意思还着实得费一番功夫。

事实上，有很多因素会影响英语学习者之间进行的有效互动，其中发音是最重要的因素之一，但这一点往往得不到国内很多教师和学生的关注及重视。很多英语学习者不能有效地和他人进行沟通究其根本原因是他们的发音遇到了问题，而语音问题在很大程度上则被公认为是因为受母语或方言的干扰所致，以笔者的亲身体验为例，笔者在非英语专业大学英语教学中经常会遇到与有些学生无法沟通的尴尬场景，无论是他们的口头陈述报告还是课堂活动的参与都会给笔者以及其他学生的理解造成一定的障碍，究其原因是这些学生的发音问题所致，由于发音导致的沟通上的屡受挫折久而久之磨灭了这部分学生开口说英语的积极性和主动性。本文要讨论的就是汉语语音对英语语音的负迁移现象。

二　迁移理论

在二语习得领域，语言学家和心理学家通过大量的研究发现母语对目标语的习得会产生很大的影响。美国语言学家雷多曾在《跨文化语言学》中认为："在外语学习环境中，学习者广泛依赖已经掌握的母语，倾向于将母语的语言形式、意义和与母语相联系的文化迁移到外语学习中来。"（Lado，1957）美国语言学家奥德林在总结二语习得领域数十年的语言迁移现象研究基础上，把语言迁移定义为"目标语和其他任何已经习得的（或没有完全习得的）语言之间的共性和差异所造成的影响"（Odlin，1989：27）。美国的语言学家和心理学家埃利斯指出学习者的第二语言学习受到母语的严重影响。他认为："学生在学习第二语言时会受到母语的干扰，因为在他们的头脑中已经有了一套母语符号系统，因此在学习第二语言时就会通过对第一语言系统的换码而获得已知的概念，干扰就此产生。"（Ellis，1985：29）

那么，如何来科学准确地定义迁移呢？从心理学的角度来讲，迁移用于描述一种情境中获得的技能、知识和态度对另一种情境中技能、知识的获得或态度的形成的影响。在外语学习中，迁移就是指母语的知识对外语学习的影响。由于每一种语言都有其特有的语音系统和发音规律，外语初学者在学习语音的过程中往往会受到母语语音的影响，把母语的发音规律运用到外语中。比如学习者在学习英语语音的过程中会用母语或本地方言近似的语音来代替英语的语音以方便记忆。以中国学生为例，他们在学英语之前就已习得了汉语，且汉语已经成为他们日常生活中不可缺少的组成部分，因而学习者在学习英语的过程中会自然而然不可避免地使用母语知识，这就是所谓的"母语迁移"。1994 年，埃利斯（Ellis）在他的《第二语言习得研究》中将母语迁移归纳为正迁移（positive transfer）、负迁移（negative transfer）、回避（avoidance）和过度使用（over-use）四个方面。而研究汉语语音（其中包括汉语方言）对英语语音的迁移一般就分为正迁移和负迁移。

1. 正迁移（positive transfer）：当母语规则与外语规则相同时，学习者把母语规则迁移到外语中去，这时母语规则能够减轻外语学习的负担，减少外语学习中的错误，促进外语学习。此时母语对外语学习的影响是积极的，这种影响称为正迁移。

2. 负迁移（negative transfer）：当母语规则与外语规则有差异时，学习者把母语规则迁移到外语中去，母语便会干扰外语学习，此时母语对外语学习的影响是消极的，这种影响称为负迁移。

由于英语和汉语分属两种不同的语系，在语音方面存在着诸多差异，因此，中国英语学习者的发音中普遍存在着汉语发音的负迁移现象，再加之地域差异，又存在着方言语音对英语语音的负迁移现象。换句话说，中国学生在学习英语的过程中无意识地会受母语或方言语音的影响，从而导致了错误的英语发音。

三 汉语语音对英语语音的负迁移

汉语语音对中国的英语学习者在发音上的负迁移表现主要包括两方面：

（一）普通话的负迁移

在平日的大学英语教学中笔者发现很多非英语专业的学生为了掌握英语语音会情不自禁地将母语的语音知识运用到英语的语音学习中。但不幸的是英语中有很多语音，比如/ð/、/tr/、/dr/、/ʌ/、/l/、/æ/、/θ/、/v/、/w/、/n/、/ŋ/、/r/等在汉语中找不到与之相对应的发音，因此那些没有经过严格的发音模仿和训练的学生在英语发音中常常会遇到一些阻碍，他们很有可能就会在自己的母语中找到一些相似的语音来替代，从而导致发音偏差和发音错误，进而在一定程度上影响学习者之间的相互理解和交流。操汉语普通话的学生最常见的发音错误如下。

1. /i：/ 和 /i/ 的语音混淆

在英语语音中，/i：/和/i/ 被称为单元音（monophthong）或纯元音（pure vowel），要发/i：/这个音，舌头必须在原来停留的舌位上稍稍抬起并向前移动，舌尖抵下齿，口型扁平，嘴角后咧，上下牙齿自然合在一起，声音拉长，音要发足。而发/i/ 这个音时，舌尖抵下齿，舌前部抬高，舌两侧抵上齿两侧，舌位低于/i：/，发音短促而轻快。此外，前者发音的舌位比后者紧，我们也可以通过舌根的肌肉紧张程度来划分这两个单元音。但对很多非英语专业的学生来说，他们总是很难感受这两个音在长度和本质上的差异，因此在发/i：/时，他们常常用汉语拼音"ī"或汉字"衣"来替代。然而以这种方式发音并不准确，尤其当它是用来构成一个英语单词时，比如，很多学生最常见的发音错误是将英语单词"eat"/i：t/（吃）发成指示代词"it"/it/（它），将"beat"/bi：t/（敲击，拍打）发成"bit"/bit/（有点，少量），将"heat"/hi：t/（热，高温）发成"hit"/hit/（打击，碰撞），将"leap"/li：p/（跳跃）发成"lip"/lip/（嘴唇），将"sheep"/ʃi：p/（绵羊）发成"ship"/ʃip/（船），等等。同样的发音错误也出现在其他几组元音上，比如/æ/和/e/，/ɔ：/和/ɔ/，/u：/和/u/，/a：/和/ʌ/，具体表现为长元音缩短短元音延长，结果"bad"（/æ/）（坏的）发成了"bed"（/e/）（床），"full"（/u/）（满的）发成了"fool"（/u：/）（傻子），"dark"（/a：/）（黑暗的）发成了"duck"（/ʌ/）（鸭子），"awed"（/ɔ：/）（充满敬畏的）发成了"odd"（/ɔ/）（奇怪的），等等，显而易见，这几组元音的混淆很容易给学习者带来沟通上的障碍。

2. /v/ 和 /w/ 的语音混淆

/v/是"唇齿摩擦音"，发音时声带振动，下唇轻触上齿，形成空隙，气流经过唇齿间的空隙形成摩擦，由口腔而出，吐气较弱，此音出现在字首、字中或字尾。/w/是舌后软腭半元音，发音时双唇略收圆并凸出，舌后部向软腭抬高，气流经过口腔由双唇间空隙而出，但上齿不能接触下唇，此音只出现在字首和字中，从不出现在字尾。/v/这个音经常会带来麻烦，因为它只存在于中国的一些地方方言中，讲汉语普通话的学生对此音感到陌生，因而他们会用/w/取而代之，结果通常情况下，单词"vine"/vain/

（葡萄树，藤）被误发成了"wine"/wain/（葡萄酒），"vest"/vest/（汗衫，背心）被误发成了"west"/west/（西部），这组语音的混淆如果没有上下文背景很容易会给听者造成理解上的障碍；相反，还有很多学生因受方言的影响又常把单词"why"/wai/（为何）念成/vai/，"once"/wʌns/念成/vʌns/，"very"/veri/念成/weri/，"vegetable"/vedʒtəbl/念成/wedʒtəbl/等，只不过这种混淆很多时候对沟通不会形成大的障碍。

3./θ/和/ð/的语音混淆

/θ/和/ð/被称为"齿间擦音"，"齿间"是指发音位置，意思是发音的时候，上下牙微微张开，舌头顶住中间的空隙（不是"咬舌头"）。"擦音"是发音方法，意思是留出很小的空隙让气流通过，发出摩擦的音响。二者的区别是前者属于"清辅音"，发音的时候只有气流，声带不震动；而后者则属于"浊辅音"，发音的时候伴随着声带振动。对于讲普通话的英语学习者来说，48个音标中/θ/和/ð/是最难发的两个音，因为标准汉语中没有这样的发音位置，所以他们就用舌尖齿龈摩擦音/s/（清辅音）和/z/（浊辅音）来替代，其结果就是单词"thing"/θiŋ/（事情，东西）常被误发为"sing"/siŋ/（唱歌），"thick"/θik/（厚的）被误发为"sick"/sik/（生病的），而"they"/ðei/（他们）被读成/zei/，这也是最容易造成理解和沟通障碍的常见的一组语音。

（二）方言的负迁移

除了汉语普通话的负迁移影响外，中国学生的英语发音在很大程度上无意识地深受方言的影响。长期以来，很多中国学生平时习惯说方言，这在很大程度上阻碍了他们正确的英语发音，难怪他们在说英语的时候会夹杂着地方口音，这种现象很明显在笔者所带的班级里的贵州学生和广东学生身上表现得很常见。

1. 贵州方言的负迁移

以音素/n/和/l/为例，来自贵州省的学生不会准确地发/n/和/l/，常将鼻音/n/与边音/l/混淆。在贵州方言中，/n/和/l/的发音处于同一音位，且没有意义的区别，正是由于长期受这种方言的影响，/n/音开头的字通常被读成/l/，如将"奶奶"读成"lailai"。在学习英语的时候，由于汉语拼音"n"和"l"的发音和英语/n/和/l/的发音极为相似，所以往往当操贵州方言的学生遇到以这样的音开头的单词时，就会混淆这两个音的发音，造成舌侧音/l/和鼻音/n/的误读，结果单词"night"/nait/

（夜晚）常被读成"light"/lait/（光），"knife"/naif/（小刀）被读成
"life"/laif/（生命，生活），"snow"/snəu/被读成"slow"/sləu/（慢
的），毫无疑问，在和操贵州方言的学生交流的过程中尴尬屡见不鲜。

　　此外，讲贵州方言的学生发音错误的另一个显著特征是元音/æ/和/
ʌ/的混淆。来自贵州省的学生经常将/æ/和/ʌ/发成/aː/。/aː/是英语
中的后元音，与拼音中的复合元音"a"很相似，发音时嘴张开，舌身压
低并后缩，后舌稍隆起，舌尖不抵下齿，舌的两侧与上面的大牙不接触，
双唇稍收圆，发音靠后，长音。而发/æ/时，舌尖和舌段两侧要轻触下
齿，嘴张大，舌前部拱起，舌两侧与上面的大牙有接触。/ʌ/和/aː/的
主要区别是发/ʌ/时舌面有隆起的感觉，发音短促有力，发音较/aː/靠
前。然而，这三个因素的发音时常困扰着学生，所以他们就一概用汉语拼
音"a"来替代，结果就有了歧义，例如他们中的很多人自己都无法确定
他们听到的单词到底是"cat"（猫）还是"cart"（购物车），是"hat"
（帽子）还是"hut"（小屋），同时受方言的影响，他们在读这些单词时
也会给听者造成混淆和困惑。

　　2. 粤方言的负迁移

　　除了来自贵州的学生，来自广东的学生在英语发音时也会遇到很大的
困难，这让他们会有一种受挫感，使他们丧失自信和自尊。众所周知，粤
方言（广东话）与普通话的差异远大于其他任何一种汉语方言与普通话
之间的差异。粤方言最显著的特征就是其有自己独特的发音体系，因此，
对于讲粤方言的人来说，粤语既是他们的语言习惯，也是他们的第一语
言，它不断干扰着来自广东的学生们的英语发音。众所周知，英语有 20
个元音音素，28 个辅音音素，而粤方言中有声母 20 个，韵母 53 个，其
中英语中有一些音素在粤方言中没有，或者有但发音方式不同，这些音素
给粤方言区的英语学习者带来了一定的困难，对他们语音的习得产生了一
定的负迁移作用，具体表现为：

　　A. 粤方言中声母"n"和"l"不分，比如"你"（ni）和"李"
（li）都读"lei"，"男"（nan）和"蓝"（lan）都读"lan"，这种现象造
成粤方言的学生容易将/n/读成/l/，这与我们上文提到的操贵州方言的学
生在语音上犯的错误如出一辙。

　　B. 粤方言中没有/r/音，许多操粤方言的学生用相似的音/l/代替，
结果在发这些单词，比如 rob、sorry、rose 时，他们会把/r/音读成/l/音，

造成理解上的障碍。

C. 粤方言有/m/、/n/、/ŋ/ 三个鼻音韵尾和/p/、/t/、/k/三个塞音韵尾，/m/、/n/、/ŋ/在词尾发得清晰、响亮，而/p/、/t/、/k/只有轻微爆破。粤方言学生遇到以/m/、/n/、/ŋ/后边再加上/p/、/t/、/k/结尾的词时，往往会把后边的音忽略，比如在发 student、think 时，学生经常忘记发尾音，给人不完整的感觉。

D. 操粤方言的学生在语音上容易出的另一个典型错误是他们不会念/θ/和/ð/。受粤方言的影响，他们在发这两个音时习惯于将舌尖抵着上齿龈而不是将舌尖置于上下牙之间。我们从上文知道英语辅音音素/θ/和/ð/是齿间摩擦音，发音时舌尖轻触上齿边缘与上齿内侧，也可以将舌尖置于上下牙之间，气流从齿间与上齿间窄缝中泻出，摩擦成音，而粤方言中没有类似的发音，所以他们就用相对好发一些的音/s/来代替/θ/，/d/来代替/ð/，结果"think"/θiŋk/（思考）被误念成了"sink"/siŋk/（下沉），"father"/fa：ðə/ 被误念成了/fa：də/，带有明显的粤语口音。

E. 粤方言中没有辅音连缀，辅音间必定有元音分割，而英语中确有很多辅音连缀现象，比如"stick"/stik/（木棍），"stamp"/stæmp/（邮票），"please"/pli：z/（请）。操粤方言的学生发这样的辅音连缀有一定的困难，他们往往会在以/s/开头的辅音和另一个辅音之间或在以/s/结尾的辅音后插入一个元音/ī/或别的元音，比如/u/，结果单词"stick"/stik/ 被念成/ si-tik/，"stamp"/stæmp/ 被念成/sitæmp/，"please"/pli：z/被念成/puli：z/，"tips"/tips/被念成/tipsi/，而/bʌsi/ 则成了单词"bus"/bʌs/的发音。

（三）影响

从以上分析可以看出，大多数的英语学习者在学英语的过程中都会受各自方言的影响，从而成为他们英语发音的障碍，这无疑会给他们听力理解和社会交往带来负面影响。最有可能出现的后果是：（1）他们无法获得想要的一切信息，不能有效地和他人沟通；（2）他们会缺乏自信，产生焦虑、自卑和失败感。更严重的后果是很多学生甚至产生了放弃英语学习的念头。那么，如何来消除母语或汉语方言对中国的英语学习者在英语发音方面的负迁移影响呢？

四　应对策略和建议

（一）学校和教师需重视语音对于英语学习的重要性。以笔者所带的免费师范生班级为例，四五十人的学生组成的班级中绝大多数来自县城和农村，少数来自城市。在平时的教学中，笔者可以感受到来自城市的学生英语语音水平明显高于县城和农村的学生，方言对英语语音的负迁移作用也相对小，这就意味着教师自身语音水平的高低、学校语音硬件环境以及对语音的重视程度直接影响着学生的语音水平。另外，很多学生承认英语启蒙老师对自己的语音有或大或小的影响，更严峻的一个事实是只有少部分学生认为他们的启蒙老师语音够标准，这就意味着英语教师要想教好学生的语音首先自身的素质有待提高，特别是要规范自身的英语发音，提高语音标准度；其次，教师在实际教学中应对比指出母语或方言发音和相对应的英语语音之间的差异，引起学生的重视和注意，同时教师要了解学生的困难和问题，适时地给予合理的指导，以便学生克服各种因素包括方言导致的发音错误及缺陷，形成正确的英语发音方式和习惯；最后，教师还应及时纠正很多学生养成的用拼音来发英语语音的不良习惯，让学生认识到用拼音来代替容易引起混淆，容易发错的英语语音会干扰和妨碍他们掌握正确标准的语音。

（二）学生也要对语音学习有正确的认识，应当充分认识到地方方言对英语语音的负迁移作用，明白在大学基础阶段语音训练无论是对英语专业的学生还是非英语专业的学生都是重要且很有必要的。学生只有先辨别方言发音和相对应的英语语音发音差异，才能进行有效的正音，方法是训练最小对立体，例如 sing—thing （$/s/$ − −$/\theta/$），thank—sank （$/\theta/$ − −$/s/$），sell—shell （$/s/$ − −$/\int/$）等容易引起发音混淆的单词，利用绕口令进行语音训练，尤其是那些发音深受方言影响的学生，行之有效的方法就是要系统地学习英语发音方法，了解发音器官，老师讲解音位时要详细记录平时困扰他们的那些语音每个音发音时的舌位、唇形大小和发音方法，牢记口腔各部位的平面图和每个音的发音特点及应该注意的细节问题，对照镜子反复模仿练习。此外，教师指导学生采用科学的方法做好听音训练和模仿训练。比如，学生可以采用对照法和对应法，即学生需积极主动地充分利用各种音像资料，多听原汁原味的英语，感悟地道纯正的英语发音，然后模仿、录音、对比以便找出错误及时纠正，或利用娱乐时间听英文歌曲，看经典英文电影或美剧，在得到快乐的同时也在潜移默化中学习英语。再者，在平时的业余时间里，学生还可以主动把来自同一地区的有类似发音问题的同学或伙伴组合成一个小组，团结起来，互相鼓励，共同克服胆怯心理、自卑和焦躁情绪，看似费时费力，但有助于学生明确学习目标，对从根本上端正思想态度、克服情感因素的障碍有积极的作用。

五　结语

英语语音学习是英语学习的基础，也是英语学习的难点之一。在语音学习的过程中，任何地区的方言都会影响该地区方言使用者接受另一种语言，地区方言语音对英语发音的影响很大，因此深受方言影响的英语学习者要想学好英语，首先要意识到自身方言系统与英语的具体差异性，然后有的放矢，针对不同发音采取相应的对策；同时在学习中营造良好的语言学习环境，以减少或消除母语或方言对英语语音的负迁移影响从而提高语言的运用能力。

参考文献

Ellis，R.，*The Study of Second Language Acquisition*，Shanghai Foreign Language Education Press，2003.

Lado，R.，*Linguistics Across Cultures：Applied Linguistics for Language Teachers Ann Arbor*，Michigan：University of Michigan，1957.

Odlin，T.，*Language Transfer-Cross-Linguistic Influence in Language Learning*，Shanghai Foreign Language Education Press，2001（3）.

查爱霞：《普通话和方言对英语语音的迁移作用》，《双语学习》2007年第5期。

李娅玲、陈志萍：《广东学生英语语音常见错误分析及对策建议》，《广东工业大学学报》（社会科学版）2007年第7期。

刘沛富、王永霞：《粤方言对英语语音习得的迁移》，《哈尔滨学院学报》2007年第7期。

孟宪忠：《英语语音学》，华东师范大学出版社2006年版。

田甜：《普通话和方言对贵州学生学习英语的语音负迁移现象分析》，《贵州民族大学学报》（哲学社会科学版）2013年第2期。

覃薇：《贵州方言对英语语音学习的负迁移》，《长沙铁道学院学报》（社会科学版）2011年第4期。

汤杰：《普通话对英语语音的影响及消除影响的策略》，《天津市经理学院学报》2006年第1期。

俞理明：《语言迁移与二语习得》，上海外语教育出版社2006年版。

对制定《大学英语教学指南》新词表部分的若干参考性建议

——兼对《大学英语课程教学要求参考词汇表》的词汇量问题刍议

周 骞

摘要：本文回顾了2007年版《大学英语课程教学要求》及其《参考词汇表》的制定过程及相关的学术研究论文，发现针对《07词表》词汇量要求的研究仍存在不少争议。争议的焦点问题便是《07词表》词汇量究竟是太多还是太少。在分析这些研究的基础上，本文指出：未来的《大学英语教学指南》之《指南词表》基础目标要求部分应与时俱进，但在制定中应符合教学规律；相关研究应为《指南词表》的制定提供依据，且不应各自为政；新的《大学英语教学指南》今后应进一步考虑多样化和个性化教学需求等判断。本文为今后制定具体《指南词表》而言具有一定的参考价值。

关键词：大学英语；参考词表；词汇量要求

本文撰写的时间是2015年，距2007年版《大学英语课程教学要求》（以下简称《要求》）的颁布之初已经走过了八年时光，最新版的《大学英语教学指南》（以下简称《指南》）的征求意见稿也出现了，估计未来几年《指南》便会代替《要求》，成为新的大学英语教学指导性建议。在过去的几年之中，围绕《要求》的赞许和批评之声不绝于耳，可以说是学界内部非常热闹的一件事情。笔者认为此时有必要写一篇文章来梳理一下以往这方面的研究状况，总结一下《07大学英语参考词汇表》（以下简称《07词表》）仍然存在的问题及应对之策。以史为鉴是非常重要的，特别是鉴于新版《指南》未来将要出台之际。本研究认为：在大学英语教学中的具体词表制定过程中，学术界以往争议的基本问题仍然是存在的，这些基本问题不会因未来《指南》的问世就轻易平息。在本文开始之前，笔者必须说明：由于笔者近年来专注于教学和其他事宜，导致了研究能力有所生疏。本文难免会出现很多疏漏，但这毕竟是笔者独立思考后完成的一篇作品。如果本文的读者能在看完本文后得到一些灵感和启发，那就再好不过了。

一　对《要求》及《07 词表》的简要介绍

首先要对《要求》主体以及《要求》当中的词汇要求部分进行一下简要的说明。按照王守仁先生（2008）的话讲，这份大纲的前身是 2004 年颁布的《要求（试行）》版。在全国正式推广前，这份《要求》还经过了三年多的试行。《要求》综合了全国 21 所大学专家组的意见，仅修订期就用去了八个多月。

自《要求》正式发布以来，很多出版社（如上海外语教育出版社、外语教学与研究中心出版社以及清华大学出版社）都对《要求》进行了公开的出版。不论是哪个出版社出版的《要求》，只要翻开粗略浏览一番，便可发现其中占据绝大部分篇幅的部分便是《07 词表》以及《大学英语参考词组表》了。如果撇开词组表只看词表，按照《要求》本身（教育部高等教育司，2007）对这份《07 词表》的说明，这份《07 词表》是由上海交通大学等高校根据定量和定性分析相结合的方式做出的。《07 词表》选取词汇的主要依据为 The Collins Bank of English 等语料库。它是吸收了原有的《大学英语教学大纲》（修订本）以及《高中英语课程标准》中的词汇部分，同时又适当地考虑了当前的教学实际以及今后要达到的教学情况，具有一定的前瞻性。

这份《07 词表》共计收录了单词 7676 个，按照三级不同要求划分，这 7676 个单词又可以分为：一般要求 4794 个（另说为 4795 个），较高要求 1601 个，更高要求 1281 个。另外，该词表还包括了另设附录六种（包括籍名、地名、缩写词、前后缀、人名表、常用口语表达等）。这份《07 词表》在修改和制定时所依据的一些基本原则为：（1）对之前大学英语参考词汇表不作较大改动，只作微观调整。（2）词表收词以权威的词典词目为参考。（3）体现与高中英语教学衔接的原则。（4）不宜大幅提高"一般要求"的词汇量；适量增加"较高要求"的推荐词汇量，在"更高要求"层次，要求学生掌握与所学专业相关的词汇（王守仁，2008）。

自这份《07 词表》诞生以来，便有很多相关研究者从不同角度进行剖析，给出了不同的解读。本文将对以往的主要相关研究文献进行梳理，围绕《07 词表》词汇量要求来分析大学英语词汇教学当中存在的一些问题。本文将为今后进一步探索适合中国国情的大学英语词汇表提供参考性意见。

二　词汇量多还是少？这仍是个问题

目前的《07 词表》词汇量要求到底是多还是少？这个问题看起来非常简单，但细究起来却真的不好回答。实际上，针对这个问题得出的答案可能是截然相反的，且都有一定的道理。

（一）观点一：《07 词表》的词汇量偏多，教材在制定中应趋向保守

词汇教学专家 Laufer（1989）和 Nation（2008）等人指出：当学习者在阅读新的材料时，遇到新词最常见的策略之一便是根据上下文猜测。在这种情况下，要想得到愉快的阅读体验，学习者应该认识其中 95%—98% 的词汇。这也就是说，此时新词的出现率应该控制在 5% 以下。国内的赵勇及郑树棠（2003）也指出：教学大纲的制定和教材的编写要能够体现出对核心词汇的关注和重视，而《新视野》系列教材就是这样一套重视核心词汇的教材。这里面的核心词汇，其实就是某语言在交际中和信息传递中起着重要作用的常见词汇。大多数核心词也就是《词表》要求中的基本要求词汇。虽然从理论上讲，强调这些核心词汇和多学些新词之间并没有什么矛盾。但实际上，如果按照"强调核心词汇"的要求来编制大学英语教材，那么最后学习者学到的总词汇量将是远远达不到《07词表》较高要求和更高要求的。笔者曾在博士毕业论文《基于语料库的当代大学英语教材词汇研究》当中用量化分析的手段分析了四套主要的大学英语教材词汇对《07 词表》词汇的覆盖率，得到的结果如表 1 所示（周骞，2012）。

表 1　　　　　　　　主流教材对《07 词表》的词汇覆盖率

	各教材的词汇覆盖率（类符%）			
	21 世纪	新视野	全新版	新世纪
一般要求词汇	75	86.3	74	79.4
较高要求词汇	5.1	0.9	4.1	4.9
更高要求词汇	2.1	0.5	2.6	2.6
超纲词汇	16.7	12.3	19.3	13

请看表 1：以《新视野》系列教材为例，这里的 86.3% 代表《新视野》教材有 86.3% 的类符同时也出现在了《07 词表》一般要求词汇中。虽然《新视野》对这些核心词汇把握得较为全面，但较高要求词汇（0.9%）和更高要求词汇（0.5%）却是四套教材中覆盖率部分较差的。如果考虑到《07 词表》中大多数一般要求词汇在中学阶段已经重复出现过这一状况，那么教材在强调核心词汇的同时也势必会影响学生对其他两级词汇的学习。

了解了上面这些内容，我们再回过头来看看《07 词表》本身。还是依据表 1 的数据，可以说目前全国主要的大学英语教材都远远未能将《07 词表》中较高要求词汇和更高要求的全部词汇包含在内。这就出现了一个推论：这份《07 词表》难度其实并不低，且《07 词表》的难度主要体现在较高要求词汇和更高要求词汇上。如果再进一步结合笔者对十年（2001—2010 年）四六级考试词汇的相关研究发现——四六级词汇有难度逐年递增的现象，具体表现为四六级考试中一般要求词汇比例的减少和较高要求以上词汇比例的整体上升（请参见笔者的博士毕业论文），我们就可以推论这几本教材其实已经越来越不适应四六级考试的实际词汇要求需要。

就目前很多学校在大学英语方面的实际教学探索来看，其实是可以推断这些大学英语教材的整体学习难度本身是不低的。而《07 词表》的总体要求则在这些教材的难度之上，此时如果再增加《07 词表》本身的基本词汇量，笔者判断很多学生恐怕都是无法达到要求的。同时，教材的编者也面临着教材课文不好选材的问题。

（二）观点二：《07 词表》的词汇量偏少，应尽快增加基本词汇

目前国内持此观点的学者也不在少数，可以说这种观点已经逐渐掌握了一定的话语权。其中较为出名的观点来自蔡基刚先生。自 2009 年以来，蔡先生在《中国外语》《解放军外国语学院学报》《外语教学》等核心期刊上连续发文三篇（其实蔡先生发表的文章较多，但这几篇比较具有代表性，且级别不低）。虽然这几篇文章关注的未必都是《07 词表》中的词汇量问题，但相关的论述却是不少。为了方便起见，笔者索性罗列了一张表（见表 2），让我们来具体看一下蔡先生的主要观点。

表 2　　　　　　　　　　　　蔡先生的一些主要观点

发表时间	发表期刊	文章题目	主要观点
2009	中国外语	大学英语教学要求的统一性与个性化——关于《大学英语课程教学要求》修订的思考	1. 过去的大纲（《85 大纲》及《99 大纲》）是统一性质的，这种大纲甚至限定了学生应掌握的词汇范围，这种情况在一定程度上束缚了高校英语教学发展。与高等教育多样化、个性化的时代要求不相适应。 2. 新版《要求》当中的统一性仍然存在，这是不利于个性化教学的。
2012	解放军外国语学院学报	制约我国大学英语词汇要求发展的主要因素及其对策研究	1. 从《85 大纲》到《要求》，26 年来我国大学生词汇量要求的发展是非常缓慢的。由于中学词汇要求的提升，《要求》实际新增词汇为 1295 个，几乎是历次大纲中规定新词最少的，这是一种倒退。新版《要求》没有体现出 9 年来我国中小学英语教学改革的实际情况。 2.《要求》中一般词汇量要求过低会带来各种负面影响。词汇量过低是造成学生外语水平进一步提高的瓶颈。 3. 不能随意放低大学英语的词汇量的标准，建议将大学英语一般要求的词汇量提升至 1 万个，同时教学方法也要改进。
2014	外语教学	国家战略视角下的我国外语教育政策调整——大学英语教学：向右还是向左？	1. 大学英语教学始终是在低水平上徘徊。由于大学英语定位在通用英语或基础英语，就没有可能提出比现在大学英语四级 4700 个词汇量更高的要求。这样一来重复中小学英语是不可避免的。而国外研究者 Diller 认为要读懂一般的专业教材词汇量至少是 8000—10000 个。 2. 大学英语不应走英语专业的路子，应该走专业化教学的路线。

　　从表 2 可以看出：蔡基刚先生的这三篇文章是"此道一以贯之"的。即指出目前我国的大学英语教学走的是偏重英语专业教学的路子。这种教学模式是不符合时代需求、不适合学生个性化需求以及专业发展需求的，是亟待改进的。具体到词汇量的要求方面，就是目前仍在使用的《07 词表》基本要求过低，有很大的提升空间。除了蔡基刚先生外，国内还有黄建滨等（2004）也持类似的观点，即认为目前的《07 词表》词汇量与学生的实际相比要求偏低，这种情况既不符合中国 20 年大学英语教学改革进程的实际，也会极大地制约中国大学英语教学改革的发展。笔者尊重蔡先生和黄先生的这些有益观点，但笔者同时也认为这里仍然需要结合更

多人的调研数据才能进行宏观层面的思考。

（三）相关文献的综合探讨

《要求》中的词汇量到底是多还是少？看到这里恐怕很多人会越来越茫然。在得出一些具体的新论断前，我们不妨再回顾一下和大学英语词汇量相关的几组客观数字。为了能够使问题更加一目了然，笔者制作了图1。

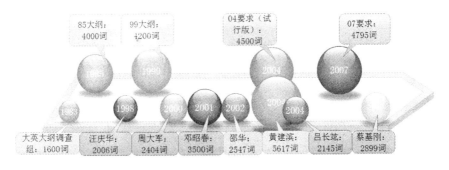

图1　历年《大纲》词量要求及新生入学词汇量研究对比

这里要对图1进行几项说明：（1）图中从左向右代表一条时间线，圆圈当中的数字代表年份，年份和年份之间的距离为近似值。（2）图中上半部分的四个圆圈为官方的《大纲》或《要求》所规定的大学英语教学最终应掌握的基本词汇量，可以视为官方对大学英语教学中词汇教学的人才规格的具体培养要求。（3）图中下半部分的七个圆圈为学生在入学时所掌握的实际词汇量的平均值调研情况，这些数值由不同的学者或组织进行的实证调查研究所得出（汪庆华，1998；周大军，2000；邓昭春，2001；邵华，2002；黄建滨，2004；吕长竑，2004；蔡基刚，2012）。（4）圆圈的大小比例反映大纲规定或实际调查的词汇量数值比例，本图中所有圆圈的大小比例并非按照精确的数值描绘，而是近似的比例。

在探讨《07词表》词汇量究竟是偏多还是偏少时，新生的入学词汇量是一个非常重要的参考指标。我们很快就能从这张图表中发现一些不同寻常的地方，这就是黄建滨等在2004年发表的那次研究（该研究的时间实际为2003年10月）。这次研究得出了一个历年研究中的最大值——5617词！请注意这5617词仅为新生入学时的平均词汇量，这个水平甚至要高于后来官方在2007年《要求》当中所规定的基本词汇量要求。这个发现特别具有价值，因为如果以这次实证研究为基础，得出《要求》当中基本词汇量要求偏少也就不足为奇了。虽然蔡基刚（2012）在自己的研究中得到的新生入学词汇量均值为 2899 词，且这一结论也和其他的研究者（黄建滨的研究除外）多年来的研究结论基本相符，但却在结论部分使用了五所重点学校的数据来解读这个问题（五所重点院校新生的平均词汇量为 3550 个，这一数值远高于 2899 个），从而得出了和黄建滨等人相似的结论。

在了解了这些前因后果后，笔者不得不发问以下两个基本问题：（1）在研究新生入学时的初始词汇量时，不同研究者每次的研究对象不同（包括学校等级、生源地、学生所学专业、学生人数等变量都不一样），研究的方法不同（包括测量公式、所出题目、词汇的选择）、研究工具等也可能存在较大的差异，我们能否以某几篇研究得出的结论来概括新生对词汇的整体掌握状况呢？（2）全国性大纲的制定究竟应该以什么为标准？笔者在此不会给出一个确定的答案，但相关的思考却仍然是有必要的。

三 对《07 词表》的再思考及对新版《指南词表》的展望

（一）《指南词表》应与时俱进，但制定应符合教学规律

从官方正式出版《07 词表》到现在已经过去将近八年的时间，按照过往的惯例，目前已经到了新版《大学英语教学指南》中《词表》（本文简称《指南词表》）筹备完成之际（笔者不排除《指南词表》今后并不存在的状况）。笔者首先肯定这份《07 词表》曾在过去几年里对全国大学英语教学以及相关的教材编写起到了一定的规范作用，具有一定的积极意义，但我们也无法否认随着时代的发展，这份《07 词表》逐渐暴露出了不少问题。《07 词表》肯定是要不断改进的，这是笔者的一个基本判断。但改多少？怎么改？该不该大部分否定后另起炉灶或完全取消却是另一个问题。笔者是反对较为激进的变革的，理由很简单：目前的大学英语教学面对的依然是全国所有的学生。如果发生某种激烈的变革（例如将基础目标词汇量要求一下子拔得过高），就有可能造成部分地区或学校在实际教学中存在拔苗助长的倾向，这样的休克疗法是存在一些隐忧的。

此外，语言的学习是一个非常复杂的过程，单纯词汇量的提高也并不

意味着英语整体能力的提高。单词短语的搭配、句法、篇章、文化背景知识等都会影响到一个人的语言理解能力。在教学中，老师不难发现有这样的情况存在：有些学生单词背了不少，拿到一篇文章浏览后也几乎每个单词都认识，但这些单词合在一起阅读时却不能被这些学生所理解。网络词典翻译也是一个这样的典型，仅就单词条目而言，几乎没有人比能不断更新修订的网络字典更为全面了，但网络字典的翻译能力低下却是至今都无法解决的难题。我国的大学英语教学究竟是要把学生培养成一个很会背单词但语言理解能力低下的机器还是英语整体能力基本过关的人？这是一个值得相关学者们继续思考的问题。

也许有的学者会拿国外学生来举例，例如说日本大学生的词汇量要求是 1 万词以上，中国的大学生跟日本大学生相比英语能力已经落后了云云。笔者此时想说的是：虽然日本英语教学在词汇量方面可能会占有部分优势，日本也的确培养出了不少翻译方面的专业人才，但这一观点却忽略了日本学生英语口语整体不好的问题。以往我国学界的主流观点都认为中国学生的英语交际能力差，但这么说其实是缺乏比较的，笔者认为我国大学生目前的英语交际整体水平是要强于日本大学生的。

笔者认为词汇量只是衡量语言能力的一个指标，如果为了这一个指标的提高而忽略了其他的指标，那么我们就有可能走向一条错误的道路。更有甚者还会使我们的教学走回从前的那条老路——培养出的学生存在大量哑巴英语的现象。理论上讲，词汇量的提高和阅读理解以及听说能力的提高并不是矛盾关系，但现实教学中具体实施起来顾此失彼的失败案例也是时有发生的。如果大学英语教学改革的方向为大幅提升基础词汇量（特别是专业词汇量），就有很大的可能出现学生听说能力及人文交流能力等下降的难题。而且那样的改革我们很多学校都是达不到的，因为这里面还牵扯师资力量及高校教师培训能力的问题。例如各学科专业能力高的老师未必英语整体能力好，英语整体能力高的老师未必专业水平高。这些都是现实中需要三思而后行的问题。

（二）相关研究应为基础目标部分的《指南词表》制定提供依据，且不应各自为政

从本文之前对相关文献的综合探讨可以看出：相关研究在调查大学新生词汇量方面得出了很多第一手的资料，这些结果对未来《指南词表》词汇量的制定是有着较高参考价值的。但我们也发现：相关的研究者在以

往的研究中大多各自为政，这导致了不同学者之间的研究可能存在着较大的差异。邓昭春（2001）就曾指出：大学新生掌握 1800 词是一个什么概念？是否包括专有名词和习语？是否包括派生词和复合词？是否包括词的曲折形势和缩略词？对此，以往的国内相关研究并没有具体的说明。此外由于统计标准的不确定，词汇量调查的结果往往差异很大。由于我国的相关学者在这一问题上长期各自为政，这一情况其实仍然是存在的。

虽然官方《07 词表》在制定时是有一定客观依据的（如使用了 Collins 语料库等），但是却缺乏对现实的大规模全国实证调研工作。这导致了我们无法搞清楚学生在入学时掌握词汇的基本状况等信息。笔者建议今后《指南词表》的制定要从多个角度出发，对新生入学时词汇量的调查应为众多基本调研内容之一。同时，由于以往研究的误差大多数是由标准不同或测量工具不同所造成的，笔者还建议今后的研究应在设立相同的研究标准后分别由相关的学者统一展开。随着大数据等新兴技术的出现和运用，未来这项工作及相关的研究应该是方兴未艾的。今后，学者们应该完全有能力在更少的成本下依托大数据技术来完成这些工作。

（三）《指南词表》的制定应进一步考虑多样性和统一性这组矛盾

在大学英语教学的发展过程中，我国已经由过去绝对统一的《大纲》变为了具有相对参考性质的《要求》，又从《要求》变为《指南》。不论名称如何改变，具有官方背景的《07 词表》或《指南词表》本身都将在一段时期具备较高的参考性。大学英语课程的设置其实是会向着偏专业化方向的 ESP 发展的，权威性质的《要求》或《指南》和 ESP 的学习要求在现实教学中的确也会造成某些矛盾之处。虽然笔者也看到了新版《大学英语教学指南》的征求意见稿（2014）本身强调了个性化教学和校本考试，但统一性和多样性的矛盾却仍是会长期存在的。笔者认为：统一性是人才规格方面的基本要求，一份缺乏统一性质的大学英语教学大纲有可能会导致部分地区大学英语教学质量下滑的后果。多样性是时代发展和 ESP 等理念发展的要求，缺乏多样性的大学英语教学只能导致学生的英语水平跟不上时代。单方面强调统一性或单方面强调多样性都是不可取的，那样只能从一个极端掉到另一个极端。

（四）对《指南词表》的展望

截止到本文投稿，附有《指南词表》的正式《指南》仍然尚未出现。笔者拿到的最新相关文献仍然是一份标有"内部使用"的征求意见稿。

这份意见稿出台于 2014 年 12 月，全文只有短短的 20 页纸，包含标题在内还不到 1.4 万字，其中提到"词汇"一词的地方仅有八处，且六处都在"三个级别教学要求的总体能力描述"部分。笔者仔细观察了这份《指南》的征求意见稿，却发现词汇量的要求部分仍然有一些可能会引发更多争议的地方。比如这份《指南》征求意见稿的"基础目标"部分（相当于《07 要求》中的"一般要求"部分）中对词汇的要求是这么表述的：在高中阶段应掌握的词汇基础上增加约 2000 个单词，其中 400 个单词为专业学习或未来工作相关的词汇。通过本文 2.3 部分的讨论，读者已经应该明白高中阶段"实际掌握"的词汇其实是一个较为模糊的概念，各个学者对此调查得出的结论是有很大区别的。所谓"应该掌握"的词汇是否有一个客观的标准呢？如果是以官方的《全日制义务教育英语课程标准》中的词汇表为参考，全部也就为 3300 个单词，且这些单词有很多单词本身就是属于同一个词族的（如 application 和 apply）。此外，增加约 2000 个单词也是一个比较模糊的概念，这 2000 个单词是不是属于同一个词组我们并无法得知。即便全部的单词都是属于不重复的，未来的《指南词表》基础词汇满打满算也就是 5000 多个词，这个结论和一些专家在过去给出的建议是不符的。本文第二部分提到的"多还是少"的问题依然是存在的，未来的进一步争论恐怕还是在所难免的。此外，笔者并不赞同在基础词汇要求部分硬性规定 400 个带有专业性质的词汇。虽然《指南》这么写的初衷是能够体现多样化和个性化教学需求，但这部分的内容将直接使《指南词表》本身的基础词汇部分无法统一制定，而这将有可能引发未来教学评估的问题及人才规格无法确保等其他一系列严重问题。

四　结语

大学英语教学当中的词汇量规定是一个有待继续深入探讨的问题。具体到未来《指南词表》的定制方面，笔者支持应制定分专业的更为灵活的词表，同时也反对将基本词汇要求一下子拔得过高。现行的《07 词表》在制定时规定了三种不同档次的要求，其中更高要求词汇是和一定的专业挂钩的，这种设置其实是有一定合理性的。我们应考虑英语词汇在外语学习中本身的一些特点来制定更符合专业化及个性化的教学词表。英语词汇的特性之一便是基本核心词汇的"数量少却出现多"的性质。根据 Adolphs 以及 Schmitt 等人（2003）的相关研究：掌握 5000 个最常见的单词即可满足 95％以上的口语交际使用需要。在交际中，重点掌握那些出现频率极高的高频词是非常基本的（essential），而掌握那些低频词就不是那么重要了（less critical）。从这一点来看，《07 词表》中的基本词汇要求规定仍是较为合理的，这里不宜过大幅度进行"倍增式"的提高。英语词汇的特性之二便是专业词汇的绝对多数和不常见特性（由于专业词汇具有不断发展的特性，谁也不知道专业词汇将最终达到多少数量）。基于这两个基本特性，笔者建议：（1）将大学英语《指南词表》词汇量的基本要求定为 4000—5000 个最常见的词族，这里的要求要有一定统一性和强制性，这是对大学英语词汇学习中人才规格的基本要求。(2) 针对专业词汇，不要强制规定具体的词汇表，这是非常不讨好的。现行的《07 词表》规定了更高要求词汇为 1281 个，这是没有多少必要的。这里应该充分发挥灵活的、个性化的特性，将专业词表的制定下放到各校的各个专业教研组，进行由专业英语文献语料库对比大型英语语料库的关键性分析（keyness），在各行业的专家学者集体商议后综合制定。（3）以上的要求属于对学习者产出性词汇的要求，对学生接受性词汇的要求则应进一步提高。根据 Nation 近年来所做的研究（2006），如果要达到 98％以上的英文词汇覆盖率，学生的接受性词汇量应该为分别为 6000—7000 词族（口语）和 8000—9000 词族（书面语），其实这一要求已经非常高了。理论上讲，学生达到这一要求即可以不借助任何字典的帮助来听懂和看懂大部分的英文了，笔者认为将这个要求定位于部分高校研究生和博士生的公共英语课程教学目标较为合适。对于我国大学英语的产出性词汇要求，定位于 5000—7000 词较为合适。

参考文献

Adolphs, S. & Schmitt, N., "Lexical Coverage of Spoken Discourse", *Applied Linguistics*, 2003（24）：425 – 438.

Laufer, B., "What Percentage of Text-lexis is Essential for Comprehension?", In C. Lauren & M. Nordmann（eds.）, *Special Language: From Humans Thinking to Thinking Machines*, Clevedon: Multilingual Matters, 1989.

Nation, I. S. P., "How Large a Vocabulary is Needed for Reading and Listening?", *Canadian Modern Language Review*, 2006（63）：59 – 82.

Nation, P., "Vocabulary", In Norbert Schmitt（ed.）, *An Introduction to Applied*

Linguistics，Beijing：World Publishing Corporation，2008.

蔡基刚：《大学英语教学要求的统一性与个性化——关于〈大学英语课程教学要求〉修订的思考》，《中国外语》2009 年第 2 期。

蔡基刚：《制约我国大学英语词汇要求发展的主要因素及其对策研究》，《解放军外国语学院学报》2012 年第 1 期。

蔡基刚：《国家战略视角下的我国外语教育政策调整——大学英语教学：向右还是向左?》，《外语教学》2014 年第 2 期。

邓昭春：《英语词汇量调查问题探讨——兼评一份全国词汇量调查表》，《外语教学与研究》2001 年第 33（1）期。

黄建滨、陈依虹、徐莹、李佳、富瑜：《大学英语课程教学要求词表修订探讨》，《外语界》2004 年第 1 期。

教育部高等教育司：《大学英语课程教学要求》，上海外语教育出版社 2007 年版。

教育部高等学校大学外语教学指导委员会：《大学英语教学指南》（征求意见稿），2014 年，2015 年 11 月，http：//wyx. zzia. edu. cn/s/11/t/333/c7/c3/info51139. htm。

吕长竑：《词汇量与语言综合能力、词汇深度知识之关系》，《外语教学与研究》2004 年第 2 期。

邵华：《普通高师院校学生大学英语四级阶段词汇水平实证研究》，《外语教学与研究》2002 年第 6 期。

汪庆华：《关于我国大学生英语词汇量的初步探讨》，《外语界》1998 年第 2 期。

王守仁：《进一步推进和实施大学英语教学改革——关于〈大学英语课程教学要求（试行）〉的修订》，《中国外语》2008 年第 1 期。

赵勇、郑树棠：《大学英语教材中的核心词汇的关注》，《外语与外语教学》2003 年第 6 期。

周大军：《理工科学生英语词汇量状况全程调查》，《外语教学与研究》2000 年第 5 期。

周骞：《基于语料库的当代大学英语教材词汇研究》，博士学位论文，上海师范大学，2012 年。

交互式多媒体辅助英语视听说对听、说两个维度的突破性影响

曹春阳

摘要：有相当一部分学生甚至是老师都认为英语视听说教学每堂课的任务就是欣赏电影，欣赏完电影后授课老师把电影中经典片段、重点语言点和相关文化知识给学生讲一遍就可以了。一方面，老师在英语视听说的授课中很难体现出课堂活动设计、课程目标、授课手段、教学方法的多样性、实现学生英语语音方面的突破性改变，以及大量纯英文语言信息的输入；另一方面，学生则把此课看作学习之余可让自己放松的一门课程。其实英语视听说是一门特别综合的课程，其综合性体现在输入的多样性和输出的不对称性，顾名思义："视""听""说"并举，旨在快速提高学生的听力水平与口语表达能力；本课程最好能利用网络平台将丰富的视、听、说资源整合在一起，与教师在线课程充分地结合起来，经过系统的训练，使学生的听、说能力有突破性的提高，最终使他们在英文环境下的就业面试、工作、学习和国际学习交流中游刃有余。

关键词：视听说；软件技术；交互自学课件；拓宽就业道路

一 多媒体辅助视听说教学模式与资源整合

（一）视听说教学模式

视听说教学应采用语言、聆听行为两个心理维度、在线授课与网络自主学习相结合的教学模式，结合相关交互式英语视听说教程，融合在语言学习理论指导下的教学实践中流行的四种听力和语言教学模式：聆听和重复、聆听和回答问题、任务聆听和互动聆听。首先，学生通过视听训练、听力理解与聆听细节三个部分来提高自己的听力。其次，通过音频听力训练、新闻、科学报告、专业话题对话、电话、谈话、讲座等扩充自己的词汇、表达方式，拓展视野。最后，通过观看并模仿视频片段来优化学生

的口语发音，提高语言转换速度，锻炼思维敏捷度，以及提高语音表达的准确度。

将视、听、说三种学习活动有机地结合起来，以听、视（看）原版影片、新闻视频精选片段、娱乐视频及访谈类试听材料为手段，以提高口语表达能力与思维反应速度为目的。听、看是英语学习的一种"输入"。是一种原汁原味、生动活泼、听觉神经和视觉神经相结合的英语输入；说，是一种模仿性的语言输出，是输出经过学生模仿、学习、加工后产出的结果。

（二）教学资源与交互多媒体的合理对接方法

1. 在课程设置上突破视听说课以教师去教室授课为主的传统模式，而是充分利用网络，将教师的授课录像放在网络上，一方面，授课教师可以随时将讲授的知识通过视频形式向学生传授知识；另一方面，学生也随时可以把没听懂的知识点让老师"再讲一遍"。

①每堂网络课的视频下都有留言板，方便学生与老师及时沟通；

②课后一对三的"语音通话"沟通模式让授课教师及时了解学生学习动态，并能够及时调整自己的授课内容、授课方式等，以此来"加长"学生的"短板"。

2. 实行课程分组备课模式，最终形成资源整合。

①每位教师都利用同一款交互式课件制作软件 MatchWare Mediator v 9.0 的课件整合功能，充分发挥各自的风格，体现各自的特长，最后实现每位教师课件的整合；

②将所有授课教师的课件以授课老师名字和课程内容为分类标准进行资源整合（两张容量为 4.3G 交互式 DVD_ ROM），并且上传网络供学生下载学习。

（三）开发、建设半开放式全英文网络学习平台

1. 培养学生纯英文思维模式，一定程度上摆脱汉语式思维模式。

2. 大量外部信息对大脑的刺激，既能增强学生对于英语相关词汇表达、文化知识等的记忆与应用，又能提高学生对英语学习的积极性。

3. 半开放式全英文网络平台，即闯关、阶梯式网络学习平台：学生在有效完成一定量任务的前提下才可进入更高一级的学习任务，否则计算机将会为该学生从题库中提取相同难度等级的学习任务。

（四）对于英语教学侧重点改变的新的探索

1. 英语教学不再以读、写为重点，而是转为重点提高学生的听、说能力，提高对外交换生的语言水平与文化素质，提高雅思口语考试成绩。

2. 近年来用人单位对于非英语专业学生英语综合应用能力的要求有所提高，英语视听说课程在很大程度上可以提高学生就业率，拓宽学生的就业道路。

二　多媒体辅助视听说教学方法的创新

（一）总体教学思路

1. 在教材建设方面，一方面，以本课程负责人主编和参编的教材《交互式英语视听说》、*Pioneer College English* 第一册与第二册的知识内容为基础，引入各种主题的公开网络音、视频资源与文字材料，拓展学习范围；另一方面，将各种视、听、说资源以网站的形式整合在一起，为老师与学生的英语教学与学习提供极大的方便。

2. 在课程教案建设方面，制作交互式的自学电子课件，以此来扩展学生学习范围，拓展学生知识面。

3. 开发、建设网络学习小组，学生与学生、学生与老师、老师与老师之间可以随时随地进行学习、交流。

4. 在课程教学方面，针对原有粉笔加黑板的传统教学模式，结合现代教育理念，开发交互触摸屏课件，提高学生学习兴趣与积极性。

5. 在网络资源更新方面完善和扩充网络教学资源，如课堂教学全程上网，每周更新服务器上的视、听、说材料等，实现教学资源共享，扩大课程在校内的影响。

6. 在课程团队建设方面，将平行团队建成课程教学梯队，并进一步提高本课程教学团队的教学水平。

7. 为了促进课程教育教学观念的转变，推动优质课程资源，通过现代化信息技术，在共享原有教学资源的基础之上，进一步扩充网上资源，特别是利用 TED 官方网站上的公开视听资源、动画视听资源、英语新闻视频资源、本团队教师在线授课视频等资源提高学生听说能力，拓展他们的视野。

总之，通过大量的有效语言信息的输入与学生的刻苦练习，最终能使学生的听力水平和口语表达能力有质的提高（以雅思口语考试为标准：

流利程度、语法与词汇、逻辑与连贯性、发音）。

（二）具体教学方法

1. 最有人气的教学方法："你走开，让我看"：两人一组，A 先走开，由 B 先看两遍时长为 1—2 分钟的视频，然后再由 B 给 A 讲出视频中的信息。

2. "大海捞针"教学方法：给学生提供 2—3 分钟的视、听资料以及相关的文本，但其文本当中有 8—12 处未标记的错误，要求学生听出错误的地方并且写出正确的答案，这样学生就不会有针对性地只听传统改错题中标记出的错误点和其周围语句的信息，这样的学习过程不再会有"死角"。

3. 每周完成一部全英文电影，学习内容包括：

①语言点笔记（词汇与语言表达输入）；

②文化元素；

③如何解读这部电影（学生制作 PPT 在课堂上展示）。

4. 传统配音与本人独创的配音活动。

①纠正与提高英语发音，调整发音方式；

②使大脑思维与嘴部肌肉神经反应同步，从而提高英语思维的速度与口语信息输入的有效性；

③增强英语学习的兴趣性。

5. 每周阅读字数为 300—400 单词的短文来补充视频与听力材料中欠缺的东西。

6. 每两周与学生分组见面：

①英语交流会；

②掌握学生学习动态及学习效果；

③根据第二条的情况对学生英语听说学习进行有效指导与调整。

三　视听说课程的内部分类

英语视听说课程涉及的内容比较多、比较综合，视、听、说、语言处理，语言输出的汉、英转换等每个环节都不可能单独存在，具体内容如下。

（一）原声真实生活英语听力进阶

在英语学习过程中，听力是非常重要的一个维度和环节，在信息接收与传达中扮演着至关重要的角色，如果在这一环节中出现偏差，那么信息传递者与信息接收者之间将会出现信息遗漏或者信息误传的现象。我们中国的英语学习者只习惯在背景噪声分贝较小的环境下接收字正腔圆的英语语音信息，这是在大学英语四、六级听力应试和英语听力课堂学习影响下产生的必然结果，一旦出现背景噪声分贝过高和英语发音较为"模糊"的情况，我们的信息接受者可能就变成了"聋子"，从而出现大量信息遗漏和信息误听现象。所以在本课中不能单纯地让学生置身于适用英语考试、背景噪声较低且发音标准的"听力世界"中，而是让他们能够置身于现实的多样的"真实世界"中。这就要求在对《原声自然英语听力进阶》课程授课时搜集各种不同主题、不同发音、背景噪声大小不一的视听材料来提高学生在不同环境下的信息获取水平。

（二）英语语音训练

英语语音方面的技巧与习惯直接影响着受众对讲话人讲话内容的理解和对其英语发音的评价，它在信息传递方面也起着举足轻重的作用，所以语音训练在视听说课程中是不可或缺的一个环节，没有了它，就像我们人类没有了血液一样。

语音训练主要有以下几个方面：

1. 语音、语调、声调训练；

2. 连读的连贯性与流畅度训练；

3. 单句一口气重复训练；

4. 跟读训练；

5. 原声影片传统配音训练（双声道自由切换：原声声道＋纯背景声道）；

6. 笔者独创电影片段与自己录制视频片段配音训练（将原声去除只留背景音，由学生自己写台词，然后再给视频配音）；

7. 模拟国外电视、电台英语新闻报道训练（学生每周制作一个视频新闻）；

8. 讲话情感融入训练。

（三）英语口语表达的练习与提高

影响英语口语表达的准确性主要因素有：

1. 英语表达思维。英语表达思维与方式和汉语表达思维与方式还是有很大差异的。Kaplan（1966）认为东、西方语言具有不同的思维方式：

英语讲话人的思维方式是直线型（linearization）的，而汉语式的思维方式是螺旋型（spirality）的。思维方式不同，讲话重点信息的布局也不尽相同，影响信息的传递。在英语表达思维中，开门见山地说出的往往是重点信息，而我们中国人的思维表达习惯则是先从侧面说出些辅助信息，"压轴"的才是讲话的重要信息中心。比如中、美两国人在写寻物启事时，美国人会直截了当："我于 2015 年 7 月 8 日在某某火车站丢失黄色行李包一个，包带上粘有写着我名字和电话号码的纸条：'Michael，4158835627'，望捡到的人与我联系，谢谢。"而我们中国人则会这样写："我因下火车时一时疏忽和所带行李太多，于 2015 年 7 月 8 日在某某火车站将我的行李包丢失，行李包是黄色的，包带是纯皮的，包容量约为 12升，内有身份证、钱包、个人照片和其他个人物品，请捡到者与我联系，有重谢! 联系号码：133 × × × × × × × ×。"

2. 词汇表达的准确性。词汇表达的准确与否直接影响着讲话受众对该讲话理解的准确程度，准确到位的词汇表达让受众在接收讲话内容信息时感觉到轻松、舒畅；相反，有偏差、不到位的词汇表达则会让受众在接收讲话内容信息时倍感煎熬，大有云里雾里的感觉。所以要上好英语视听说课程，就必须在词汇表达准确性方面对学生进行大量有针对性的训练。

3. 英语发音的准确性与流利程度。决定英语发音的准确性和流利性的因素非常多，绝非由一个人单纯的发音技巧和熟练程度决定的。首先，丰富的思想源泉在其流利程度方面扮演着至关重要的角色，没有丰富的思想绝不可能达到脱口而出的流利程度；其次，长期大量的语音训练和实践会让自己在表达思想时如虎添翼；最后，地道的语言表达信息的坚持不懈的输入能够使自己的表达既准确又有立竿见影的功效。

（四）从视听影视中快速提高听说

有相当一部分人对视听影视都有一定的误解或不太全面的认识，认为影视就是看原声电影、电视剧，其实这是相当片面的。影视不仅仅包含电影、电视剧，它还应包含纪录片、视听新闻、经后期处理的双声道视听配音视频片段（原声声道 + 纯背景声道）、原声音频、人物采访视频，以及专为视听说课程录制的视听材料。

（五）每周英语影视配音

配音活动的组织周期不应该是每学期一次或者两次，而是每周都要举行，这对老师提出了非常高的要求：找到足够多的适合学生进行配音活动的视频材料，并且通过音视频技术手段将它们制作成同时带有原声声道和纯背景声道的视频材料，这样，学生就可以通过使用原声声道来模仿学习原声中的发音方法、表达习惯、身体语言、表情信息传递，从而提高英语与母语这两种语言之间的转换速度和表达的准确性。同时，配音活动能够大大提高学生大脑思维与嘴部肌肉的协调性。

（六）英语电子报刊阅读

电子报刊阅读主要有以下几点好处：第一，英语电子报刊能为学生提供丰富多样的语言大餐，它能增加语言、文化的输入，并且既能优化又能促进输出；第二，它能扩展词义面和扩大词汇量；第三，它能扩大学生的知识面，扩展视野，充实自己的生活；第四，电子报刊阅读能够丰富学生的口语表达方式，使学生在进行口语表达时也能使用修辞手法，比如明喻、隐喻、暗喻、提喻、通感、联觉、移觉、拟人、夸张、排比、平行、委婉、婉辞法、比方、反语、双关、仿拟、修辞疑问等。

英语电子报刊阅读营造了良好的语言习得环境。阅读英语报刊能培养英语学习者的英语思维习惯。

四　视听说班级 A、B 班口语学习前后效果对比

为了能够凸显视听说课程在提高学生口语水平方面的明显效果，任课讲师分别对 A、B 班进行为期两年的跟踪对比观察，以下是学生口语水平对比柱状图（总分 9 分）（见图 1）：

从图 1 中来看，A 班原来的口语水平（第一年从 1 月至 12 月）基本没有发生较大的变化，虽然参与实验研究的学生都清楚该实验的主要目的是要证明英语视听说课程的明显效果，但是由于他们在学习过程中缺乏丰富、实用、有价值、有针对性的视听说材料，加之不得当的学习方法和没有在视听说教学方面有经验的教师的指导，因此他们的学习效果不明显，只是从原来的 4.3 分上升到现在 4.36 分，提升幅度只有 0.06 分，而 B 班在此期间的提升幅度就更不尽如人意了：0.03 分。经过系统的学习，以及大量丰富的外部英语信息对学习者大脑的刺激，加之全英文网站整合的具有创新意义的学习资源和该视听说课程独到的教学方法与课堂活动设计使 A、B 班学生的口语水平有了大幅度的提高，A 班学生总体口语水平从原来的 4.36 分提升到了 6.1 分，提升幅度为 1.74 分，较原来 0.06 分的提升幅度高了 1.68 分。而 B 班的提升幅度为 2.17 分，较原来 0.03 分的

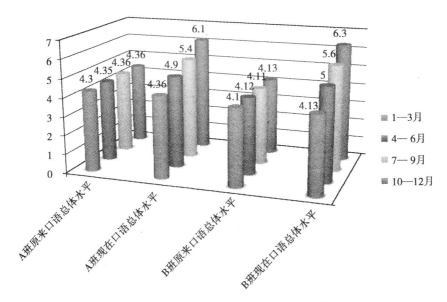

图1　视听说 A、B 班口语水平前后总体成绩对比

提升幅度高了 2.14 分。

五　视听说班级 A、B 班听力学习前后效果对比

从图 2 中来看，A 班原来的听力水平（原声新闻）在开课前的测验总体成绩只有 6.5 分，占总成绩（30 分）的百分比仅为 21.7%，经过长达一年的坚持训练，其听力水平有了突破性的改变：22.6 分，占总成绩的百分比跃升为 75.3%，听力水平较原来提升了 53.6%。B 班听力水平也发生了非常明显的变化：从 6 分（仅占总成绩的 20%）提升到了 20.2分（占到总成绩的 67.3%），听力水平较原来也提升了 47.1%。

六　结语

英语视听说课程看似只是简单的看（视）、听，然后再说的一门课程，其实它是一门非常综合的课程，即给授课教师在授课理念、课堂活动设计与创新、授课材料甄选、多媒体技术手段等方面提出了较高的要求，增加了学生的学习任务，同时也转换了他们的角色：既是学习者又是教授者（分享、展示、人物角色解读、文化现象理解等）。一门设计用心的英

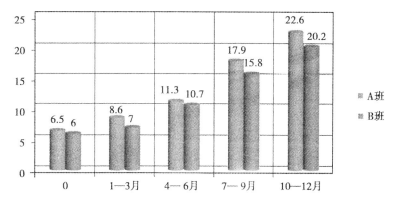

图 2　学生听力水平变化（总分：30）

语视听说课程在提升学生听、说这两个维度中起着至关重要的作用，从而能提高学生学习的积极性，大大增加他们的就业机会，提升他们在英语工作环境中的表现，促进国际交流学习。

参考文献

赵英男：《看电影学英语》，清华大学出版社 2004 年版。

王利娟：《我们如何通过看英文原声电影提高自身听力水平》，《影视教育报》2011 年。

严红美：《浅谈影视片段在英语听力教学中的应用》，《绥化学院学报》2006 年第 4 期。

张松炎：《英文电影欣赏在英语听说教学中的应用》，《科教文汇》2008 年第 1 期。

曹晓利、甘世安：《影视在英语听说教学中的功能及运用》，《浙江万里学院学报》2006 年第 5 期。

培养学生语言综合运用能力的研究[*]

陈　刚　　胡选恩

摘要： 我国外语教育要以学生的需求为出发点，面向社会，面向未来，面向世界，培养具有国际视野、国际竞争力及胜任对外交际的综合型人才，以满足我国科技、经济和文化等发展的需要；因此要把培养学生单一的阅读能力转移到全面发展学生的语言综合运用能力上来。不能简单地认为语言综合运用能力就是听说读写能力，语言综合运用能力涵盖语言知识、语言能力、交际能力和跨文化交际能力等。本文首先讨论了语言综合运用能力的内涵，然后就如何培养提出建议和措施。

关键词： 语言能力；交际能力；跨文化交际能力；教师角色

一　引言

我国改革开放以来的英语教学，大约有这样几个阶段，1978—1985年为英语教学恢复阶段，1986—1992年为快速发展阶段，1993—2000年为教学改革阶段，2000年以后为教学创新阶段。各阶段有其特点和特色，回顾开放初期到2000年的英语教学，不难看出当时的教学有这样或那样的不足，比如过度强调传授知识，忽视能力培养；课堂教学以教师为中心，而不是以学生为中心；重视终结性评价，忽视形成性评价；语言测试关注语言知识，不关注语言运用能力等。进入21世纪，地球村、全球经济一体化骤然形成，英语是助推这种格局的重要工具，英语把世界各国人民连在一起，让人们进行思想碰撞、文化交流，分享新成果。外语教育势必要承担起这种责任，面向社会、面向未来、面向世界，培养出既有知识，又有文化，语言综合运用能力强的高素质复合型人才。

---

[*] 本文为陕西师范大学教学模式创新与实践项目（项目号：JSJX2015Y007）阶段性成果。

二　语言综合运用能力

1. 语言能力

乔姆斯基（Chomsky）的语言能力观在语言学研究中影响甚广，他在其著作中主要解释了语言能力，为了便于研究，他将语言能力理想化，将其定义为理想化的说（听）者关于语言的潜在知识。乔姆斯基认为，语言理论主要涉及理想说（听）者，在完全同质的言语社团里理想说（听）者完全知道其语言，在实际交际中应用语言知识时不受与语法无关条件的影响，诸如记忆限度、干扰、注意力与兴趣的转变（杂乱的或有特点的）等因素。因此我们应从根本上区分语言（交际者的语言知识）和语言运用，即具体情况下语言的实际运用（听说或读写）。从乔氏的观点可以看出他把知识和运用截然分开。他认为从理论上讲人有可能具有语言知识的认知结构而没有使用该结构的能力，知识处于比能力更抽象的层次。他进而指出知道语言等于处于一种心理状态，处于这种心理状态等于具有某种由规则和原则构成的心理结构。他把知识描写成一种"状态"即"获得的状态"，又把语言知识与语法知识等同起来，语言能力即语法知识。乔氏还认为语言能力的发展与遗传有关，语言间具有普遍性。他认为普遍语法，是由一套适合所有语言的通用原则和参数构成，各种语言从本质上讲是相同的，就像"电"一样，其本质是能源，但当电接到不同的电器上，外在的表现则不同，可以发光、可以发声、可以使轮子转起来等。语法又分为核心语法和边界语法，儿童的语言习得主要是普遍语法受环境的激发，习得母语，然后发展成成人的语言知识，同时儿童还得学会不遵循普遍语法的现实语言内容。

总之，乔姆斯基认为，语言能力是某种比语言本身抽象的知识状态，是一套原则系统、一种知识体系，并非一种处世的能力，更不是一种组织句子和理解句子的能力。他的语言能力是指一个理想的操本族语者内化了的语法规则，而不是语言的实际运用能力。乔氏的理论进一步深化了索绪尔语言二分法的理论。

2. 交际能力

20世纪70年代美国社会语言学家海姆斯（Hymes）提出了交际能力这一概念。他认为，一个学习语言的人，他的语言能力不仅指他能否造出符合语法的句子，而且还要看他是否懂得在什么时候该说，什么时候不该说，在什么时候对谁用什么方式讲什么话。交际能力不仅包括懂得语法规则，还包括实际运用语言的能力。海姆斯提出的交际能力包括四个参数：语法性、适合性、得体性和现实性。语法性相当于语言能力，适合性也就是可接受性，得体性指语言恰当得体，现实性指语言的确是现实生活中使用。20 世纪 90 年代应用语言学家巴克曼和帕尔默（Bachman and Palmer）提出了外语交际能力的概念，外语交际能力（跨文化交际能力）主要由语言知识和策略能力两大部分组成。其中语言知识包括结构知识和语用知识。策略能力包括目标确定能力、衡量能力、策划实施能力以及交际策略。概念的核心是如何运用交际能力完成交际任务。交际能力可以指母语交际，也可以指外语交际。海姆斯交际能力的核心是语言运用的适当性，语言的运用要适合特定的社会文化环境。语言运用适当与否，不是由语言本身决定的，而是由该语言的特定文化社团所决定的。与母语交际不同的是，外语交际的双方往往存在着文化差异，不同的文化有着不同的交际规则。当来自不同文化背景的人在一起交际时，就需要具有跨文化交际能力。跨文化交际是一种广泛而普遍存在的社会现象，是一种文化背景下生活的人们与另一种文化背景下生活的人们进行交际的具体活动，外语的学习主要是为了跨文化交际。跨文化交际要注意以下三点：

（1）感知跨文化差异的敏感性：就文化而言，定义颇多，不管如何定义它，笔者认为，文化是人类历史长河中精神财富和物质财富的总和，主要是精神财富。世间的万事万物只要跟人发生关系，就有某种寓意，这时文化就随之诞生，比如，树根，如果它被孤零零地放在那儿，不去联想，不给它赋予灵性，它便是柴火一堆。一旦人们联想它，赋予它意义，比如根雕，一旦成为根雕文化立即产生。文化没有好与坏之分，只有差异，国别差异、民族差异。每种语言的文化背景都是不相同的，而这种不同又可分为表层上的差异和深层上的差异。表层差异包括语言、饮食、穿着等。深层差异包括意识形态、价值观念、交际规则等。文化表层的差异是显而易见的，深层上的差异不是显性的。外语的教育者与学习者必须关注母语文化与目的语文化的差异，并对其保持敏感性。

（2）对待跨文化差异的宽容性：培养对文化差异的宽容性是一个复杂而困难的过程。要从观念上认识到文化同语言一样是没有优劣之分的。树立对目的语、对讲目的语的人和讲目的语国家的正确态度，只有树立正确的观念，我们才能在行为上表现出对异国文化的理解和宽容。

（3）处理跨文化差异的灵活性：交际者能够根据双方文化背景，灵活地调整自己的交际行为，使交际取得预期成果，并能够处理由文化差异而引起的交际冲突。

总之，首先承认差异，尊重差异；其次让不同文化并行，你中有我，我中有你，谁都不能战胜谁；最后达到包容。

所以，交际能力包含语言能力、语用能力、语篇能力、策略能力和语言的流利。外语综合运用能力的表现就是如何在交际场合中正确运用和发挥自己的语言能力、交际能力，成功地完成交际任务，特别是完成跨文化交际任务。

三　外语综合运用能力的培养

1. 培养语言知识和言语能力

尽管各个学校的英语教学存在差异，但在教学中都必须重视语言知识与言语能力的培养。因为，它们是语言综合运用能力中最重要的组成部分，是交际能力培养与发展的基础。没有这个基础，外语综合能力的培养就如同空中楼阁，成为无源之水、无本之木，我们的教学目的也就无法实现。因此在外语学习的初级阶段培养好语言知识与言语能力就显得尤为重要。构成这种能力的因素包括听、说、读、写等，是融词汇（发音、拼写、构词法、短语）、句法（结构、语法）为一体的知识，这种知识是显性的和有意识的。这些知识完全内化，形成潜意识知识后，才能驱动语言学习者自由流利地表达。

因此培养学生的语言综合能力就需要在教学过程中强调语言规则和基本词汇的掌握和运用。所谓基本词汇指的是那些日常生活中常用的词汇。这些词汇通常是目标语群体中所有成员都经常使用的，而且具有相对的稳定性和较强的构词能力。所谓语言规则指的是语音、词汇、语法等在不同层次上语言单位的组合规则。加强词汇教学和语法教学，重视练习，重视平时的学习和积累过程，引导学生实现语言知识向语言运用转化。不管教什么内容，都不能是某个单一技能的训练，而是多项技能的综合训练。因此教学要注意听说结合、读写结合、说写结合、读译结合等。有效的语言教学不应违背学习规律，不应阻碍学习，而应有助于促进学习。不能让学生去适应教师和教材，而应让教师和教材去适应学生。因此，在外语教学过程中，学生不应消极地接受语言形式和句子结构，而是在教师的指导下，积极主动地参与到更多的学习实践中去，这样学习者才能够对所学的规则运用自如。

2. 培养跨文化交际能力

跨文化交际能力是外语综合运用能力的组成部分，英语教学应通过文化意识的培养达到文化理解，强调的是能力，文化教育的定位是以文化知识为起点，文化意识为桥梁，文化理解为归宿，最终达到包容。因此在培养跨文化交际能力过程中要将知识与理解结合起来，才有助于跨文化交际能力培养目标的实现。

在培养跨文化交际能力方面，首先要重视文化背景知识的传授。语言教学与文化教学、语言能力与文化能力是相辅相成的。因此学习语言，就必须掌握文化背景，熟悉文化模式和准则。

外语教学的任务是培养学习者在不同的文化背景下进行成功交际，因此教学不应局限于语言体系本身。语言、文化、交际三者之间的关系是密不可分的。语言与文化的关系十分密切又十分复杂，因为语言既是文化的一部分，同时又是文化的载体。因此语言会直接或间接地反映出文化的方方面面，包括社会制度、科学技术以及人们的意识形态、思维方式、价值观念、道德准则、风俗习惯、社会地位和处世方式等。同时，文化的方方面面也会在不同程度上制约着语言的运用。这就要求外语教师精心组织课堂教学，注重在外语教学中强化学生的文化意识，让学生融入交际、体察异域文化。文化意识的教学中可充分利用现代教学手段，大量介绍外国的风土人情和文化习俗。同时在课堂上，适当地引入一些新闻报道和时事报道，这样能够激发学习者的兴趣和热情，弥补教材内容的滞后性，也使学生充分地了解和理解异域文化。

3. 培养语用能力

语用能力即语言在社会环境中的贴切使用，涉及说者与听者的社会身份和社会关系，在海姆斯看来，就是什么时候说、什么时候不说，说些什么，对谁说，用何种方式说等方面。在语用方面，交际者应遵循几个原则，它们是：合作原则、礼貌原则、真诚原则和倾听原则。语用能力的培养要注重语用贴切性和文化意识的培养，比如说，如何引出话题，如何结束谈话，如何插话等；也包括培养语言学习者对英语禁忌语的敏感度，使学习者在交际中不使用伤交际对象感情的词语和句子。

4. 根据实际设计语言综合运用能力培养目标

学生学习外语的目的与需求存在着差异，因此不同学校对培养学生外语综合运用能力的要求也不尽相同。比如，师范院校外语专业的学生学习外语是为了成为外语教师；旅游院校的学生学习外语是为了在工作中用语言介绍祖国的大好河山、风土人情和传统文化；非外语专业的学生学习外语是为了使自己在所学的专业领域中具有跨文化交际能力；等等。学习目的不同必然会导致学生对外语学习产生不同的需求。当然，我们在此强调学生对外语需求的差异并不意味着我们否认不同外语学习群体之间存在着共性。要使我们的教学对学生的实际需求具有较强的针对性，就需要我们对学生在今后的工作中对外语的需求作出认真的调研和分析。我们可以通过对正在从事某一职业的毕业生进行问卷调查或者进行跟踪观察来了解这一职业对外语的实际需求，也可以通过对某一职业进行定性或定量分析来确定该职业对外语能力的要求，制定我们的教学大纲、教学内容、教学计划、教学方法和评估手段，从而使我们培养出的学生具有从事某一工作所需的语言综合运用能力。

5. 培养自学能力

古人云，"授人以鱼，不如授人以渔"。教育应以培养学习者的自主学习能力为目标。也就是说，教育应该以培养学生独立思考能力和自我管理能力为目标，为学生提供未来独立学习所需的技巧和能力，以培养学生的学习自主性。社会的发展对学生外语综合运用能力的要求也逐渐提高。为此，在培养学生语言运用能力的同时，也应该注意培养学生的自学能力，使学生能够通过自学去适应社会的不断变化。

培养学生的自学能力，首先是学习策略的培养，使学生学会学习，加强学生分析问题和解决问题能力的培养，注意培养学生使用各种工具书及养成使用工具书的习惯，提高他们的自学能力。其次，帮助学生养成观察并归纳语言在不同领域中运用时所表现出的特有的表达方式、文体风格和语用规则的习惯，使他们具有很快适应不同领域外语交际需要的能力。此外还应鼓励学生利用业余时间大量阅读外国的报纸、杂志、科普文章、文学名著，收听外语广播，这样不仅可以帮助学生掌握语言知识，了解国外的生活和社会文化，熟悉他们的文化习俗；而且还可以扩大学生的知识面，增加学生对外国风俗、习惯、民情的了解，从而扫除语言学习的文化障碍，提高文化素养，以增强学生自学的积极性和能力。

四 在培养学生语言综合运用能力中教师的角色

在现代教育理念和教育观下，教师面临着角色的转变，从传统的知识传授者转变为多功能的教育者，教师是课堂评估者、课堂组织者、学习催化者、活动参与者以及资源提供者。

1. 课堂评估者（assessor）

普遍认为教师的主要职责是评估学生的学习，哈默（Harmer，1983）认为，教师作为评估者，有两件事要做，一是纠错，二是组织反馈。改错时要温和，指出错误，但不要小题大做（哈默，1983：201）；组织反馈时，对学生的进步多鼓励，少批评，从而形成以成功为取向的学习氛围。这样的课堂评估更具建设意义。比如课堂活动后的各小组报告或学生个人的演示，挑做得好的加以表扬即可，不必批评做得差的，因为做得差的心里明白，没表扬就是批评。

2. 课堂组织者（organizer）

课堂组织者是教师最重要的也是最难扮演的角色，因为我们现在对语言的认识较之过去有了很大的改变，过去我们认为语言是一套系统，它有三个子系统——音韵学（phonology）、字形学（morphology）和句法学（syntax）；而现在，除此之外，我们还认为语言是用来做事的、认知周围世界的、建立人际关系的。因而课堂教学推崇任务型教学，在任务型课堂上，教师就是要组织好课堂，这个组织包括教和学两方面的组织，不能千篇一律、千人一面，即便是同一堂课在不同的班级，也是完全不一样的，组织课堂看似简单，但不同的组织会带来不同的教学效果。教师要在这方面下功夫，教师的功底和教学特色很大程度在此得以体现。

3. 学习催化者（prompter）

催化者，即在课堂教学中教师根据教学内容和学生实际及需求创设环境使学习发生，通俗地说就是当学生对某一问题不知说什么、怎么做、不知所措时，教师给予提示、给予线索。比如，课堂上学生对老师的问题予以简单的回答，他们用"一个单词、yes 或 no"回答时，老师用"And...? Anything else? Yes/No, but why...? It's easy to say, but how?"等语言去激发学生多说；课堂提问时，教师多提开放性的、与社会密切而真实性的、归纳分析性的问题，少提封闭性的、展示性的、记忆回忆性的问题，这些问题的答案没有错与对，只要能自圆其说即可，这种问题能激发想象，开阔视野。

4. 活动参与者（participant）

课堂教学中让学生用语言去做事、去完成任务，学生相互交流的驱动是他们间有信息差，教师创设信息差，把课堂时间交给学生，这时教师把学生分成组（5 人或 6 人一组），组内每人有角色扮演（team leader，time keeper，reporter，language policeman/policewoman，controller），这样学生各行其是，各司其职。然后教师参与到学生的小组活动中去，但切记教师不是那个小组的主讲者而是参与者。

5. 资源提供者（resource provider）

虽然在课堂上教师给学生灌输知识受到了强烈的批判，但教师仍然被认为是学生所需知识的提供者。当学生在用目的语完成任务时，他们就某一任务缺乏知识或缺乏资源，这时教师就应主动提供资源。我们说给学生一碗水，教师就得有一桶水，教师要时刻准备着为学生提供资源。

除此之外，教师还应是研究者和学生学习的向导。

教师角色的改变会给学生带来极大的益处，语言及其综合运用能力是靠学生实践练出来的，被动地接受无法提高语言综合运用能力。在这样的课堂中教师还需密切监控学习，使学生把学习落到实处。

五　结语

外语综合运用能力是一个动态而并不抽象的概念，我们要充分认识其内涵和本质。社会的迅速发展对外语人才的需求在数量和质量上也会逐渐增大和提高，因此外语综合运用能力的内涵会随着社会的需要而变得更加丰富，与此同时综合运用能力的培养也应把握时代发展的脉搏；交际能力是语言综合运用能力的显性表现，交际能力这一概念与现实社会密切相关，它不仅包含语言知识，还包含语言在现实社会中的真实运用，具体地说，交际能力是语言知识、语用能力、话语能力、策略能力和言语流利度的总和。因此，课堂教学既应有知识教学还应有能力的培养，这就要求我们教师不断学习语言学基本理论，形成正确的语言观；积极探索学习过程和学习理论，科学把握学生的学习过程，培养学生的学习策略；创新教学模式，转变角色，激发学生的参与意识，使学生成为课堂教学的积极参与者，真正实现外语教育的目的。

参考文献

Harmer, J., *The Practice of English Language Teaching*, London：Longman，1983.

Harmer, J., *How to Teach English*, Harlow：Longman，1998.

Harmer, J., *The Practice of English Language Teaching*（3rd edition），London：Longman，2001.

黄景泉：《乔姆斯基语言学理论的哲学基础》，《吉首大学学报》（社会科学版）1997 年第 1 期。

刘书林、刘春燕、林跃武：《英语教学新概念》，中国科学技术大学出版社 2004 年版。

王蔷：《英语教学法教程》，高等教育出版社 2006 年版。

跨课程写作对大学英语教学的启示

陈萍萍

摘要：20世纪80年代的跨课程写作运动，从一开始便秉承了"以写促学"的理念，将写作教学运用于本科教育的全部学科当中。本文探讨了将跨课程写作引入大学英语教学中的可行性，拟采取将写作任务纵向编入大学英语各阶段课程之中与横向建立专业学术英语论文写作中心的办法，这不仅体现了大学英语写作教学的跨学科性，也有利于提高学生英语综合应用能力，拓展专业知识的国际化视野，以及增强跨文化交际的能力。

关键词：跨课程写作；大学英语教学；阅读与写作；写作中心

20世纪80年代，风行美国的跨课程写作（Writing Across the Curriculum，WAC），也称跨学科写作（Writing Across the Discipline，WAD）通常采用两种教学模式，一是在具体的学科课程里加入写作课的内容，体现了"以写促学"（Writing To Learn，WTL）的理念，要求学生将所阅读的文献或课堂上吸收的知识通过写作的方式加以整合、理解和保留。写作任务通常是短篇或非正式的，可以在课堂上或课外完成，主要形式包括阅读日志、摘要、读后感、日记、问题分析报告和小论文等；二是专门开设学科写作课程（Writing in the Disciplines，WID），目的在于指导学生学会在不同学科的环境里写作，学习、熟悉并掌握这些学科写作的修辞环境，包括题目的选择与确定、目标读者、写作目的以及写作规范，掌握各种不同写作要求下的写作结构特点、写作体例体现不同的写作风格。常见写作任务是报告、文献综述、项目书和实验报告。

中国大学英语写作课程一直是大学英语教学中的薄弱环节，不仅教师认为写作课程难教，学生也感觉英语作文难写。大学英语课堂缺乏英语写作的基本训练，尤其是大学英语四六级作文现状不容乐观，语言表达空洞，逐字翻译痕迹明显，缺乏英语思维方式和思辨能力；专业课程用英语写作的任务寥寥无几，无法形成整体学术英语写作环境，这与大学英语传统的写作成果法教学和英语写作教学跨学科性研究的边缘化不无关系。大学英语写作教学若继续以教师提供的范文模板为中心，以纠正语法及拼写错误为评判作文好坏的标准，而忽视学生的阅读兴趣和真实的写作需求，这样只会削弱教师布置写作任务的意愿，学生原本希望通过写作锻炼文字表达和思维能力的信心也会大打折扣，最终写作课也就失去了其存在的意义和作用。

本文结合笔者赴美访学对跨课程写作的了解与中国大学英语教学的实际，重申写作教学这门艺术的生命力。

其一，写作可以促进英语的习得。首先，写作并非仅仅是一项通过研究语法、词汇和篇章特征所获得的技巧，而是通过写作，学生可以不断验证新词汇、新句型，最终内化成为自然输出的语言，达到了习得的目的；其次，中国学生上英语课参与讨论的热情不高，主要原因是心里没底，碍于面子问题害怕英语表达有误而索性不张口，或者终于鼓起勇气说英语却因为紧张而难以清晰地表达自己的观点。写作恰恰能过弥补这一漏洞。写作能使学生有充分的时间准备，将所要表达的观点写下来，并在随后的课堂讨论中有准备地分享给其他同学，从而促进其口语表达能力和参加课堂讨论的积极性；最后，写作更是实现阅读真正含义的重要方式。通过阅读与写作相结合的练习，学生学会理解、整合、反思、交流的技巧。尤其重要的是培养了学生批判性思维与独立思考的技能，促进学习的兴趣与动力，提高语言综合技能。

其二，大学课程都可以变成写作课。笔者于 2013 年 8 月至 2014 年 8 月赴美国马萨诸塞大学波士顿分校进行为期一年的访问学习，在此期间旁听了不同专业和不同程度的课程。分别是针对国际学生和英语本族语学生开设的一年级写作课程，如 ESL 100 D/E 和 Freshman English 101；研究生课程，如 Theories and Principles of Language Teaching 和 Educational encounters in film and literature 以及跨学科写作涉及的专业课程，如 Economics 和 Informatics。虽然教国际学生的写作课侧重于学术英语写作规范和语法结构，教本族语学生的写作课更多提倡观点的创造性和推理分析，专业课侧重专业知识的传授和应用，但是写作教学贯穿于所有学科之中。教师在课堂上，从批判性阅读与有效性写作两个方面入手，通过阅读不同立场、不同观点的文章，全方位看待问题，确立自己的立场，用清晰合适的方式来组织自己的论点，对原材料进行合成以支撑自己的立场，寻求论据论证自己的观点，培养学生思辨能力，提高阅读与写作水平。

其三，培养批判性阅读和训练有效性写作。阅读材料能激起学生的兴趣，有一定的启发性、开放性和争议性。因为有启发就有思考，有争议就需要评判，开放的话题能提供自由发挥的思维空间，有争议的话题能引发探究，产生新意。设置话题要贴近学生的现实生活和他们平时所关注的社会现象，启发他们用直接的生活体验和认识来反思、批判自己或他人的人生。教师还可以让学生就某一论题写辩论稿或驳论文，以此来提高学生的批判性思维能力。批判性思维不仅体现在问题的提出上，更多地体现在问题的分析和解决过程中。学生写作中的论证过程是学生的思维发展的过程。从文章的立意、构思、成文到修改都需要运用批判性思维。立意要新，需要学生有质疑的观点；构思要缜密，需要学生有多角度分析问题的能力。成文的过程是把思想系统化、条理化的过程，而修改文章更需要学生重新审视自己的观点，在改进文章的过程中发展思维。

本文探索跨课程写作在中国大学英语教学中多种形式的应用。

首先，应采取大学四年不断线的纵向英语写作课程的模式，即在大学英语基础课程中加入大量与写作相关的课堂任务，培养学生文字交流能力和人文修养；继而在三四年级进入专业英语写作阶段，即根据学生本身专业领域的不同，学生可以选择学习法律英语写作、商务英语写作、金融英语写作、经济管理英语写作等课程，增加专业英语写作的社会功能性。

以写作教学中较为普遍的阅读与写作相结合进行的写作训练为例，阅读的程度越深，写作的程度也就越深。阅读前，应该通过激活背景知识和快速浏览的方式启发学生对阅读材料探索的欲望和主题大意的揣摩。阅读过程中，鼓励学生做读书笔记，这不仅包括学生对阅读材料难以理解之处的标注，更应针对作者观点提出质疑。作注解可以帮助学生分析作者写作模式，更重要的是培养学生综合与整合阅读材料的能力。阅读完毕之后，要求学生总结大意，根据写作要求，充分理解和运用阅读材料。通过分析作者的论点和意图、文章的大意和结构、论据和论证方法，综合阅读材料之间的相关性与差异性，预测读者群体等途径，对所阅读的材料进行批判性分析。而写作的过程实际上就是帮助学生学会主动思考的过程，鼓励学生通过阅读拟定问题和假设，汇总并分析材料数据，历经小组合作探讨，最后提出自己的观点加以论证，教师在此过程中将帮助学生养成勇于挑战和探索的学习习惯。将写作与批判性思维相结合的课堂总是充满激烈的讨论，学生参与度高，获益多。一堂好的写作课需要教师提前准备大量的阅读资料及充满争议的话题，让学生意识到问题的存在和论证的必要性，经历思想和情感的挣扎之后，最终确立自己的立场。阅读材料的选择至关重要，因为只有通过阅读才能点燃学生的好奇心和求知欲，从而引发学生积极的思考，提高解决实际问题的能力。精心设计的问题是一堂好的写作课的开端，问题既要与专业相关，难度适中，更要具有启发性；与此同时，教师不再是真理的传教士，而是组织小组讨论、分析学生写作，协助学生提炼观点的心灵导师。通过阅读带动写作，在整合阅读材料的基础上通过写作逐步完成对学生批判性思维的培养。

开展读者中心论和过程写作法，分析潜在的读者群，并把写作看作一种思维从酝酿到凝聚的过程，写作具有递归性，而不是一蹴而就的；从最初独自构思到初稿再到与同伴讨论、教师反馈几经修订最后完成论文，其思维过程已经不是围绕现有问题的狭窄的论述，更不是正确的语法掩盖下空洞的内容，而是更多融合了作者的独特见解和新发现；真正实现以学生为中心的课堂教学，促进学生之间的合作学习。教师可以让学生组成多个小组，使他们相互评判各自的习作。在评判的过程中，学生需要根据自己的立场，通过分析、比较和综合对他人的习作给予评价，这个过程正是批判思维的过程。当自己的观点与其他同学有差异甚至是对立时，一方面要依据自己所掌握的资料为自己的观点辩护；另一方面应该有理有据地进行反驳，以理服人而不是把自己的观点强加于人。学生在这样的共同讨论和辩论的过程中相互交流，集思广益，在求同存异中完善思维、修正谬误。在学生互评的过程中，教师应要求学生既能对文章指出优点又能分析缺点所在，引导学生辩证地看待问题，这样学生既能提出好的建议又能接受他人的批评。在评判的最后，教师要对学生的互评进行总结和点评，对精彩评判给予赞赏，对疏漏之处予以补充，使学生能够看到成绩和不足，从而进一步熟练运用批判性思维技能。也可以实行分组交流式作文互评：学生写完初稿，先由自己修改，时间为 20 分钟；然后由老师收起再随意发下，编成小组互相交换修改即 peer review，针对立意、格式、拼写、语法等错误加以改正并附上评论，学生最初可能只认可老师的反馈为唯一权威的修改意见，应该调整学生心态，使之认识到同伴也是读者，能够提供独特视角及感悟，提出可行性修改建议，应加以重视，合作学习，共同进步；最后写一封反馈信（response letter），主要从以下几个方面：这篇文章最打动你的是什么？文章哪些部分易读，哪些部分难懂？哪些地方需要改动，可以引用文章里的原句支撑你的观点。

其次，秉承"以写促学"的跨学科写作理念，在全校范围内建立横向跨学科英语学术论文写作与语言指导中心。该中心以解决学生具体写作问题为任务，针对不同专业的文体写作规范，依托学科内容，培养真实写作环境和写作技能，是一种有效提高学生专业英语写作能力的辅导方式，不仅锻炼学生的思维能力和培养其学习策略，更重要的是拓宽学生所学专业知识的国际视野和学术交流，提高英语应用水平。英语跨学科写作中心不应该只是布置作业型的写作，或只教授学生不同英语文体的写作技巧，而应扩大写作训练的深度和广度，锻炼学生思维，起到提高学生自学能力、科研能力和人文素质的作用。因此可以采取专业教师与英语写作教师合作的形式，通过跨课程写作训练，关注掌握不同专业知识技能的学习者个体差异，强调从构思到写作再到修改的过程写作法，调动学习者在解决不同学科知识问题中的英语思维，为有英语写作需求的学生甚至有专业学科英语写作任务的老师提供与专业指导者面对面交流和一对一辅导的场所，展示成果的方式不仅有论文、报告，也有随感、说明、计划书等。同时也可以尝试在其他课程中开设写作教学讲座，丰富和规范学科知识的表达方式。

开展大学英语跨学科写作教学也必然会遇到现实的难题，例如师资培训、授课内容、写作环境及资金来源等问题。多学科教师合作教学，密切关注学生写作能力和专业知识的发展，是保证进行跨学科写作合作教学的重要前提，但缺少具备跨学科写作教学能力的教师，无法形成整体学术英语写作环境，以及资金的问题都有可能成为跨学科写作教学发展的瓶颈。但是我们应牢记大学英语教育不只是传授语言知识，更重要的任务是培养学生创造性、思辨能力和综合运用能力。跨课程写作与大学英语教学相结合，不仅在英语课堂上充实了写作知识和技能，也将写作延伸到课堂之外，使英语学习不再是单纯的语言学习，而大大地提高了学生专业科研能力和学术素质，具备出色的语言交流能力和专业领域的英语写作能力必然会使学生在学术交流研究方面和工作竞争力方面脱颖而出。

参考文献

Bazerman, C., Little, J., Bethel, L., Chavkin, T., Fouquette, D. & Garufis, J., *Reference Guide to Writing Across the Curriculum*, West Lafayette, IN: Parlor Press: WAC Clearinghouse, 2005.

Lucille Parkinson McCarthy, "A Stranger in Strange Lands: A College Student Writing across the Curriculum", *Research in the Teaching of English*, 1987, 21 (3): 233 – 265.

McLeod, Susan, "Writing Across the Curriculum: The Second Stage, and Beyond", *College Composition and Communication*, 1989, 337 – 43.

Mcleod, H. S., *Writing Across the Curriculum: A Guide to Continuing Programs*, WAC Clearinghouse Landmark Publications in Writing Studies, 1992.

Patricia L. Stock, "Writing across the Curriculum", *Theory into Practice*, 1986, 25, (2): 97 – 101.

Schumacher, Gary M. and Jane Gradwohl Nash, "Conceptualizing and Measuring Knowledge Change Due to Writing", *Research in the Teaching of English*, 1991, 25, 67 – 96.

Susan M. Hubbuch, *Writing Research Papers Across the Curriculum*, 北京大学出版社, 2008.

Weiss, Robert and Michael Peich, "Faculty Attitude Change in a Cross-Disciplinary Writing Workshop", *College Composition and Communication*, 1980 (31): 33 – 41.

Ilona Klein、边晓京:《外语课程如何在"跨课程写作"教学中发挥作用》,《国外外语教学》1991年第1期。

罗雨青:《跨学科写作理论与外语教学理论的碰撞》,载李炳林《跨课程的中国英语写作教学与研究》,外语教学与研究出版社2009年版。

The Theory and Application of Computer-Mediated Communication in English Language Teaching and Learning

丁礼明　梁　蕊

Abstract: As an effective medium in modern English language teaching and learning, Computer-Mediated communication (CMC) has profoundly influenced the ways of instruction and acquisition in second language studies. In this essay, the writer will analyse the language of CMC and its usage in language teaching and learning, based on which some practical suggestions would be made for teachers and students after discussion.

Key words: CMC; language teaching and learning

Introduction

Recent years has seen great changes in the field of Computer-Assisted Language Learning (CALL), which is of significance to EFL teaching in China. As one of the important applications of CALL, Computer-Mediated Communication (CMC) has played a significant role in EFL teaching, serving as a beneficial support to the traditional classroom. In addition, CMC environments could possibly help teachers and students to maximise educational resources via many ways, such as email, forums, chat rooms and conferencing. Besides, CMC could enhance learner autonomy and generate imagination and creativity in language learning and involve both teachers and students to participate in different ways of communication (Simpson 2002: 415).

This essaywill answer the questions about CMC in three parts. Part one will firstly introduce the language of CMC. In the following part, the use of CMC in language teaching will be discussed. Part three will explain the relevance of CMC language and its use in language teaching to some of my students in China. Finally, some practical suggestions will be made to other forms of CMC in Chinese EFL language teaching.

Part 1 The Language of Computer-Mediated Communication

To understand the language of CMC, its definition should be clarified. In addition, the types of CMC also need to be explained for the language in different types may vary.

1.1 Definition of CMC

As one of the "more popular activities associated with Computer-Assisted Language Learning (CALL)" (Beatty 2003: 62), CMC has been defined from different perspectives. Herring (1996: 1) claimed that CMC is "communication that takes place between human beings via the instrumentality of computers". It seems that CMC could be a kind of interaction of people through computers. Beatty (2003: 231) explained that it "refers to a situation in which computer-based discussion may take place but without necessarily involving learning". It could be seen that people's interaction or discussion in CMC probably involve computers but learning is not always related. This might show that CMC could provide our daily life with more possibilities to communicate. In addition, topics beyond learning may attract more students' attention and interest in many ways of CMC, which might change traditional modes of communication in teaching and learning. Besides, Simpson (2002: 414) concluded that "CMC is an umbrella term which refers to human communication via computers." This could further indicate the great diversity and considerable potential of CMC.

1.2 Types of CMC

According to the time and immediacy, CMC could be roughly divided into two categories, synchronous and asynchronous (Fotos 2004: 109). Synchronous CMC (SCMC) means real-time communication online, while asynchronous CMC (ACMC) refers to communication with time difference. That is to say, SCMC requires immediate response and feedback between two communicators, while ACMC tolerates time-lag and delay. Specifically, Synchronous CMC includes conferencing, chatting, MOOs (Multi-user Domain, Object-Oriented), etc.; while asynchronous CMC includes email, bulletin board, mailing list, and so on (Fotos 2004: 109).

In terms of medium (text and voice), CMC could also be classified as follows:

· Synchronous text (e. g. , chat and instant messaging)

· Asynchronous text (e. g. , e-mail and discussion boards)

· Synchronous voice (e. g. , Internet telephony and audio or video conferencing)

· Asynchronous voice (e. g. , voicemail and voice discussion boards)

(Hubbard 2004: 58)

One of the greatest advantages of CMC is the potential of using online technology such as computer conferencing (Smith & Stacey 2003: 154). Researches showed that chat room conversation could be facilitated by the amount of time that people spend in the room and their quality of statement (Rollman et al. 2000: 165). MOO is not only beneficial for developing learners "linguistic and communicative abilities, but also their social interaction skills and critical thinking" (Merrouche 2011: 945) in an environment with flexible and virtual interactions.

Emails could provide both teachers and students with authentic communication and independent learning (Warschauer 1995: 2) and improve students' reading and writing skills in their target language (Lunde 1990: 76). Bulletin Board system (BBS) could help to share public information to a group of people in a forum, whereas mailing list can help the administrator to send emails to individual subscribers in a private way (Levy and Stockwell 2006: 85 – 86).

In summary, this section simply introduced the main types of CMC in terms of time and medium. Meanwhile, basic function of these types were explained. In the next section, the language of CMC will be mentioned.

1.3 Language of CMC

Simpson (2002: 414 – 415) concluded that in synchronous text-based

CMC, "new forms of discourse" has been created, onto which traditional speech and writing "do not necessarily directly map". Simpson explained that the speed of turn-taking tends to outweigh careful writing and mistakes seem to be normal, such as misspellings, abbreviations, and turns without punctuation, whereas turns in chatting of written form show some "unique features" of those in spoken language (2002: 414 – 415).

In more details, Herring (2012: 2 – 5) has classified the features of CMC language (E-grammar in English) in terms of *typography*, *orthography*, *morphology and syntax*. In text-based CMC, typography includes many varieties of language form (2012: 2), including "the use of non-alphabetic keyboard symbols such as numbers, punctuation, and special symbols (< , $, @)", "nonstandard capitalization (uPper AnD lOwEr)", "emoticons or imitate facial expressions (: -D and: -))", "repeated punctuation (!!!,?! ...)", "substitution of numbers or letters (ur gr8)", and "leetspeak (1337 or 133 +)". This form of language could be used possibly to save time, space and efforts, make special effects or show social identity (2012: 2). Orthography could be misspellings or errors, like "pls, wassup, hellooo", but they can also show the sense of humour and creativity (2012: 2 – 3). Morphology includes language, like "netizen (network citizen), lol (laugh out loud) and omg (oh my god) (2012: 4)", while in the aspect of syntax, the language tends to be "telegraphic and fragmented (2012: 5)". Besides, Herring agreed with Simpson (2002) and added that there tends to be two extremes: synchronous chat could be more casual, while asynchronous email seems too formal (2012: 6).

From these features, it could be seen that as a special form, language in CMC, especially in synchronous text-based communication, is caused by some reasons. To begin with, the speed of real-time interaction may not provide enough time for people to correct mistakes. Next, for the space limit, people might have to use abbreviations or other symbols instead. In addition, some people could probably enjoy the style of writing and show their inline identity. Besides, the effects of humour and creativity can really attract more people's attention. In short, these features of CMC language could be the products of the instant socialisation in this computer-based era. In the next part, the use of CMC in language teaching will be mentioned.

Part 2   Use of CMC in Language Teaching

In recent years, many researchers have conducted various researches on CMC in different contexts. These findings are helpful for CMC theories and practice in the future.

Lee (2002: 16) found that CMC with less structure-controlled but more open-ended exchange significantly influences the process of language learning. Tian & Wang (2010: 194) indicated that if used effectively, eTandem supported by Skype can be an important supplement to classroom teaching for real communication. Ko (2012: 231) argued that three environments, video/audio, audio and face-to-face, held the potential to help different types of students to develop oral skills through SCMC; while Abu Seileek (2007: 511) found that cooperative CMC is superior to collective CMC in oral practice. Abu Seileek & Qatawneh (2013: 189) believed that "ACMC mode encourages learners to ask questions that need long answers, more details through examples, clarification, and extension, while SCMC mode supports questions that require direct and unambiguous, and short answers". Vurdien (2013: 126) mentions that "personal blogs can motivate students to build their writing skills through self-reflection and peer feedback". Ranney & Troop-Gordon (2012: 859) indicated that CMC, with distant friends, can serve a compensatory role among freshmen in university. From these researches, it might be shown that CMC has great effects on language teaching and learning in many aspects, including communication strategies, oral skills and writing abilities.

In addition, some writers also believe that CMC could be of great importance in language learning. Herring (1996: 3 – 4) claimed that, in CMC, participant might not have to worry much about their mood, personality, identity or gender and the sense of cyber community for group members could be raised and reinforced. Simpson (2012: 415) pointed out that leaner participation and turn-taking tended to stay at a higher level in discussion of CMC than that in traditional classroom. What is more, teachers can change from the centre of classroom to mediators online in the process of communication. Simpson (2012: 415) also suggested that CMC could be applied in combination. Firstly, CMC may "provide valuable alternative spaces for collaboration, and opportunities for learner autonomy" in traditional classroom communication. Secondly, both ACMC and SCMC can be used, together with multimedia, to create more learning opportunities in distance mode.

From the discussion above, it could show that CMC can possibly bring students and teachers together for meaningful and interesting interaction in and after class, through which the communicative purpose can be gradually achieved. Since there are so many advantages for CMC, it needs to be incorporated in more teaching and learning contexts to offer a wider range of opportunities for teachers and learners. Therefore, the next part will discuss the relevance of CMC language and its use in language teaching to some of my students in China.

Part 3   Relevance of language of CMC and its application in language teaching in China

With so many strong points according to the discussion above, CMC appears to be powerful under various circumstances. However, there could be some limitations in some situations. Herring (2012: 1) clearly stated that some language purists worry about the harm of CMC on human language, such as English. Furthermore, all these features of text-based CMC (Herring 2012: 2 - 5) could at least show that synchronous CMC, such as real-time chatting might have some negative influence on language use. Besides, Levy and Stockwell (2006: 103) also showed their doubts about the appropriateness of synchronous CMC in language learning. Therefore, the use of CMC needs to be analysed according to the long-term effects and the practicality in particular contexts.

In my teaching context of a university in China, English is taught and used just as a foreign language. This means that students do not often speak and write in English both in and out of classroom context, in which students are not usually given much time to learn and use English. Due to the dominance of Chinese and the lack of positive stimulation after class, English could not be frequently used in CMC environments synchronously or asynchronously. In addition, the majority of my students are quite interested in learning English, but their English seems to be at intermediate level or even lower. Thus, there could be some obstacles for them to communicate online in English because it will take them long time to think and respond to other partners in synchronous CMC. Therefore, chatting as a powerful approach might not have great effects on students like them.

However, email seems to be an exception. In ten years of teaching, many students contacted me in English and through this way they made great progress in their writing skills. Furthermore, their interest towards English learning could last longer than other students who did not choose this way of communication. Due to the downsides of synchronous CMC, I will choose email other than online chatting as a main strategy to help students with their English leaning. Thus the benefits of email as an important approach of CMC in my teaching context needs to be reviewed.

3.1   Advantages of Email

Hoffman (1996: 65) said that, Electronic mail provided students with more timely, more complete, and more usable information about their writing and assignments than written comments on work returned to them. They also found, on occasion, that email feedback was more face-saving and less stressful than face-to-face communication.

It could be seen that email could be very efficient and purposeful in writing practice and effective to both students and teachers because some stress in real-time communication will be avoided.

In addition, some researchers also found many advantages of using email both for teachers and leaners. Lunde (1990: 76) found that "electronic mail communication can significantly improve students' reading and composition skills in their target language". Pallen (1995: 1487) explained that emails are fast, convenient. Emails can reach many people spontaneously and the language in email seems readable. Liaw (1998: 346) found that e-mail instruction of EFL teachers had effects on the leaners' language skill development. In addition, "the use of e-mail provided the students with a necessity to use English to communicate with another L2 speaker. " Absalom and Marden (2004: 423) also found in their research strong points that emails are of great significance in "motivation, participation rate, development of linguistic abilities, communication in an authentic context, getting to know fellow learners, development of skills which will be easily transferable to contexts other than university".

More importantly, some language characteristics of email were also found, which could further support the use of email in language teaching and learning. Cho (2010: 21) believed that language in emails is readable, economical and informal and conversational at the same time. Absalom and Marden (2004: 423) found some characteristics of language use in email context. Firstly, the language of students in email conversation was "more spontaneous and natural" than other written forms; secondly, language was more "individual and expressive both in content and typography; thirdly, students" language showed "greater expressive freedom with respect both to traditional written forms and oral discourse".

Since there are so many advantages of email, it can be further used in my teaching context to improve students' English proficiency and interest to participate in activities related to language learning.

3.2   The Use of Email in My Context of Language Teaching and Learning

Judging from the discussion above, these advantages of email could be mainly shown in three aspects, writing, reading and communicating. Therefore, in the following part, I will try to bring email into my teaching in the three ways to help to enhance students' language abilities.

To begin with, according to Hoffman (1996: 65), email could save time and have clear aims in writing practice. At the meantime, feedback through email could be helpful. Therefore, in the design of writing assignments, I will make full use of the two points. Firstly, for long term effect on students' writing ability, I want them to have more opportunities to write. In every term of a normal school year, university students in China will have about twenty weeks. In this way, I would like to plan ten writing tasks for them to write and beforehand, I will negotiate will them about the intensity, length and topics to ensure that they have relatively high level of participation. That is to say, they will have writing practice every two weeks. In this way, students could probably give very positive and creative feedback on the requirements of writing. Secondly, after the appropriate topics are selected, several titles can be chosen for them to write. This could probably guarantee the diversity of writing and reduce the possibilities of limitation on students' thoughts. Furthermore, I will give them three days to write a simple plan of their essays and send to me as soon as possible for further feedback, which could greatly ensure that they will not misunderstand their assignments. Thirdly, they will be given three more days to finish their essays and they must have them submitted before a deadline. This is to give them much pressure and push them to finish their writing on time. Finally, in the second week, they will receive their feedback and correct their mistakes. During their writing, any questions about confusion in their writing will be welcome and in this way, communication and feedback will be maintained. Through long-term practice of writing, students can make progress gradually. However, purely output may not be enough for students because students need a lot of texts to follow and collect useful vocabulary. Therefore, some practical reading tasks need to be designed.

Next, In Lunde's (1990: 76) research, students were found to have great improvement in their reading. Similarly, I might need to help my students to increase their reading abilities. In order to make full of the feedback function (Hoffman 1996: 65), I will also write emails to them to ask for their opinions about the content and form of reading. For the authenticity of reading, I will write to my British friends and teachers for recommendation. With the good resources of reading articles, I might divide students into different groups to write about their understandings of certain parts of the same passages. Afterwards, they can exchange their ideas and gain more insights into the language and culture. Also, I can select some good passages and design some creative activities, such cloze, gap filling and multiple choices questions by using software, like hot potato. In this way, students can probably be motivated and stimulated in the process of reading. Regular reading exercise similar to the writing tasks mentioned above, may help them to achieve similar goals mentioned in Absalom and Marden (2004: 423).

Finally, for their improvement in communication skills, I will like to encourage them to design more interesting and creative plans and ask each other for feedback. In this way, their motivation and participation will be highly improved. Furthermore, similar researches in my teaching needs to be conducted to find more achievements of their learning through email. Research findings could be compared with those in the researches mentioned above, such as (Liaw (1998: 346).

In summary, this part has discussed about the relevance of CMC in my teaching context. In addition, some design of email application has been made to help improve my students in learning English according to many researches.

Practical Suggestions on other Forms of CMC in China

Firstly, regularly organised and trained by professional CMC practitioners, EFL teachers can set up synchronous/ asynchronous groups, join forums and pilot some approaches before introducing them to students. "Students are strategic users of technology and are using technology to regulate various aspects of their language learning" (Lai &Gu 2011: 331). EFL teachers can inspire students with the awareness of globalisation that English will continuously influence the world economy and culture for many years. Students could benefit a lot from having a good mastery of English. In the meantime, CMC is definitely an effective and low-cost way for them to make full use of EFL online resources and achieve communicative competence.

Secondly, efficient supervision could guarantee the proper use of CMC environments. Teachers need faith and persistence to use CMC in EFL teaching. CMC could be designed as part of the syllabus and curriculum, so teachers might have to combine CMC with traditional teaching. Students' performance in CMC should be recorded and tested to ensure that CMC is used in their learning. Teachers' synchronous feedback should be in time and in detail because it directly influences students' motivation and attitudes towards CMC.

Thirdly, the following approaches might be helpful for students to improve their language proficiency in different aspects.

Dictation seems slow but effective in strengthening listening skill. Students could choose appropriate clips of audio or video from the internet and try to write the script with the help of some dictation software. They can do the dictation independently and compare the revised draft with others via email or other form of listening community. They can also compete in groups within certain time. Finally, teachers can give them the standard version for error correction and their mistakes could be collected for analysis and teaching material. Students could find some interesting listening exercises in many English learning forums and share good samples with partners.

Spoken English could also be practised in many ways. The dictation and listening material chosen could be recited and imitated to improve pronunciation and vocabulary. They can make dialogues or videos and have them recorded and shared in groups for comments. Another popular way is to get access to some film forums, where English film clips and subtitles are shared in public and it is usually free to register. They can first watch the film for meaning without reading the subtitle and then follow the subtitle for several times to emphasise fluency, coherence and vocabulary. These authentic English conversations and usages in films could have positive effects on students in the long run. Some confident students can find native speakers of English online in the chat room and communicate in form of text or audio/video.

Many EFL/ESL forums or websites also provide learners with plenty of graded reading passages and writing skills. Students can read articles that fit them and gradually challenge themselves with more complicated ones. They can do jigsaw reading in groups before analysing whole passages to communicate. Wonderful materials and self-made glossary could be posted in their blogs to share with more people. Their understanding and analysis of reading passages could help with their writing in terms of organisation and vocabulary.

Teachers can give students writing assignments and ask them to submit their first draft before proofreading. The first drafts could be shuffled and sent back to different writers to correct mistakes/errors and make helpful comments via email. Teachers could finally grade the revised versions and give general feedback to the whole class. Students could be encouraged to write letters to teachers or make key pals of English through chat room.

For some complicated problems of online security, Cloud software, like Dropbox, needs to be used in limited ways, especially in big class management, such as register or media uploading. For efficiency, the username and password are shared with students in class, but careless operation and unstable IP address are the significant drawbacks for Clouds to be blocked for a while. Therefore, communication this way is often interrupted or suspended.

Conclusion

This essay has answered the questions about CMC in three steps. To start with, it introduced the definition, types and language of CMC. Next, the use of CMC in language teaching was mentioned according to some researches. Then, the relevance of CMC language characteristics and its use in my language teaching context in China was analysed. Finally, some practical suggestions were made to other forms of CMC in Chinese EFL language teaching.

References

Absalom, M. &Marden, M. P. (2004), "Email Communication and Language Learning at University-An Australian Case Study", *Computer Assisted Language Learning*, 17 (3 – 4): 403 – 440.

AbuSeileek, A. F. (2007), "Cooperative vs. Individual Learning of Oral Skills in a CALL Environment", *Computer Assisted Language Learning*, 20 (5): 493 – 514.

AbuSeileek, A. F. Qatawneh, K. (2013), "Effects of Synchronous and Asynchronous Computer-mediated Communication (CMC) Oral Conversations on English Language Learners' Discourse Functions", *Computers & Education* 62: 181 – 190.

Beatty, K. (2003), *Teaching and Researching Computer-Assisted Language Learning*, Harlow: Pearson.

Fotos, S. (2004), "Writing as Talking: Email Exchange for Promoting Proficiency and Motivation in the Foreign Language Classroom", in Fotos, S. & Browne, C. M. (eds.), *New Perspectives on CALL for Second Language Classroom.* New Jersey: Lawrence Erlbaum Associates Incorporated: 109 – 130.

Herring, S. C. (2012), "Grammar and Electronic Communication", In Chapelle,

C. (Ed.) *Encyclopedia of applied linguistics*. Hoboken, NJ: Wiley-Blackwell. Preprint: http: //ella. slis. indiana. edu/ ~ herring/e-grammar. pdf.

Herring, S. C. (1996), *Computer-Mediated Communication: Linguistic, Social and Cross-Cultural Perspectives*. Amsterdam; Philadelphia: J. Benjamins.

Hoffman, R. (1993), "The Distance Brings Us Closer: Electronic Mail, ESL Learner Writers and Teachers ", In Davies, G. &Samways, B. (Eds.) *Teleteaching*. International Federation for Information Processing. University of Trondheim, and the Norwegian Computer Society: 391 – 399.

Hubbard, P. (2004), "Learner Training for Effective Use of CALL", in in Fotos, S. & Browne, C. M. (Eds.) *New Perspectives on CALL for Second Language Classroom*. New Jersey: Lawrence Erlbaum Associates Incorporated: 45 – 68.

Ko, Chao-Jung (2012), "Can synchronous computer-mediated communication (CMC) help beginning-level foreign language learners speak?", *Computer Assisted Language Learning* 25 (3): 217 – 236.

Lai, C. & Gu, M. Y. (2011), "Self-regulated out-of-class language learning with technology", *Computer Assisted Language Learning* 24 (4): 317 – 335.

Lee, L. (2002), "Enhancing learners' communication skills through synchronous electronic interaction and task-based instruction", *Foreign Language Annals* 35 (1): 16 – 24.

Levy, M. & Stockwell, G. (2006), *CALL Dimensions: Options and Issues in Computer-Assisted Language Learning*. New Jersey: Lawrence Erlbaum Associates.

Liaw, M. L. (1998), "Using electronic mail for English as a Foreign Language instruction", System 26: 335 – 351.

Lunde, K. R. (1990), "Using Electronic Mail as a Medium for Foreign Language Study and Instruction", *CALICO Journal* 7 (3): 68 – 78.

Merrouche, S. (2011), "Learning through MOOing", *Procedia-Social and Behavioural Sciences* 29: 941 – 946.

Naidu, S. (2003) (ed.), *Learning and Teaching with Technology: Principles and Practices*. London: Kogan Page Limited.

Pallen, M. (1995), "Electronic Mail", *British Medical Journal* 311 (7018): 1487 – 1490.

Ranney, J. D. & Troop-Gordon, W. (2012), "Computer-Mediated Communication with Distant Friends: Relations With Adjustment During Students' First Semester in College", *Journal of Educational Psychology* 104 (3): 848 – 861.

Rollman, J. B., Krug, K. & Parente, F. (2000), "The Chat Room Phenomenon:

Reciprocal Communication in Cyberspace", *Cyber Psychology & Behaviour* 3 (2): 161 – 166.

Simpson, J. (2002), "Computer-Mediated Communication", *ELT Journal* 56 (4): 414 – 415.

Smith, P. & Stacey, E. (2003), Socialization through CMC in Differently Structured Environments. In Naidu, S. (ed.) *Learning and Teaching with Technology: Principles and Practices.* London: Kogan Page Limited.

Thomas Cho (2010), "Linguistic Features of Electronic Mail in the Workplace: A Comparison with Memoranda", *Language@ Internet* 7 (3): 1 – 28.

Tian, J. Q. & Wang, Y. P. (2010), "Taking language learning outside the classroom: learners' perspectives of eTandem learning via Skype", *Innovation in Language Learning and Teaching* 4 (3), 181 – 197.

Vurdien, R. (2013), "Enhancing writing skills through blogging in an advanced English as a Foreign Language class in Spain", *Computer Assisted Language Learning* 26 (2): 126 – 143.

Warschauer M. (1995), *Email for English Teaching. Alexandria*, VA: TESOL Publications.

高校英语专业学生听说障碍成因分析与对策

郭瑞芝　郭彦芝

摘要：中国西部地区高校普遍存在英语专业学生听说水平较差的情况，本文剖析了其主要成因：首先，应试教育影响下的基础阶段英语教学忽视学生听说能力的训练；其次，呈碎片化特点的英语国家文化背景知识的形成干扰了学生听说水平的提高；最后，自主学习意识和能力的缺乏导致学生对专业学习认识不足，对听说训练在时间和精力上投入不够。为此，本文提出了相应对策，希望中国英语教学实践与改革遵循语言发展规律，帮助学生构建系统的文化背景知识，培养学生的自主学习能力，使西部高校英语专业学生及早解决听说困难，全面提高综合语言运用能力。

关键词：英语教学；听说；成因；对策

一　引言

进入 21 世纪以来，随着中国国力的不断增强、经济水平的不断提高，中国与英语国家的交流与合作日益频繁，英语成为中国与英语国家之间进行沟通的不可或缺的桥梁与纽带。对于英语学习者来说，只有较好地掌握了这门外语，才能成功而有效地实现沟通与交流，减少跨文化交流障碍，进一步加强中国与英语国家之间的合作。在这样的背景下，中国的英语教学越来越受到教育工作者乃至全社会的关注。

语言是人类最重要的交流工具。在实际生活中，任何语言都有一个突出特点，即通过听说进行的信息输入与输出远比通过读写输入与输出的信息频率高，换言之，人们的日常交流更多的是通过听说来进行，英语也毫不例外（肖建安：41）。因此，英语教学理应先从听说入手，而且始终都应将听说作为英语学习的重要内容。然而，中国的基础教育阶段的英语教学是否真正遵循这个语言学习规律，还是仅仅流于形式是值得深思并深入研究的问题。

由于笔者所处的西部地区高校英语专业学生普遍存在听说能力较差的现象，本文重点对其成因进行探讨并提出相应的解决办法，借此希望英语教育工作者重视对学生听说能力的培养，以进一步提高学生的综合语言运用能力。

二　成因

西部地区高校英语专业学生的听说能力普遍较弱的原因主要体现在以下几个方面：

第一，在应试教育的影响下，基础教育阶段的英语教学普遍不重视听说能力的训练，从幼儿英语、小学英语、中学英语的教学现状可以看出听说教学呈现出从受重视到不受重视的特点。在西部很多地区，英语教学从幼儿园阶段就已经开始，一些幼儿园基本做到了"因材施教"，教学注重寓教于乐，以培养兴趣为宗旨，教学目标重在训练幼儿的基本听说能力，教学方法和手段相对灵活，例如浸入式教学法、蒙台梭利教学法等。显然，这种教学理念及相关教学方法是符合语言学习规律的。

到了小学阶段，英语作为一门主干课程受到重视，小学低年级阶段的英语教学重心依然是培养学生以听说为主的英语交流能力和运用能力，教师一般在课堂上采用全英教学，而到了高年级阶段，教学重心开始转移到以应试为导向的机械语法学习和习题训练，英语课堂演变成了英汉双语教学或主要以汉语讲授英语的课堂模式，教学方法单一，学生的语言交流机会开始减少，听说能力开始弱化甚至退化。

在中学阶段尤其是高中阶段，教育部出台的《高中英语新课程标准》（简称《新课标》）强调了外语学习的重要性，明确提出："当今社会生活和经济活动日益全球化，外语已经成为世界各国公民必备的基本素养之一。因此，学习和掌握外语，特别是英语，具有重要意义。"（2013）《新课标》包括6—9级的课程目标要求，其中7级是高中阶段必须达到的毕业要求。7级标准要求学生具备较全面的听说读写能力，对学生的听说能力作出了明确规定，要求高中生"能就熟悉的话题交流信息，提出问题并陈述自己的意见和建议……理解交际中的文化差异，初步形成跨文化交际意识"（2013）。

在《新课标》的指导下，英语教学近年来一直在不断借鉴国内外先进教学理念和教学方法进行改革，改革路径不断翻新，方法层出不穷，形式各不相同，但遗憾的是，大多数改革形式大于内容，或浅尝辄止，或仅仅是应付检查。中学英语教学事实上与《新课标》理念形成了明显对立。在应试教育这个指挥棒的影响下，英语教学演化成习题训练课，题海大战成为学生每日的必修内容，学生成为做题机器，教师则忙于出题、找题、讲题，基本上无暇顾及训练学生的听说等实际语言运用能力。在有些省份，听力测试部分在高考中已取消多年，因此对教师而言，训练听说既然对提高升学率没有直接帮助，那么利用课堂时间进行听说训练等于浪费时间。师生忙于应试的结果是，高中生普遍都没有达到《新课标》对听说水平的级别要求，中学英语教学依然在延续几十年前"又聋又哑"的教学模式，甚至有过之而无不及。

进入大学以后，选择英语专业的大学生由于前期没有具备该专业所应具备的基本听说能力，在专业学习上可谓困难重重。实际情况是，大多数学生英语水平基本停留在较低层次，阅读能力最强，其次是写作能力，最弱的是听说能力。这种现状令人担忧。当中学教学改革搞得如火如荼、风生水起之时，英语专业新生的英语运用能力尤其是听说能力却没有长足的进步，与几十年前的英语专业新生的水平相差无几，一些学生连基本的发音都存在严重问题，这一现象不禁令人质疑：中学教改的目的和意义何在？中学英语教学为什么不与大学阶段实现有效对接？

笔者为此首先对部分中学教师同时也是在读教育硕士、部分已经获得教育硕士学位的中学教师进行了随机访谈与调研。这些高学历教师均希望通过继续求学来改进中学英语教学现状，他们的硕士毕业论文大多是关于将新的教学方法运用于教学实践的实证研究，而且所得出的研究结论在很大程度上都能够对中学英语教学产生积极有效的推动作用。然而，从对这些中学教师的访谈反馈中发现，他们的硕士毕业论文中的教改实践与实际教学实践之间存在严重的脱节现象。在巨大的升学压力之下，教师们很难将自己所学的先进教学理念和方法运用到教学中，因为实施起来需要投入大量时间和精力，是一个逐渐产生教学成效的过程。然而，当今中国教育一味遵循标准化的快餐模式，人们对理应逐渐产生成效的教育开始变得没有耐心，能够立竿见影并较快提高升学率的似乎只有题海大战，通过做题提高考试成绩，只有考试成绩才能决定一个学生的前途和命运。大量的事实证明，以做题为主的英语教学已经开始产生严重的负面效应。

笔者同期对部分在校英语专业大二学生进行了一段时间的随机访谈和调研。从学生回馈的信息了解到，由于升学率是衡量教师教学水平与学生学业水平的唯一杠杆，大部分学生曾经就读的中学整日忙于应试训练，英语教学基本上都在沿用过去的"填鸭式"教学法，教师一般用中文讲授英语，很少甚至从未在课堂上对学生进行专门的听说训练，听说技能的重要性遭到淡化与忽视。当他们升入大学，进入英语专业全英课堂环境中时，出现了严重的听说障碍，用"聋哑人"来形容他们刚开始英语专业学习的情景一点儿也不为过。学生在外籍教师课堂上更是出现了严重的跨文化交流障碍，经常因为交流不畅造成双方之间的误解，学生的学习兴趣因而下降，学习信心受挫。如果基础英语教学能够为学生打下一定的听说基础，那么学生在大学阶段完全可以避免出现听说困难，而且可以借助听说更多地获取知识，在专业学习之路上走得更高更远。

第二，以应试为主导的英语教学导致学生文化背景知识的匮乏，知识的形成呈现出碎片化特征，继而影响了听说水平。应试教育使教师和学生深陷于题海中，几乎抽不出相对整块的时间系统学习英语国家的文化背景知识。很多学校通常要求教师将容量为三年的教材内容压缩到两年或两年半完成，剩余的时间就是大量做题以应对考试。在这种情况下，学生除了从课本以及练习题中"豆腐块"大小的阅读材料中获取有限的知识外，很难获取较全面而系统的文化背景知识。这种碎片化知识的形成直接干扰了学生的听说水平，妨碍了有效的跨文化交际。学生具备一定的词汇量固然重要，但如果缺失文化背景知识，不注重语言与文化的密切结合，不具备一定的跨文化交际意识，不了解目标语国家的文化、社会、风俗习惯等，在以听说为主的语言交流中就会造成交流误会从而导致交流失败。学生在跨文化语境下，如果听不懂，自然说不出，只会变得无所适从。

第三，由于在中学阶段学生在家校双重保护和监督之下长期处于被动单一的学习状态中，自主学习的意识和能力相对较弱。升入大学后，对于英语专业学生来说，由于缺乏自主学习的意识和能力，他们不知如何有效地将英语作为一门专业来学习，往往沿袭中学的学习方法，没有将足够的时间和精力投入到听说能力的训练上，学习上充满盲目性，学习效率低，效果差。英语专业的课程安排相对灵活，学生一般都有自行支配的弹性学习时间，在这样的学习环境中，学生需要学会自主学习，尽快适应专业学习，首先提高听说能力，继而全面提高读写等综合语言运用能力，在实际语言交流中做到顺畅自如，实现语言交流的目的。在全英课堂中，学生虽然也认识到听说的重要性，但受中学阶段养成的重读写、轻听说的惯性思维的影响，潜意识中认为自主花费时间训练听说似乎是浪费时间，由此造成的低下的听说能力成为学习该专业的"拦路虎"。

三　对策

针对英语专业学生在听说方面遇到的困难和挫折，本文提出以下应对办法：

首先，中学英语教学应遵循《新课标》的学习目标要求，让教师们对《新课标》的认识落到实处，真正了解语言学习规律，逐渐改变应试教育模式，摒弃利用考试成绩"一锤定音"的单一做法，将形成性评价与终结性评价结合起来综合考核学生的学习能力，重视培养学生的综合语言运用能力，使师生摆脱"题海"，从教学和学习中找到乐趣。中学教师应在《新课标》指导下拥有宽松灵活的教学空间，积极借鉴国内外先进教学理念与方法从事教学改革，不将教改形式化，真正重视培养学生的语言交流能力，做好与大学阶段英语学习的有机衔接。

其次，不论是中学还是大学都应采取多样化的教学方法和手段，遵循"以学生为主体、以教师为主导"的教学原则，采用互动合作教学模式、自主学习模式、任务型教学法、课内外相结合的混合型教学模式（沐永华：140）、整体语言教学法（刘荣：68—69）等；教学资源也应多样化，尽可能全面系统介绍并挖掘基于教材内容的相关文化背景知识，合理利用多媒体网络学习资源，使学生畅游于声、像、文字的多维语境中，使其听说能力得到有效提高的同时，读写等综合语言运用能力也得到全方位提高。

最后，中学与大学阶段都应着力培养学生的自主学习意识和能力，让学生充分认识到听说的重要性，鼓励学生根据自身学习兴趣和课程要求自主通过互联网等多种途径查找听说学习资源，创设真实的语言环境，主动与外籍教师保持经常性的交流，积极参加国际交流活动等，通过多渠道积极主动地提高听说能力。同时专门训练规范的发音，及时纠正错误发音，因为错误的发音往往会导致听说障碍（郭瑞芝，2002：56）。学生只有培养了自主学习意识，才能发现自身语言学习中的问题，才会针对问题采取相应的解决办法。

四　结语

造成高校英语专业学生听说障碍的原因是复杂的，以上仅对几个最主要原因进行了分析与讨论，主要目的是再次引起教育工作者对听说的重视并付诸教学实践与教学改革，顺应当前先进的教学理念，不将教学改革流于形式，使英语教学改革真正推动中国英语教学的良性发展。

美国近年来的一档流行节目"Tedtalks"曾经邀请著名教育学者肯·罗宾逊爵士（Sir Ken Robinson）发表了关于教育的系列专题演讲，其中名为"Bring on the Learning Revolution"的精彩演讲值得深思。肯·罗宾逊爵士将教育与工业模式、农业模式进行了生动而恰当的对比。他认为，人类的发展和进步不是一个机械化过程，而是一个有机过程。一个理想的教育体制不能遵循工业化即制造业模式，人类的教育不应像商品一样在流水线上批量生产，个体的人是不可能被克隆成同一种形态的。相反，教育应该遵循农业模式，教育者只有像种植农作物一样，提供合适的种植和培育条件，才能确保人类的教育如同农作物一样获得丰收。肯·罗宾逊爵士的这一精彩比喻对中国教育的未来发展方向具有很大的启发性。如果将这一思路归结到英语教学上，就是如何使中国的英语教学走上符合语言学习规律的轨道上，培养出有益于社会的优秀的跨文化交际人才。

参考文献

Robinson, Ken, "Bring on the Learning Revolution", Feb., 2010, http://www.ted.com/talks/sir_ ken_ robinson_ bring_ on_ the_ revolution.

《高中英语新课程标准》，2013 年。

郭瑞芝：《语言学：语音与听力玄机透视》，《外语与外语教学》2003 年第 3 期。

刘荣、吕红：《论整体语言教学法在英语听说教学中的应用》，《赤峰学院学报》（科学教育版）2011 年第 9 期。

娄建安：《高校英语专业听说课程建设的探索与实践》，《娄底师专学报》1996 年第 4 期。

沐永华：《高校英语专业听说课混合型教学模式探析》，《太原城市职业技术学院学报》2011 年第 4 期。

陕西关中方言对英语语调学习干扰的个案研究[*]

贺俊杰　张继媛

摘要：语调是话语基于节律的结构性音高变化模式，不同的语言有不同的语调实现方式。操方言的英语学习者需要解决母语语调系统对目的语的迁移问题。本文在建立小规模英语学习者语调语料库的基础上，通过对比分析，探讨陕西关中方言对英语语调学习的影响，并根据研究结果提出针对该地区英语学习者的语调教学方案，以期为教学实践提供参考。

关键词：汉语方言；英语语调；干扰

一　引言

汉语里有个成语叫"南腔北调"，指就说话旋律而言，不同腔调所表现出的旋律色彩，"腔"即语调。在交际中语调发挥着重要作用，它不仅可以传递说话者要表达的信息和意义，还可以表达说话人不同的态度和情感，进而影响人们的交际。不同的语言具有不同的语调类型，英语、汉语属于两个不同的语音系统，语调也各有特点。而汉语方言众多，语音语调虽与普通话相似，又有各自的方言特色。以汉语为母语的英语学习者在学习英语时，必然会在某种程度上受汉语语调的影响，把汉语的语调规律套用在英语上。因此，对中国学习者而言，有必要研究方言对英语语调学习的影响。本文在总结了以汉语为母语的英语学习者的语调模型的基础上，描述陕西关中地区英语学习者的语调模式，通过与本族语者语调模式的对比分析，以期发现陕西关中方言在哪些方面对

---

　* 本研究得到国家社会科学基金项目"管辖音系学声调理论研究：模型构建及应用"（09CYY001）和教育部人文社会科学研究项目"高考自主命题条件下英语测试质量控制研究"（12YJC740099）的资助，曾在中国首届语音教学前沿问题国际论坛暨全国高校第二届英语语音教学与研究学术研讨会（中国江苏，2010.9.10—9.12）宣读。

英语语调学习造成干扰。

二　研究方法

（一）受试者

本文的受试者都是西安本地人，主要来自关中地区，从小在关中地区生活，会说地道的关中方言，共四名学生（2 男，2 女），现在校接受正规教育，是陕西师范大学大一、大二学生。

（二）录音材料

本文所用录音材料选自《走遍美国》第 19 课 "I Do" 第 2 场中的一段场景对话。背景是 Susan 即将结婚，妈妈 Ellen 和设计师 Marilyn 在帮她准备结婚时需要穿戴的东西。这段对话中包含陈述句、疑问句、感叹句、祈使句等主要句型，也包含一些可能产生中英语调差异的句法特征：列举句式、宾语从句、并列句等。对话中人物既高兴又激动，语气起伏变化大，适合进行语调分析。

录音前，先将材料打印分发给受试者，让他们有充分的时间准备。准备过程中如果受试者遇到词汇、句法等方面的问题，允许他们查阅或提问并给出解释以帮助他们理解阅读材料，告诉他们本文的目的是考察关中方言对英语语调的影响，读材料时注意语音、语调、重音、节奏等韵律特征，但要自然，不能刻意去纠正；读汉语时要用关中方言来读，用地道的方言表达同样的意思，尽量把方言的语调特点表现出来。

（三）标注系统

本文利用语音分析软件 Praat 对所录制的语音样本进行分析。语调标注依据美国 ToBI 方法，对句子从四个层次上进行标注，第一层为语调层，主要体现调群中的重音、音调及调冠等特征；第二层为单词层，主要目的是确定单词间的边界；第三层是边界指数层，分别用数字 "0" "1" "2" "3" 和 "4" 表示不同的边界；第四层为 misc 层，用来标注其他信息。

由于本段对话较长，句子较多，全部标注工作量大，本文只在 38 句中有选择性地标注并分析了 9 个有代表性的句子（见表 1）。关中地区学习者与本族语者在这些句子的语调上表现出较大差异。

表1	本文分析的句子
句法结构特征	例句
列举句式	And now for... something old, something new, something borrowed, and something blue.
陈述句	I'm sure he misses Grandma on a day like this.
	Saving them for today?
	When you said, "I do" Marilyn, it suddenly became real.
一般疑问句	Are you kidding? Relax?
特殊疑问句	What's old?
附加疑问句	And you saved it for me, didn't you, Mother?
并列句	And when you both say "I do", Harry will lift this veil over your head and kiss the bride.
宾语从句	Oh, Grandpa will be so pleased that you're wearing them.

三　英汉语调

语调是包括停顿、节奏、重音以及声调、句调、基调等在内的节律总和（吴洁敏，2001）。不同语言有着不同的语调实现方式，汉语是典型的声调语言，每个字由声母、韵母和声调构成。声调具有区别意义的功能。每个句子的语调中伴随着许多升降起伏的字调。制约汉语音高变化的首要因素是字调，其次是语调。而英语是非声调语言，单词本身没有声调，句子的起伏变化是以它的重音和节奏为基础的，不同的语调表达说话者不同的语气。

在节奏方面，英语是重音节拍语言，重音是基本的节奏单位，为了使重读音节更凸显，英语中的重读音节通常读得既重又长，非常完整，而非重读音节通常有约简，元音常常较短，有时甚至缺损（陈桦，2008：15）。而汉语是音节节拍语言，音节是基本的节奏单位，一字一拍，几乎每个音节占有大致相等的发音时间，每个音节都读得很清晰，元音约简较少。关中方言对英语语调的干扰也包括这些汉语普通话的共同特点，这就使关中学生在读英语时轻重节奏不明显，所有音节同样凸显，语调群划分不当，影响英语的节奏和停顿。

较之普通话，陕西关中方言的声调也有所不同。虽同有四个调类，但调值却不相同（见表2）。

表 2　　　　　　　　　　　西安方言声调调值

调类	调值
阴平	21
阳平	24
上声	53
去声	44

　　由此可见，关中方言的声调特点是：有低平调，高平调；有低升调，没有高升调，也没有从最高到最低的降调，只有从最高到半高的降调；音高变化限于两度之内，音高变化小；没有升降调和降升调。与此相对，英语的平调可以是各种高度的平调，包括高平、低平及其他高度的平调；升降起伏变化大，音域较广，既有升降调又有降升调。受关中方言以降调和平调为主，音高变化不大，升调不明显的发音习惯的影响，方言区学生在说英语时往往语调平直，或过多使用降调，缺乏变化，不能恰当表达思想和情感。

四　关中英语学习者语调调群切分的特点

　　无论英语语调还是汉语语调，每一个语调单位内部都具有一定的结构。吴宗济先生对于汉语语调的构成进行了研究，认为"调群"是语调的基本单元，由单字调或连读变调构成（吴宗济，1993）。语调的调型是以二字、三字、四字组合的连续调型为基本单元的（吴宗济，1990）。英语语调的基本单位也是语调群，一个语调群可以是一个句子、从句、短语或词组，甚至一个词。一个独立的调群内部也有不同成分构成，调群中最凸显的部分被称为调核；从端首重读音节到调核的部分（不包括调核）称为调头；在调头之前的部分称为调冠；调核之后的部分称为调尾。本文将分析关中地区学习者在英语调群切分和调型方面的特点。

（一）列举句式

　　本研究朗读材料的第一句"And now for... something old, something new, something borrowed, and something blue"是列举句式，共四个列举项。由表 3 可以看出，学习者对后三项的调群切分和本族语者一样。但第一项划分得就各不相同，四个学生中只有一名受试和本族语者划分一样，两名受试把"And now for"与"something old"划分成两个调群，一名受试把"And now"与"for something old"分隔开，作为独立调群。根据原材料，"for something old"这一介词短语是一语法单位，不能被分开，"now"用来强调时间，和后面构成一个调群。通过比较英汉列举句式调群切分图可以看出，学习者的英语调群切分模式与汉语的意义表达一致。在汉语中，汉语的语调群是由单字调或连读变调构成的。受此影响，学习者把列举项与前面的叙述项分开，中间有较长停顿，在意义上把"And now for"与"something old"分成两个调群，忽视了"for something old"这一句法结构的整体性。

表3　　　　　　　本族语者与学习者列举句式调群切分对比

调群	本族语者		学习者	
	人数	百分比	人数	百分比
And now for... something old, // something new, //something borrowed, // and something blue. //	1	100%	1	25%
And now// for... something old, //something new, //something borrowed, // and something blue. //	0	0	1	25%
And now for...// something old, //something new, //something borrowed, // and something blue. //	0	0	2	50%

此外，通过观察本族语者朗读这个列举句时的语图，发现调群边界出现的指征多为音高重设。第一个列举项"something old"自低点向高点上扬，显示出升调的声学特征，第二项"something new"开头又从低域而非高域开始，说明此处出现了音高的重设，第一项与第二项之间没有出现停顿，为连续语流，第三项与第四项之间也是如此。相反，大多数学习者的调群边界指征主要为停顿，其他指征较少，且停顿出现的频率和时长均高于本族语者。虽然停顿也是一个重要的边界指征，但过多使用就会对语言的流利性和连贯性造成影响，语流断续不连贯，意义表达不完整。

（二）关系从句

本文分析的关系从句为"Grandpa will be so pleased that you are wearing them."这是一个宾语从句。由表4可以看出，只有一名学习者与本族语者的调群划分一致，没有把宾语从句单独处理成一个调群。与第一句列举句式不同，关系从句中间没有标点符号分隔进行调群断句，所以学习者就可能按照自己的阅读习惯或汉语方言习惯断句。通过比较可以看出，无论本族语者还是学习者都把"pleased"作为强调部分，不同的是本族语者在强调"pleased"的同时把原因也指明了，原因结果放在一起来说，所以整个句子是一个调群，很连贯。而学习者受汉语表达习惯的影响把宾语从句划分为一个独立调群，这是因为汉语"噢，戴了它，祖父一定会非常高兴"是两个分句，所以多数学习者把先行词"pleased"与关系代词"that"分开，分别强调，造成节奏上的不连贯。

表4   本族语者与学习者关系从句调群切分对比

调群	本族语者		学习者	
	人数	百分比	人数	百分比
Grandpa will be so pleased// that you are wearing them.	0	0	3	75%
Grandpa will be so pleased that you are wearing them. //	1	100%	1	25%

（三）直接引语

本研究分析的复合句"When you said，'I do'Marilyn，it suddenly became real."中，"I do"作为直接引语在时间状语中出现。由表5可以看出，一半的学习者和本族语者一样把直接引语和从句其他成分作为一个调群，另一半学习者把直接引语作为单独一个调群处理。图1是一位学习者

Whenyousaid   I do   Marilyn,   itsuddenlybecame   real.

图1   一位学习者的音高曲拱（竖线代表词语边界）

的音高曲拱图。直接引语部分的总趋势与本族语者的趋势不同，本族语者把重音放在"do"上，先降后升，而学习者把重音放在"I"上，先升后降，此外，学习者直接引语前有明显的停顿，直接引语的起始端高于前面叙述部分的尾端，尤其是直接引语第一个音节"I"的音高度明显升高，为调核所在位置。因此可以看出学习者把直接引语作为独立调群，前面叙述部分也自成调群，两部分相对独立，这可能是因为标点符号的存在而引起的，这说明句法在学习者调群切分时起重要作用。而对于本族语者，重要的是新信息"说什么"，而不是什么时候说，从本族语者的音高曲拱图可以看出，直接引语部分为整个调群的凸显部分，所以"I do"是这句话的调核，前面叙述部分为调冠，两部分共同构成一个完整的调群。

表5　　　　　　　　　　　　本族语者与学习者直接引语调群切分对比

调群	本族者		学习者	
	人数	百分比	人数	百分比
When you said, "I do" Marilyn, // it suddenly became real.	1	100%	2	50%
When you said, // "I do" Marilyn, // it suddenly became real.	0	0	2	50%

通过以上对陕西关中英语学习者调群切分的描述、分析可以看出：第一，学习者语流中停顿的数量和时长都高于本族语者，说明学习者在进行调群切分时多通过停顿来实现，这反映了母语的节奏及意义表达对学习者调群的切分有一定的影响；第二，学习者在有标点的地方，均发生了停顿，这说明学习者多依靠句法而不是信息进行调群切分；第三，在没有标点符号的句法结构中，学习者没有根据信息的完整性来判断是否划分切分调群，而是根据母语的表达习惯把一个完整的句子处理成两个独立的调群，破坏了信息的完整性。

五　关中英语学习者语调中调型模式

调型指语调重音的音高变化（陈桦，2008：126）。英语和汉语语调调型主要有四种：升调、降调、曲折调和平调。与汉语不同，英语的升调又分为高升、低升；降调又分为高降、低降；平调可以是各种高度的平调。

在英语中，旋律作用于语句层面，采用什么调型是根据整个句子的语气决定的，单词可以读任何声调，声调服从于语调；而在汉语中旋律作用于音节层面，字调与语调并存，关于字调与语调的关系，最著名的要推赵元任先生提出的"小波浪"与"大波浪"并存叠加，两者是"代数和"关系的理论。吴宗济先生认为小波浪与大波浪的代数和可以理解为字调的平均音高跟语调的平均音高的代数和，而字调调型基本上没有什么变化（刘杨、习晓明，2010）。一方面，语调离不开声调，必须通过局部声调的音高变化来体现；另一方面，在语句中，声调的调型虽然可以保持基本不变，但它的具体音阶和音域必须受总体语调格局的调节和制约。而语调对字调的调节作用，主要通过两个因素来实现：一是音节在语句中位置的不同；二是语气的不同和重音地位的不同（曹剑芬，2002：200）。

（一）学习者降调句型的调型特点

降调是英语中最常见的调型，一般情况下，陈述句、特殊疑问句、祈使句、附加疑问句的叙述部分都读降调。本文将从以下几个方面着手，分析关中地区英语学习者降调句型的特点。

1. 陈述句式

I'm sure he misses Grandma on a day like this.

表6   本族语者与学习者陈述句式调型对比

调型	本族语者		学习者	
	人数	百分比	人数	百分比
降调头——低降	1	100%	0	0
高调头——高降	0	0	1	25%
降调头——低升	0	0	1	25%
平调头——低降	0	0	1	25%
高调头——升降	0	0	1	25%

由表6可知，75%的学习者与本族语者一样，在这句陈述句的末尾均采用降调，基本体现了陈述句的主流调型。降调的陈述句表达了一种肯定、结束的语气。一名学习者使用了高降调型，强调十分肯定；一名学习者将调群结尾音调处理为低升调型，这显然不符合原文，低升调一般用于疑问句，期待别人回答，而这里是表达自己的想法，相互矛盾。一名学习者与本族语者采用了相同的低降调型，但相对于本族语者，学习者的低降没有本族语者低，是在平缓的调子上稍微下降，整个句子不像本族语者那样从高到低再到更低，高低起伏大，而是一直平调，到句末稍微下降。这是因为汉语语调是体现在句末字调上的，声调会因语调的抑扬而稍有抑扬，但不能改变声调。而关中方言以平调和降调为主，升降幅度都在两度之内，语调升降起伏较小，没有体现英语语调梯级上升或下降的特点。

另外，还可以看出学习者在节奏和衔接方式上的特点。由于汉语是音节节拍语言，一字一拍，每个音都读得很清晰。除了一些轻声语助词念得较快和含糊一点外，每个字都读得一样重，不分重读和轻读。因此，学习者在读英语时每个词、每个音节都特别使劲，同样清晰。此外，还按照汉语停顿习惯一字一顿，或两个字一顿。这就导致学习者英语口语中的停顿数目偏多，不会像本族语者那样灵活运用连读、同化、省音等衔接手段，把连续出现的音读得连贯顺畅。

2. 特殊疑问句

What's old?

表7　　　　　　　　本族语者与学习者特殊疑问句调型对比

调型	本族语者		学习者	
	人数	百分比	人数	百分比
高调头——高降	1	100%	2	50%
高调头——降升	0	0	2	50%

由表7可知，四名学习者中有两名学习者采用的调型与本族语者一样采用高降调型，准确地表达了说话人急切的询问，高降调比较轻盈活泼，表现出较轻松、愉快、有趣、关切的情绪，是特殊疑问句中最常见的调型（陈桦，2008：137）。对话刚开始就明确指出结婚要准备的四件物品，当妈妈Ellen把礼服和腕带拿出来后，突然想到准备的旧的东西是什么，就急切地问女儿Susan，使用高降调型准确地表达了Ellen的急切心情。两名学习者把这句话处理为降升调型。降升调多用于没有听清对方话语时，要求对方重复的问句中，不符合本对话的语境。学习者采用降升调，一方面说明对英语曲折调的使用已掌握，但另一方面也说明学习者在英语语调学习中存在矫枉过正的现象。只要是疑问句就读升调，结果导致在降调句型中不恰当地使用了升调。

3. 附加疑问句陈述部分

And you saved it for me, didn't you, Mother?

表8　　　　　　本族语者与学习者附加疑问句陈述部分调型对比

调型	本族语者		学习者	
	人数	百分比	人数	百分比
高调头——降调	1	100%	0	0
高调头——升降调	0	0	1	25%
高调头——低升	0	0	1	25%
低调头——低升	0	0	2	50%

本族语者使用降调调型，在会话中表达了 Susan 对腕带的喜欢，确认母亲是否也留着给自己结婚时戴。由表 8 可知，学习者大部分使用了升调调型，只有一名学习者使用降调，还是先升后降的曲折调。这说明学习者只是根据问号机械的使用语调，是疑问句就用升调，而不判断是特殊疑问句还是一般疑问句。英语语调调型具有不定性，句子没有固定读法，附加疑问句陈述部分一般读降调，句末的附加疑问句可以读升调也可以读降调，但是所表达的意思有所不同。降调表示说话者肯定或者已经相信陈述的事情，希望对方给予证实或希望得到肯定答复；而升调则表示说话者对所说内容表示怀疑，等待对方的回答、判断或者是选择。本材料中附加疑问句就读降调或平调，确认自己相信的事，希望对方作肯定回答。而学习者多使用升调，这一方面说明学习者没有掌握附加疑问句的正确读法，另一方面反映了学习者语调使用机械僵硬，不能根据语境灵活运用。

（二）学习者升调句型的调型特点

升调通常表示疑问，信息未完或惊讶。升调用在一般疑问句句尾表示疑问；用在附加疑问句表示说话者对所说内容表示怀疑，等待对方的回答、判断或者是选择；用在列举句式中表示信息没有完成。升调还可以用在陈述句中，表示对所说事情的怀疑或是对已经存在的事实感到吃惊。本文将对一般疑问句、列举句式、并列句和陈述句的升调调型进行描述和分析。

1. 一般疑问句

Are you kidding?　　Relax?

（开玩笑？　　放轻松？）

表9　　　　　　　　本族语者与学习者一般疑问句调型对比

调型	本族语者		学习者	
	人数	百分比	人数	百分比
高调头——降升	1	100%	1	25%
低调头——降升	0	0	1	25%
低调头——高升	0	0	1	25%
升调头——平调	0	0	1	25%

在这句话中，三名学习者都用了升调，说明学习者已经掌握了一般疑

问句用升调的主流调型。其中两名学习者采用了和本族语者一样的降升调型，另外两名学习者分别处理成高升调型和平调（见表9）。在这个疑问句中，本族语者通过对句尾音高的骤然降升来表达疑问语气的。但是，在汉语疑问句中，说话者不可能为了表达语气的需要而抛弃了声调，句尾的音高是声调"小波浪"与语调"大波浪"的并存叠加。汉语的语调往往通过改变句末字调的调值来实现，只是在句末字调原调值上稍微上扬或下降，升降幅度不大。因此，汉语疑问句不可能像英语那样是骤降或骤升，它往往是趋平的或微微上扬的表现，这一点可以通过图2看出来。

图2　一名学习者方言一般疑问句语调模式（竖线表词语边界）

　　在四名学习者中，两名学习者读得比较自然。一名学习者为刻意表现自己在念英语的升调而把嗓音抬得很高，最后一名学习者受到汉语疑问语气和方言声调的影响，把句末调处理成平调。

　　此外，通过图2可以看出，学习者音域普遍比本族语者窄，音高起伏小。汉语的语调通常体现在句末的音节上，升调是在句末词语字调的基础上稍扬，句末有语气词或轻音节词时，升调放在倒数第二个或第三个音节上。由于受末尾汉字声调的影响，语调上扬幅度只有26%；而英语单词没有声调，词的音调受整个句子语调的制约，因此英语单词的音调升降起伏比较自由，升调的幅度最大可达80%（曹仁松，2008）。关中方言没有高升调，也没有从最高到最低的降调，所以学习者语调升降起伏较小，不能很好地体现梯级上升或下降的英语语调。

　　2. 列举句式

And now for... something old, something new, something borrowed, and something blue.

　　列举句式是一种较特殊的陈述句，在英语中经常用升调或平调表达各列举项，表示列举信息的不完整，还要继续。由表10可知，25%的学习者采用了与本族语者相同的列举式调型，即句式末尾用降调，各列举项为升调或平调。各列举项用升调表示没有列举完，还要增加新内容，句末用降调标志着列举内容已完整。25%的学习者将部分列举项读成降调，例如第一项。而其他项读升调或平调。这样就把第一项与其他项分隔开，特别强调第一项，反映到对话中似乎想要突出结婚时父母准备的旧的、有纪念意义的东西，而不是新的礼物。另外，一半的学习者各列举项的调型与本族语者相反，将全部列举项处理成降调。这样听起来各列举项都被特别强调，彼此之间没有关联，相互独立。

表10 本族语者与学习者列举句式调型对比

调型	本族语者		学习者	
	人数	百分比	人数	百分比
低升//降升//降升 //升降	1	100%	1	25%
降调//升或平//升或平//降升	0	0	1	25%
降调//降调//降调//平调	0	0	1	25%
降调//降调//降调//降升	0	0	1	25%

　　学习者的列举句式的调型特点，一方面是因为在英语中语调分为无标记和有标记的语调。无标记的语调指一般情况下通常带有的语调。英语中大多数句子读降调，老师在教授过程中也多使用降调，降调是无标记的语调。但是在口语交际中，由于语境及说话人的心理因素等原因，语调表现出相当的灵活性，不仅仅是降调，还有升调和曲折调。前者可以看作无标记的语调，后者可以看作有标记的语调。对于本族语者来说，各列举项读升调是一条音系规则。而对于学习者来说，他们没有习得这种标记性的升调，所以大多学习者都采用了缺省的降调。另一方面，受关中方言以降调和平调为主的影响。在汉语中，语调对声调有调节作用，其实现因素之一是重音地位的不同。汉语重音的主要声学效应之一就是音高的突出，这种突出一般表现为音阶的显著抬高（曹剑芬，2002：201），例如四个列举项中，"旧的""新的""借来的"和"蓝色的"比前面的"一些"音阶要高，而其中"旧""新""借"和"蓝色"的音阶最高，这是因为它们处于相对重读的地位，这些重读音节决定了短语的语调，即这些字的字调决定了语调。正因为如此，学习者对英语多音节词在句中的调型把握不准，例如，"borrowed"，受汉语一字一调的影响，学习者通常把"borrowed"处理成升或降，很难像本族语者那样处理为降升调或升降调。

　　英语和汉语普通话的曲折调是不同的。英语的曲折调是在句调层面上实现的，表达一定的语气，具有区分意义的功能；而汉语的曲折调是在语音层面上实现的，不表达一定语气，没有区分意义的功能。较之普通话，关中方言字调中没有升降调和降升调，虽在语音上呈现曲折调型，但在音系上却没有。而且语音上曲折调的实现是一种双向语调，由升调和降调混合而成，所以学习者对材料中"new"和"borrowed"的曲折调很难掌握，处理不当。

综上所述，学习者在读英语时过多地使用降调，不会使用本族语者的降升调，即使使用降升调也不地道。表10中有两名学习者将句末处理成降升调。但通过调型图可以看出，这种降升调并不自然，是通过拖音实现的。

3. 并列句

And when you both say "I do", Harry will lift this veil over your head and kiss the bride.

表11　　　　　　　　　本族语者与学习者并列句调型对比

调型	本族语者		学习者	
	人数	百分比	人数	百分比
高调头——降升	1	100%	0	0
高调头——平调	0	0	2	50%
平调头——高降	0	0	1	25%
降调头——高降	0	0	1	25%

降升调和平调调型用于并列句中，可以表现出对后面相关信息的期待，说明了并列句式两分句间信息的紧密关系（陈桦，2008：146）。根据表11的统计，50%的学习者采用了平调调型，虽与本族语者不同，但并不错，说明学习者意识到信息并不完整，后面还有相关信息。50%的学习者采用了高降调型。降调用在陈述句中表示句子的结束，信息的完结，用在此处则把前后分隔成独立的两部分，没有关联，调型使用不当。在该使用升或平的句型中，学习者多选择平调或降调，说明学习者受方言的影响较大，由于关中方言字调中没有曲折调，所以学习者很少使用降升调，很难掌握英语单音节词的变调，通常用升或降或平的单一调来替代曲折调。

4. 陈述句

英语的陈述句一般用来陈述事实，相对比较直观，通常都读降调，但也可读升调，常表示对所说事情的怀疑或是对已经存在的事实感到吃惊。本文中陈述句 Saving them for today? 在材料中读升调。

表 12　　　　　　　　本族语者与学习者陈述句句调型对比

调型	本族语者		学习者	
	人数	百分比	人数	百分比
升调头——高升	1	100%	1	25%
平调头——低升	0	0	2	50%
平调头—— 降丿降	0	0	1	25%

由表 12 可知，75% 的学习者采用了与本族语者一样的调型，这也许是受标点符号的影响。问号的出现使大部分学习者使用了升调，但表达的语气并不同。这句话出现的背景是 Susan 戴上奶奶留下的珍珠项链，很珍惜地说"我留着今天才戴"，妈妈 Ellen 听了很吃惊，然后反问了一句。使用高升调反映了说话者对已经存在的事实感到很吃惊。而 50% 的学习者选择了低升调，表达的是一般的疑问，并没有对别人提及的事情感到怀疑或吃惊，没有正确反映说话者的语气和心情。同样，使用降升降表达的是一种自豪的语气，没有疑问更不惊讶。这是因为无论在普通话还是关中方言字调中都没有高升调，主要为低升调，所以学习者在表达强烈的感情色彩时多用低升调代替高升调。

通过以上对陕西关中英语学习者语调调型的描述，可以看出：第一，学习者在降调句型中大多处理为降调，升调句型中大多处理为升调，说明学习者基本掌握了升、降调句型的主流调型，但也出现学习者某些降调调型与特定语境的语气不符，例如反义疑问句在表确认时，叙述部分和反义疑问部分都读降调，而不总是读升调；第二，受汉语字调和关中方言的影响，降调和平调使用过多，降调误用存在于升调句型的列举句式各列举项以及并列句中；不能准确使用升降调和降升调；学习者在朗读中音域较窄，音调起伏较小。

六　对英语语调教学的启示

本文在总结了汉语字调与语调关系的基础上，对比分析了本族语者与关中地区英语学习者在英语调群切分及调型方面的特点。关中地区英语学习者不仅受汉语普通话声调语调的影响,方言区的声调也对英语语调的学习造成干扰,因此,为使学习者更好地学习和掌握英语语调,教师在教学中应注意以下几点:

首先,要使学生意识到英语语调在外语学习中的重要性,根据具体的语境介绍语调的功能,不能太概括化,否则会出现矫枉过正的现象。

其次,将英汉语调系统作一对比,使学生了解英汉语调在结构及调型方面的相同点与不同点。英语是语调语言,汉语是声调语言,同时声调与语调相互影响,相互制约,这一特点使学习者的英语带上"中国腔"。因此,在英语语调学习过程中,学习者就需要有意识地降低汉语声调对英语语调的干扰程度。

最后,在了解英汉语调系统的基础上,向学生介绍方言区的声调特点,在哪些方面可能对英语语调造成影响,例如不能过度使用无标记的语调,也要注意缺省调的适当运用,特别是关中方言中不太经常使用的语调及其表达的语气,例如升降、降升调在英语中的正确运用。

参考文献

曹剑芬:《汉语声调与语调的关系》,《中国语文》2002 年第 3 期。

曹仁松:《汉语声调特点对英语语调学习的负迁移》,《大连海事大学学报》(社会科学版) 2008 年第 3 期。

陈桦:《中国学生英语语调模式研究》,外语教育出版社 2008 年版。

刘杨、习晓明:《英语话语中"中国腔"现象的由来》,《贵州师范学院学报》(社会科学版) 2010 年第 2 期。

吴洁敏:《汉语节律学》,语文出版社 2001 年版。

吴宗济:《汉语普通话语调的基本调型》,载《王力先生纪念论文集》,商务印书馆 1990 年版。

吴宗济:《普通话语调分析的一种新方法:语句中基本调群单元的移调处理》,《语音研究报告》1993 年第 1 期。

从 CET4 谈大学英语教学改革背景下的翻译教学

孔祥学

摘要：长期以来翻译教学在大学英语教学中扮演着可有可无的附属角色。随着时代的发展，外语学界逐渐认识到了翻译教学在大学英语教学改革中不可或缺的地位以及对满足国家和社会发展需要的特殊意义。本文以 CET4 翻译测试的角度，探究了大学翻译教学目前所面临的主要问题。在结合 CET4 翻译测试特点和 PACTE 模式理论的基础上，文章从顶层规划、教材建设与母语知识文化导入三个方面提出了应对策略，认为翻译教学在推动大学英语教学改革和提高学生的跨文化交际能力方面有着不可替代的作用。

关键词：大学英语翻译教学；CET4；跨文化交际

翻译教学是大学英语教学重要的组成部分，多年以来由于各种原因翻译教学总是处于整个大学英语教学中较少触及的"末端"。外语教学界对大学英语翻译教学的认识曾经存在一定的偏差甚至误区，认为"翻译教学属于专业英语的范畴，与大学英语教学没有必然的联系；纵然有一定联系，也只是为了应付考试的需要"（李桂英，2004：57）。即使任课老师有加强翻译教学的愿望，但往往因为现有的教材内容、原有的教学计划、有限的课时、课程设置等各方面原因导致翻译教学的实施并不理想。

随着社会的发展和大学英语改革的深入，大学外语教学界逐渐认识到培养非英语专业学生翻译能力的重要性。作为大学英语教学的指挥棒，大学英语四级标准化考试（CET4）中的翻译测试是对教育部制定的《大学英语课程教学要求》（下文简称《要求》）有关笔译能力培养在实践中的具化，对目前改革中的大学英语翻译教学有着现实的指导意义。

一 翻译教学在大学英语教学中的界定

加拿大学者让·德利尔（Jean Delisle，1988：25—30）提出了教学翻译（pedagogical/ academic translation）与翻译教学（translation teaching/ pedagogy of translation）两个概念并将二者加以区分：前者目的在于帮助学生掌握语言的基本要点，提高语言水平，完善语言风格；后者则关注职业翻译，传授翻译技能与知识，培养学生从事职业翻译的能力，完成具有特定受众的交际任务。

　　此后我国外语学界对于这两个概念展开了热烈的讨论。穆雷（1999：114）认为在教学翻译中，翻译是外语教学的附庸、教学的手段而非教学的目的；翻译教学则把翻译作为一门专业来教，使学生树立正确的翻译观，培养良好的翻译工作习惯，学会初步的翻译技巧，了解一定的翻译理论，具备基本的翻译能力。刘和平（2001：23）指出，教学翻译中的翻译和翻译教学中的翻译是两码事：前者的目的是学习语言，而后者的目的是交际。鲍川运（2003：48）则认为：大学本科非翻译专业的翻译课程，无论针对非外语专业还是外语专业，都属于教学翻译，翻译课程是学习外语的一种方法，其教学目的和课程设置与以培养专业翻译为目的的翻译教学有质和量的差别。罗选民（2002：56—57）指出翻译教学的概念应重新定义，翻译教学由"大学翻译教学"和"专业翻译教学"组成，前者针对非外语专业学生，后者面向外语专业或翻译专业的学生，应淡化教学翻译和翻译教学的区别，强调翻译教学应符合中国国情，响应时代需要，不应把大多数学生排斥在翻译教学的大门之外，普及大学翻译课程，重视大学翻译教学对中国未来的经济和文化意义重大。

　　以上不同的观点是国内外语学界对教学翻译和翻译教学理论较为典型的看法，专家们对于大学英语中的翻译教学模块在概念上的界定还有着不同甚至相左的见解。诚然，大学英语的翻译教学与专业英语的翻译教学之间存在着客观的差异，但这并不意味着大学英语中的翻译教学简单，不值得重视。

　　罗选民（2002：57）谈道："在中国，80%以上的西方经典著作（不包括文学著作）是由科学、工程、经济、历史、哲学等领域的学者翻译的，任何处于学术前沿的学者，往往也是翻译家，他们不仅仅自己作研究，还把引进西方的学术思想和先进的科学技术作为己任。"所以有理由判断，今天所培养的大学生中会有相当一批人才在未来从事某一领域职业性的翻译工作，他们不仅会引入国外的文化和技术，还要向世界传播中国的文化和智慧。认为大学英语翻译教学与职业性的翻译完全无关的观点是不成立的。

表 1　　　　　　　本科英语专业与非英语专业笔译能力要求对比

	非英语专业	英语专业
教学大纲	一般要求：略 较高要求：略 更高要求：能借助词典将有一定难度的英语文章译成汉语，将反映中国国情或文化的介绍性文章译成英语，理解正确，译文内容准确达意，语言通顺，基本无误译现象；英译汉速度为每小时400单词，汉译英速度为每小时350汉字。（2007年发布）	能借助词典翻译一般英美报刊上题材熟悉的文章和摘译本人专业的英语文章或科普文章；能借助词典将内容熟悉的汉语文字材料和本专业论文译成英语，理解正确，译文基本通顺、达意，无重大语言错误；英译汉速度为每小时350英语单词，汉译英速度为每小时300汉字。（2000年发布）
外语水平测试	CET4题型说明：翻译内容涉及中国的历史、文化、经济、社会发展等。四级长度为140—160个汉字（速度约为每小时280—320汉字）；六级长度为180—200个汉字（速度约为每小时360—400汉字）。	TEM8题型说明：汉译英项目要求应试者运用汉译英的理论和技巧，翻译我国报纸杂志上的论述文和国情介绍，以及一般文学作品的节录。速度为每小时250—300汉字。译文必须忠实原意，语言通顺。
测试样题	在西方人心目中，和中国联系最为密切的基本食物是大米。长期以来，大米在中国人的饮食中占据很重要的地位，以至于有谚语说"巧妇难为无米之炊"。中国南方大多数种植水稻，人们通常以大米为食；而华北大部分地区因为过于寒冷或过于干燥，无法种植水稻，那里的主要作物是小麦。在中国，有些人用面粉做面包，但大多数人用面粉做馒头和面条。（CET4 2015年6月试题）	生活就像一杯红酒，热爱生活的人会从其中品出无穷无尽的美妙。将它握在手中仔细观察，它的暗红色中有血的感觉，那正是生命的痕迹。抿一口留在口中回味，它的甘甜中有一丝苦涩，如人生一般复杂迷离。喝一口下肚，余香沁人心脾，让人终身受益。红酒越陈越美味，生活越丰富越美好。当人生走向晚年，就如一瓶待开封的好酒，其色彩是沉静的，味道中充满慷慨与智慧。（TEM8 2013年试题）

从表 1 可以看出，CET4 大步跨越了教学大纲中关于翻译能力部分的一般要求和较高要求，直接选择了最高要求。CET4 测试中的汉译英题型体现出的对非英语专业学生翻译能力的要求已不可同日而语，其与对英语专业学生笔译能力要求的差距正在缩小。教学翻译和翻译教学区分理论认为，前者的目的不包括交际。然而 CET4 翻译测试中对中国社会文化译介的过程显然包含了跨文化交际的元素。

以上分析表明关于区分翻译教学和教学翻译的理论已不适用于界定今天的大学英语翻译教学；或亦可理解为：二者概念的区分对改善目前阶段大学英语翻译教学并无显著的意义。因此本文将大学英语教学中的翻译模块统称为大学英语翻译教学。限于大学英语教学的范畴，笔者相对倾向于罗选民教授的观点。大学英语翻译教学不必拘泥于教学翻译和翻译教学区分理论的限制，而应该着眼于新时期国家发展战略对高等教育人才培养的需要，切实提高学生的实际翻译能力。

二　CET4 翻译题型变化和测试特点

翻译作为 CET4 独立测试题型最早始于 2006 年。该测试模块考试时间为 5 分钟，占总分值 5%，题型采用 5 个独立的单句形式，要求考生将每句空缺部分以汉译英的形式进行相应的翻译。例如：

（1）Nowadays, some people still have trouble obtaining information from the Internet. （从网上获取信息）（2013 年 6 月 CET4 试题）

以上填空式的翻译方式自身存在着较大的局限性。大量的反拨实证研究表明，填空式翻译测试导致学生更多关注词汇和语法的应用而非翻译本身，学生会误认为没有必要掌握相应的翻译技巧与理论，将翻译学习过程简单化、机械化和工具化。相对于听力、阅读、写作其他测试模块，翻译部分只占到总分值 5% 的比例，不足以真正引起教学对翻译学习的重视（夏桥林，2010）。

2013 年 12 月新的 CET4 对原有翻译题型作出了大幅度的调整，分值提高到了占总分值的 15%，考试时间增加到了 30 分钟。新的翻译题型取消了单句填空的形式，采用 140—160 汉字的段落翻译形式，内容涉及中国的历史、传统文化、经济、社会发展等。以 2013 年测试原题为例：

（2）中国结最初是由手工艺人发明的，经过数百年不断的改进，已经成为一种优雅多彩的艺术和工艺。在古代，人们用它来记录事件，但现在主要是用于装饰的目的。"结"在中文里意味着爱情、婚姻和团聚，中国结常常作为礼物交换或作为饰品祈求好运和辟邪。这种形式的手工艺代代相传，现在已经在中国和世界各地越来越受欢迎。

对比旧题型，新 CET4 的翻译测试具有以下三个外在特点：第一，分值比例和考试时间的变化显示出，新 CET4 将翻译测试的重要性提到了与写作测试同等的高度；第二，超越了对词汇和语法知识及应用的考察，新题型不仅要求考生能够完成对每一个单句的翻译，而且能够将翻译对象视作一个完整的语篇，通过适当的翻译方法再现原文的内容；第三，翻译原文的内容限定为母语社会文化，要求考生在所具备的一定社会文化知识储备的基础上，对本民族特有的社会文化内容进行译介，翻译的过程不单纯是语言的转换，还是一个跨文化交际的过程。所谓跨文化交际指的是来自不同文化背景的人之间的交际，需要处理的是交际与文化之间的关系，解决的是跨文化语境中的问题。跨文化交际的突出特点是，文化不同，交际者的语言、社会、历史、生活环境、风俗习惯、交际规则、思维方式乃至价值观念等各方面都会存在差异（毕继万，2009：9）。

新 CET4 翻译题型着重考查了学生的实际翻译能力。巴塞罗那自治大学 PACTE 研究小组（Process in the Acquisition of Translation Competence and Evaluation）将翻译能力的构成分为六个维度（见图1）：（1）双语交际能力（主要是用两种语言进行交际所需要的操作知识（procedural knowledge），包括在两种语言间进行转换时对干扰的具体控制，双语能力由两种语言的语用、社会语言、文本、语法和词汇知识构成）；（2）非语言能力（包括翻译理论知识、双语文化知识、百科知识和主题知识）；（3）转换能力（包括翻译的运作知识、方法与程序、策略和技巧等）；（4）心理、生理因素（包括记忆、感知、注意力、情绪、创造力、逻辑分析等）；（5）专业操作能力（包括文献资源知识、新技术、人力资源和职业道德）；（6）策略能力（保证翻译过程的效率和解决出现的问题的操作知识，协调其他翻译能力之间的关系，弥补其不足，发现、解决翻译问题）（PACTE，2003：58—59）。

将 CET4 翻译题型的三个外在特点置于 PACTE 模式中可以发现，新的 CET4 翻译测试突破了旧有翻译题型单纯对目的语语言能力的测试，凸显了对双语交际能力、非语言能力、转换能力以及心理和生理因素多维度的翻译能力的考察。结合上述相关概念及表述，PACTE 模式中双语交际能力和非语言能力正好构成了《要求》所提出的跨文化交际能力的基础组成部分。因此本文将 PACTE 模型中的双语交际能力和非语言能力等同于基础的跨文化交际能力。

贝利（Bailey，1996：257—279）认为，越重要的考试其反拨作用越

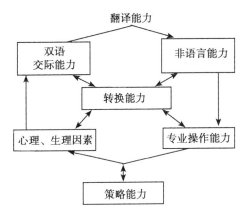

图 1　PACTE 翻译能力构成模式

明显。作为国内高等教育本科阶段规模最大的标准化外语考试，新的 CET4 翻译测试无疑会对大学英语教学带来巨大的反驳作用。我们不禁要问目前我国的大学英语教学是否能够适应 CET4 这一新的变化？基于多种原因，翻译能力中的非语言能力、转换能力以及心理和生理因素在大学英语教学中一直未得到足够的重视。现实中的大学英语翻译教学在整体上与 CET4 新的翻译测试要求还存在着较大的距离，在课程设置、教材编写、教学方法、教学理念等各个教学环节值得外语学界认真地思考并作出相应的改进与调整。

三　亟待解决的问题与应对策略

（一）顶层设计与规划

20 世纪 80 年代斯基尔贝克（Skilbeck）、克拉克（Clark）等西方学者将语言教学在教育学上三种意识形态（古典人文主义、重构主义和进步主义）相结合，提出课程规划需要解决三个核心问题：第一，某种教学结果是否被预先确定或者说这种结果是否是已知的教学过程应该产生的结果；第二，教材内容的选择是否有助于达到想要的结果；第三，一些相互矛盾的关于教学的观点如何被有效地利用成为有价值的方法论（谢利民，2003：39—42）。罗选民（2002）在多年前就撰文提醒，大学翻译教学缺乏整体的计划设计，专业翻译教学有一个全国的教学大纲，而大学翻译教学却没有。大学英语教学大纲作为指导全国大学英语教学的纲领性文件历经多次修订。2007 年颁布的《要求》对有关翻译模块提出了"预设的教学结果",即对大学英语翻译能力培养提出了三个层次的要求（见表1），但是对于在教学中如何实现以上目标却未给予相应的指导和建议。新版的大学英语教学大纲应着手解决好克拉克上述理论中的后两个问题，改进教学内容和教学方法，结合实际为大学英语翻译教学在实践层面制定出具体、弹性可行的指导意见。

英语教学从中学到大学的过渡与衔接是英语教学顶层规划不容忽视的问题。大学英语教学总是一厢情愿地希望中学阶段很好地解决语法和基础词汇学习的任务。近些年中学英语弱化语法学习等问题，不得不引起大学英语教学的注意。基拉伊（Kiraly，2000：164）指出，要求学生上翻译课时对所学外语已经打下坚实基础并不总是符合实际。德国的大多数中学生一进入大学就修翻译课（王金波，2006）。国外的经验表明基础英语语言知识掌握情况不理想不能够成为忽视和推延大学英语翻译教学的理由。

翻译学习与 ESL 学习者其他语言能力的发展有着密切的关联。例如近年来劳弗（Laufer）、黄若好等学者所作的大量二语习得实证研究表明，翻译与词汇习得二者之间存在着非常显著的正相关性。虽然目前各个高校的大学英语分级教学方案存在着差异，但无论是"1 + N（学期）"还是"2 + N（学期）"的分级教学方案，都不能夸大和过分依赖翻译 ESP 课程（English for Specific Purposes）的作用。学习者想要获得的《要求》所预设的翻译能力不是靠短期单独的 ESP 课堂学习和训练就可以实现的。翻译类 ESP 课程不是解决大学英语翻译教学所有问题的万能钥匙。翻译教学应与词汇、听说、读、写其他教学模块有机结合，贯穿于从英语基础课到 ESP 选修课的整个大学英语课程体系中。

（二）教材建设和教学内容设计

教材内容的选择对于能否实现预设的教学结果起着至关重要的作用。研究发现 98% 的课堂指导来自教材而非教师，90% 的学生课后作业也是由教材来指导的（Suarez，2001）。大学英语教材建设严重滞后是大学英语翻译教学目前一个较为突出的现实问题。其直观表现在三个方面：第一，与阅读和写作相比，原有的综合英语教科书中翻译模块所占比例过低；第二，涉及基础翻译理论和技巧的内容不足；第三，缺乏针对大学英语翻译教学专门的教材。以某大学英语综合教程汉译英习题为例：

（3）政府采取的一系列措施不但没有化解矛盾，反倒激起更多的暴力冲突。反对党联合工会发动了一次大罢工，最终导致政府的垮台。（give rise to；form an alliance with；launch；bring about）

以上习题汉语原句来自对本教学单元英语课文的翻译，习题还给出了翻译所需的英语表达提示。这种练习形式上虽形式属于翻译训练，但实质上成为了课文阅读理解和词汇、语法知识学习的附属品。这种传统的翻译训练形式易造成学生对教材课文内容的依赖，弱化了翻译过程中的语篇意识，阻碍了 PACTE 模式中双语交际能力的发展。

罗选民教授（2009）对大学英语教材有关翻译内容的编写提出以下基本原则：（1）体现时代性和传统性。既要包括原来传统编排上的优势，又要采用现代化的教学手段，多媒体、立体化、网络化；（2）体现互动性，以培养学生自主学习能力为目标。培养学生在翻译中的各种能力，包括翻译、口译、摘译、重写、改编、译评等；（3）体现趣味性、知识性、多样性、真实性、现代性和实用性，注重循序渐进；（4）应"授人以渔"，而不是"授人以鱼"；（5）内容介绍中国传统文化和现代改革开放的成果，把爱国思想和外宣相结合；（6）体现完整性、系统性。要针对大学英语而非英语专业，编写要合乎学习规律和认知规律，教学方法和练习的设计都应遵循语言习得规律，尤其要充分考虑英语作为外语学习的特点和因素来作系统和完整的编排。

笔者认为为了解决现有教科书翻译教学内容不足的问题，在教学中教师有必要在原有教材的基础上进行"二次开发"和"全新开发"。增补的翻译材料内容要贴近单元主题，避免过多的独立单句，翻译材料形式尽可能采用有一定篇幅的段落，强化翻译过程中的语篇意识。

此外翻译中难点的处理往往涉及特定的翻译理论和翻译技巧。以 CET4 翻译题为例：

（4）2010 年，中国大概有 4.2 亿网民，而且人数还在迅速地增长。

［译文 1］In 2010, China has about 420 million denizens in China and this figure is still rapidly growing.

［译文 2］In 2010, there are about 420 million netizens in China and this figure is still rapidly growing.

按照汉语的语序进行逐词翻译是很多学生易犯的错误。译文 1 无论从听觉还是视觉都显得有些蹩脚。译文 2 将原句中的主语"中国"后移并增补了介词，采用了典型的换序译法和增词译法，更符合英语的表达习惯。在大学英语翻译教学中及时和积极地引入基础翻译理论和翻译技巧可以有效地提高 PACTE 模式下的双语交际能力和转换能力。

（三）母语知识文化导入

语言与文化二者存在着不可分离的关系。没有哪一种语言的文本能离开某一文化语境而独立存在，而文化语境就是源语文化中文本与文化因素相关联的方式。翻译中的文化总是影响信息转换的重要因素（王大来，2012：77）。2007 年修订的《要求》（见表1），提出了培养学生对中国国情、历史文化汉译英的能力的要求。CET4 翻译试题中以"中国假日消费""中国互联网""中国结文化""中国烹饪文化""中国茶文化"等为主题的段落翻译充分体现了《要求》的导向。大学英语教学长期缺乏母语文化内容的导入，导致了目前学生较难适应新的 CET4 翻译测试题型。

大学英语翻译教学中对母语知识文化导入的显著意义在于提升学生对于 PACTE 模式中非语言能力和双语交际能力（基础的跨文化交际能力）的形成和发展。母语知识文化本身是构成非语言能力重要的组成部分。在汉英翻译中母语知识文化的水平制约着译者对源语的理解能力。二语习得理论认为，目的语学习过程中，母语总是存在于学习者的思维之中，它是学习者掌握、运用第二语言的基础（Vygotsky，1986）。母语的这种基础作用突出地表现在 PACTE 模式下的双语交际能力中。翻译者在翻译过程中对目的语的理解和表达依赖于译者本人的母语素养。

大学英语教学导入母语文化的目的不在于单纯学习中国的国情、历史和文化，而是培养学生的跨文化交际能力。以往在注重语言形式的操练和考试成绩的教学模式下，大学英语教学与《要求》提出的跨文化交际教学目标交集甚少。以母语文化为内容的 CET4 翻译测试在教学实践层面切实地拉近了大学英语教学和跨文化交际教学目标的距离。以 CET4 测试题为例：

（5）在西方人心目中，和中国联系最为密切的基本食物是大米。

长期以来，大米在中国人的饮食中占据很重要的地位，以至于有谚语说"巧妇难为无米之炊"。（CET4，2015）

[译文 1] In the mind of westerners, as basic food for the Chinese, rice is most closely connected with china. For a long time, rice occupies a very important position in the Chinese diet. There is even a saying that "even a clever woman cannot cook a meal without rice".

[译文 2] In the eyes of westerners, the basic food that is most closely connected with China is rice. For a long time, rice plays a very important role in Chinese people's diet. A famous proverb goes like this: you cannot make bricks without straw.

[译文 3] In the eyes of westerners, one of the essential foods that is closely connected to Chinese is rice. Rice has long occupied so significant a position in Chinese diet that there is a Chinese saying, that "even the cleverest housewife cannot cook a meal without rice" (you cannot make bricks without straw).

译文 1、2 中对"和中国联系最为密切的基本食物是大米"的翻译，会造成一定的歧义，其表述会使目的语读者误认为大米是中国人唯一"最重要"的食物。译文 3 的翻译消除了这种误判的可能。译文 1 将"巧妇"直译为"clever woman"，显然没有译文 3 中的"the cleverest housewife"能够更加准确表现原词代表的文化内容。译文 1 对"巧妇难为无米之炊"的翻译采用了直译方式。译文对于不熟悉中国文化的受众会失去谚语原有的修辞意义。如果从独立单句的角度分析，译文 2 对该谚语归化处理方式并无不妥。但将其放入段落中，此种翻译则完全脱离了文本的语境，失去了特定的语篇意义以及原语的民族文化特色。译文 3 对该谚语翻译处理采用了直译加注的补偿方式，既照顾了文本的语境，又兼顾了中西文化的差异，达到了翻译过程中跨文化交际的目的。从以上的分析可以看出，文化翻译需要译者在同时掌握一定的母语和目的语语言文化知识的基础上，意识到中西方文化的差异，处理好翻译中的文化因素。

适当的母语知识文化导入对 PACTE 模式中的心理、生理因素也会产生积极的影响。多年前在学生中流传着"中国人为什么要认真学习英语"的"怪论"。许多大学英语教师包括笔者在内，当时只是简单地将其看作为荒诞的谬论，是部分学生为自己不勤奋认真学习外语而制造的借口。在今天看来，大学英语教学内容过度集中于目的语文化（target culture），与学生的成长环境和成长经历关联度过低，母语文化（source culture）导入的缺失才是引发学生对外语学习产生焦虑甚至厌倦感的内在原因。

大学英语翻译教学中对母语文化的导入应注重了解中西方文化差异，同时要增强学生对母语文化的自豪感与保护意识，促进学习者在跨文化活动中文化身份的构建。归化和异化是中国文化外译过程中不可回避的问题。从长期来看一味归化不仅会让迫切想了解中国的西方读者失望，而且会削弱中国文化的地位，甚至导致我们的民族文化身份的模糊甚至消失（杨金才，2002：277）。大学英语翻译教学有必要解释和讨论中华文化外译中存在大量归化现象，例如：代表中国符号的"龙"被西方翻译为"dragon"；中国特色的食品"饺子"被译为"dumpling"；"汉语普通话"则被归化为"mandarin"。这种学习过程能够引发学生思考本民族文化与西方强势文化的关系以及当代中国发展与全球化的关系，有助于消除大学英语学习中的"中国文化失语症"和"文化身份焦虑症"。今天中国的和平崛起在后殖民主义语境下还面临着诸多挑战。与中国在全球经济贸易地位极不相称的是我国在国际上的话语权以及与世界沟通的能力，"中国声音"还太弱太无力。培育学生的文化自觉意识，克服文化中心主义和抵制西方文化霸权，从而推动中国与世界的有效交流是时代赋予大学英语翻译教学的重要使命。

四　结语

文章首先梳理了有关翻译教学和教学翻译区分的理论，认为翻译教学只适用于专业英语教学而与大学英语教学无关的惯性思维已不合时宜。有着大学英语教学改革指挥棒作用的 CET4 将大学英语翻译教学的重要性提升到了前所未有的高度。通过对 CET4 的翻译测试特点的分析可以看出，原有的大学英语教学体系明显滞后于 CET4 翻译测试的变化以及要求。CET4 翻译测试显露出以往大学英语教学深层的弊端：第一，PACTE 模式中双语交际能力、非语言能力以及情感因素的缺失与不足；第二，割裂了语言与文化的内在关系；第三，忽视了目标语文化与母语文化的天然联系。本文建议大学英语翻译教学的改善需彻底摒弃过去工具化的倾向，从顶层设计、教材建设和母语知识文化导入三个最紧迫的现实问题入手，勿使《要求》中所强调的对跨文化交际能力的培养成为空中楼阁。

参考文献

Bailey, K. M. , "Working for Washback: a Review of the Washback Concept in Language Testing", *Language Testing*, 1996 (3): 257 – 279.

Vygotsky, L. S. , "Thought and Language", Cambridge, MA: MIT Press, 1986.

Delisle, Jean, *Translation: An Interpretive Approach*, Ottawa: University of Ottawa Press, 1988.

Kiraly, Don, *A Social Constructivist Approach to Translator Education: Empowerment from Theory to Practice*, Manchester: St. Jerome Publishing, 2000.

PACTE, "Building a Translation Competence Model 1", In F. Alves (ed.), *Triangulating Translation*, Amsterdam: John Benjamings, 2003.

Suarez, E. T. , "A Behavioral Systems Analysis of Textbook Quality Improvement", *Doctoral Dissertation*, Western Michigan University, 2001.

Vygotsky, L. S. , *Thought and Language*, Cambridge, MA: MIT Press, 1986.

鲍川运:《关于翻译教学的几点看法》,《中国翻译》2003 年第 2 期。

毕继万:《跨文化交际与第二语言教学》,北京语言大学出版社 2009 年版。

李桂英:《大学翻译教学与科技人才培养》,《开封大学学报》2004 年第 3 期。

穆雷:《中国翻译教学》,上海外语教育出版社 1999 年版。

罗选民:《中国的翻译教学:问题与前景》,《中国翻译》2002 年第 4 期。

罗选民:《大学英语翻译教学教材编写探讨》,《外语与外语教学》2009 年第 11 期。

刘和平:《口译技巧—— 思维科学与口译推理教学法》,中国对外翻译出版公司 2001 年版。

夏桥林:《新大学英语四级考试翻译测试反拨效应研究》,硕士学位论文,武汉理工大学,2010 年。

王金波、王燕:《大学英语教学背景下翻译教学的个案研究》,《西安外国语学院学报》2006 年第 6 期。

王大来:《翻译中的文化缺省研究》,中央编译出版社 2012 年版。

谢利民、郑百伟:《现代教学基础理论》,上海教育出版社 2003 年版。

杨金才:《文学翻译中的文化因素》,载张柏然、许钧《面向 21 世纪的译学研究》,商务印书馆 2002 年版。

基于人本主义教育思想和建构主义理论上的英语教师在职培训改革

兰　军

摘要：英语教师的在职培训是提高英语教师素质、塑造新型英语教师的主要途径。但是目前的在职培训状况不容乐观，大多数的培训收效甚微，存在着培训方式与现代教育观念相背离、忽视受训教师已有的教育背景和其成人学习特点等问题。建议以人本主义的教育思想和建构主义理论为基础，对教师的在职培训进行改革，以教师的自我提高和自我实现为中心，运用多样的培训方式和突出参与性、合作性和体验性的方法，帮助教师学习和内化科学的、新的教育理念；培养和提升他们的自主意识和反思意识；鼓励他们积极探索，提高专业技能、实践技能和自身的综合素质，促进教师进一步全面发展，为教师的专业发展和个人自我实现创造条件。

关键词：英语教师在职培训；人本主义教育思想；建构主义理论；改革

一　引言

英语教师的在职培训是提高教师素质、塑造新型英语教师的主要途径。在教师的在职培训方面，一些发达国家的做法和经验值得我们学习和借鉴。"美国提出了'五者型'教师培养目标，即教师应成为学者、教学者、交往者、决策者和示范者。英国近年来也提出'完整型'教师培养目标，指教师优良的个人品质、精湛的教育教学技能和较强的学习能力三要素相统一。日本中小学教师的培训也不只限于专业知识的传授、专门技能的提高，还要求每位任职教师不间断地在教育科学方面进行学术研究，进行自我教育，特别是人品修养，即态度、观念和情意的研习和改变。"（秦素粉、翟志娟，2009：55）目前我国的教师在职培训较之以前有了很大的进步，但仍然存在着一些问题，对此我们应立足于人本主义教育思想和建构主义理论的基础之上，以促进教师的可持续发展，提升他们的综合素质为培训目标，进行更进一步的改革。

二　英语教师在职培训中存在的问题分析

英语教师继续教育的一种主要形式是在职培训，但是现在的在职培训的状况不容乐观。笔者对一些受过在职培训的中学英语教师进行了访谈，大多数教师表示他们受到的培训对于实际的教学及管理能力的提高及促进个人全面发展来讲收效甚微，除了参训者积极性不高、培训时间无法保证、培训流于形式等原因外，其主要原因如下。

（一）教师的在职培训工作，基本上沿用了传统的教育方式，忽视了教师的全面发展

从美英日等国的教师培训目标可以看出他们的培训注重教师的全面、健康发展。而我国的教师培训过于注重可测可评的知识的教育，而对于不易衡量的素质及能力的培养重视不够，创造性思维相对缺乏；培训功能明显地表现出缺失或窄化，特别是忽视了教师的全面发展。面对社会的发展变化，一个成熟的教师不仅需要扎实的基础知识和合理的知识结构，还需要与社会发展相适应的能力结构，如适应社会变化的能力、创新能力等，更要具有健全的人格和较高的综合素质。在当前的教师在职培训中，对教师的能力结构和综合素质的研究和培养往往是最薄弱的环节。虽然在目前，教师培训工作中或多或少地存在培养创新和开拓能力的愿望和努力，但是效果还是不尽如人意。

（二）现行的培训方式与现代教育观念相背离

目前的教师培训往往在倡导先进、科学的教育观念的同时，却采用了与这种观念不符，甚至是相悖的培训方式。例如，培训的目标本是提倡受训教师在教学中鼓励学生积极参与的教育观念，但是对教师的培训却采用灌输式的教学方式，很少给受训教师提供可参与其中的机会；要倡导鼓励学生自主创造的教育观念，但对教师的培训却仍然沿袭传统课堂中"教师讲，学生听"的模式，将其套用为"培训者讲，受培训教师听"；教师在培训中只是模仿培训者提供的教学技巧，没有自己的自主创造。这种表里不一的培训，不仅不能有效地转变教师的观念，反而成为强化教师错误教育观念的"榜样"，而且，由于教育观念没有更新，即使培训中提供了良好的教学策略和技巧，教师也不会在实际的教育活动中自觉地运用，更不可能结合自己的教学实际创造出有效的教学方法。教师培训中最不令人满意的首选问题就是培训模式比较单一，方法手段比较传统，对事先设定好的内容一讲到底。

（三）混淆了情境化学习与非情境化学习的界限

提高教师解决实际教学问题的能力是教师培训的重要目的之一，而实际的教学问题都是发生在具体情境中的问题，因此，教师在培训中的学习应是解决具体情境中的问题的情境化学习。传统的师资培训混淆了情境化学习与非情境化学习的界限，将非情境化学习的教学策略不合理地推及情境化学习的教学中，这并不能真正提高教师解决实际教学问题的能力。情境化学习需要的是情境性教学，学习的内容应该是真实性的任务，要求教师和学生的互动与协助。

（四）忽视了受训教师已有的教育背景和其成人学习特点

教师的在职培训往往"忽视教师原有的认知基础、教育观念、教育经验以及教育经历等背景，没有将教师的经验当作培训的资源加以利用，也未重视经验积累的负面效应，往往容易形成定式、导致教师不易接受新的理念，成为培训的障碍"（李晴，2004：60）。如果教师没有将自己头脑中错误的教育观念清理出来，那些与已有观念不符的科学教育观念就很难进入他们稳定的、内在的认知结构中。因此，在培训中必须重视教师已有的教育背景，帮助他们澄清、辨析自己已有的教育观念，才能使他们很好地吸纳培训所倡导的科学教育观念。同时由于培训忽视了教师已有的教学经验和教育经历，受训者在培训中很少能获得互动参与、实践体验的机会。

三　立足于人本主义教育思想和建构主义理论基础上的英语教师在职培训改革

以上所提到的当前教师培训中存在的主要问题，严重影响着在职培训的实效。下文主要是针对培训的目标、内容和形式中存在的问题，建议从四个方面对教师的培训进行改革，将人本主义的教育思想和建构主义理论充分地体现在英语教师的培训整个过程之中，为教师的专业发展和个人自我实现创造条件。

第一，以促进教师的可持续发展为培训目标，突出培训对象的主体性。

人本主义教育思想认为，教育要培养健全的人格，"教人"比"教书"更重要，教学追求的结果主要是价值的实现、学生个性发展的需要和兴趣的满足、情感的宣泄等，而不是掌握多少知识技能。近年来，对教师教育的研究开始反思教师的主体性问题，提出教师培训所追求的不仅是要提升教师的教学能力，更是要促进教师自身全面、健康发展的人性化目标，强调教师从培训中获取的经验不仅能促进其教学质量的提高，更应该促进教师自身的发展，使教师培训从制造"教书匠"的活动转变为培养"研究者"的活动，从而有效激发教师内在的学习动机和创造性，使教师在培训中成为一个主动的探索者、创造者。

教师的在职培训要兼顾教育工作的需要和教师个人发展的需要，进一步提升教师的综合素质。从职业角度讲，教师的继续教育应该增加方法论或现代教育技术等课程，侧重于补充和更新教育基础知识和基础理论，提高教育教学技能，掌握现代教育技术手段和设备，同时，也要加强思想素质和职业道德修养的提高。从个人发展的角度讲，教师除了提高与自身职业相关的知识技能外，还应该大力拓展自己的知识层面，提高自己的科研能力和创新能力，完善自我，促进自身个性的自由发展，最终达到教师职业需要与个人理想的统一。因而，培训内容要多样化、综合化，能帮助教师促进个人发展，建议增加培养教师科研和创新能力的课程，增添帮助提升个人素质的人文知识的课程和内容。

第二，鼓励教师全面参与培训，培训方式多样化，培训内容情境化。

人本主义强调"以学生为中心"的教学模式，它认为，对学习的促进是由学习者认真负责的参与决定的，教师应该为学生提供各种资源和方法，创设一种促进学习的自由民主的气氛，让学生参与到整个教学进程的选择、制定和进行之中，鼓励学生进行自我批评和自我评价。在培训过程中，应鼓励受训教师积极参与培训内容、教学方式的选择和制定，教学情境的设计与确定，使受训教师成为培训工作的主体，从而真正提高培训的效果。

提供多种多样的培训方式："既有攻读学位的系统进修，也有各种形式的短期进修讲座和专题研讨会、教师访问学者、函授进修课程、非正式的研究和集团活动、短期的进修课程、广播电视课程等"（秦素粉、翟志娟，2009：56），以方便不同经历、不同水平层次、不同需求的教师的选择，有效地保障培训参与的积极性和良好的效果。

建构主义的知识观和学习观（钟启泉，2001：23—27）要求教学必须充分尊重学生的学习主体地位。建构主义认为，教学过程不是教师向学生原样不变地传递知识的过程，而是学生在教师的帮助指导下自己建构知识的过程，这种建构只能由学生本人完成。建构主义强调情境教学，追求师与生、教与学的协作和互动。

情境化学习所需要的是情境性教学，学习的内容应该是真实性的任务，这样学习者从探索具有整体性、复杂性，又具有挑战性的任务中所获取的经验，将有助于他们建构解决具体情境问题的相应图式。为了鼓励教师的探索和创造，教师在职培训不应该仅由单一的灌输式的讲授组成，应该纳入案例教学、讲课评课、经验分享、合作探究、课题研究、科学考察等突出参与性、体验性和合作性的方法，特别是以建构主义的学习理论及成人学习理论为基础的合作探究的方式值得推崇，在合作探究的过程中，教师不仅可以向培训者学习，还可以与其他教师分享有益的经验，自己发现问题，通过共同学习去寻求形式多样的解决方案，从而充分地发挥其积极性和创造性。"教师继续教育，应当采取的是非指导性教学模式，培训专家应当帮助、理解受训者，尊重其确定自己的问题及选择解决问题方法的能力，培训专家应当承担激励者和反思者的角色。"（张瑶，2008：81）

第三，促进知识技能专业化、更新化，关注教师基本教育观念的重建及新观念的内化。

若想使教师职业专业化，教师必须接受专业化的训练，拥有专业化的知识，提供专业化的服务。教师的在职培训要注重进一步培养和发展教师的专业知识和技能。随着教师专业化的不断发展，教师的知识结构也从单一的学科知识结构逐渐变成了融学科知识、教育、心理学知识和人文知识于一体的综合性知识结构，专业技能也得到了进一步的提升，因而培训课程内容也要顺应教师知识、能力的变化，力图更新化，即培训要不断更新内容，增添新鲜知识，以满足受训教师更新知识、拓宽视野的需求，同时帮助他们从广泛的新知识、新领域中摄取新的营养，增进自身的教育素养（杨红、钟勇为，2009：50）。

在可持续性发展的目标指导下，教师培训的内容要突破以往只重视理论指导或只重视技能培训的片面性，关注教师基本教育观念的重建以及新颖、科学的教学技能的提升。建构主义所提出的建构就是学习者通过新、旧知识经验之间的反复的、双向的相互作用，来形成和调整自己的知识结构。在培训中必须重视教师已有的教育背景和知识结构，帮助他们辨析、澄清自己已有的教育观念，通过讲解、分析、对比等方式使他们很好地吸纳培训所倡导的科学教育观念，促使教师将这些观念内化为自己的教育观念，从而自觉地在实际教学工作中运用并创造出符合这种教育理念的教学技能，真正推动学生的积极发展，最终促进教师与学生共同成长。

第四，培训要提升教师的教育自主性意识和反思意识。

在教育过程中，教师很少或几乎没有权利制订教学大纲或教学方案，久而久之，教师的教育自主意识也就淡薄了。从教师自身来说，教师职业化还应表现在教师有足够自我支配的自由度上。因而教师的在职培训应该着重强调培养教师的自主性意识。教师在教育过程中需要有很大的自主性，不应该受拘束和模仿或跟从他人，教师应该有机会在工作中发挥自己的主见，作出自己的决定。如自由设计教室、培养班风、表现自己的教育教学风格等。在教学大纲的引导下，教师还可以决定自己在每堂课上所讲的内容、授课的方式或顺序等。学校也应该给教师创造发挥主动性的机会，对教师充分信任，增强他们的自信心。培养教师的教育自主性可以帮助教师充分发挥他们的主观能动性和创造性，能增强教师的教学积极性，它是促进教师个人全面发展的动力。

人本主义认为，对学习的促进是由学习者认真负责的参与决定的，自我评价对有意义的学习更重要，并起促进作用。建构主义理论也提出，反思是进行意义建构的关键因素。教师的在职培训应指导受训教师借鉴现代教育教学理论，从新的角度对自己的课堂教学中的成功和不足之处进行经常性的总结和研究，对教学进行反思，以培养和提升教师的反思意识，如应鼓励受训者积极主动地观察自己的课堂行为，评价自己的教学效果；同事间进行听课评课，观摩交流；写教学日志，记录教师对教学的体会和感悟；对学生进行问卷调查，收集学生的意见和建议；尝试新的教学方法（李先进、江瑞，2009：39；李大健，2004：76）。通过这些方式让教师来进行自我评价、自我调整和自我建构，培养和强化反思意识，使反思成为教学工作的常态，成为教学过程的重要组成部分。

四　结语

综上所述，教师的在职培训中存在着一些不尽如人意之处，影响了教师继续教育的实效，对于培养和重塑优秀的教师造成较大的阻力，对教育事业发展不利。百年大计，教育为本，教育大计，教师为本，应该尽快对教师在职培训中存在的问题进行改革。教师的在职培训应该体现人本主义"以人性为本位"的核心思想，一切都以教师的自我提高和自我实现为中心，在建构主义理论的指导下，运用多样的培训方式和突出参与性、操作性和体验性的方法，帮助教师学习和内化科学的、新的教育理念；培养和提升他们的自主意识和反思意识；鼓励教师积极探索，提高专业技能、实践技能和自身的综合素质，促进教师进一步全面发展，从而培养和重塑优秀的教师，以推动我国教育事业的进一步发展。

参考文献

车文博：《透视西方心理学》，北京师范大学出版社 2007 年版。

李大健：《教师继续教育的课程和教学方法改革》，《教育研究》2004 年第 4 期，第 73—77 页。

李晴：《当前新课程教师培训值得注意的几个问题》，《地理教育》2004 年第 4 期，第 60—61 页。

李先进、江瑞：《建构主义理论视角下的外语教师培训》，《辽宁工业大学学报》（社会科学版）2009 年第 3 期，第 37—40 页。

马欣川：《现代心理学理论流派》，华东师范大学出版社 2003 年版。

秦素粉、翟志娟：《发达国家中小学教师在职培训的特色及经验》，《教师育人》2009 年第 2 期，第 55—56 页。

杨红、钟勇为：《高校教师职后教育：欧美经验与我国作为》，《当代教育科学》2009 年第 5 期，第 49—51 页。

张瑶：《对教师继续教育的政策思考》，《中国成人教育》2008 年第 3 期，第 80—81 页。

钟启泉等：《基础教育课程改革纲要（试行）解读》，华东师范大学出版社 2001 年版，第 23—27 页。

从国外中国留学生和学者的英语应用能力反思国内的大学英语教学

雷 震

摘要： 本文以在美国访学的中国学者、交换学习的大学生（本科三、四年级）以及在美攻读硕士和博士学位的留学生群体的英语语言应用能力为研究对象，以观察、个人访谈和问卷调查等为依据，充分分析和掌握他们的实际英语应用能力和水平，重点分析了这个群体英语能力的不足之处，初步提出了一些解决的方法和策略，并为国内大学英语教学（较高和更高要求）提出了进一步改进的意见，并着重提出在大学英语教学中增加中华优秀传统文化模块（选修）的双语教学，加强学生对中华文化的信心和传播的能力，初步构建起大学英语教学中的"中国心"。

关键词： 留学生；学者；英语应用能力；英语教学

一 引言

笔者于2014年9月至2015年9月受国家留学基金管理委员会的资助前往美国北亚利桑那大学访学，其间全面考察和了解了华人在美国使用英语的能力和现状，本文重点关注中国留学生和学者的英语应用能力，以及大学英语教学改革所应注意的一些问题。需要特别说明的是，本文所指的国外是以笔者访学地美国为研究地域。本文所指的国外中国留学生，是指在国内高校完成本科学业，前往美国攻读硕士、博士学位，或者在国内高校完成本科一、二年级，交换至美国完成三、四学年的国内全日制高校本科生（不含港澳台）。中国学者，指的是第一次前往英语国家，在国内完成本科至研究生的教育，受各种资助途径前往美国访学的国内学者（不含港澳台）。

近几十年来，随着我国教育领域对外开放和交流步伐的不断深入，越来越多的国内学者和学生迈出国门，前往美国、英国、澳洲等英语国家，从事合作研究、交换学习，或者攻读硕士和博士学位。这批学生和学者的一个共同特点是，在国内高校都经历了比较系统的大学英语课程的教育和学习。因此，通过各种途径，研究和收集这些中国学生和学者在国外的实际英语语言能力和水平，就能为国内的大学英语教学（较高和更高要求）提供有效的反馈和改进的重要意见。

在研究方法上，笔者主要采用问卷调查、个别访谈和实地英语语言交流时观察的方法进行研究。

总的来说，近年来国内大学英语的教学工作突飞猛进，不管是师资力量，还是多媒体硬件设备都有了质的提高，比起三十多年前改革和开放初期走出国门的学生和学者来说，今天的留学生和学者英语语言能力更优，对外积极交往的意识更强，也更加自信。但是，根据笔者长达一年的细心观察、个别访谈及问卷调查，还是发现了一些国外中国留学生和访问学者英语语言能力方面的不足，迫切需要国内从事大学英语教学和研究工作的教师引起重视。

二　国外中国留学生和学者英语语言能力的不足

表 1 是笔者在美国北亚里桑那大学访学期间，针对北亚里桑那大学和波士顿地区的几所高校中国留学生和访问学者的英语应用能力所作的问卷调查后的部分整理与总结。共发出电子问卷 98 份，回收有效问卷共 50 份，其中留学生 28 份（本科三、四年级交换生 19 人，硕士生 5 人，博士生 4 人），访问学者 22 份（60 年代出生 2 人，70 年代出生 9 人，80 年代出生 11 人；讲师 17 人，副教授 3 人，教授 2 人）。

表1　　　　　　　国外中国大学生和学者英语应用能力现状调查

	人数	目前英语语言应用中存在的主要困难和障碍（前三位）
学　者	22 人	听说能力有限，听不懂，发音也不准，影响沟通与交流；（20 人） 对外进行中华文化传播的能力极度有限，很多自己熟悉的中华文化不知如何表达；（18 人） 很难用英语在国外发表学术论文。（17 人）
留学生	28 人	听的方面需要一定时间适应，一般为六个月到一年；（25 人） 课程小论文和学术小论文写作具有一定难度；（23） 对中华文化的英文表达不清，缺乏对外宣传能力。（20 人）
总人数	50 人	结论： 听说能力，尤其是听的能力亟待提高； 学术写作能力有限； 用英语传播中华优秀文化的能力不高。

（一）中国留学生和学者听说能力的不足及对策

从作者日常的观察中发现，一些学者和留学生的听力问题确实很严重。日常英文交流中，听说能力有限的学生和学者，根据性格又可以大略分为两类。第一种情况是在没听明白的情况下急于表达，并且滔滔不绝，结果是所答非所问，或者脱离了相关语境。结果可想而知，对日常英文交流造成了障碍，令人无所适从，尴尬不已；第二种情况是，听不懂，就自暴自弃，从此信心丧失，尽量避免和当地人进行英语交流，而选择退后到华人的圈子里。这两种情况都客观上大大延长了留学生和学者英语语言上进步与融和交流的速度。应该说，我们的学者和学生还是没有掌握语言学习中"听的艺术"。

出国后的学习和交流，语言方面应该是继续学习和领会的阶段，不能一出问题，就灰心丧气，就归咎到国内的老师没有教好，或者自己的英语能力太差。这首先是一个心态问题，其次就是要"多听"。

"听"是学习语言的第一步骤，尤其是出国后，真正"听"的实践学习才刚刚开始。英语目前是世界语言，每一个留学英语国家的大学生和学者都必须掌握，这就要求我们仔细聆听，虚心学心。那么听什么呢？听发音，听语音语调，听中心意思，也要听感情色彩。根据调查和观察，40岁以上的这一批出国学者的英语词汇储量还不错，但发音问题很大，很多音不准确，掌握不了正确的语音和语调，所以在出国后的交流中困难很多，需要很漫长的时间才能解决和纠正这个问题。这里的时代背景，就是这一批学者当年在大学及中学期间，我们的英语教学还都集中在读写上，我们当时合格的英语师资也还比较紧张。这就主观上要求我们的学生和学者在出国后，在课堂上、在日常交流中、在收看英语电视节目时，有意识地做到多听、勤听、处处听。只有这样，才能尽快适应听的缺陷和不足。

"说"和表达，应该是基于大量听的基础上自然而然的语言信息输出的阶段，所以语言交流中，只有"听"得明白，在理解的基础上，产生了共鸣，才能有强烈的表达愿望，也才能表达得自如和准确。一些急于表达的学者和留学生，忽视大量"听"的积累，或者没有"听"的涵养，往往是没有听明白对方的意思，便开始不停地表达自己，结果是发音不准或者表达出的信息支离破碎，有的交流还完全不在一个"频道"，当地人没有听明白，一头雾水；或者是外国人感觉我们一些学生和学者没有语言交流的涵养，总是所答非所问。因此，从作者语言教学的实践和经验来看，语言交流和学习中，最关键的步骤是听的大量积累，在听的基础上理解透彻，其次是说得简练，直达中心，注重"走心"的实质性交流。说和表达建议建立在大量听的积累之上，只有这样，才能提高高水平实质性交流的针对性和有效性。

说的方面，还有一点，就是要大胆地实践和锻炼，不怕出错，有错就改，并虚心请教。在当地人眼里，我们始终是非英语国家来的学生和学者，所以从不完美走向完美的表达状态是一个漫长的习得过程。表达之前，如果没有听明白，就不着急说，可以请对方再表达一次，或者说慢一点，切不能自己急于表达，造成交流障碍和误解。

（二）学术论文写作能力的不足与对策

从个别访谈及问卷调查结果来看，不管是学者还是留学生，学术论文写作方面遇到的困难不小。主要原因是我们国内英语写作教学，注重的只是常用的英语书信等非学术写作方面的通用教学，不太注重专业英文学术论文方面写作的训练。纵观目前国内的英语教学，很多高校只有在英语专业学生的教学中，才开设英语学术论文写作方面的课程。

这方面的不足，使身处国外正在学习和交流的留学生及学者烦恼不已，因为英语学术论文的写作对于留学生的课程成绩、奖学金的获得与否，以及最终是否能够顺利答辩、毕业都至关重要。对于学者而言，能否在访学期间发表本专业的英语期刊文章，是考核语言能力和学术水平的重要指标观测点，也是访学期间的心愿之一。这里笔者根据留学心得总结出以下方法和策略。首先，充分利用国外各高校的"写作辅导中心"，这个中心是专门针对母语不是英语的学生而设立的学术英语写作指导中心，一般是由硕士研究生以上的语言专业的、善于学术写作的学生组成的志愿者组织，有时也有专职教师的指导，一般需要提前电话或者网络预约，建议大家根据自己的情况前去咨询，去前最好先将自己的文章发到各校写作中心指定的邮箱。其次，争取导师的个别指导。和国内的导师相比，国外导师必须提前电邮预约，这是最基本的礼节。预约导师后，提前几分钟到达，虚心请教，善于学习。最后，应该是请留学国外的学术英语写作能力优秀的华人学者或者英语专业的华人硕士、博士生指导。因为具有相同的母语，因此交流起来简便而易懂。

（三）中国学生与学者对中华优秀文化与传统信心不足，缺乏对外传播中华文化的能力

通过长期的语言观察，笔者发现华人学者和留学生在中华文化的自信程度上处于低谷，或者简单地说，是不太自信。在向外传播中华文化上，英语语言上储备不足，意识也较弱。举个简单点的例子来说，华人学者和学生对西方的传统、节日和文化比较了解，总体来说，能和美国学生融合在一起，语言交流与沟通上问题不大，很多华人学者和学生对英语国家的文化还了解得很透彻。但是，每当美国学者与学生问起中国的节日文化和传统时，我们很多的学者和学生往往是表达含混不清，更谈不上对外的文化宣传。尤其是在文化信仰上，我们的学者和学生处于下风。美国高校的很多学生来自宗教背景的家庭，谈自己的信仰是中美学者和学生的乐事。每到此时，我们的学者和学生对美国学生所说的基督教文化和信仰了解较快，不少学者和学生也参加各种各样的宗教活动，以深入了解和观察整个美国社会的宗教信仰与文化。这样做是对的，但笔者观察后发现，我们的学者往往不能表达清楚自己的文化信仰。孔子、优秀的中华传统文化，以及我们更胜一筹的无神论、唯物论、等等，我们不能通过英语语言来给美国学生和学者留下深刻的印象。总之，在美国学习与工作的华人学生和学者在对外传播我们的优秀文化方面，明显处于下风和劣势，不能有效承担起民间对外文化宣传大使的重任。有少部分学者和学生到美国后，一头扎进教堂，潜心研读教义，后来洗礼了，加入了基督教，回国后乐此不疲地在国内学生和同事中也传起了教。这充分说明，我们的一部分学者和学生对自己的文化信心不足，信仰也过于薄弱。分析其中的原因，一是，数百年来，中国落后，来到美国，华人学者和学生有一种心理上的思维定式，中国不如美国，样样落后。二是，当美国学者、学生谈信仰时，华人学者与学生不愿意谈孔子和无神论，认为这是对美国学生与学者的不尊重，是一种挑衅。其实大可不必，应该相信，世界因不同而多姿多彩。根据笔者的亲身体验，在虔诚的基督徒的精神世界里，至少，我们向他们介绍孔子及中华传统文化也是他们非常乐于接受的（建议不提无神论）。三是，我们的学者和学生在传播中华文化和传统方面没有英语语言方面的储备和习惯。四是，我们对自己文化的信心和信仰本身就不坚定。

三 对国内大学英语教学（较高和更高要求）进一步改革的反思

（一）继续加强听说领先，听说读写译全面发展的改革方向

大学英语课程的设计应充分考虑听说能力优先培养的要求。从笔者观察和问卷的结果来看，30 岁以下的中国留学生和 35 岁以下的学者的英语交流能力普遍较高，他们发音较准确，口语表达能力也较强。这和近十多年来国内各高校大学英语教学的不断改革与进步密不可分。从新一轮各高校大学英语教学的改革来说，我们应该进一步提倡教学中以"听说领先，听说读写译全面发展"为方向的前进道路。英语是"活"的世界语言，既然如此，我们在大一新生入学后，应该主动对学生进行综合能力及听说能力分层测试后编班与教学。在水平较高的教学班级里，全面实行全英教学，鼓励学生参与各种英语活动，如英语演讲、辩论、话剧等，以活动促进学生英文水平的进一步提高。同时，利用先进的多媒体视听和网络资源，进一步丰富视听库的建设，开发和建设各种基于计算机和网络的课程，应大量使用先进的信息技术，为学生提供良好的课堂内外的语言学习环境与条件，并给予足够的学时和学分，努力使各种水平和基础的学生在英语听说能力上都能更进一步。

（二）融合大学英语与专业英语教学资源，面向各专业学生开设两到三学年的选修课

目前国内各高校，基本上大学英语教学和英语专业的教学是相对独立的两个部门、两个系统。因此很多资源和师资不能共享，造成了很大的浪费。笔者建议专业英语的选修课教学应该逐步向全校学生适度开放，切实服务全校大学生的英语能力和水平提高的多样化需求。基础综合英语类、语言技能类、语言应用类、语言文化类和专业英语类等必修课程和选修课程应该有机结合，确保不同层次的学生在英语应用能力方面得到充分的训练和提高。如此一来，大学英语和专业英语选修课的教学融合在一起，就能考虑不同起点的学生，既能照顾起点较低的学生，又能为基础较好的学生创造进步和发展的空间；既能帮助学生打下扎实的语言基础，又能培养他们较强的实际应用能力；既能保证学生在整个大学期间的英语语言水平稳步提高，又能有利于满足学生个性化和多样化的学习需求与目的，以满足他们各自不同专业的发展需要。

　　另外一个问题是大学英语选修课的建设和发展中学分的科学分配。很多高校的大学英语教学是公共必修课，多集中在大一、大二、研一或者博一的第一学期。特点是学分多，课时重。但大三、大四、研二、研三却大多没有大学英语课。笔者建议，在不增加学分和学生负担的情况下，可以将大学英语的学分拿出一部分，开设多样的选修课，分配到大学本科生或者研究生的3—4个学年里，争取做到大学英语教学四年（或三年）不断线。

　　（三）鼓励大学英语教师专业化发展，更好服务于大学英语教学的进一步发展和改革

　　以前的大学英语教师除了语言优势外，没有自己的专业。这一不足，使大学英语教师在当今的高校人才竞争中处于劣势，也是人数众多的大学英语教师未来发展最严重的绊脚石。笔者认为，除了鼓励部分大学英语教师继续选择英语语言学、文学等方向攻读博士学位，以此作为自己未来发展的专业和方向外，其他像中西方文化比较，英美社会与文化，英语国家政治、历史、法律和宗教等，也应该成为另一部分大学英语教师未来的发展道路和专业。只有这样，才能既解决大学英语教师的专业和发展之路，又可为未来大学英语教学走向多样化的选修课教学提供合格的师资，从而服务广大学生未来对大学英语教学多样化和精细化的需求，进一步全面提高大学生的英语交流能力。

　　（四）中华传统优秀文化双语师资的培养及选修课程的建设

　　大学英语课程不仅是一门语言基础课程，也是拓宽知识、了解世界文化的素质教育课程，兼有工具性和人文性。因此，设计大学英语课程时也应当充分考虑到对学生的文化素质的培养和对国际文化知识的传授。笔者认为，这其中，对学生进行中华传统优秀文化知识的双语选修课培养和教育，是增强学生的文化素质当中一个非常重要的组成部分，因为它关系到大学英语教学中一颗"中国心"的信心问题。

　　大学英语教师中一部分选择中西方文化比较专业发展道路的教师可以选择开设和教授中华传统优秀文化这门双语选修课程。通过这一途径，全面而系统地提高当代大学生对中华传统文化的信心，使他们对外交流时，能掌握中华文化的基本知识和精髓，并能自信、精确地表达。通过系统的学习，能熟知中西方文化差异的学生和学者，在未来对外交流时，就能贡献更多的民间力量和声音。

　　长久以来，大学英语教学没有"中国心"，我们的教师在认真地教语言，我们的学生也在努力地学习语言。听说读写译，几年下来，学生和教师都很辛苦。但这只是大学英语教学的工具性目标，那我们学英语是为了什么呢？难道只是为了能看懂英语报纸、文章和电视吗，只为了能和外国人顺利交流吗？不仅仅是这些，大学英语的教学还应增强和培养学生兼容并蓄的国际视野和文化知识，也就是增强人文性。人文性中有一点更为重要，就是爱国的情怀，我们培养的绝不是一味崇洋媚外的人，一出国就迷失自我，就认为国内什么也不好的人。大学英语课程人文性培养的目标之一（较高和更高要求），应该是对自己的中华传统优秀文化能用英语熟练表达和传播的、自信的中国学生和学者。

四　需要注意的问题

本文的作者所做的调查研究仅以美国北亚里桑那大学和波士顿地区的几所大学的中国学者和学生为调查对象，因此只能代表部分学生和学者英语语言能力和现状的真实情况。对于其他英语国家留学的中国学生和学者的英语语言应用能力和现状，也只能据此作为适当推论，还有待进一步调研。另外，本文对于国内大学英语教学改革的反思和意见，也主要集中在大学英语教学的较高要求和更高要求这两个层次上，而不是停留在一般要求上，这点请大家注意。

五　结语

通过在听说和学术论文写作方面，对国内大学英语教学的不断改革与再充实，结合注重培养当代大学生对中华传统优秀文化的信心和用英语表达的能力与习惯，就能使未来的具有"中国心"的大学生和学者在以后的对外交往中更加自信，承担起中外文化交流的中流砥柱的重任，担当起国家对外交流的民间"文化大使"，促进彼此的文化与教育交流，互相借鉴，也才能更好地展现中华文化的"软实力"。

参考文献

付艳丽：《从大学英语辅修教学看复合型人才的培养》，《语文学刊》（外语教育教学）2013 年第 8 期。

唐进：《一位大学英语教师的 ESP 教学之路——从自我对质法角度》，《当代外语研究》2012 年第 6 期。

基于翻转课堂的大学英语教学

摘要：作为一种全新的教学模式，翻转课堂变"教学"为"导学"，促进"以教为本"向"以学为本"转变，是彻底颠覆传统教学的一次尝试，也为实现优化课堂结构、提高教学效能的大学英语教学改革目标提供了新方法、新思路。本文从阐述翻转课堂的核心理念和模式出发，结合大学英语教学现状，从教师、学生、教学内容及教学手段四个角度分析了翻转课堂模式在大学英语教学中实施的可行性，并依据教学步骤提出了基于翻转课堂的大学英语教学实施方案。

关键词：翻转课堂；大学英语；高效

一 翻转课堂的理念及实施

翻转课堂（Flipped Classroom，也译作颠倒课堂）起源于美国科罗拉多州落基山林地公园高中的乔纳森·伯尔曼（Jon Bergmann）和亚伦·萨姆斯（Aaron Sam）两位老师的实践。他们在网络上传 PowerPoint 教学演示文稿和讲解音频，帮助那些耽误上课的学生补课。之后，这种在线教学视频得以大范围推广，以促进学生复习和巩固课堂教学内容。随着麻省理工学院（MIT）推行开放课件运动（Open Courseware，OCW），互联网时代的教育改革家萨尔曼·可汗（Salman Khan）创建免费网上教育平台——可汗学院（Khan Academy），MOOC 等开放教育运动的发展，网络教育资源日益丰富和发展，"翻转课堂"作为一种全新的教学组织形式，在众多国家和地区广泛实践，引发了一场课堂教学重大技术变革的风暴。

翻转课堂教学是把课内与课外的学习活动颠倒的教学模式，它对传统课堂教学进行了颠覆和创新，对课堂上教师传授知识与课后学生通过作业和练习内化知识的传统教学流程进行了翻转。知识传授的过程由学生在课外利用网络学习平台，通过学习教学视频，自主掌握完成，课堂上学生与教师面对面交流，答疑解惑，并在教师指导和同伴的帮助下完成作业和进行分析讨论等实践活动，实现知识的真正内化。先教后学翻转为先学后教，传统的"灌输式"的课堂教学模式变成了学生主动学、主动问的模式。这种教学模式遵循了"教师主导，学生主体"的教学思想，学生利用信息技术辅助，在视频资料的指导下，在自主学习的氛围中，根据自己的程度、兴趣和需要开展主动化、个性化学习，独立思考，发现问题。在课堂上，师生互动交流和生生合作沟通的时间大大增多，有利于探讨、争论、分析、归纳、总结等高层次思维能力得到锻炼和提高。翻转课堂堪称"一次现代教学的革命"，是彻底颠覆传统教学的一次尝试。

目前，翻转课堂模式是欧美国家教学改革的主流方向，但实验主要集中在数学、科学等理科课程，并且以中小学为主。在我国的实践仍处在学习、借鉴和探索阶段，在大学教学，尤其是大学英语教学中的实施才刚刚起步。

二 大学英语教学的现状

大学英语是我国高等院校开设的规模最大的公共基础课之一，但由于消耗时间长、培养成效差等问题，一直饱受批评。学生们往往寄希望于通过大学英语教师精湛的教学方法快速而有效地提高自己的英语综合能力，但结果令他们失望。课时少、班容量大、教学任务繁重的现实，使得大多数教师根本无法在课堂上给予每个学生足够的指导。此外，大学英语作为一门公共课，学生所给予的关注和付出的精力是很有限的，大多数学生不能自觉认真地进行课前准备，从而在课堂上学习被动，思维不活跃，回答问题不积极，甚至跟不上老师讲课的节奏。而老师必须在有限的时间内完成教学任务，"满堂灌"也就成了无奈之举。

为了解决大学英语教学中存在的师资不足、教学任务繁重、教学效果差等突出问题，部分高校尝试通过把学生自主学习和教师课堂讲授相结合，以期在减轻教师工作量的同时，能够调动学生学习的主动性并提高教学质量。以陕西师范大学英语分级教学为例，入学通过水平测试英语基础较好的 A 级班学生，相比常规 B 级班学生的每周四节大学英语课，其课堂教学只有两节，但每周还有两节课能够在多媒体教室，主要通过我校大学英语平台上的音频、视频等学习资源进行自主学习。实施一年以来，这种教学模式也凸显了相当多的问题。主要体现在学生自主学习的内容与课堂教学内容几乎完全脱节，自主学习的材料更多的是拓展学生的知识面。缺乏与课堂讲授的链接，也就没有了相应的、有效的检验督管。因此，学生学与不学，学的效果完全取决于学生的自觉性和主动性。大多数学生利用网络学英语的浓厚兴趣也就逐渐消退，上网玩游戏、看电影、聊天，甚至逃课的现象逐渐突出。而另外的两节常规讲授实际上也并没有完全脱离传统意义上教师主宰课堂，通过对教材的解释分析教授知识，学生被动接受的模式。教学课件所传递的超大量的教学内容无法摆脱填鸭式的授课模式，教师或者几个优等生唱"独角戏"的现象仍然是课堂的常态。学生整堂课不停地记笔记，思考和消化吸收的时间少了，与老师同学进行思想交流、观点碰撞的机会也少了，课堂教学的效果和效能也难以保证。

可见，把学生自主学习和教师课堂讲授相结合，并不能仅仅是课时的结合，更应该是相辅相成，相得益彰。优质、高效的大学英语课堂形态只有切实做到以学生为本、教师精导，才能够真正契合优化大学英语课堂结构、提高大学英语教学效能的教学改革目标。

三　翻转课堂模式在大学英语教学中的可行性分析

目前，在多媒体和网络技术支持下的大学英语教学，具备了图声文并茂传递更多、更新信息的教学环境，在技术手段和应用方式上为实施翻转课堂教学提供了可能。此外，翻转课堂真正实现了将学习主体归还于学习者，增加了师生、生生互动，无论是在课前自主学习教学资源，还是在课堂上参与活动，完成作业，甚至是在课后巩固学习成果，都充分调动了学习者的主观能动性，挖掘了学习者的自主学习能力和深层思维潜力。翻转课堂模式所具备的开放性、灵活性、创造性、准备性、主体性等特色恰恰可以祛除当前大学英语课堂教学的弊病，提升大学英语教学的整体效能。

对于大学英语教师而言，面对知识日新月异、教学对象千差万别、教学问题源源不断、教学手段新颖丰富的现实，翻转课堂的实施必然成为他们不断反思、加强学习，追求更高的专业发展境界的新契机。如何制作教学视频、组织课堂讨论、监督检查评价，促进学生的个性化发展，为他们提供优质的教学服务都是全新的挑战。但也正是在这样不断探索的过程中，大学英语教师才能够逐步塑造出自己的教学特色和教学个性，在教学中获得新的灵感、新的感悟，使自己的职业生活更有价值、更有意义、更有品质。

对于大学英语的学生而言，翻转课堂要求他们首先自学教师提供的音、视频材料，对于具有较强自主学习能力的大学生，这是完全可以做到的。而且，学生可以根据自己的基础和程度，自由安排学习的时间和频率，这也就是把知识获得的自主权交给了学生。虽然没有了教师的监督，但在课堂上获得教师的指导，提出高质量的问题并帮助其他学生解决问题的任务会带给学生更多的压力，并且更易引发学生探索的愿望和学习的毅力。在翻转的课堂教学中，打瞌睡甚至睡觉不再可能，基于收听、收看的教学材料提出各自问题，参与讨论都离不开学生的积极参与，这也正是拓展学生的思维空间、互相学习、促进交往能力、提高合作精神的良好机会。正如美国 NCSS 组织（美国国家社会科学协会）所指出的：高效教学对学生而言是有意义、综合性、有挑战、积极主动的教学。因此，诱发学生的心智冲突与挑战，挖掘学生学习大学英语的兴趣和主观能动性的翻转课堂，正是助推高效课堂的内驱力与原动力，会为学生带来学业表现的积极变化。

从教学内容角度来看，教师、学生手头就有很多与大学英语主课本相联系的英语书，涉及语法、词汇、文化背景知识、写作、听力、阅读，几乎面面俱到，每本书还提供视、听、说、读、写、译的互动练习。图书馆、互联网、大学英语学习平台也为获取、制作翻转课堂学习素材提供了众多的渠道。基于翻转课堂的大学英语教学，不仅能够更多、更好地挖掘这些教学资源的作用，而且在以学生个体围绕教学音、视频展开大量思考和阅读的前提下，实现萃取、整合学生在学习中的障碍、理解上的难点以及他们共同关心、真正感兴趣的知识，释放出大量被无关知识、无效教学活动占据的教学时空，给学生的自主学习、合作学习腾出空间，促使学生的学习活动在课堂中更有效地展开。

从教学手段角度来看，高校校园网络、电子阅览室、移动学习设备的普及，使学生可以随时、随地收听、收看教学音频、视频，并且可以自主寻求英语学习资源，这使翻转课堂的实施具备坚实的物质基础。先学后教，课堂集中传递英语知识转变为任何时间、任何地点、任何次数的英语知识自主学习，课堂上师生、生生互动延伸到课堂之外。多媒体教学手段的综合运用不仅为教师更好地监督、检查、评价学生的表现提供了便利，也使学生在学习的过程中真正达到自我调控、自我管理、自我反馈。翻转课堂教学模式的引入也能更大限度地发挥多媒体的巨大助学作用，充分运用音频、视频、投影、计算机、网络等现代化手段，营造活泼生动、形象多样的教学形式，拓展学生学习的深度和广度。

课堂教学的效果取决于教学过程中教师、学生、教学内容及教学手段四要素的综合优化。综上所述，翻转课堂模式应用于大学英语教学，不仅是切实可行的，而且可以充分发挥教师的学习媒介角色，调动每个学生学习主体的积极性，有效提高各种教学资源的作用，广泛优化多媒体教学手段的实用功能，并且提升这四个维度的综合效能，从而保障大学英语教学的优质高效。

四　基于翻转课堂的大学英语教学实施方案

（一）课前准备为先导

课前准备作为大学英语翻转课堂教学的重要环节，依托教学微音视频的制作帮助学生完成课前的语言"输入"任务，并通过必要的课前作业加以检查、巩固，从而为课堂各项互动交流和探讨活动高效有序的进行提供前提和保障。

一方面，教师需要对教学内容进行整体分析，根据每一节课的教学目标、教学重点和难点，结合本班学生的需要和特点，借助优质、开放的教育资源，搜索相关的教学素材，详细规划，精心制作适合自己学生的教学音频、视频。教学音频、视频不仅仅局限在教授知识，更要增加造句、翻译、对话、概括中心思想等多样练习，突出动画、游戏、电影欣赏、新闻访谈、文化背景介绍等多媒体内容在英语语言能力提高方面的重要作用。以期为学生构建问题情境，设置语言学习任务，提高学生学习兴趣，引导学生独立探索，更好地掌握语言知识，完成课前的语言"输入"任务。借助教学互动平台，教师还要回答学生提出的问题，对普遍问题加以整合。需要强调的是：建立开发大学英语翻转教学资源系统是广泛、高效推广翻转课堂的必行之路。这样的资源库应是一个个知识点所形成的小课件的集合，是众多教师智慧的结晶、经验的积累，是不断丰富更新的开放动态的系统。它能为广大大学英语教师的教学提供开阔的资源平台、宝贵的经验借鉴。教师可以针对不同学生对象的英语水平和兴趣需要，把资源库中所需的素材加以调整，并在教学中进行个性化的操作。

另一方面，学生依托校园网络、电子阅览室、移动电子设备，根据自己的实际情况，按照自己的步调进行自主学习，完成课前准备的要求，并且记录自己碰到的问题和困惑；通过练习检验自己的学习成果，自主自觉地建构知识。在此过程中，学生可以通过班级 QQ 群、微信等教学管理平台与其他同学分享自己的学习体会，针对疑难问题寻求同学和老师的帮助。

（二）课内答疑、讨论为核心

大学英语翻转课堂的课上阶段以"导学"为核心，学生成为课堂的主角，教师主要起到引导和调控的作用。答疑、解惑、探讨是课堂主要组织形式，以锻炼学生语言"输出"能力为主要目标。

教师可以先对照教学音频、视频进行小测试，对学生的自主学习效果加以考察，并针对及预先提出的普遍问题和小测试中出现的普遍错误，进一步强调教学重点、难点。之后，学生按照预先分配的学习小组，进行分组讨论。学生带着自学过程中发现的问题和困惑走入大学英语课堂，学习基础较为薄弱的学生可能对难点词汇、句型以及文章的篇章架构进行思考和钻研。基础较好的学生可能对文化互译、背景知识产生极大兴趣。因此，他们在课堂上从不同的角度就知识内容或教学难点互帮互助或者咨询教师。对于难点、热点、开放性问题，教师应鼓励学生辩论。随后，可以让学生以 presentation 的形式展示自己的学习成果，如电影观后感、收集的一些相关资料、对人物的认识、对文化差异的理解等。最后，教师进行要点梳理、难点解答、总结归纳及评价。

可见，翻转课堂课内教学主要是通过课堂时间内教师的指导与同学的互动进一步使知识内化，并通过多种形式使语言"输出"。提问、展示、纠误的过程正是教师确定教学重点从而在视频设计、课堂答疑时加强针对性训练的过程。对于学生而言，这样的课堂教学更具挑战性，也更有益于深化理解，增强情感交流，提升学习成效。

（三）课后查漏补缺为补充

基于翻转理念的大学英语教学不是以下课为终结，课后查漏补缺也是教师和学生共同总结、反思、反馈的阶段，对于整个教学效果起着加强巩固的作用。按照传统的做法，教师可以通过布置作业帮助学生复习知识，为旧知识向新知识过渡打好基础。也可以通过网络交流平台，解答学生的提问，尤其对学习有一定困难的学生进行额外辅导。课堂展示的同学的发言稿或演示稿也会在课后根据教师的意见、其他同学的补充加以修改和完善，上传至班级公共邮箱，促进全班同学分享知识、巩固知识。

可见，课后的活动是有限的课堂教学活动的有力补充，更为后续的教学活动打下坚实的基础。

（四）多样考核评价为保证

基于翻转理念的大学英语教学的导学性、实时性、互动性无疑对学生学习质量的考核及评价的有效性提出了更高的要求，只有通过形式多样、严格标准的评价手段，将形成性评价与终结性评价相结合，才能更加科学、准确地对学生自主学习过程、课堂表现进行监督、指导，调动学生自主学习、参与大学英语课堂教学的主动性、积极性，从而达到提高大学英语课堂教学质量和效率的终极目标。

首先，课前自学笔记是考察每个学生是否自觉认真学习教学音频、视频，深入思考，完成练习的核心依据，教师要协同班级学生干部做到经常性检查。其次，教师要对每个学生的课堂表现心中有数，如学生参与课堂讨论的表现、小组协作学习的表现、课堂测试的表现等，每位学生参与讨论的次数和探讨话题的建设性意义，每位学生的努力程度和取得的效果都要记录在案，成为形成性评价的一个重要依据，从而动态地掌握学生学习状况，全面客观地反映学生的学习成长轨迹。最后，期末的自我评价也赋予学生评价自己的权利，激励着学生真正达到学习过程中的自我管理、自我反思、自我完善。

五　结语

综上所述，基于翻转课堂模式的大学英语教学符合大学教学自主性、探究性的特征。它不再拘泥于书本和课堂，而是以教学音频、视频为基本线索，以学生自主学习为核心理念，以任务驱动、问题导向为根本方法，以答疑解惑为课堂模式。"先学后教，以学为本"，学为主线、主题、主调贯穿教学整个过程，拓展了教学的时间空间，赋予了学生主导学习的权利，提升了课堂教学的有效容量，实现了课堂教学由传统的二元互动格局向多元互动的转化。这样的教学开辟了知识与能力共同提高的教学新思路，有利于实现提高大学英语教学有效性的根本目标。

参考文献

Wade Jarvis, Wade Halvorson, Saalem Sadeque, Shannon Johnston, "A Large Class Engagement (LCE) Model Based on Service-Dominant Logic (SDL) and Flipped Classrooms", *Education Research and Perspectives*, 2014, Volume 41.

梅里尔·哈明:《教学的革命》,中国宇航出版社 2002 年版。

张庆林、杨东:《高效率教学》,人民教育出版社 2002 年版。

叶澜、白益民:《教育角色与教师发展新探》,教育科学出版社 1996 年版。

林杰:《大学教师专业发展的内涵与策略》,《大学教育科学》2006 年第 1 期。

李炳亭:《高效课堂 22 条》,山东文艺出版社 2009 年版。

初探大学英语分级教学的
理论依据及应用

王　蕊

摘要：分级教学是我国大学英语教学改革的重要举措之一，许多高校一致认同分级教学是必要的和可行的，并积极创造条件实行分级教学，不断总结分级教学实践，但对分级教学理论的研究不够。文章从大学英语教学大纲"i＋1理论"因材施教和教学最优化理论，以及人本主义理论四方面探寻大学英语分级教学的起因和理论根据，进而提出优化分级教学模式的方式。旨在倡导实行分级教学以提高大学英语教学水平和质量，为大学英语教学跃上一个新台阶提供新思路。

关键词：大学英语；分级教学；理论依据；模式

一　引言

随着科技的日新月异，经济进程的不断进步，也带动了人才需求量的大幅度增加。当今时代就是人才高度发展的时代，市场竞争的日趋激烈，科学技术的逐步创新，现代化信息技术的广泛应用，引领着我国高等教育不断发展。英语在国际化的推动下日趋重要，而大学英语在高校特别是在综合的应用型高校是一门重要的基础课。为了提高大学英语的教学质量，提升大学毕业生的英语实际应用能力，传统的教学模式已远远不能满足新时期国家对人才培养的需要。培养学生自我创新、自我发展的能力变得尤为重要，这也是目前教学的新任务。为此一种新型、有效的教学模式——大学英语分级教学应运而生。英语分级教学，以其先进的分级施教理念及其对大学英语发展所起到的巨大作用，已经为全国许多高校所采纳。

1999 年开始的高校扩招，推动了高等教育由"精英教育"向"大众化教育"的转变，但在扩招形势下，在一些高校特别是地方院校，学生入校时的水平参差不齐，这种明显的差异不仅存在于专业之间和班级之间，还存在于班级内部，而传统的教学方式是把学生安排在一个教学层次，采取同样的教学内容、同样的教学方法和同样的教学进度。这种教学模式已不能满足各层次学生的学习需要，其结果是英语基础好的学生会"不够吃"而对英语失去兴趣，而英语基础差的学生会因"吃不消"而对英语失去信心。这一现象在英语学科表现得尤为突出。尽管许多英语教师都努力改进教学方法，希望能充分发挥学生的主观能动性，但效果不明显。因此，推行因材施教，分层教学势在必行。早在教育部高教司颁布的《大学英语教学大纲（修订本）》（1999）中明确指出，由于全国各类高等院校在办学条件、师资力量、学生入学水平等方面存在着差异，因此，要坚持分类要求，因材施教。而后颁布的《大学英语课程教学要求（试行）》（2004）指出，考虑到我国幅员辽阔，各地区以及各高校情况差异较大，大学阶段的英语教学要求分为三个层次，即一般要求、较高要求和更高要求。这是我国高等学校非英语专业本科生经过大学阶段的英语学习与实践应当选择达到的标准。一般要求是高等学校非英语专业本科毕业生应达到的基本要求。较高要求或更高要求是为有条件的学校根据自己的办学定位、类型和人才培养目标所选择的标准而推荐的。各高等学校应根据本校实际情况确定教学目标，并创造条件，使那些英语起点水平较高、学有余力的学生能够达到较高要求或更高要求。这实际上是为实施分层教学提供了政策依据和指导思路。2014 年的《大学英语教学指南》中再次将大学英语教学目标分为基础、提高、发展三个等级。因此，为了适应新教学形式，尽快达到大纲提出的三个不同层次的要求，就必须打破以往陈旧的、僵化的教学形式，进行教学组织、教学环节和教学管理等方面的改革。

　　大学英语分级教学就是本着因材施教，提高教学效果的原则，根据学生实际英语水平及其接受英语知识的潜能，将学生划分为不同层次，确定不同的培养目标，制定不同的教学目标、教学计划、教学方案、学生管理制度等，采用不同的教学方法进行教学活动，在讲授、辅导、练习、检测和评估等方面充分体现层次性。分级教学的最终目的是让学生在各自不同的起点上分别进步。陈志伟（2009：137）指出："分级教学，就是教师根据受教育者的个体差异，对其进行分类排队，按照由高到低的顺序将其划分为不同的级别或层次，针对每个级别和层次的不同特点，因材施教，借以实现既定的人才培养目标的一种教学方式。"分级教学是促进学生英语水平全面提升的教学体系，是英语教学改革的一项重要措施、一个主要趋势。它适应了当前英语教学客观实际情况的要求，它的宗旨在于帮助教师和学生在较少的教学时间内取得较大的教学效果，促进大学英语教学向科学化、系统化和标准化发展。其优点在于：有利于教师依据学生的实际情况制定科学有效的教学方法，确保了教师的教学方向。最大限度地调动了学生英语学习的积极性，让学生更加主动地配合老师的教学，为学生营造公平、轻松、和谐的学习气氛，增强他们学习的信心，促使他们的英语学习向更高级别和层次进取。保证了学生可以各就各位，各有所得，各得其所。分级教学为学生确定了努力方向，提供合适的学习环境，符合学生实际水平的教学内容使学生的课堂注意力更为集中。这为多出人才、快出人才创造了良好的条件。

二　语言习得理论

美国著名的应用语言学家克拉申（Krashen，1982：20—30）提出语言输入假说（i + 1）理论，他认为，人类只有获得可理解性的语言输入时，才能习得语言。也就是说，人们习得语言的唯一途径就是通过获得可理解性的语言输入。所谓可理解性的语言输入，就是他提出的"i + 1"输入模式。i 为学习者现在的语言水平，1 代表按自然顺序依次应该学会的语言形式，那么教学中应提供的输入为 i + 1。换句话说，学习者接触的语言应该略高于他现有的语言水平，即他可以理解其中的大部分内容，但对他又具有挑战性，这样才能有所进步。如果输入远远超过（i + 2）或接近甚至低于（i + 0）学习者现有水平，那么学习者不可能获得可理解性输入，学习者不是感到太难理解，就是感到太容易不用理解，两者都引不起学生的兴趣，使学习者产生焦虑感和厌烦情绪。同时，学习者同样需要在情感上吸入已经理解的语言输入。他认为，学习者的态度会影响习得。良好的情感会形成过滤，即习得者会努力从输入中获得更多。情感因素主要是指第二语言习得过程中动机（motivation）、自信心（self-confidence）和焦虑感（anxiety）三方面，学习者只有在最佳情感条件下，即具备强烈的学习动机、对学习充满自信时才会产生真正的习得（魏永红，2004：76）。

克拉申的"i + 1"理论集中体现了循序渐进观，强调学习的步骤、方法和学习的过程，强调在"过程"中获得"结果"，即让学习者获得大量的可理解性语言输入，同时注意情感因素对输入的过滤作用，使输入变成吸入，从而进入语言习得机制进行内化处理，最后习得语言知识，增强语言能力。该理论不仅注重知识的获得，而且特别强调学习者如何获得知识，即注重学习者获得知识的途径和原理。这正是英语分级教学的理论基础和依据。

三　"因材施教"原则和教学最优化理论

因材施教是我国教育史上历来提倡的教学原则，是传统教育的成功经验之一。它具体是指从实际出发，针对不同的语言能力、认知风格、动机、态度和性格等个别差异施行不同的教学要求、教学方法和教学模式。做到既不压制学习基础好的学生，又不放弃学习基础差的学生，使每个学生在适合自己的学习环境中得到最佳的发展。学生的个别差异是教学中比较重要的一个可变因素，因此要针对不同学生的不同情况"因材施教"。早在两千多年前，我国著名的教育思想家孔子就主张根据学生的个性与特长有针对性地进行教育。

"教学最优化理论"是苏联当代著名的教育家巴班斯基在 20 世纪 70 年代提出的。所谓"教学最优化理论"，是指"根据培养目标和具体的教学任务，考虑学生、教师和教学条件的实际，按照教学的规律性和教学原则要求来制订或选择一个最好的工作方案，然后灵活机动地实施这个方案，以期用不超过规定限度的时间和精力取得对该具体条件来说最大可能的最佳效果"（巴班斯基，1986：18）。分级教学就是最大限度地增加不同系别和不同专业之间的相互交流，按照不同层次、不同教学内容要求合理分配教师资源，分工明确，各司其职，为学生提供不同的学习方案供其选择，创造一种全新的学习机会。

四　人本主义理论和以学习者为中心的教育学说

人本主义教学观认为知识的产生源于先前获得的知识。也就是强调知识基础的重要性，教学就是一个帮助学生"从新手水平发展更高能力水平"的过程（Schunk，2003：300）。人本主义教学观的另一个重要观点是，学习都是整体性的，要了解一个人，就必须了解他的行为、思想和情感。人是一个完整的个体，同时具有智力和情感，教育忽视任何一方都将不会成功。语言教学是教育培养人的重要组成部分，无疑更应注意使学生的智力和情感共同发展。由于智力和情感不同而形成的个体差异在教学中必须受到重视，必须以学生为中心。英国著名的语言学家塔罗内、尤尔（Tarone & Yule，1999：36--47）主张教学要以学习者为中心，应该充分考虑不同个体的具体需求。井兰柱（2010：108—109）从教育学、心理学和语言学等方面论述了分级教学的必要性，他指出大学英语分级教学符合以"学生为中心"的教学理念，也是"学习迁移"理论的具体体现。

　　人本主义教育观强调对自我意识、自我选择、创造性和自我实现的研究，认为教育的最终目的是帮助学生实现自我，使他们最大限度地发挥潜能。不同水平的学生放在一起进行教学，一定对学习落后的学生构成威胁。因为教学过程只能关注大部分学习较好的学生，教学中，也只有基础好的学生会主动参与、配合教师教学，基础差的学生会被忽视，长此以往，差生就会放弃学习；基础特别好的学生也同样会感到被忽视，他们的学习积极性也会因此受到挫伤，感到无法实现自我，学习效率也会降低。只有满足不同学生的不同需求的分级教学，才能是有效的教学，才能有助于学生创造性的发挥，才能有助于学生实现自我。人本主义强调个体对其学习的贡献、知识的产生源于先前获得的知识、学习都是整体性的，以及强调自我意识、自我实现的教育理念为英语分级教学提供了理论支持。

五　分级教学模式的实践与应用

　　第一，按学生英语学习技能分类。通过课堂测试、作业练习、英语口语角等形式，区分学生性格特点及学习技能特长，以英语听、说、读、写、译等不同模块教学来适应学生的认知风格和性格差异，减少情感焦虑，使语言可理解性输入顺利吸入，使学生在不同模块中突破按英语测试总分分数带来的成绩与听、说、读、写技能的不对等性困局，最终使学生的特长得到充分发挥，从而推动整体英语教学质量的提升。第二，按职业目标特点和要求分类。分级教学的目的不是简单地通过分层次，分优劣，培优补差，而是依据不同院系的层次定位不同的目标值，以适应毕业生工作后满足工作的要求为最终目标的。因为要全面提高所有学生的听、说、读、写、译各项水平显然不现实。因此要考虑不同类型的学生的英语学习与所学专业和将来职业发展之间的联系。基于现有课时量的限制，可以开设英语选修课，如英语翻译、商务英语、科技英语、英美文学鉴赏等，凸显大学英语首先是工具性的技能这一基本属性，充分考虑学以致用的原则。第三，以学生自愿、学校引导的原则分班。学生入校后，通过问卷调查，摸底测试，结合院系历年来毕业生去向，来综合考虑分级教学的方案编制、教学内容的选择及教学目标的设定。例如，物理、数学专业本科生就业层次偏低，而学生入学综合素质偏高，历年来毕业生考研录取率很高，所以学生强烈要求英语学习提高听、说、读、写、译能力。学校就引导学生通过摸底考试确定分班教学，并实行"动态制"，即每个学期根据平时表现、期末测试成绩、学生意愿进行班级调查及调配，从而在符合大学英语要求的前提下尽量满足学生的学习要求。

　　综上所述，在英语教学改革中，我们的分级教学仍然处于摸索阶段，还有许多等待解决的问题，我们注重分级教学实践的同时，也应加强理论研究，用科学的理论指导大学英语分级教学实践，发掘分级教学的最大潜力，把大学英语教学水平推向一个新的高度。

参考文献

Krashen, S. D. , *Principles and Practice in Second Language Acquisition*, New York: Pergamon Press, 1982.

　　[美] 戴尔·H. 申克：《学习理论：教育的视角》，韦小满等译，江苏教育出版社 2003 年版。

Tarone, E. , Yule, G. , *Focus on the Language Learner*, Oxford: Oxford University Press, 1999.

　　[苏] 巴班斯基：《教学过程最优化》，吴文侃译，教育科学出版社 1986 年版。

　　陈志伟：《大学英语分级教学实践的思考与建议》，《教育与职业》2009 年第 18 期。

　　《大学英语教学大纲》，上海外语教育出版社 1999 年版。

　　《大学英语课程教学要求（试行）》，外语教学与研究出版社 2004 年版。

　　教育部高等学校大学外语教学指导委员会：《大学英语教学指南》，2014 年。

　　井兰柱：《大学英语分级教学的理论依据与实践探索》，《教学研究》2010 年第 8 期。

　　魏永红：《任务型外语教学研究——认知心理学视角》，华东师范大学出版社 2004 年版。

文化与教学

英语称呼语语用功能、失误
分析与教学反思

张　敏

摘要：本文从社会语言学和语用学的角度，结合学习者在跨文化言语交际中语用失误以及教材文本实例，介绍了英语称呼语使用中的规约性以及称呼语使用的偏离与变异的语用功能，并在此基础上分析失误产生与传播的原因，对英语教学如何培养学习者的跨文化交际能力等问题进行了反思。

关键词：称呼语；语用功能；教学反思

称呼语是交际中当面呼叫被称人所使用的称谓。"我该怎样称呼你？"是极为常见的日常困扰，在跨文化交际日渐频繁的地球村中，由于不同的民族有着不同的称呼系统，这个问题显得更为复杂和微妙。社会语言学和语用学研究表明，称谓语蕴含着丰富的社会文化信息与语用功能，是一种民族文化色彩浓厚的语言现象（Leech，1983）。为此，笔者将结合学习者称谓语选用中的典型失误与情境化教材文本实例，具体分析其中的认知误区，反思在英语教学中，如何帮助学习者正确得体地选择和使用英语称谓语，提高跨文化交际能力。

一　跨文化英语称呼语的语用失误分析

在跨文化交际中，语用失误与语言错误是有所区别的，前者指由于说话方式不合时宜、不得体，表达不合乎习惯等，导致不能达到预期效果的交际失误；而后者指由于遣词造句失误而导致的一般性语言运用错误（Thomas，1983）。从上述界定不难得出这样的推断：语用失误分析更注重结合交际效果来考量语言使用是否得体，而不是局限于语言形式自身的正确与否。从语用功能的角度，通过称呼语选择应该达到的预期效果既包括指代、区别、明确对象等信息功能，又包括表明态度、关系与人际关系等情感功能。这意味着需要依据双方的权利关系、上下关系、亲疏关系以及说话人的情感，选择适当的称呼语。而现实中，交际者在英语称呼语方面语用失误的例子时有出现。

例1 举办讲座时，在宣传海报以及开场介绍中将主讲人称为 Mr Gary，实际主讲人姓名是 Gary Rhybold，是位有教授职称的大学教师。

例2 在硕士学位答辩的书面致谢中，答辩人将为自己提供帮助的年轻女老师称为 Miss Wang Na，实际这位年轻老师是位年轻的文学博士。

例3 有同学在课间问外教问题，称对方为 Mrs Vasse，引起强烈反感，因为这位名为 Margit Vasse 的已婚女老师，是一位有着社会语言学博士学位和教授职称的女权主义者。

例4 举办英语演讲比赛，主持人介绍请来的外教评委时将每个人都冠以教授头衔，被介绍人却当场发言，纠正主持人，声明自己不是教授，说希望叫他 Mr Cager。

在大学校园里，类似上面这些由英语称呼语失误导致尴尬或交际障碍的场面，相信对读者来说并不陌生。其中反映出的学习者（包括英语教育专业的大学生和研究生）语言水平与言语交际能力发展失衡的现状，不得不令人深思。

上面所有的例子均涉及常用的称谓，我们不妨逐一分析说明。先说可以直呼其名的情形，日常生活中，比较熟悉的人之间、在非正式场合，可以用名字相称，比如称 Gary Rhybold 为 Gary。亲密的朋友之间还会用名字的简称或昵称，比如 Robert 的简称就有 Bob、Bobby、Robby 等。常用的 Mr 和 sir（小写），属于通用称谓（通称）或泛尊称，是社交和日常生活中对男性一般性的礼貌称呼，可以互用于雇主与雇员之间、老年人与年轻人之间等。其中 sir 作为独立称呼语使用时，不需要与姓名同时使用；Mr 是非独立称呼语，需要与被称呼人的姓名一起合用构成称呼，跟随其后的通常是姓，如 Mr Rhybold，跟全名或者姓名也可以，如 Mr Gary Rhybold，但没有像例1那样只跟名字的用法。鉴于例1中的场合属于正式的学术交流，出于对具有教授职位的主讲人的尊重，正确而得体的选择应该是 Prof. Rhybold。

　　例 2 与例 3 都牵涉对于女性的称呼语，这是一个相对复杂的问题。对于男性来讲，无论社会地位、头衔、年龄乃至婚否，都可以用泛尊称称之。而对于女性，虽然也有与 sir 相对应的 madam，可以作为独立称呼语用于未婚或已婚女性，但传统上需要按照年龄和婚姻状况，选择不同的非独立称呼语，未婚的年轻女性称 Miss，其使用规则与 Mr 大体相同，比如 Miss Vasse；但对于已婚女性称 Mrs. 是要跟夫姓的。不少中国学生习惯于把对已婚中国女老师的汉语称呼直接转换成英语，比如称刘老师为 Mrs Liu，除非这位老师的丈夫恰好与她同姓，大多数情况下这样的称呼并不成立。

　　与女性称谓选择相关的因素除了年龄、婚姻状况外，还有一个价值观的问题。随着女权主义的兴起，一些女性认为女性的婚姻状况（marital status）属于个人隐私范畴，不愿意或没必要通过称呼把这种信息传递给别人，这样的女性更倾向于被称为 Ms。也有部分持这种观点的女性婚后选择保留自己的姓名，包括例 3 中的大学老师，在学校网页的教师简介中看不到她是否已婚，丈夫的姓氏更无从了解，在这种情况下贸然称其为 Mrs Vasse，明显过于想当然了。那么如果改称 Ms Vasse，规则上成立，但与例 2 相类似的是，会话发生在教室这样的工作场合，称呼人与被称呼人为大学师生关系，教师在履行职责时更相关的信息是教育背景与工作资历，而不是个人信息。因此，考虑到称呼语对于交际场合的体现，礼貌标记的功能，以及通过称呼语传达尊重对方价值观的情感功能，恰当的称呼是 Dr Vasse 或者 Prof. Vasse。

　　例 4 的称呼语失误主要来自英汉称谓系统所蕴含的文化差异。英语和汉语在尊称方面存在系统不对称现象，英语表明尊贵身份的称呼语相对单一，泛尊称使用广泛，而汉语存在社会称谓中泛尊称缺位的现状，在这一背景下，官衔、职衔和职业称呼语成为主要的社会称呼语，人们认为称职衔、官衔，是对有地位、有身份的人表示尊敬，是获得对方好感最直接的方式。生活中把某副局长称为某局长或简称为某局的现象，被认为是一种客气和给对方面子的行为。但是，在跨文化交际中，忽视了被称呼方的实际情况，将母语的称呼方式和语用原则迁移到目标语，就会导致称谓语使用中"语用口音"的现象（Yule，1997）。

二　称呼语选择的语用学解释

如果说社会语言学视角的研究有助于理解称谓语使用的规约性，从而明确了规则意识的必要性，那么语用学研究则从语言的变异性、商讨性和顺应性（李捷、何自然、霍永寿，2011）角度，揭示了人际关交流中的动态性特点，从而同样确立了培养言语交际策略意识的必要性。具体而言，称呼语的使用是动态和相对的，而不是静止、绝对和一成不变的，不仅身份、地位、地域、性别和种族因素等会影响人们称呼语的选择，会话双方也会出于一定的态度和动机，有意偏离或突破规则的刚性，发挥主体能动性，策略性地创造某种语言氛围，增强表达效果，以重组人际关系，表达情感态度，实施言语行为，达到交际目的（Austin，2010）。

为了充分利用学习者的阅读材料来开展情境化的具体讨论，笔者汇总并分析了《高级英语1》前三课课文中出现的称呼语，发现每一课中的称呼语都生动地体现了课文的故事场景和人际关系，也展现出称呼语的偏离和不对等在表达权势与社会距离方面的语用功能（Holmes，1997）。

第一课 Face to Face with Hurricane Camile 主要讲述了柯夏科一家在飓风袭来时，全家人团结一心、生死与共的惊险经历。出现的称呼语有 Pop，children 和 Dear Lord，可以与文章家人共渡危机的主题相呼应。其中 Pop 本义为"老年男子"，这里与汉语中的"老爷子"相对。在飓风肆虐最严重的时候，房子外墙倒塌，海水漫上楼梯，一家人一时间面临绝境，Koshak 老奶奶对丈夫说："Pop，I love you."用在这样类似诀别之前的告白之中，Pop 一词生动地传达出这对老夫妻多年相濡以沫的亲密关系。为了抵御强烈的恐惧，老奶奶想让孩子们跟她一起唱歌："Children，let's sing！"这里 Children 这一称呼语非常简短，老奶奶的话语也非常简短，这种简短的词语与当时危险迫在眉睫时人们紧绷的情绪非常吻合。第三个 Lord 是基督教徒对于上帝或耶稣基督的称谓。在屋顶被狂风掀掉，壁炉和烟囱坍塌，起居室墙已经开裂的紧要关头，深感无助的 Janis 向上帝祈祷，寻求力量和庇护，Dear Lord 既描述了情境的危急，同时也传递了美国社会基督教文化的信息。

第二课 Hiroshima-the Liveliest City in Japan 是一位西方记者对于战后广岛的采访报道，从陌生来访者的角度，观察了解原子弹袭击对广岛居民造成的心理冲击和影响。从社会关系的角度，称谓可分为亲属称谓和社会称谓。与第一课中亲属称谓的使用相对应，这篇专题采访则使用了 sir 和 gentlemen 这样的社会称谓。前者是作者走错地方，遇到市政厅门前的门房用英语对他说："That is not here, sir"；后者是广岛市长在致欢迎词时，对于在场参会人员和外国客人的称呼。可以说两位日本男士都得体地使用了英语称呼语，尤其是前者为从事服务性工作的一般工作人员。笔者认为日语自身发达的敬语系统，应该为此提供了文化正迁移的可能，有助于日本人在对外交往中继续表现出态度谦恭和注重礼貌的特点。另外有趣的是，市长对来宾的讲话中 Gentlemen 出现了两次，而通常同时出现的 Ladies 却没有出现，从而在称呼语使用的细节上，流露和记录了战后日本社会中依然存在的男性主外、主政的社会现实。

第三课 Blackmail 是小说片段，讲述了公爵夫妇因为肇事逃逸而沦为被敲诈对象，主要故事情节是这对夫妇，特别是其中更为强势的公爵夫人与敲诈者之间，如何相互过招、相互较量的过程。小说中不但多处使用称呼语，包括 Ma'am, your high-an'-mightiness, old girl, Duke, sir, Duchess, lady 和 You unspeakable blackguard，其中对同一人采用不同称呼以及称呼语的"偏离"现象，特别值得分析品味。故事中的公爵夫妇出身英国贵族家庭，公爵是国际知名的政治家、新近到任的英国驻华盛顿大使，是酒店最豪华套房的尊贵客人。这样显赫的身世原本与酒店保安队长 Ogilvie 之间地位悬殊，但是由于前者肇事逃逸，并且有置受害者母女安危于不顾的丑闻把柄落入 Ogilvie 的手中，被他趁机敲诈勒索，从而根本上转变了他们之间原有的权势与共聚关系，成为一种对抗与博弈的关系。

文中有三个主要人物，理论上讲可能相应地构成三组称呼语，但实际情况是在公爵夫人与公爵、公爵与 Ogilvie 之间都出现了零称呼语的现象，而在 Ogilvie 与公爵夫人之间又明显存在称谓语使用不对称的现象。

首先看其中两个单向称呼语，一个是公爵对自己的妻子，也就是公爵夫人的称呼语，始终是 old girl，另一个单向称呼语是 Ogilvie 称呼公爵的 Duke。与夫妻之间常用的（my）dear,（my）love, sweetie, honey, darling 或者直呼其名相比，公爵对公爵夫人的称呼有种老夫老妻的感觉。另外，能够当着陌生的外人继续使用这样比较随便的称呼，也让人看出公爵更加随性，不是城府很深的那种人。文中没有出现公爵夫人对公爵的称呼语，这印证了两个人性格上的强弱之分，也与文章中公爵夫人认为丈夫只是个无法依靠的被动看客，自己只能一个人去应对和掌控事态发展的看法相符合。另一个单向称呼是 Ogilvie 称呼公爵的 Duke 和 sir，前者可以看作一个符合公爵贵族身份和双方关系的尊称，虽然有时不乏讽刺意味，但是当 Ogilvie 提到公爵因为肇事逃逸可能难逃惩罚时，他就由更具体的头衔称呼语，转换到了 sir 这个泛尊称。可见在很多情况下言语交际中的称呼语不仅涉及如何礼貌、得体地留下好印象，而且涉及怎样留下某种印象的问题。

其次来看公爵夫人与 Ogilvie 之间更为复杂的称谓语使用状况。公爵夫人跟 Ogilvie 讲话时，基本都是"零称呼语"，这种粗鲁的讲话姿态与 Ogilvie 对她频繁使用称呼语形成强烈反差，不能不说是公爵夫人通过称呼或零称呼，显示了她的高傲、对对手的冷淡和轻蔑，对于所暗示的指控的否认与不屑，只有在 Ogilvie 完全露出敲诈者的面目时，她才终于唯一一次、把持不住地对他厉声斥责："You unspeakable blackguard！How dare you！"使用最多的是 Ogilvie 对于公爵夫人所用的称呼语。应该说在整个故事中，这两者是真正的对手。表面上看，Ogilvie 虽然言语粗俗，但还是使用了 Ma'am 和 lady 这样一般意义上的泛尊称，但是，其实作为负责酒店安保的保安队长，Ogilvie 完全知道公爵夫人的身份以及相应的头衔称谓，但他仍然一再坚持使用泛尊称，这称谓语偏离不能不说其实是有意的轻慢之举，因为这种轻慢是 Ogilvie 想要的，有助于他营造一种"来者不善"效果。为了增强这种暗示、威胁，乃至嘲讽的效果，他甚至还编造出了一个称呼语："your high-an'-mightiness"。Your Highness 是对除女王或国王之外其他王室成员的尊称，可以用于公爵夫人，但是把英语中原有的"high and mighty"改造组配出一个貌似尊敬的称呼语，所表达的就是强烈的揶揄、嘲讽了，由此也与 Ogilvie 控制话轮转换的命令式语言相呼应和匹配。在故事结尾处，当敲诈者 Ogilvie 第一次使用 Duchess 这一与公爵夫人身份相对的头衔称呼语时，读者看到了这个敲诈者，已经变成了被开始时的被敲诈者买通的合谋，也同时回到了称呼语使用的常规。

可以说，称呼语使用从一个侧面体现了小说作者 Arthur Hailey 通过语言细节来刻画人物和情节的写作功力，解释了作者能够成为多本畅销书作家的非偶然性。更主要的是，Blackmail 的实例表明，言语交际中的关系与社会距离是相对的，优势与劣势也是动态变化的，由此称呼语的偏离乃至变异也就成了合理的现实存在，也是交际策略意识的有机组成部分。

三　称呼语研究对于外语教学的启发

作为交际双方沟通传递的第一信息，称呼语的选择是第一印象的重要组成部分，在不同程度上或积极或消极地影响着人们的交际氛围与效果，因此称呼语的语用失误，反映了学习者跨文化交际能力的薄弱。那么如何找出学习者语用失误的根源，如何提高他们的跨文化交际能力呢？应该说这是一个庞大的课题，限于能力和篇幅，笔者将从具体的技术层面，结合本文的完成过程，展开与学习者称呼语语用失误、跨文化交际意识和策略提升相关的教学反思。

在网上搜集资料时，笔者注意到关于 Ms. 的释义存在很多过于简单、片面，甚至具有一定误导性的信息。比如在面向中学考生的英语词汇表中，Ms 的词条信息为"女士（用在婚姻状况不明的女子姓名前）"。来自百度知道的关于"Miss，Mrs 和 Miss 的确切意思"提供了同样的信息，并且这条信息的点击量在本文撰写时已达 42670 次。但是，这样的解释，虽乍一看词义与使用信息兼具，但实际经不起推敲。请看网上这样的例句及翻译："I'm not Mr King, I'm Ms King."其中的 Ms 实际是自称的一部分，如果坚持上面"Ms：女士（用在婚姻状况不明的女子姓名前）"的释义，自己不知道自己是否结婚的情况该如何解释呢？此外，如果对于尚不熟悉或初次见面的女性，由于信息不明，可以姑且称为 Ms，那么对于逐渐了解或熟悉的女性，是不是应该回到通过称谓来标示其婚姻状况的 Miss 或 Mrs. 的老传统呢？应该说上面的释义很容易得出这样的推断，但又同时恰好违背了女权主义者推出 Ms 的初衷，是要使之成为与 Mr 相对应的、不含婚姻状况信息的通称词。为了进一步厘清其中的问题，笔者查阅了三本不同的词典来进行比较，寻找答案。

第一本是《新英汉词典》，词条解释为"Ms 缩 Miss 或 Mrs 女士（用在婚姻状况不明的女子姓名前）"，这个结果基本为笔者解释了类似于《中考说明英语词汇表》中词条解释的依据，只是这里虽然提供了词源信息，关于这个词本身的词义和用法问题依然存在。接下来的第二本词典是 *Collins Cobuild English Dictionary*："Ms is used, especially in written English, before a woman's name when you are speaking to her or referring to her. If you use Ms, you are not specifying if the woman is married or not. … Ms Brown. … Ms Elizabeth Harman."这次的查阅结果显然比第一次更全、更实用，词

条传达了三层信息：首先，确立了 Ms 是用于书面或口语交流中对于女性的称谓或称呼语；其次，这一称谓不强调被称呼的女性是否已婚；最后，举例说明使用时，它的后面要跟被称呼女性的姓氏或姓名。第三本词典是 *Longman Dictionary of Contemporary English*，查阅结果："Ms, a title for a woman who does not wish to be called herself either 'Mrs' or 'Miss'"，这次编纂者用更简短的语言传递了与第二本词典类似的基本信息，但是同时也能够看出 Ms 反映的不是对于她婚姻状况知道不知道的信息问题，而是对于女性角色乃至女权主义价值观的态度问题。作者注意到在同样这本词典的同一页中，Mr 的第一个解释为 "a title for a man who has no other title"；Mrs 的第一个解释为 "a title for a married woman who has no other title"。

简言之，就称呼语而言，Longman 和 Collins 这样的全英词典比英汉词典更为可靠、好用。但是，笔者在对英语专业学生的课堂调查中发现，由于在查阅单词时求快、求直接，导致很多学生过于依赖汉语释义，缺乏对比甄别、批判性接受的思考意识。另外，学习者对例句不够重视，也增大了词汇使用的随意性和盲目性。我们建议在遇到词义和用法不确定时，特别是像包括称呼语在内的文化负载词时，不能只看汉语释义，最好结合英语释义，特别是例句，获取更多、更全、更可靠的信息，真正解决问题。

从以上查阅结果看，称谓词属于初中阶段甚至更早的初学者词汇，但是为什么到了大学和研究生阶段，语言学习与交际能力脱节的问题依然存在呢？造成这个偏差的原因可能很多，如果追根溯源从词典来看，《新英汉词典》《考试说明》之类权威发布，没能提供准确、完整的词条信息，在源头上出了偏差。或者词典编纂者通过文化过滤，一方面成功稀释了 Ms 与西方女权主义思潮的联系，也在另一方面给学习者跨文化交际造成了文化信息差的"隐患"。另外，源头的问题本来在教学环节中应该有得到发现和纠正的机会（杨世廉，1992），但是由于英语教学在总体上存在的文化差异意识不足，在去情境化的英语教学与测试中，称呼语这样缺乏语言点、语法点的简单词汇，很容易在初学阶段被简单带过，在大学阶段被再次忽视，再加上快餐文化与百度知道这样大众媒介平台的推波助澜，其他同样似是而非的信息，就这样在照本宣科和不假思索中以讹传讹、广为传播了。这是本研究对于承担英语教学师资培训的各级教育机构的启示之一。

总之，如何把交际教学落到实处，如何打破"重知识讲授，轻能力培养"的局面，处理好语言知识传授与交际能力培养，有待各方协同解决。从教师的角度，需要提高自身的跨文化意识，经常性地结合教学理念、教学目标，开展教学反思，比如关注学习手段和方法、早期学习经历、学习资源及其使用习惯，关注英语学习一条龙的衔接等相关问题。笔者认为，结合学习者语用失误实例、结合教材的情境化分析，引导学生参与英汉文化对比的专项研究，开展学习反思，有助于把理念性的研究发现，具体、生动、系统地运用于课堂教学，从而实现教学目标。

四　结语

学会选择正确、适当、合乎交际目的的称呼语，是学习者顺利、成功地进行跨文化交际的需求，中国学习者英语称呼语语用失误的现象应该引起教师和学者的重视。情境化的称呼语使用分析表明，称呼语使用具有规约性以及主体能动性。在跨文化交际中，学习者既需要有规则意识，也需要有"偏离"规则的策略意识，从而减少和消除称呼语语用失误，提高交际能力。

参考文献

Austin, J. L., *How to Do Things with Words*, Oxford: Oxford University Press, 1962.

Holmes, J., *An Introduction to Sociolinguistics*, Longman Group U. K. Limited, 1997: 378.

Leech, G., *Principles of Pragmatics*, Longman House, 1983: 125 – 126.

Thomas, J., "Cross-cultural Pragmatic Failure", *Applied Linguistics*, 1983, 4 (2): 91 – 112.

Yule, G., *Pragmatics*, Oxford: Oxford University Press, 1997.

李捷、何自然、霍永寿：《语用学十二讲》，华东师范大学出版社 2011 年版。

杨世廉：《若干最常见的英语称呼语》，《英语月刊》1992 年第 4 期。

大学英语大班教学问题研究：
一种合作学习实施方法

苟红岚

摘要：合作学习是新一轮大学英语改革所要倡导的一种重要的学习方式，在目前英语大班化教学的趋势下，合作学习策略对学生英语水平，特别是对他们英语综合运用能力有着极其重要的影响。合作学习虽然在我国教学中的运用得到了一定的认可，但如何有效地组织学生开展合作学习是目前教学过程中教师普遍关注的热点问题。合作学习增加了学生的语言实践机会，增强了学生学习英语的信心，建立了良好的人际关系，从而进一步提高了大学英语教学效果。

关键词：合作学习；大学英语教学；实施策略

一　引言

由于高校的扩大招生，在校大学生数量成倍增长，两个或者三个自然班合成一个大班授课非常普遍。由于师资不足、教学手段单一、教学模式陈旧等原因，在一般高校中，大学英语的课堂教学是在学生的英语水平参差不齐的大班中进行的。面对如此众多的学生，教师便会不由自主地采取传统的教学模式，结果不可避免地出现了一些问题，例如，学生实践机会少，阻碍了语言交际能力的发展，学生课堂语言活动参与机会不均衡，等等。在一个授课班级超过 50 名学生的英语课堂中，学生参与课堂活动的机会受到了限制，那些英语基础好、成绩好的学生在课堂上表现突出，而那些底子薄、性格内向的学生因为得不到教师的肯定而对学习英语失去信心，最终造成成绩不断下降，并且产生厌学的念头。这给大学英语教学带来了各种困难，使教学效果不理想。究其原因，正是由于授课班级规模大，教师很难兼顾到学生的个体差异。在传统模式下的大班课堂教学中，学生学习英语的积极性和主动性很难调动起来，在一定程度上阻碍了学生语言运用能力的提高。而我国的国情以及高等教育的现状又决定了大学英语教学大班教学的实际状况。

所以，合作学习不仅能够使每个学生积极参与到课堂活动中来，它还能给学生提供主动思考、获取知识的平台，使以教师为主体的传统教学模式转变到以教师为主导、"以学生为中心"的新型教学模式。大学英语大班教学，已经成为国内外专家、教师以及有关人士的重点研究课题。随着大学英语课堂教学模式改革的进行，许多国家目前普遍采用的一种富有创意和实效的教学理论与策略体系——合作学习，已经成为一种行之有效的教学方法。

二　合作学习的理论基础

20世纪70年代初，美国掀起合作学习研究的高潮，他们力图改变传统教学的组织形式和评分制度，此后，在约翰逊兄弟、斯莱文教授、卡根博士等学者的共同努力下，有关合作学习的各种教学方法，取得实质性进展，成为一种成熟的教学理论与策略体系。在我国古代教育家孔子和古罗马教育家昆体良的思想中，已经有了合作学习的萌芽；著名教育家夸美纽斯是第一个把合作学习作为教学方式和教学策略来使用的学者。兰开斯特、帕克和杜威等人对合作学习理念的发展做出了杰出的贡献。对于合作学习的概念，许多学者从不同角度提出不同的看法，尚没有统一的定论，但基本特征相似，共同之处是在教学活动中学生以小组为单位进行学习。合作学习理论的代表人物主要有美国的罗伯特·斯莱文（Robert Slavin）、约翰逊兄弟（David W. Johnson，Roger T. Johnson）和斯宾塞·卡根（Spencer Kagan）。罗伯特·斯莱文在《合作学习与学生成绩研究：我们了解了什么，我们还需要了解什么》中着重阐述了动机理论、社会凝聚力理论、认知发展理论和认知精致化理论这四种合作学习理论。明尼苏达大学的约翰逊兄弟则将合作学习理论分为认知发展理论、社会行为理论和社会互赖理论。也有国外学者干脆将合作学习分为动机理论和认知理论两种。我国研究合作学习的王坦先生认为，"合作学习是一种旨在促进学生在异质小组中互助合作，达成共同的学习目标，并以小组的总体成绩为奖励依据的教学策略体系"。也有学者认为，合作学习是以学生为中心，以学生互动为主要组织形式，以问题为中心的学习设计和学习模式，根据一定的交流程序和方法，通过群体动力，形成合作学习的环境，促使学生在异质小组中共同完成学习任务的教学策略（何高大，2002）。

（一）建构主义学习理论（Constructivism Learning Theory）

建构主义学习理论兴起于 20 世纪 80 年代，是目前教育心理学界的主流思想，它为日趋成熟的合作学习提供了坚实的理论基础，并使合作学习再次成为大家关注和推崇的教学策略。建构主义学习理论认为学习过程是积极地主动地建构知识和经验的过程，而不是学习者被动地接受知识和由外向内的传递过程，即学习的结果是学生个体知识经验得到了改组，而不是学生只接受了知识。学生在教师的组织和引导下一起讨论和交流，增进学生之间的合作，这样教师和学生每个人的观点、智慧都可以共享，整个学习群体共同完成所学知识的意义建构。

（二）社会互赖理论（Social Interdependence Theory）

社会互赖理论强调通过建立积极的相互依赖关系来促进学习成绩，积极互赖（竞争）产生促进性互动，群体成员之间彼此鼓励和促进学习上的努力，消极互赖产生对抗性互动，群体成员之间彼此不鼓励学业上的努力，而且相互阻碍。当大家都有共同的目标而且每个个体的结果都受到其他人的影响时，就存在社会的互赖性（Johnson，1998）。积极互赖关系将学生紧密联系在一起，只有当全组成员都成功时个人才能成功。当学生清楚地了解积极互赖关系的实质后，他们就明白小组的成功离不开每个成员的努力，用集体的力量共同完成学习任务。因此在教学活动中就要在课堂构建积极的互赖关系。约翰逊认为，积极的互赖关系建立之后，小组成员就会相互鼓励进行学习，合作学习就会起到促进积极学习的作用（Johnson & Holubec，1998）。在合作学习中，学生不需要担心个人学习的失败和紧张，也不必畏惧教师的权威。他们有一个共同的目标，相互依靠为个人提供了动力，使他们互勉、互助、互爱。教师是以总体表现为奖励依据，对那些动机、毅力、责任心差的学生会产生积极的群体压力，从而产生学习的动力，提高学习的效果。

（三）动机理论（Theory of Motivation）

动机理论强调学生学习活动中的目标结构及奖励结构。在这种结构下，每个小组成员只有在集体小组达到预期学习目标时才能达到个人的学习目标。因此，小组成员为了达到自己的目标，必须帮助和鼓励其他成员为完成集体目标去尽自己最大的努力。斯莱文（1980）认为在合作学习环境下，教师可将不同能力、经验与性别等不同背景的学习者分配于同一小组中共同学习。他认为合作学习的基本特点包括小组奖励、个人责任和成功机会均等；而约翰逊兄弟认为合作学习的基本特征包括积极互赖，面对面的促进性互动、个人责任、人际和小组技能、小组反思。沙伦（Sharan，1990）则认为合作学习是通过小组内学习者之间的互助与合作来提高相互依赖程度，以实现共同的学习目标。合作学习可以提供学习者一个共同的学习环境，并鼓励学习者相互帮助，产生群体动力，以提高学习者的个人学习能力。

（四）合作学习基本的分组类型

（1）拼图法（Jigsaw），也称作组合学习，是由阿伦森（Elliot Aronson）和他的同事提出的一种合作学习方法。学生被分成若干小组，每个小组都学习相同内容。学习材料以文本的形式呈现给学生，每个学生都要负责材料中的一些部分。来自不同小组的成员共同研究一个问题，他们组成专家小组，在这个问题上互相帮助。当这些专家小组的学生回到他们原来的小组时就可以带回所学的东西。在原小组聚会和讨论之后，学生们要独立参加关于学习材料的测验。

（2）小组调查法（Group Investigation），是一种强调科学探究的合作学习方法，近年来，阿伦森和他的同事进一步发展和精练了这种方法。通常把班级分成5—6人组成的异质小组。学生选择学习的主题，在探究中发现、选择进一步的主题，最后进行准备并向班级呈现一份学习的报告。小组调查法源于杜威"做中学"的教育思想，符合当代建构主义的教学思潮。它整合了调查研究、同伴互动、多项解释和内部动机等基本特征，比较适合开放性问题和复杂任务的学习和教学。

（3）结构法（Structural Approach）是斯宾塞·卡根（1992，1998）提出的合作学习的另一种方法，常用的结构第一步，思考（thinking）；第二步，配对（pairing）；第三步，分享（sharing）。强调设计使用特殊的结构以影响学生的交互方式，还强调同时性互动、平等参与、积极互赖和个人责任等。老师提出某个问题，让学生花1分钟独自思考这个问题，当然思考时间不包括对话。老师让学生配对讨论他们想到了什么。在这个阶段，可能交流的是关于问题的答案或关于某问题的不同的观点。通常，配对交流的时间不超过5分钟。最后阶段，老师让不同的配对组在班上交流他们所讨论的内容。

三 合作学习在大学英语大班教学中的实施策略

有些教师认为班级人数的增加直接影响学生学习的满意度，甚至认为大班教学大大降低了教学质量。大班上课的学生，尤其是坐在教室后排的学生，常常抱怨因为各种原因而不能集中注意力学习，直接影响他们的学习热情和学习积极性，从而导致整体大学英语大班教学效率低下。大学英语合作学习将合作学习的理念引入大学英语教学中，对学生的英语应用能力、与他人的合作能力、自主学习能力及竞争意识进行全方位的培养。合作学习恰恰弥补了大班授课中学生难以全部参与教学活动的难题，并且提供了教师与学生交流、学生与学生交流的语言实践性活动机会。

（一）运用异质分组，发挥成员间的主动性、创造性、互补性

运用小组合作学习理论将小组合作学习理论引入大学英语教学，改变了以往教师垄断整体课堂的活动，学生处于十分被动的局面，充分发挥了大班学生的主动性、创造性。要做到成功地合作学习，就必须做到正确地合理地分组。有研究表明，合作小组的规模应该在2—6人最合适。合作学习要根据教学内容、学生特点、授课环境等因素进行科学分组。对于比较复杂的学习任务，应该采取层次分组，即异质分组。在合理分班的基础上按小组成员在学习成绩，能力、性别、家庭背景等方面的不同进行分组，使成员间有一定的互补性，而组与组之间则应该具有同质性，各个小组的总体水平基本一致。这样，组内异质为互助合作提供了可能，而组间同质又利于小组间公平竞争，保证每个小组都包含成绩水平、能力，以及个性外向和内向等方面不同的学生。教师分组时要注意几个方面：一是小组人数要合理；二是考虑到学生的个体差异；三是组内成员要有明确的任务分工。

（二）科学合理地安排小组合作学习内容，开展形式多样的合作性活动

在合作学习的实施过程中，教师要根据学生的人数和能力，安排合理可行的合作学习策略，编写相应的教学材料，还可以设计一些生动有趣的教学活动，丰富大学英语课堂教学。教师在设计合作学习内容时注意：首先，要明确并非所有的内容都适宜采用合作学习，内容要具有一定的探讨价值；其次，所设计的问题要难易适中，能使每个学生都能参与到其中，对于一些英语要求较高的课程来说，可以在参考其教学内容的前提下，采

用相关的英文材料作为合作学习的内容；最后，教师设计的问题还要有利于培养学生的探索、创新精神。教师可根据教学目标，采用不同的教学模式，训练学生英语口语可选择小组讨论或组织辩论，英语阅读和英语翻译训练可采用团队合作的学习方式。教材的选用、活动内容的深度和难度则根据学生的水平而定，否则，过于简单则学生无进步，过于难则活动无法开展。大学生们总是对新鲜事物充满了好奇，长期运用一种单一的教学活动形式难免会使他们产生厌学情绪，因此课堂活动设计要尽量做到内容与形式的多样性和灵活性。另外，还应该考虑到合作学习时间的合理安排问题。

（三）教师积极引导，协调好不同层次学生之间的关系，增强学生学习积极性

合作学习在大学英语课堂实施过程中，大班英语学习能力较好的学生可能会在合作学习中认为效率低，收获不大，甚至认为影响自己的正常学习；相反，英语学习能力较弱的学生则可能在此学习中一直处于被动的状态，逐渐产生自卑心理，严重者还会厌学。因此，教师必须对学生进行积极的引导，充分调动学生合作学习的积极性。对英语能力好的学生，引导他们主动帮助那些英语能力弱的组员，通过小组的成功合作，增强成就感和集体荣誉感。对英语能力弱的学生，则需要多给予鼓励，并让他们有更多机会参与小组活动，增强自信心，提高学习兴趣。在对每个组员强调合作学习的重要性的同时，也要积极提醒组员之间相互信赖、互帮互助。因为，小组总体成绩是每个组员评价和奖励的重要依据。

（四）准确定位教师在合作学习中的角色

合作学习要求教师要转变角色，准确定位自己在合作学习中的角色。在合作学习的设计和实施过程中，教师被赋予了许多新的角色。其中最重要的和核心的角色就是学习的促进者。为了真正成为学习的促进者，在合作学习过程中，教师首先应成为良好学习氛围的创设者，为学生提供信任、安全、平等的自由的学习氛围。其次，教师应成为合作学习课程和情景的设计者、学习资源的准备和提供者、合作学习实施过程的组织者；在学生开展合作与交流的时候，教师应以"合作者"的身份深入小组活动当中，才能及时发现学生在合作学习中出现的问题，及时调控和纠正。只有积极地参与才会保证教师对学生的学习给予积极的评价和客观的评价，反过来积极的评价又会调动学生学习的积极性、主动性，这样才能够进—

步激发他们的创造性思维。最后，教师应通过帮助小组认清学习目标，帮助小组选择资源，帮助小组发现和解决社会性互动中存在的问题、协助学生评价小组学习情况等措施，成为"在旁的指导者"，并成为学生心理发展的观察者、学生的合作学习伙伴。在合作学习的过程中，教师和学生一起成长。

（五）建立正确、合理、多样化的评价体系

教师在开展合作学习时，要根据不同的环节作出良好且及时的评价。由于教师的评价对学生起着重要的作用。因此，教师对每个学生的评价应是客观的、准确的。在合作学习过程中，学生的自我评价是对自己的一个客观的认识，通过自我评价，学生可以发现自己的不足，适时纠正，从而锻炼和提高自己的合作能力。学生间客观公正的互相评价有利于调动学生的积极性，提高英语综合运用能力，从而达到相互激励的目的。因此，建立合理的评价体系是开展有效的合作学习的保证。在合作学习活动结束后，教师要根据自己的观察和小组的反馈，对学生进行全面客观的评价。学生个人能力、组员之间合作态度和小组成绩，可作为合作学习的综合成绩的评定依据。在综合成绩中，合作态度与小组成绩可以占总成绩中比较大的比例，以此鼓励组员之间的相互合作的精神，合作学习的综合成绩会纳入学生的期末成绩。所以，一套合理的评价体系不仅可以鼓励学生积极参与合作学习，还可以加强组与组、组员与组员的竞争，从而提高课堂学习效率。

四　结语

合作学习作为一种新颖的教学策略和学习模式，可有效提高学生的语言应用能力和水平，培养学生的合作意识、集体观念、竞争意识、社交能力、创新能力等，对学生的听、说、读、写综合能力产生很大影响。合作学习在大班中的有效使用，能够为解决目前生员多、教学效果差的问题提供一条新的出路。当然，在进行合作学习的教学实践活动中会出现这样或那样一些问题，这就需要教师通过不断地努力学习和探索把合作学习这一新的教学策略和学习模式的优势充分地发挥出来。

参考文献

Johnson, D. W., R. T. Johnson & E. J. Holubec, *Cooperation in the Classroom*, Boston: Allyn and Bacon, 1998.

Johnson D. W. and Roger T. Johnson, "Cooperative Learning and Social Interdependence Theory", http: //ppwww. cooperation. org/pages/SIT. html.

Johnson, D. W. & Johnson, R. T., "Learning Together and Alone: Cooperative", *Competitive and Individualistic Learning*, Allynanol Bacon, 1999.

Slavin, R. E., "Cooperative Learning and Student Achievement: Six Theoretical Perspectives", *Advances in Motivation and Achievement: Motivation Enhancing Environments*, eds. M. L. Maehr and C. Ames, New York: JAI Press, 1989.

Slavin, R. E., "Research on Cooperative Learning and Achievement: What We Know, What We Need to Know", *Contemporary Educational Psychology*, 21. 1, 1996.

Slavin, R. E., "Cooperative Learning: Theory, Research and Practice", 2nd ed., Boston: Allyn & Bacon, 1995.

孟顺莲：《英语合作学习中存在的问题及解决策略》，《湖南教育》2005年第5期。

伍新春、管琳：《合作学习与课堂教学》，人民教育出版社2013年版。

王坦：《论合作学习的基本理念》《教育研究》2002年第2期。